Brief an W.

Anais C. Miller

Impressum

Text: Anais C. Miller

Umschlag Foto: @ PixabyVerlag

Verlag: BoD Books on Demand

Printed in Germany

„Der Tod ist unendlich.

Die Liebe geht darüber hinaus!"

Stell Dir vor, Du schreibst einen Brief. An Deine große Liebe. Du schickst ihn nicht ab, weil Du denkst, Du machst das Liebesgeständnis persönlich…und dann…

kommst Du zu spät…

Vor 25 Jahren wurde ich mit Liebe infiziert. Ein Virus legte sich über mich, wie ein Fluch und Segen zugleich. Gegen die Infektion in meiner Seele gibt es bis zum heutigen Tage keine Heilung. Die Liebe durfte ich in all den Jahren nicht ausleben, denn das Schicksal hatte andere Pläne mit mir und meiner Liebe, die ich im Herzen trug. Mein Herz verlor ich an W. Er war die Liebe meines Lebens. Die Tragödie unserer Liebe lag darin, dass unsere Seelen miteinander verwandt waren. Erst nachdem W. starb, ließ mich seine Seele wieder los. Mein Herz erhielt ich zurück, aber die Liebe zu W., sie blieb bis über den Tod hinaus…!

Erzählt nach einer wahren Begebenheit.

Zur Autorin

Anais C. Miller, geboren im Ruhrgebiet, Kind aus geschiederter Ehe, aufgewachsen mit einer bewegenden Biografie, die u.a. Bestandteil ihres Romans „Brief an W", ist, arbeitet als Kassiererin in einem namhaften Discounter und verbringt die Freizeit zusammen mit ihren Pferden, Hunden, Katzen und ihrer Tochter auf einem idyllischen Reiterhof im Herzen Westfalens. Das Schreiben sei lediglich „ein Hobby". Die schicksalhaften Erzählungen ihrer Pferde „Classic Star" und „Charisma", schrieb Anais C. Miller nach wahren Begebenheiten. Mit „Charisma" landete sie unerwartet unter den 2 besten Biografien im Verkaufsranking des Online-Riesen „Amazon" und mit „Classic Star" gelang ihr die Auszeichnung „Bestseller".

Vorwort

Eine Lehrer-Schüler Liebe. Riskant und gefährlich, aber auch prickelnd und tiefgehend. Platonisch oder purer Sex? Machtspiele? Der Mächtige und die Unterlegene? Nein! Eine Liebe voller Achtung und Respekt. Eine Liebe ohne Reue und ohne Vorwürfe. Eine Liebe voller Hingabe eines Mädchens, das diese Liebe aus ihrem Herzen nie wieder losgeworden ist. Selbst dann nicht, als ihre ehemals große Liebe bereits verstorben und aus ihr längst eine erwachsene Frau geworden war.

Aus dem Wunsch heraus, meinem Lehrer einen Brief zu schreiben, entstand ganz nebenbei ein Teil meiner Biografie. Es war von mir niemals beabsichtigt, jemandem außer ihm mein Leben zu erzählen. Ihm wollte ich eigentlich nur danken für all die Liebe, die er mir bis zum heutigen Tag gegeben hat und einen Teil meines vergangenen Lebens wollte ich ihm erzählen. Wir hatten uns lange Zeit nicht mehr gesehen. Ohne diese seine Liebe wäre ich nicht mehr hier. Sie trug mich all die Jahre durch Höhen und Tiefen meines Lebens. „Er" war nicht nur mein Lehrer für Deutsch und Erdkunde vor fast 25 Jahren, sondern auch mein Lehrer in Sachen Respekt, Achtung, Ehrlichkeit und Distanzgefühl für gewisse Dinge im Leben. Vor allem aber war er mein Lehrer im wichtigsten Kapitel des Lebens, in der Liebe. Er war meine große Liebe und das wird er bis zu meinem letzten Atemzug bleiben. Die Liebe ist der Schlüssel zu allen Türen unseres Lebens. Mit ihr können wir jede Tür öffnen. Sie heilt alle Wunden, sie ist rein und selbstlos. Sie ist wunderbar. Diese eine Liebe meines Lebens trug mich aufrecht durch all meine mir widerfahrenden Schicksalsschläge. Ein Mensch, der dich liebt, aufrichtig und ehrlich, aus vollstem Herzen heraus, ist das kostbarste Geschenk auf dieser Welt. Man sagt, Dank kommt niemals zu spät... meiner kam zu spät. Mir blieb nur dieser Brief, in dem ich mir alles von der Seele schrieb, adressiert an meinen toten Lehrer, jetzt wohnhaft im Jenseits. Da mein Brief ihn nicht mehr erreichen wird, weil ich ihn nicht rechtzeitig abschickte, habe ich mich entschieden, den Brief als Buch zu veröffentlichen. Für W.- das bin ich ihm und unserer Liebe schuldig. Wie sehr hoffe ich, dass mein Brief ihn irgendwo im Nirgendwo doch noch erreicht. Meine Seele, sie hängt immer noch so sehr an ihm. Manchmal begegne ich „W" nachts im Traum, obwohl es schon so lange her ist, dass ich ihn das letzte Mal sah. Sein Todestag: 06.12. Ich möchte den Brief an genau diesem Datum auf die Reise schicken!

R.I.P

Im Buch sind die Namen derer Personen, die eine Rolle spielen, mit Kürzeln gezeichnet. Mit den Anfangsbuchstaben der Namen. Beispiel Anita= A. Rebecca= R. Das ist anfangs ein wenig gewöhnungsbedürftig. Für mich war es eine deutliche Arbeitserleichterung, anstatt mir andere Namen auszudenken. Wahrscheinlich wäre ich beim Schreiben auch durcheinander gekommen. Ich bitte um Verständnis. Ich weiß nicht, wie oft dieses Buch mittlerweile überarbeitet wurde und wie viele Menschen sich daran versucht haben, es für mich fehlerlos zu gestalten. Es waren jedenfalls Einige. Danke an dieser Stelle, auch wenn es scheinbar nichts gebracht hat, mich vor den gemeinen Vorwürfen in den Rezensionen zu schützen. Macht nichts. Mein Leben ist eh bald vorbei. Mindestens die Hälfte meiner Lebensjahre ist rum. Gott sei Dank. Dennoch verzweifle ich mittlerweile an dem Manuskript, weil mich die Rezensionen, in denen es heißt, das Buch sei eine Zumutung, sehr verletzen. Die Rechtschreibung, der Satzbau etc. und meine Schreibweise seien grauenvoll! Die Handlung stumpfsinnig, sowie hirnrissig und ich weiß nicht, was noch alles geschrieben wird. Das tut mir sehr weh, denn das Buch beschreibt mein Leben. Das, was Ihr lesen dürft, war mein reales Leben über viele Jahre lang und niemand hat das Recht zu sagen, es sei dumm, da ich über die Dinge zu schreiben begann, die ich ausgehalten habe. Ihr seid nicht in meinen Schuhen meinen Weg gegangen! Bitte vergesst das nicht! Ich hätte mir auch gern ein anderes Leben gewünscht…

Es gibt sie, diese eine Liebe…

die dich mitten ins Innerste trifft…

deine Seele erschüttert…

dein Herz umarmt…

dich total verändert…

und dich nie wieder verlässt.

Du kannst gehen wohin du willst…

weglaufen

schweigen

zerreden

leugnen

dich dagegen wehren…

sie bleibt einfach!

Dein Herz wird nie wieder

mit etwas Geringerem zufrieden sein.

Deine Seele wird sich nur noch

nach dieser Erfahrung sehnen.

Und dir bleibt nichts anderes…

als einfach nur zu lieben.

© Erika Flickinger

Für W.

Träume...

Viel öfter sollten wir auf unser Bauchgefühl hören, wenn wir träumen. Nur wenn wir unsere Träume richtig wahrnehmen und ihnen vertrauen, können wir sie verstehen. Es steckt so viel Wahrheit in ihnen. Aus einem einzigen Traum ist dieser

Brief entstanden. Aus einem Traum heraus kann ich ebenfalls auf 20 vergangene Jahre zurückblicken und aus diesem einen Traum bin ich jetzt aufgewacht! Mit Entsetzen stelle ich fest, dass es zu spät ist. Ich bin zu spät. Als ich von dir geträumt habe, W., in der Nacht, vor wenigen Monaten, wäre es noch früh genug gewesen. Früh genug, dich noch einmal wiederzusehen, dich in den Arm zu nehmen und dir zu sagen, wie sehr ich dich all die Jahre geliebt habe. Früh genug, um dir zu sagen, dass ich dich auch heute noch liebe, 25 Jahre später. Außerdem, das Wichtigste, dir zu sagen, dass ich dich wahrscheinlich auch die nächsten 30 Jahre noch lieben werde, auch wenn du längst nicht mehr da bist. Bis an das Ende meiner Tage werde ich dich lieben und niemals vergessen können. Dagegen kann ich nichts tun, W., sie ist tief in mir drin, deine Liebe. Ich bin mit Liebe von dir gebrandmarkt, gezeichnet und infiziert worden. Ich schrieb dir nach meinem Traum einen Brief. Einen Brief, in dem ich dir meine Liebe gestand.

Ich schickte ihn nicht ab...

Es war mir nichts wichtiger, als dir zu Lebzeiten ein Liebesgeständnis zu machen. Meine Liebe hättest du mit ins Jenseits nehmen können. Sie wäre dir auf immer und ewig sicher gewesen. Dein Lieblingsspruch, ich erinnere mich: *'Es gibt im Leben zwei Tragödien. Die eine ist die Nichterfüllung eines Herzenswunsches, die andere ist ihre Erfüllung!*

In dem Spruch steckt verdammt viel Wahrheit. Egal wie es für uns beide ausging, sind wir letztendlich in einer Tragödie geendet. Du wolltest meine Liebe nicht, weil du vor 25 Jahren mein Leben nicht kaputt machen wolltest. Ich ging. Die Liebe blieb. Deine Person gab ich auf! Die Liebe zu dir konnte ich nicht aufgeben. Zu tief saß sie in meinem Herzen. Versagt habe ich. Schaffte es nicht, sie mir rechtzeitig aus meinem Herzen zu reißen, W. Aus mir prügeln hätte ich sie müssen, um sie loszuwerden. Seelenverwandtschaft. „Dagegen sind wir Menschen machtlos! Wenn das Herz etwas will, dann muss man mit ihm in eine dunkle Gasse gehen und es solange verprügeln, bis es etwas anderes will". Deinen Wunsch, nicht mehr zu dir zu kommen, den habe ich dir erfüllt. Nur die Liebe, sie blieb all die Jahre in mir. Sie ging einfach nicht fort. Mein Herz ist bis heute infiziert mit deiner Liebe. Ein Virus, gegen das es keine Heilung gibt.

Hier beginnen unsere Geschichte und mein Brief an dich:

„Jedem Anfang wohnt ein Zauber inne" Stimmt! Vor mehr als 25 Jahren saß ich auf der Bank im Hof der Realschule. Zarte 14 Jahre jung…So fing alles an mit uns beiden!

Mitten auf dem Schulhof der Realschule wächst ein großer, wunderschöner Baum. Um den Baum herum stehen hellgestrichene Holzbänke. Auf denen sitze ich und warte auf den Schulbeginn. Im August befinden wir uns vor 25 Jahren, ein besonders warmer Sommer in dem Jahr. Tiefblauer Himmel. Das Leben duftet nach unberührter Kindheit und geheimnisvollen Träumen. Märchenhafte Stimmung liegt in dem Morgennebel. Es gleicht Magie. Zeitlos. Unbeschreiblich die Atmosphäre in dem Zeitalter der 90- er Jahre. Mir persönlich war an dem Tag nicht unbedingt nach guter Stimmung. Die Schule musste ich wechseln, weil ich das Gymnasium nicht gepackt hatte. Nicht, weil ich dumm war, ich war faul. Leider! Mein Hobby, das Reiten, gefällt mir damals besser, als die nervige Schule. Mein Pferd nahm viel Zeit in Anspruch. Ich war ein normaler Teenager, glaubte ich zu diesem Zeitpunkt noch (Gut, was noch kommen sollte, ahnte ich nicht. Gott sei Dank! Belastet mit normalen Sorgen, Ängsten und Dummheiten im Kopf eines pubertierenden Mädchens war ich). Ein intelligentes, aufgewecktes und hübsches Mädchen. Aufgewachsen als Einzelkind, aber dennoch nicht verwöhnt. Bis dahin hatte ich außer der

Trennung meiner Eltern nichts wirklich Schlimmes in meinem Leben erlebt. Damals, am ersten Schultag, während ich auf der Bank saß, fragte ich mich, wie es mir wohl ergehen wird in der neuen Schule? Finde ich auf der Realschule neue Freunde? Von den Schülern kenne ich niemanden. Vom Optischen her machte die Schule auf mich einen freundlichen Eindruck. Trotzdem empfand ich ein komisches Gefühl, zumal ich die siebte Klasse wiederholen musste. Das war schon mit Magengrummeln verbunden. Ein Junge gesellte sich zu mir auf die Bank. Wir kamen ins Gespräch. Er besuchte die Schule seit längerem und sprach mir Mut zu. Nach weiteren belanglosen Wortwechseln mit ihm, bist du in mein Leben getreten, „W." Wie aus dem Nichts tratst Du in mein Leben! Im wahrsten Sinne des Wortes, wie vom Himmel gefallen. Dieser Moment war schwer zu beschreiben. Von der ersten Sekunde an, als ich dich sah, war es als kenne ich dich mein Leben lang. Du schienst mir eng vertraut. Für einen kurzen Moment überlegte ich, woher wir uns kennen. Glaubst du, dass man einem Menschen begegnen kann, den man niemals zuvor gesehen hat und dennoch das Gefühl in sich trägt, man hätte bereits sein ganzes Leben mit ihm verbracht? „*Wer ist das?*", fragte ich den Jungen neugierig, als du mit deiner Aktentasche an der Hand und gesenkten Blickes über den Schulhof schlenderst. Vom Alter her schätzte ich dich damals auf Ende 40. Du schienst gedankenverloren, sinnierte ich. Deine Aura strahlte tiefste Traurigkeit deiner Person aus. Traurige Menschen üben auf mich eine magische Anziehungskraft aus. Bis heute weiß ich nicht, warum, aber sie begleiten mich mein ganzes Leben hindurch. Diese Loser-Typen, auf die ich anspringe. Je „verlorener" ein Mensch scheint, desto mehr spüre ich das Bedürfnis, ihn näher kennenzulernen. Meiner Meinung nach schienst du über den Schulbeginn nicht sehr erfreut nach den Ferien. Warum bist du traurig? Meinen Blick konnte ich nicht von dir lassen. Dir habe ich hinterher geblickt, bis du schließlich um die Ecke des Schulgebäudes verschwandst. Man kann sagen, ich starrte dir hinterher. Nicht einen Wimpernschlag vollzog ich, während du an mir vorbei gingst. Regungslos verfolgte ich deine Erscheinung. Nicht einen Atemzug nahm ich. Die Welt drehte sich einen Moment lang nicht weiter. Was war passiert? Innerlich spürte ich, dass etwas zwischen uns beiden in der Luft lag. Die „Begegnung", mit dir, sie war kein Zufall. Sie war Schicksal. Mein Schicksal. Zwei verlorene Seelen begegnen einander niemals zufällig. Unser Schicksal war es, dass wir beide uns zu dem Zeitpunkt an genau diesem Ort begegnen sollten. *„Das ist W! W. K! Lehrer für Deutsch und Erdkunde!"*, lachte der Junge neben mir auf der Bank. „Merkwürdiger Typ!", entfuhr es mir. *„Ja, der ist ein bissel neben der Spur, aber das sind die meisten Lehrer hier, das wirst du noch merken!"* Der Junge zwinkerte mit den Augen. Warum wunderte es mich nicht, als wir die Klassen zugeteilt bekamen, dass genau du unser Lehrer für Deutsch und Erdkunde wurdest? Als du dich unserer Klasse vorstelltest, sagtest du trocken: *„So, ich bin Euer Klassenlehrer für die nächsten zwei Jahre!"* Peng! Aus! Fertig! So einfach war das. Irgendwie ahnte ich doch gleich, als du zuvor über den Schulhof kamst und ich dir völlig fasziniert nachgesehen hatte, dass du mein Lehrer sein würdest. Meine gute alte Intuition. (Sie verließ mich übrigens mein Leben lang nicht. Nur hörte ich leider nicht immer auf sie!). Für mich gibt es im Leben keine Zufälle. Allerdings glaube ich an schicksalhafte Bestimmungen! Zwangsweise, zunächst für die kommenden zwei Jahre sollten wir beide also aufeinandertreffen. Extrem gelangweilt kamst du mir rüber. Du hattest überhaupt nichts Interessantes an dir, „W." Trotzdem interessierte mich deine Person. Ich spürte, das war der Beginn von etwas „Außergewöhnlichem". Jedoch konnte ich zunächst außer deiner Traurigkeit, und genau die zog mich magisch in deinen Bann, noch nichts Aufregendes an dir entdecken. Die Begegnung mit dir würde etwas ganz Besonderes werden, das spürte ich. Innerliche „Vorahnung" nenne ich derartige Gedankenzüge. Manchmal wird ein Mensch zu der wichtigsten Person deines Lebens, von dem du es niemals erwartet hättest. Mir kam es damals vor, als kannte ich dich seit Jahren. Du warst mir von Anfang an vertraut. (Damals war mir das direkt unheimlich).

„Wer bist du?", fragte ich mich…

Schulalltag auf der Realschule! Der Stoff in allen Fächern war für mich ein Kinderspiel. Auf dem Gymnasium hatte ich die Themen bereits durchgekaut. In der schwierigen Variante. Anstrengen brauchte ich mich also nicht mehr. Einen chilligen Lenz würde ich mir machen! Füße hoch und über die Lehrer lachen. Die Lehrer waren alle freundlich und easy. Anfangs gab es für mich keinen Lieblingslehrer. Die Schule machte mir Spaß und ich ging gerne hin, das war für den Anfang zunächst alles. Meine Mitschüler waren in Ordnung. In unserer Klasse gab es zwei Gruppen. Die Durchgeknallten und die Gruppe der Streber. Erstere sind die, die heimlich auf dem Schulhof rauchten und sich den Anordnungen der Lehrer widersetzen. Somit die unbeliebten und schlechteren Schüler. Zu den Strebern muss ich nicht viel sagen. Streber eben. Die, die sich nie danebenbenehmen. Die, die im Unterricht nur positiv auffallen. In welche Gruppe ich gehören sollte, das wusste ich zunächst nicht. Jedenfalls wusste ich das nicht sofort und das verwirrte mich zunächst. Es würde vielleicht Sinn machen, mit beiden Gruppen klarzukommen. So rauchte ich ab und zu Zigaretten mit den Durchgeknallten. Heimlich, im angrenzenden Wäldchen, nahe der Schule. Manchmal auch auf dem Schülerklo. In der Strebergruppe interviewte ich unsere Lehrer. Mit Mikrofon und Aufnahmegerät. Tagebuch führte ich über meine Lehrer in den Hauptfächern. Das ist in der Strebergruppe ein absolutes Muss. Lustig und spannend war es auf der neuen Schule. Jeden Tag! Egal in welcher Gruppe ich „rumturnte". Die Schulzeit war die schönste Zeit meines Lebens… Das hatte mir als Kind meine Oma vorausgesagt „Die Schulzeit ist die schönste Zeit im Leben, Kind! Diese

kommt nie wieder, also genieße sie!" Eine meiner
Mitschülerinnen, „S." ihr Name, du erinnerst dich bestimmt an
sie - heftete sich von Anfang an sehr direkt an deine Fersen,
W. Hattest du nicht bemerkt, wie sehr S. an dir interessiert
war? Keine Ahnung, was sie mit ihrem Verhalten bezweckte,
dir immer und überall aufzulauern. Oftmals versuchte sie,
mich zu bequatschen, um doch mit ihr zusammen zum
Lehrerzimmer zu gehen. Nur, um dich zu „sehen" oder dich zu
beobachten. Darin sah ich keinen Sinn. Für einen Lehrer
schwärmen? Nein! Das war überhaupt nicht meine Art.
Besonders, da du in meinen Augen ein ziemlich zerstreuter
Professor warst. Immer herrlich anwesend abwesend - nicht
sonderlich freundlich, dazu zurückhaltend. Eine sonderbare
Mischung. Ich mochte sie nicht, die Zusammensetzung deiner
Persönlichkeit. Dennoch hattest du die anderen Mädchen
komischerweise schnell auf deiner Seite. Sie himmelten dich
an, als seist du deren Gott. Für mich warst du der
Undurchschaubare, aber bestimmt kein Gott. Ein Mensch, der
mir nicht behagt, weil mir seine Erscheinung unheimlich ist
und ich ihn nicht einschätzen kann, darf niemals ein Gott sein.
Dass du „S". und all die anderen aus unserer Klasse nicht
besonders mochtest, auch wenn sie dich anhimmelten, kapierte
ich sofort. Nur sie bemerkten es nicht. In der Anfangszeit
empfand ich für dich wenig Sympathie. Besonders, weil du
mir so vertraut warst. Das behagte mir nicht. Im Gegenteil. Du
glichst einem Buch, in dem ich lesen konnte. Ich verspürte
einen Drang, dieses Buch zu lesen, obwohl ich es eigentlich
nicht lesen wollte. Sonderbar! Ganz ehrlich?! Deine
abweisende Art, dieses nicht zu Durchschauende in dir, damit
kam ich hinsichtlich deiner Person zunächst nicht klar. Du
trugst eine Art Schutzpanzer um dich herum, das spürte ich
schnell. Menschen, die solch einen Panzer tragen und nach
außen eher die Arschloch-Typen spielen, haben eine weiche,
sehr zarte und zerbrechliche Seele. Sie sind leicht verwundbar!
Jedenfalls hielt ich mich zurück. Sowohl im Unterricht, als
auch, wenn die Mädchen dir in der Pause auf dem Schulhof

auflauerten. Während sie dich ansprachen, mit dir
herumalberten und dich anhimmelten – hielt ich mich bedeckt
im Hintergrund. Ich beobachtete das Geschehen lieber aus der
Entfernung. Zwischen dir, meinem Lehrer und mir, herrschte
eine deutliche Distanz. Anfänglich äußerte sich diese sogar in
gegenseitiger Abneigung. Von deiner Seite war es vermutlich
noch nicht einmal Abneigung. Von meiner Seite aus war das,
glaube ich im Nachhinein, eine Art Selbstschutz. Weißt du,
wenn ich vieles in einem Menschen lesen kann, dann kann er
das wahrscheinlich auch in mir. So dachte ich über dich und
deshalb hatte ich eher Angst vor dir. Jedoch fühlte ich mich in
deiner Nähe nicht unwohl, eher im Gegenteil. Innerlich war
ich zerrissen. Nichtwissend, wie ich dir gegenübertreten sollte.
Antworten auf die mir gestellten Fragen im Unterricht
verweigerte ich trotzig, beteiligte mich nicht. Besonders gern,
wenn sie von dir direkt an mich gestellt wurden, stellte ich
mich quasi „tot". Unterrichtsspezifische Fragen ignorierte ich.
Eine stumme Schülerin hockte vor dir. „Dummstellen" machte
mir Spaß. Ich saß einfach auf dem Stuhl, wortlos, ohne Mimik,
wie eine Marionette und fixierte dich mit meinen Blicken, die
sehr scharf und zielgenau waren. Wenn ich von dir überhaupt
etwas gefragt wurde, denn meistens fragtest du mich gar
nichts, beachtetest mich nicht einmal. Du hattest keine Lust
auf meine patzigen Antworten und die unnötigen Diskussionen
mit mir, glaube ich. Schnell durchschautest du meine
Spielchen. Klar, du warst der Lehrer und somit der
Intelligentere von uns beiden. Sollte man annehmen.
Manchmal glaubte ich, du trautest dich nicht, mich in deinem
Unterricht spezifisch zu befragen. Aus Angst, dass ich dir
wieder einen Schlag versetzt hätte. Als Beispiel: Kaugummi
kauen war im Unterricht strengstens untersagt. Einmal befahlst
du mir: *„Anais, Kaugummi raus!"* Doch ich hatte keinen
Kaugummi im Mund. Wirklich nicht. Keine Ahnung, was du
gesehen hattest, W. Jedenfalls sagte ich dir das: *„Ich habe
keinen Kaugummi im Mund!"* *„Nee? Was denn dann, Anais?"*
„Eine Zunge!" Das Gelächter meiner Mitschüler war groß.

Für diese dir gegenüber ziemlich freche Antwort war ich lange
Zeit der King in unserer Klasse. Leider hast du mich auch an
dem Tag nicht aus dem Klassenzimmer geworfen. Schade
eigentlich! Mann, es war langweilig mit dir. Mein Blick sollte
dir ausdrücken: Ach, lass mich einfach in Ruhe, sprich mich
besser gar nicht an. Warum das so zwischen uns lief, ich weiß
es nicht. Warum ich das Bedürfnis hatte, aus der Rolle zu
fallen? Keine Ahnung. So fängt vielleicht generell die Liebe
an. Was sich liebt, das neckt sich. Meine Hausaufgaben
erledigte ich nur unwillig. Meistens lagen sie gar nicht vor.
Auf einen Eintrag ins Klassenbuch von dir hoffte ich.
Aufmerksamkeit wollte ich! In irgendeine Richtung wollte ich
Beachtung von dir. Konnte man dich denn so gar nicht aus der
Reserve locken? Deine andere Seite wollte ich mal
kennenlernen, unbedingt! Du musstest eine andere Seite in dir
haben, W. Jeder Mensch trägt auch eine „dunkle" Seite in
sich! - Zeig mir mal deine! Los, komm schon! - kochte ich
innerlich. In meiner Erwartung, dass es einen richtigen Knall
zwischen uns gäbe, musstest du mich bravourös enttäuschen.
Denn er kam nicht. Falls die Situation zwischen uns doch
irgendwann einmal eskaliert wäre, war ich mir sicher, dass ich
dir überlegen wäre. Du würdest mich garantiert nicht mundtot
bekommen. Ahntest du das? Hattest du mich bereits
durchschaut? Anders kann ich mir nicht erklären, warum es dir
egal war, dass ich keine Hausaufgaben hatte, dass ich
Kaugummi kaute, meine Füße auf dem Tisch lagen und dass
ich im Unterricht mit meiner Sitznachbarin ununterbrochen
quatschte. Generell störte ich deinen Unterricht. Daran hatte
ich Spaß, absichtlich natürlich. Es machte dir nichts aus.
Standen Klassenarbeiten an, insbesondere im
Deutschunterricht, brachte ich allerdings volle Leistungen. Die
Klassenarbeiten, die versemmelte ich nicht. Niemals! Ich gab
mein Bestes. Du wusstest, dass ich intelligent bin. Im Grunde
genommen war ich eine sehr gute Schülerin von dir, W. Mit
der kleinen Einschränkung, dass ich nur widerwillig deinen
Anordnungen im Unterricht Folge leistete. Verdammten Spaß

hatte ich daran, dich zu ärgern und auf die Palme zu bringen. Allerdings war das ein sehr schwieriges Unterfangen, mit der Palme und dir. Dich dort hinauf zu bugsieren meine ich. Die anderen Schüler schafften es spielend, dich aus der Haut fahren zu lassen. Meistens reichte dazu alleine ihre Dummheit. Du ärgertest dich, wenn Schüler auf die einfachsten Fragen keine plausiblen Antworten hatten. Dumme Schüler waren dir ein Dorn im Auge. Freche, intelligente kleine Biester, so wie ich, die dir die Zähne zeigten, waren eher deine Welt, stimmt's? Trag mich doch einfach mal ins Klassenbuch ein, wegen Störung im Unterricht oder setze mich vor die Tür. Dann ist endlich mal was los! Innerlich hatte ich mir für den Fall, dass es passierte, alles für dich zurechtgelegt. Dich hole ich aus der Reserve! Glaube mal, dann triumphierte ich! Aber nein, du bewahrtest die Ruhe. Beachtetest mich stattdessen überhaupt nicht. Damit brachtest du **mich** auf die Palme. Das ärgerte mich natürlich und ich überlegte mir andere Dinge, womit ich dein Blut kräftig in Wallung bringen konnte. Irgendwie gelang es mir trotz all meiner Bemühungen nicht. Jedoch spürte ich, dass in dir auch eine andere Seite existierte. „The Dark Side". Zwei Gesichter hattest du. Einmal dieses Lehrerpokerface. Dieses „Ach-leckt-mich-doch-alle-am-Hintern-ihr-dummen-Schüler,-ich-bin-euer- Meister!" Manchmal warst du ziemlich von oben herab, W! Andererseits dieses „Ach-das-Leben-ist-doch-Scheiße, -ich-bin-ein-sehr-trauriger-Mensch." Diese Traurigkeit in dir, die konntest du mir nicht verheimlichen. Mir nicht! Ich spürte sie sehr deutlich. Deshalb hattest du für mich wahrscheinlich diesen besonderen Reiz. Lange Zeit wusste ich nicht, soll ich dich mögen oder besser nicht? Warum mache ich mir über dich und deine Person eigentlich so viele Gedanken, fragte ich mich? Es war die Traurigkeit in dir, die mich in deinen Bann zog. Deine Seele war traurig, „W". Genau wie meine. Sie war auch in mir, diese tiefe Traurigkeit. (Bei mir trat sie nur erst viele Jahre später hervor). Das nennt sich Dualseele. Seelenverwandtschaft. Unsere Seelen ähnelten sich. Sie waren eng miteinander verbunden. Warum auch immer! Wir hatten viele Gemeinsamkeiten, W. Damals wusste ich nicht, dass dein Privatleben einfach nur beschissen war und dass meines im Laufe der Jahre ebenfalls so werden sollte. Die Stadt A., wo die Realschule liegt, wurde zum Mittelpunkt meines damaligen Teenagerlebens. Dort war mein zweites Zuhause. Meine Freunde, meine Eisdiele, mein Kino. Mein Treffpunkt mit Freunden und das Brückencenter mit den vielen Geschäften, nährten meine Seele und verpassten mir Beschäftigung. Fast jeden Nachmittag nach Schulschluss war ich dort anzutreffen. Mit meinen Eltern pflegte ich nicht das beste Verhältnis. Es gab häufig Streit bei uns daheim. Geschwister habe ich keine. Mein Pferd war mir wichtig und sonst nichts. So verbrachte ich die Nachmittage selten daheim. Viel lieber war ich bei meinem Pferd im Stall oder in „A.", in der Stadt. Oftmals, wenn ich durch die Einkaufsstraßen lief, ziellos und gedankenverloren, nur um den Nachmittag mal wieder zu überdauern, begegnete ich plötzlich dir, meinem Lehrer W. K! War es Zufall? Wenn wir uns über den Weg liefen? Stets lächeltest du. Ich grinste frech zurück. Immer mit dem dringenden Bedürfnis, nicht nett zu dir zu sein! Warum trafen wir immer wieder aufeinander? Wieso begegneten wir uns so häufig? Warum warst du dort, wo ich war und umgekehrt? Das konnte kein Zufall sein. Damals fand ich das direkt unheimlich. Vor allem, warum liefst du so „planlos" durch die City? Planlos, so schien es mir. Ziellos warst du doch innerlich, W. In deinem Herzen gab es kein Zuhause! 20 Jahre später, hätte ich vielleicht eine Antwort für dich! Du tatst es aus demselben Grund, wie ich es damals getan hatte. Zuhause wartete niemand auf dich. Du wolltest regenerieren und "vergessen". Beim Spazierengehen kann man ganz wunderbar den Kopf abschalten, wenn dieser zu viel denkt. Wenn mir etwas auf der Seele liegt, gehe ich hinaus, in die Natur oder fahre in die Stadt und beobachte dort die vorbeieilenden Menschen. Wenn ich ihre Rastlosigkeit sehe und ihre Unruhe spüre, erinnere ich mich, dass ich „Ruhe" brauche, um meiner Seele Frieden zu schenken. Mein Kopf wird frei. Durchatmen kann ich von dem stickigen und dreckigen Alltag. Man könnte es auch „sich beim Spazierengehen den „Alltags-Rotz" von der Seele laufen", nennen! Es war wunderschön, dass wir beide uns oftmals begegneten. Wie wundersam das Schicksal die Wege zweier Menschen immer wieder miteinander kreuzt, bis sie wissen, dass sie zusammengehören. Wir gehörten zusammen. Von Anfang an, ohne es zu wissen. Elternsprechtag! Meine Mutter hatte auf solche Sprechtage generell keine Lust. Es interessierte sie kaum, ob ich gut oder schlecht in der Schule war. Durch die Zeiten auf dem Gymnasium war sie schlechte Nachrichten und Noten von mir gewohnt. Deshalb zeigte sie wenig Interesse an mir und meinen Schulerfolgen. *„Stehst doch sowieso überall mangelhaft.",* lauteten ihre Worte zum Thema „Sprechtag." An dem Tag fasste ich den Entschluss, alleine zu dir zu gehen, W! Mein Herz klopfte wie verrückt, als ich vor unserer Klassenzimmertür stand. Der Gedanke, dass du hinter der Tür sitzt und mit mir gar nicht rechnest, der war spannend und äußerst aufregend. Es kribbelte in mir und ich wurde ganz nervös. Zu viel Adrenalin! Auf dein Gesicht freute ich mich. Überraschung, W. Im Bus, nachmittags auf der Fahrt zur Schule hin, hatte ich bereits überlegt, was ich dir erzähle und ob es mir gelingen würde, dich zu ärgern. Dein Blick, als ich tatsächlich vor dir stand - mit mir hattest du wahrhaftig nicht gerechnet - Im ersten Moment war das ein echtes Highlight für uns beide! Unvergessene Momente unserer Geschichte! Ich bin eben immer für eine Überraschung gut. An dem Tag hättest du mich abweisen können. Ich meine, ich war noch nicht volljährig und eigentlich hieß es Eltern- und nicht Schülersprechtag. Immerhin hattest du mich in das Klassenzimmer gebeten! *„Anais, alleine?"* Du gucktest erstaunt um die Ecke der Türe. Wahrscheinlich in der Hoffnung, meine Mutter wäre mir doch noch gefolgt. Ziemlich verwirrt blicktest du in den Schulflur, vergebens. „Da kannst du ruhig gucken, da kommt niemand mehr!", dachte ich.

Innerlich lachte ich bereits schadenfroh über dich. Die Nummer lief diese Reise scheinbar völlig zu meinen Gunsten. *"Jawoll, Anais allein."*, entgegnete ich grinsend. Zwischen dir und dem Türrahmen schob ich mich hindurch und setzte mich auf den Stuhl. Genau vor dein Pult. Face to face. Ziemlich frech von mir, die Nummer. *"Da kommt niemand mehr, Herr K. Sie brauchen gar nicht weiter um die Ecke gucken! Es sei denn, Sie nehmen die nächste Mutter, die nach mir dran ist und bereits am Flur wartet, auch noch dazu!"* Dein Blick in dem Moment, als du dich auf deinen Stuhl gesetzt hattest, war filmreif. Deine Sprache hatte dir mein Auftritt völlig verschlagen. Ja, ich bin schlagfertig, was?! *"Läuft gut, Anais"*, atmete ich gedanklich einmal tief durch. Die Situation hatte ich scheinbar bestens im Griff. Bloß nicht weich werden und nett sein. Cool bleiben! Es war wahrlich ein komisches Gefühl, dir ziemlich nahe und direkt gegenüberzusitzen. Dein Stuhl war grösser und höher als meiner, somit konnte ich dir tief in deine Augen sehen und du mir direkt auf meine Nase. Vielleicht war es nicht mein freundlichster Blick, aber ein sehr entschlossener! Entschlossen, die Situation zwischen uns beiden im Griff zu haben, sie zu halten und bloß nicht nett zu dir sein zu wollen. Außerdem werde ich dir gleich mal gehörig auf der Nase rumtanzen, pass mal auf, überlegte ich! *"Ja, ähm...!"* Etwas nervös blättertest du in deinen Unterlagen. In deinem kleinen blauem Notizbuch. Dort war anscheinend alles Wichtige vermerkt. Blau war übrigens deine Lieblingsfarbe, W! *"Finden Sie die richtige Seite nicht?"*, fragte ich amüsiert. Du tatst so, als hättest du das überhört. Die Seite fandst du scheinbar vor lauter Aufregung tatsächlich nicht, das Buch wurde nämlich prompt zugeschlagen und von dir beiseitegelegt. *"Ja, wir sind recht gut in Deutsch. Deine Arbeiten sind im guten bis sehr guten Bereich, Anais! Aber die Beteiligung im Unterricht lässt mir doch ein wenig zu wünschen übrig, oder?"* Plötzlich verschränktest du deine Arme und gucktest mich eindringlich über den Rand deiner Brille an. Deine Brille, falls du eine auf der Nase hattest, saß meist recht tief und du konntest sehr galant mit deinen Augen über ihren Gläserrand gucken. Wenn du diesen Blick drauf hattest W., dann wurde ich oftmals für einen kurzen Moment schwach. Diesem "Ich-guck-über-den-Gläserrand-Blick" konnte ich nur schwer standhalten. Ein kleines ironisches Grinsen saß auf deinen Backen. *„Ja, der Unterricht ist einfach langweilig und anspruchslos, was soll ich mich da beteiligen?"* Nach dem Satz, den ich locker flockig vielleicht besser gepfiffen hätte, war ich sicher, dass du mich vor der Türe des Klassenzimmers entledigen würdest. Endlich hatte ich es geschafft. Gedanklich fand ich das etwas peinlich, vor den draußen wartenden Müttern einen Abflug zu machen. Die Mütter, die auch noch zu dir wollten, um die Noten ihrer Kinder zu erfahren und vor der Tür saßen. Wenn die sahen, dass ich nach nur drei Minuten mit dir fertig war, peinlich wäre das! Wahrscheinlich hattest du denselben Gedanken, dass es nicht klug wäre, mich aus dem Klassenzimmer zu werfen, denn es kam nichts mehr von dir. Keine Reaktion. Du saßest einfach regungslos da, wie ein toter Fisch in der Badewanne und hieltest deinen „Brillenrand-Blick." Nahmst ihn nicht mehr von mir, fixiertest mich. Absichtlich, damit ich schwach werden und meine Fassung verlieren sollte? Den Gefallen wollte ich dir nicht tun, den Erfolg nicht gönnen. Anscheinend hatten wir beide dieselbe Erwartungshaltung. Interessante Ansichtssache, oder? Nach einem kurzen Moment, in dem ich mir über meine Antworten und mein Verhalten dir gegenüber tatsächlich das Lachen verkneifen musste, gelang ich richtig in Fahrt. Dir fehlte es zwischenzeitlich an Sprache - also übernahm ich das Kommando: *„Ich erledige meine schriftlichen Arbeiten, fühle mich dabei aber ziemlich unterfordert und lese im Unterricht lieber «Der kleine Prinz», heimlich, unter der Bank!"* So und gleich wollte ich dir mitten ins Gesicht sagen, dass mir deine gleichgültige Art dermaßen auf den Zeiger geht, dass ich – *„Anais!"* – sprachst du plötzlich meinen Namen mit fester und deutlicher Stimme aus. Innerlich zuckte ich zusammen und hielt kurz inne. Mist! - Was faselst du da eigentlich, Anais? - fuhr es mir in den Kopf. Soeben hatte ich einer Lehrperson mitgeteilt, dass ihr Unterricht anspruchslos, langweilig und uninteressant war und ich überhaupt keine Lust verspürte, in irgendeiner Art und Weise etwas Positives zur Verbesserung meiner Noten beizutragen. - Wahrscheinlich fliegst du jetzt von der Schule Anais. - überlegte ich. Ich wurde nervös. Gedanklich sah ich mich bereits im Zimmer des Direktors sitzen, gemeinsam mit dir. An meine Mutter dachte ich. Ihr Fluchen drangsalierte meine Ohren. *„Soeben erst die Schule gewechselt, Anais, weil du zu „blöd" für das Gymnasium bist! Jetzt musst du wahrscheinlich wegen schlechten Benehmens deinem Lehrer gegenüber, gleich wieder von der Real- auf die Hauptschule gehen!"* Es wäre wohl sinnvoller, nichts mehr zu sagen und den Mund zu halten, überlegte ich. *„Ja, das habe ich schon bemerkt"*, sagtest du in einem ruhigen Ton. Dein von mir erwartetes Donnerwetter blieb aus. Ich atmete erleichtert durch. Weißt du was, W? An der Stelle gab ich es auf. Es ist unsinnig, sich mit jemanden duellieren zu wollen, der nicht einmal einen Degen mit sich führt. *„Warum haben Sie mir das Buch nicht einfach abgenommen, Herr K?"*, gelangweilt kaute ich an meinen Fingernägeln. *„Vor allem, wenn Sie es doch bemerkt haben?"* Für einen Moment scheinst du über meine Frage etwas verwirrt. Bestimmt hast du mit so viel Frechheit von einem fast 15 jährigen Mädchen nicht gerechnet. *„Hallo, hat es Ihnen jetzt die Sprache verschlagen, oder was?"* Ungeduldig bin ich gewesen. *„Ganz schön frech, Anais, die Miller!"* Du trägst interessanter Weise immer noch ein Lächeln auf deinen Lippen und lehnst dich ganz entspannt in deinem Stuhl zurück. Dein Gesichtsausdruck ist liebevoll und tiefgehend. Er trifft mich bis in meine tiefste Seelenspitze. Erstaunlich, was der Mensch für eine Courage hat, denke ich bei mir. Jeder andere Lehrer hätte mir eine gescheuert, oder mich zum Direktor gebracht! Keine Ahnung! Jedenfalls, niemand hätte so teilnahmslos dagesessen, wie du. Deine Ausdauer wurde mir unheimlich. Warum lächelt der immer noch? Nimmt er mir das überhaupt nicht übel oder nimmt er mich etwa gar nicht ernst? Gedanklich frage ich mich, welche Variante ich schlimmer finde. *„Kann es sein, dass Sie mich gar nicht ernst nehmen?"*, frage ich zornig. *„Doch, doch! Sehr ernst sogar! Weißt du, der kleine Prinz ist ein tolles Buch! Lies es ruhig in meinem Unterricht, das ist sehr sinnvoll und ich mag es auch!"* Komplett sprachlos wusste ich zunächst nichts zu entgegnen. Wissentlich soll ich mich deinem Unterricht entziehen dürfen, ohne Ärger von dir zu kassieren? Weil du das Buch vom kleinen Prinzen genauso sehr magst wie ich? Du setzt schnell noch einen darauf: *„Sag mal! Im Erdkundeunterricht kann ich dir aber höchstens ein ausreichend geben, da kommt ja so gar nix von dir. Wir haben es nicht so mit Länderorientierung und Namen der Flüsse, oder?"* Warum nimmt der mich eigentlich nicht ernst? Wie gewinne ich die Oberhand zurück? Wieso gefällt ihm das Buch 'Der kleine Prinz' und warum kassiert er es nicht einfach ein, wenn er genau weiß, dass ich es in seinem Unterricht…? *„Anais!"* Zack, reißt du mich wieder aus meinen Gedanken. Den Faden habe ich verloren. *„Wie war die Frage?" „Ich habe gar keine gestellt!"* Du legst deinen Kopf schief in den Nacken und guckst mich mitleidsvoll an. Bei dieser Pose finde ich auf einmal etwas Bezauberndes, Wundervolles an dir. Regelrecht versunken bin ich im Anblick deiner Person. Warm wird mir und nervös werde ich. Meine Stärke in mir verzieht sich und die Unsicherheit trumpft auf. Warum klage ich dich eigentlich an? Mein Verhalten dir gegenüber ist in der Tat verachtend und nicht fair. Es gibt **keine** dunkle Seite in dir. Du bist nicht mein Feind, du bist mein Freund. Mein Verhalten ist unangemessen. Deine Ruhe und Gelassenheit imponieren mir. Nein, nein, der ist nicht liebenswürdig, niemals, spricht der kleine Teufel in meinem Kopf. Mensch, wie sehr benehme ich mich daneben an dem Sprechtag… Unmöglich! Hättest du mir an dem Tag nicht einfach die Leviten lesen können? Warum hast du das nicht getan? In unserem Gespräch verliere ich zusehends die Oberhand. Mit deiner gelassenen, mir überlegenen Art, erstauntest du mich ungemein. Du warst freundlich zu mir, obwohl ich dir bereits den Krieg erklärt hatte. Das verdient Achtung und Respekt. Beides gab ich dir für einen kurzen Moment. *„Warum denn in Erdkunde nur ein ausreichend? Das wäre dann das einzige Fach, in dem ich auf 'ausreichend' stehe, das versaut ja das ganze Zeugnis!"* Mir wird ein bissel mulmig und der Punkt geht an dich, W., immerhin bist du mein Lehrer. Wenn du mir ein ausreichend geben möchtest, dann tust du das, ob ich frech bin oder nicht. Aus der Traum, Anais! Welcher Traum eigentlich? Vielleicht der Traum, meinen Lehrer zu überzeugen, dass er mich statt nach Leistung besser nach meiner Persönlichkeit beurteilt? Bin ich persönlich mehr wert, als mein Wissen? *„Wissen ist begrenzt!"* sage ich mit einem scharfen Unterton, obwohl ich den Satz selber nie wirklich in seiner Bedeutung verstanden habe. *„Ja, Albert Einstein wusste das auch schon!"* sagst du, eifrig nickend. *„Und wie kommst du jetzt darauf, Anais?" „Ganz ehrlich? Ich weiß es auch nicht!"* Ich seufze. Der Überblick der Situation ist mir völlig entglitten. Da hilft nur noch der Rückzug. Am liebsten möchte ich aufstehen und gehen. Du kannst einen wirklich nervös machen, W! *„Nee, auf Erdkunde habe ich so gar keinen Bock, tut mir leid!"* entgegne ich. Es ist zumindest eine ehrliche Antwort von mir. *„Wie, noch weniger Lust als auf meinen Deutschunterricht?" „Ja!"*, stimme ich zu. Aber ein ausreichend... Hey! Also ich bin doch auf jeden Fall besser als ausreichend, oder nicht? *„Worauf haste denn so Bock, Anais?"* Meine Angst wegen der schlechten Note in Erdkunde ist dir anscheinend völlig egal! *„Auf mein Pferd!"* entfährt es mir. Das ist auf die Schnelle der einzige Einfall, der mir im Kopf rumschwirrt. Es klingt vielmehr nach einer Frage, als nach einer Antwort *„Ach, das Fräulein Anais reitet. Interessant!" „Ja, ich reite, und was gibt's da bitteschön zu lachen?"* Oha, du bringst mich auf die Palme, W. *„Nichts, nichts, nichts!"* Amüsiert schüttelst du deinen Kopf. *„Herr K., ich gehe jetzt!"* Ich stehe auf und halte dir zum Abschied meine Hand hin. So perplex bin ich, dass ich dir meine Hand reiche. *„Aber bitte, in Erdkunde mit der Note, das überlegen Sie sich nochmal, das macht ja wirklich das ganze Zeugnis zunichte!"* Der Händedruck, den ich von dir bekomme, ist ziemlich fest. Unheimlich beherrschen muss ich mich in dem Moment, nicht in die Knie zu gehen. Erschrocken blicke ich dich an. Dein Gesichtsausdruck hat den leichten Anreiz einer angeflogenen Schadenfreude. Verdammt, ist das ein fester Druck, als du meine Hand nimmst. Mit so viel Druck von dir konnte ich nicht rechnen, sonst hätte ich dir meine Hand im Leben nicht gegeben. Mein Gott, das tut richtig weh. Das machst du mit Absicht, meine Hand so fest zu drücken. Das Gespräch mit mir hat dir nicht wirklich gefallen. Weil ich immer so frech bin und das letzte Wort haben muss. Der schmerzhafte Händedruck ist deine Strafe an mich. Das sehe ich in deinem Blick. *„Hat mich sehr gefreut, Anais!" „Ja, mich auch!",* stöhne ich schmerzvoll. Du schaust mir beim Abschied besonders tief in meine Augen. Meine Augen füllen sich beinahe mit Tränen dank dem Schmerz, den du scheinbar nicht mehr von mir nehmen möchtest. Einige Sekunden lang verharren wir beide regungslos. Hand in Hand. Nach einer schmerzhaft gefühlten Ewigkeit lässt du sie endlich los. Das Funkeln in deinen Augen verfolgt mich bis zum heutigen Tag. Gedanklich fluche ich über den Schmerz in meiner Hand, als ich von dir gehe. Und über dich schimpfe ich! Nach diesem Sprechtag versuche ich, mich im Erdkundeunterricht bei dir zusammenzureißen und mich besser an ihm zu beteiligen. Ein „ausreichend" im Zeugnis möchte ich auf keinen Fall riskieren. Zuhause werfe ich öfter einen Blick in den Atlas, um zu sehen, wo die einzelnen Städte, Länder und Flüsse liegen. Wohin die Gewässer münden, schaue ich mir ebenfalls an. Sogar im Deutschunterricht kommen mir zeitweise recht passable Antworten über meine Lippen. Auch wenn das in meinen Augen alles dämliche und einfache Fragen sind. Diesen einfachen Kram habe ich doch auf dem Gymnasium längst durchgekaut. Dafür kann ich dich nicht verantwortlich machen. Du gehst nur deinen Anordnungen als Lehrer nach, das weiß ich. Anstatt 'Der kleine Prinz' zu lesen, versuche ich, dir im Unterricht zuzuhören. Wirklich, ich versuche es. Vielleicht gibt es doch etwas bei dir zu lernen. Leider ist dem nicht so. Fische im Aquarium zu beobachten, wäre weniger langweilig, als deinem Unterricht zu folgen. 'Der kleine Prinz' ist eine Droge für mich. Von dem Buch kann ich nicht lassen. Kurz vor den Ferien, dein Unterricht ist sehr locker und jeder Schüler kann und darf machen, was er will, lese ich natürlich weiter in dem Prinzen-Buch. Auf meinen Knien unter dem Tisch liegt es. Plötzlich trittst du unerwartet heran und nimmst mir das Buch weg. *„Auf welcher Seite sind wir denn?"* Ziemlich erschrocken bin ich, weil ich völlig in Gedanken der Zeilen versunken war. Knallrot lief ich an. *„Guckt mal, so sinnvoll kann der Unterricht genutzt werden! Anais liest das Buch «Der kleine Prinz»! Eine wundervolle Geschichte! Anais, vielleicht magst du deinen Mitschülern und mir einmal erzählen, worum es in dem Buch geht? Vielleicht können wir jetzt alle noch etwas Wichtiges lernen, bevor wir in die Ferien gehen?"* Mann, ist mir das peinlich gewesen, W! Als der Gong zum Schulschluss ertönte und alle Schüler möglichst schnell den Klassenraum verließen, blieb ich sitzen. Extra! Das wollte ich klären! Nur wir saßen sind noch im Klassenraum. Du sortierst seelenruhig deine Unterlagen zusammen. Würdigtest mich keines Blickes. Wortlos packtest du deine Sachen ein. *„Das war nicht witzig!"*, sagte ich energisch. *„Nö, ich habe ja auch nicht gelacht oder?"*, kam es gleichgültig von dir zurück. *„Doch! Sie lachen die ganze Zeit über mich, innerlich! Sie machen sich lustig über mich!"* *„Nein! Das würde ich niemals tun!"* Deine Antwort klang ernst. Für einen Moment kaufte ich sie dir sogar ab. *„Die Leute, sagte der kleine Prinz, schieben sich in Schnellzüge und dabei wissen sie gar nicht, wohin sie fahren wollen! Nachher drehen sie sich im Kreis und regen sich auf. Das ist gar nicht der Mühe wert!"* *„Ok, was wollen sie mir mit diesem Zitat sagen, Herr K?"* *„Denk doch mal darüber nach, Anais. Du hast ja jetzt die ganzen Ferien Zeit!"* Du nahmst deine Tasche und gingst wortlos, ohne dich noch einmal umzudrehen, aus dem Klassenraum. Seit dem Tag mache ich mir noch mehr Gedanken über dich, W. Ich liebe dieses Buch sehr.

Der kleine Prinz! Die Lektüre war äußerst wichtig für mich und meine spätere Entwicklung. In den Erzählungen des Buches stecken viele Wahrheiten, die mein späteres Leben bestimmt haben. Zu dem Zeitpunkt, an dem ich das Buch las, konnte ich das natürlich noch nicht wissen- und dieses Zitat, das du mir auf den Weg mit in die Ferien gabst, das ließ mich gedanklich nicht mehr los. Du wolltest mir damit sagen, dass ich mir nicht so viele Gedanken machen soll, weil es mich nicht wirklich weiterbringt in meinem Leben. Sich den Kopf über Dinge zu zermartern, die ich nicht ändern kann, macht keinen Sinn. Die Gedanken, die ich mir über dich machte, besonders in meinen Ferien, W., die stellten mich zunächst vor ein Rätsel. Mir gefiel es allerdings, dass du das Buch genauso mochtest wie ich es auch heute noch mag. Wir sind uns sehr ähnlich. In vielen Dingen. In den Ferien passierte es! Das erste größere Unglück meines Lebens hielt Einzug: Einen ziemlich schweren Reitunfall erlitt ich! Meinem Leben gab das damals einen heftigen Einschnitt. Während eines Reitturniers schlug ein Pferd nach meiner Stute „Metaxa" aus und traf mich dabei an meinem Schienbein. Mit voller Wucht „durchschlägt" der ausschlagende Huf meinen Schienbeinknochen. Dieser „brach" wie ein dünnes Streichholz. Das verspürte ich in dem Moment genau. Jemand von den Zuschauern, die das Drama zufällig beobachtet hatten, kam rasch angelaufen und hob mich von meinem Pferd aus dem Sattel. Ohne fremde Hilfe wäre mir das Absteigen nicht mehr möglich gewesen. Die Rettungssanitäter kamen ebenfalls herbeigerannt. So schnell, als müssten sie einen Marathon gewinnen. Unbarmherzig schnitten sie meinen Reitstiefel auf. Dass das Leder an meinen Füßen über 500 Mark gekostet hatte, interessierte sie nicht. *„Der Fuß ist sicherlich gebrochen! Du musst sofort ins Krankenhaus!"* Wie im Film spielten sich die Szenen um mich herum ab. Meine Eltern sind übrigens, wenn es wichtig wäre, niemals zeitig am Ort des Geschehens meiner „Katastrophen" oder „Unfälle" zugegen gewesen. Das Genick hätte ich mir brechen können, während sie in aller Ruhe ihren Kaffee schlürfen und seelenruhig mit Bekannten quatschen würden. Dass ihrer Tochter einmal etwas passiert, wäre ihnen im Traum nicht eingefallen. Mit dem Krankenwagen ging es an dem Tag vom Reitturnier ab in das nächste Krankenhaus. Mit mir auf der Pritsche und meiner Mutter im Schlepptau auf dem Notsitz. Hervorragend, coole Mischung! Nachdem die Röntgenbilder ausgewertet waren, sagte der Arzt skeptisch: *„Ja, das ist ein Schienbeinbruch! Ein glatter Bruch, aber eine offene Fraktur!" „Herr Doktor, wir haben in einer Stunde noch eine Prüfung beim Reitturnier. Ist meine Tochter bis dahin wieder fit und kann sie reiten?"* Meine Mutter, ungelogen, immer für einen Knaller gut, stellte dem Arzt tatsächlich diese Frage. Sie hat damals unter Schock gestanden, nehme ich heute an. Anders kann ich mir ihr Verhalten bis zum heutigen Tag nicht erklären. *„Ihre Tochter wird erst mal sehr lange Zeit gar nicht mehr reiten können"*, sagte der Arzt verständnislos. Einen Oberschenkelgips bekam ich verpasst und muss eine lange Zeit im Krankenhaus bleiben. Der offene Bruch wurde operativ unter Narkose gerichtet. Die Wochen bestanden damals für mich nur aus Schmerzen, Leid, Kummer und Tränen. Der Bruch schmerzte wahnsinnig nach der Operation. So sehr, dass ich beinahe das gesamte Krankenhaus zusammenschrie. Meine Qualen der Schmerzen sind jedoch weitaus erträglicher gewesen als die Vorwürfe meiner Eltern, die gnadenlos auf mich einschlugen. Meine Mutter gibt mir tatsächlich die Schuld an dem „Drama", wie sie mein Unglück nannte. *„Du hättest aufpassen müssen Anais! So etwas passiert, wenn man zu blöde zum Reiten ist, ich habe dir immer schon gesagt, geh lieber Tennis spielen!"*, drangsalierte sie mich, wenn sie mich mit ihrem zweiten Mann, meinem Stiefvater F., im Krankenhaus besuchte. *„K! jetzt sag doch dem Kind nicht* *solche Sachen!*", versuchte er meine Mutter damals zu bremsen. Wenigstens ist er ein wenig verständnisvoller als meine Mutter gewesen. Es wunderte mich in dem Moment, denn ihre gemeine Art hatte eigentlich schon recht früh auf meinen Stiefvater abgefärbt. So wirklich mit Liebe trat auch er mir in all den Jahren nicht gegenüber. Meine Mutter trennte sich von meinem leiblichen Vater, als ich drei Jahre alt war. Danach lebte ich bei ihr und ihrem zweiten Mann, zu dem ich kein gutes Verhältnis pflegte. In meinen Augen ist er nicht mein Vater und hatte mir somit rein gar nichts zu sagen. Sicherlich war es für ihn nicht einfach mit mir. Unsere Verbindung stand niemals unter einem guten Stern. Ja ich gebe zu, ich konnte, wenn ich wollte, auch zu ihm richtig gemein sein. In Worten und in Taten. Ein pubertierendes Mädchen bin ich gewesen! Meine Eltern waren mir in der qualvollen Zeit meines Beinbruchs keine große Hilfe. Es gab Tage im Krankenhaus, an denen ich froh war, wenn sie zu den Besuchszeiten gar nicht erst erschienen. Von mir aus brauchten sie nie mehr das Krankenhaus mit meiner Zimmernummer „13" betreten, um mir einen Besuch abzustatten. Das Verhältnis zu meiner Mutter war bereits seit Kindheitstagen an sehr schlecht. Sie liebte mich nicht. Das Wort „Liebe" war und ist ihr fremd. Es existierte weder in ihrem Wortschatz noch fand man es in ihrem Herzen. Selbst dann nicht, wenn man in diesem noch so tief gewühlt oder gegraben hätte. Anstatt mich in den Arm zu nehmen und zu trösten, wenn ich in meinem Leben Leid erfuhr, teilte sie mit absolut verletzenden Worten Vorwürfe an meine Adresse aus. Sie war Meisterin der Inszenierung ihrer fast perversen „Szenarien" und Profi ihrer harten und ungerechten Moralpredigten. Meiner Mutter gegenüber habe ich immer schon den blanken Hass in meinem Herzen verspürt. Außerdem hatte sie sadistische Züge an sich, seit ich denken kann. Ich kannte meine Mutter nicht anders, als die lieblose Egoistin. Seit ich ein kleines Kind war, konnte ich mich leider an Nähe, Liebe und Wärme nicht erinnern. All das, was

Kinder brauchten, um sich gut zu entwickeln, habe ich von meiner Mutter nicht bekommen. Meine Erinnerungen aus frühen Kindheitstagen sind an „Pinocchio" im Fernsehen hängengeblieben. Eine Holzpuppe brachte damals scheinbar mehr Zuwendung durch die Mattscheibe in meine zarte Kinderseele, als meine eigene Mutter. Liebe habe ich von ihr nicht bekommen. Sie hat mich damals vor die Glotze gesetzt und dann war sie fertig mit mir. Solange ich denken kann, teilte sie keinerlei Zärtlichkeit an meine Adresse aus. Dass ich nach dem Unfall voraussichtlich eine lange Zeit nicht mehr reiten konnte, lag ihr schwer im Magen. Schwerer, als mich die Unterschenkelfraktur schmerzt. Einmal, weil der Reitsport, wie sie sagte, unheimlich teuer sei und nichts wirklich einbrachte. Schon gar nicht, wenn ich gesundheitlich nicht mehr in der Lage war, auf das Pferd zu steigen. Andererseits, weil ich in ihren Augen eine schlechte und unfähige Reiterin war. Sie sprach absichtlich schlecht über meine Fähigkeiten, nur um mir im Herzen wehzutun. Sie wollte mich bewusst verletzen. Ich sagte ja, wir sprechen über eine Sadistin. Nach meinem Unfall hatte sie natürlich den eindeutigen Beweis ihrer Vermutungen, dass ich ein Versager war. Je mehr sie mich, ihr eigenes Kind, verletzen konnte, desto zufriedener war ihre kranke Seele. Der Teufel wohnte in ihrem kalten Herzen. Er ernährte sich aus meiner Traurigkeit. Für meine Mutter war ich der große Loser im Sattel seit meinem Unfall. In ihren Augen traf mich die alleinige Schuld, dass mein Schienbein zertrümmert ist. Dass sie so dachte, ließ sie mich deutlich spüren. Tag für Tag. Oft sagte sie im Krankenhaus Dinge wie: „*Guck, jetzt bist du ein Krüppel! Du kannst doch nie wieder reiten, wenn du überhaupt mal wieder laufen kannst, dann kannst du dich schon glücklich schätzen!"* Wie sehr sie mich damit verletzte, mit ihren herzlosen Worten, ob sie das wusste? Wie sehr sie mir wehtat, das kann ich nicht annähernd in Worte fassen. Ihr einziges Kind bin ich. Warum hatte sie mich nicht lieb? Später, als ich älter wurde, fragte ich sie, warum sie mich so gemein behandelt. Darauf gab es nie passable Antworten für mich. *„Dein Vater wollte eben keine Kinder, Anais, deshalb hat er uns damals verlassen! Du bist doch schuld, dass dein Vater mich im Stich gelassen hat. Wärst du nicht gewesen, wäre er nicht fortgegangen!"* Egal, welche Antwort ich von meiner Mutter auf meine Fragen erhielt, sie taten mir alle weh und stechen mitten ins Herz. Meine Mutter ließ mein kleines Herz wissentlich bluten. Sie fand in meinem Blut ihre innerliche Befriedigung. Pervers nenne ich heute derartiges Verhalten! Ungern erinnerte ich mich an die zurückliegenden vielen gemeinsame Reitturniere, die ich mit meiner Mutter durchlebt hatte. Weil ich noch keine 18 war und kein Auto fahren durfte, kutschierte sie mich damals durch die Gegend. Wehe, wenn ich nicht perfekt durch den Springparcours gelang, dann stand sie gleich am Rand und nahm mich schimpfend in Empfang. Wie eine dreckige Krähe krächzte sie lauthals herum. Für jeden Menschen, der sich in der Nähe befand, war dieses Szenario von ihr deutlich laut hörbar. Mit voller Absicht wurde es von ihr inszeniert. *„Du bist ein Versager, Anais!"* Oder: *„Du kannst es einfach nicht! Geh doch zum Tennis!" Das kann man sich nicht mit angucken, wie schlecht du reitest!"* Dieses Runterputzen von ihr, zerstörte damals sehr viel in meiner zarten Seele. Das Vertrauen in meine Mutter und in mein Selbstvertrauen. Damit hatte sie mich systematisch kaputt gemacht. Selbstvertrauen? Gab es das überhaupt für mich? Davon hatte ich doch gleich null. Im Grunde genommen habe ich Angst vor meiner eigenen Mutter gehabt. All die Jahre lang. Angst, zu versagen, Angst, ihr nicht gut genug zu sein. Angst, sie zu enttäuschen. Angst, von ihr gemobbt zu werden. Oftmals drohte sie, mir mein über alles geliebtes Pferd wegzunehmen. Bessere Erfolge im Reitsport erwartete sie von mir. Dabei hatte meine Mutter überhaupt keine Ahnung von Pferden. Sie wusste nicht annähernd, was gutes, oder schlechtes Reiten ausmachte. Auch in der Zeit, in der ich den schweren Unfall hatte, drohte sie, mein geliebtes Pferd „Metaxa" zu verkaufen. Ihrer Meinung nach konnte ich sowieso nie wieder in den Sattel steigen, da ich nach dem Unfall für den Rest meines Lebens ein Krüppel bleiben würde. Als Krüppel brauchte ich somit auch mein Pferd nicht mehr. Gottseidank hatte ich damals eine sehr gute Freundin, aus der gemeinsamen Schulzeit vom Gymnasium. Sie war ebenfalls eine tolle und leidenschaftliche Reiterin, genau wie ich. Sie kümmerte sich in der schweren Zeit um uns – um mein Pferd und mich. Sie war immer für mich da. Ihr Name ist „K". Wir verbrachten die meiste Zeit unserer Kindheit miteinander und gingen zusammen durch Dick und Dünn. K. wusste über das krankhafte Verhalten meiner Mutter bestens Bescheid. Sie bekam die Art meiner Mutter oft genug live und in Farbe mit. K. wusste, wie ich mich fühle, wenn ich von meiner Mutter mal wieder runtergebuttert und nervlich drangsaliert wurde. Meine Mutter hatte übrigens keine Hemmungen, mich vor meinen Freunden verbal zu misshandeln. Wenn meine Freundin K. einen Menschen in ihrem Leben wirklich nicht ausstehen konnte, dann war es meine Mutter! Ihre Eltern waren ganz anders als meine. Freundlich, locker und cool drauf! Ich habe noch nie mitbekommen, dass sie mit ihren Kindern - und sie haben gleich drei davon - jemals ungerechtfertigt geschimpft, oder K. lieblos behandelt hätten. So gern war ich in meiner Kindheit bei K. und ihren Eltern zuhause. Wie oft übernachtete ich dort! Was für ein Spaß! Wir gingen Reiten und verbrachten ganze Sommermonate miteinander. Übernachten im Zelt. Schwimmen im Baggersee und unsere Freundschaft, die hielt, obwohl ich dann leider die Schule wechseln musste. Wir versprachen uns ewige Freundschaft. In der schweren Zeit mit meinem gebrochenen Bein ist auf K. Verlass gewesen. Sie besuchte mich im Krankenhaus. Abends brachte sie mir Pizza vorbei, erzählte von meinem Pferd und steckte mich an mit ihrer Fröhlichkeit. K. hatte dieselben Träume wie ich. Wir wollten irgendwann mit unseren Pferden zusammen ans Meer reiten. Ein lang gehegter Traum. Auf und davon. Mit Zelt und Rucksack, einfach so. Wir wollten frei sein! Frei von dem nahenden Zeitalter des Erwachsenseins. In unseren Augen blieben wir ewig jung und somit wild, frei und in der Würde unantastbar. Wenn wir auf unseren Ponys im gestreckten Galopp über die Felder flogen, gab es für uns kein Leben mehr „außerhalb" unseres Paradieses. Wir waren in unserer eigenen Welt die ungezähmten Könige. Verdammt reich an Freiheit und Unbeschwertheit fühlten wir uns in unserer Kindheit. Wir saßen am Lagerfeuer neben dem Zelt, hielten Stockbrot in unseren Händen und erzählten uns die tollsten Geschichten. Die Pferde „Metaxa" und „Rebell" grasten friedlich hinter uns im Untergang der Sonne. Die Welt, in der wir aufwuchsen, war wunderbar und fantastisch. Unsere Freundschaft blieb mein Leben lang etwas „Besonderes". *„Sobald du hier raus bist, Anais, gehen wir wieder zusammen Reiten. Und dann irgendwann hauen wir beide einfach ab und lassen alles hinter uns"*, lacht K. herzhaft. Ihre Worte taten unheimlich gut und ich konnte es kaum erwarten, dass sie mich nachmittags im Krankenhaus besuchte. Sie gab mir Hoffnung. Hoffnung, durchzuhalten und mich auf mein Pferd zu freuen. Freundschaft spielte in meinem damaligen, sehr jungen Leben eine weitaus größere Rolle, als die Liebe zu meiner eigenen Familie. In Freundschaften fand ich den wichtigen Halt und die nötige Liebe im Leben. Vielmehr, als bei meinen Eltern. Mein leiblicher Vater kümmerte sich nicht um mich. Während meine Mutter mir die Schuld gab, dass mein Vater sie verlassen hatte, konnte sie mich eigentlich gar nicht lieben, oder? Sonst hätte sie so etwas niemals sagen können. Das Schlimmste, das einem Kind im Leben passieren konnte war, von den eigenen Eltern nicht geliebt zu werden! Leider musste ich mit meinem Beinbruch sehr viele Wochen im Bett verbringen und durfte mich nicht bewegen. Aus dem Monat August wurde der September. Der Oktober kam und ich lag noch immer im Krankenhaus. Aus der Schulklasse besuchten mich meine Mitschüler eher selten. Meine Freunde konnten mit der Situation meiner Hilflosigkeit scheinbar schlecht umgehen. Zu dem Zeitpunkt hatte ich meinen ersten festen

Freund. Er liebte Pferde ebenfalls und übte den Reitsport aus. Eine bis dahin coole Zeit lag hinter uns. Bis zu meinem Unfall... Danach änderte sich alles schlagartig. *„Kommt der Michael dich nicht mehr besuchen?"* „Nein, er kommt nicht mehr Mama", sagte ich traurig und enttäuscht. Meine Mutter, als sie mich mal wieder im Krankenhaus besuchte, hatte natürlich gleich die richtige Antwort für mich und mein Desaster, wie sie es nannte, parat: *„Ja, Anais, was soll der Junge denn auch mit dir? Soll er dich etwa im Rollstuhl schieben? Guck dich doch mal an! Du kannst nicht mehr laufen. Reiten kannst du bestimmt auch nie wieder. Du bist doch ein Krüppel jetzt! Ich kann den schon verstehen, den Michael!"* Irgendwann besuchte er mich tatsächlich nicht mehr im Krankenhaus, der Michael. Eine schwere Zeit bedeutete es für mich. In ihr lernte ich vor allem, wer meine wirklichen Freunde waren und wer nicht. Von den echten Freunden, die auch in der Not zu mir hielten, gab es Wenige. Hinzu kam, dass ich eine große Menge an Unterrichtsstoff in der Schule verpasste und Angst hatte, den Anschluss völlig zu verlieren. Der psychische Druck war enorm groß und meine Sorgen berechtigt. *„Du kannst das Schuljahr nicht wiederholen"*, witzelte meine Mutter. *„Auf die Sonderschule kannst du gehen!"* Sie nahm mir jegliche Hoffnung, dass ich den verpassten Stoff doch noch irgendwie aufholen konnte. Du W., besuchtest mich in der Zeit auch nicht. Ich weiß nicht, ob ich mir gewünscht habe, dass du kommst, aber eigentlich war es üblich, dass die Lehrer ihre Schüler besuchten, wenn diese über einen langen Zeitraum im Krankenhaus lagen. Ja doch, ich hätte es mir gewünscht. Sehr sogar. Aber Wünsche, meine Wünsche gehen irgendwie selten in Erfüllung. Du W., besuchtest mich wahrscheinlich aus Angst nicht. Angst, dass ich dich wieder angegiftet und dir die Zähne gezeigt hätte. Sehr wahrscheinlich ging es dir besser, wenn du meine Nähe nicht ertragen musstest. Deshalb kamst du auch nicht ins Krankenhaus. Dieser ewige Hasskampf zwischen uns. Wie unsinnig! Und warum? War das unser Weg? Die

Hausaufgaben wurden mir von einer Mitschülerin gebracht und auch von ihr in der Schule bei dir wieder abgegeben. Fast ein halbes Jahr verlor ich an der Schule. Als ich endlich aus dem Krankenhaus entlassen wurde, war ich weiterhin ans Bett gefesselt und musste zu Hause rumliegen. Noch immer trug ich Gips und ein Rollstuhl stand jederzeit für mich bereit. Falls mich jemand draußen bereitwillig durch die Gegend schieben mochte, wenn ich mal an die frische Luft musste. Meine Mutter erledigte das damals sicherlich nicht, aber meine Freundin S. fuhr einige Male mit mir durch unseren Ort. Laufen war mir unmöglich. Durch die lange Zeit im Gips waren meine Muskeln verschwunden. Irre dünn bin ich geworden und fühlte mich einfach nur schlecht und unglücklich. Von zu Hause bekam ich keinen lieben Zuspruch. Natürlich nicht. Meiner Mutter und ihren täglichen Demütigungen war ich hilflos ausgeliefert. Für mich der blanke Horror! Da hatte ich es im Krankenhaus angenehmer. Manchmal wünschte ich mir, morgens nicht mehr aufzuwachen, nur um ihre Respektlosigkeiten und miesen, meiner Meinung nach psychisch kranken Spielchen nicht mehr ertragen zu müssen. Mein Stiefvater kümmerte sich rührend um mich. Er brachte mir das Essen ans Bett, trug mich die Treppen rauf und runter, wenn ich mal für kleine Mädchen musste. In meiner Hilflosigkeit war ich auf fremde Hilfe angewiesen. Einmal fuhr er mich mitsamt dem Rollstuhl im Auto zum Pferdestall und ich konnte mein geliebtes Pferd "Metaxa" besuchen. Das vergesse ich ihm nie. Als ich meine Stute damals nach mehreren Wochen das erste Mal wiedersah, füllten sich meine Augen mit Tränen. Ich rief ihren Namen, als mein Stiefvater mich im Rollstuhl in den Stallgang hineinschob und Metaxa wieherte mir freudig entgegen. Dieses Gefühl war unbeschreiblich. Mein Pferd hatte mich nicht vergessen. Metaxa freute sich, dass ich sie besuchte. Meine Mutter ließ mich in der Zeit meiner Krankheit allein. Selten suchte sie das Gespräch mit mir. Damals lag ich oben in einem Zimmer bei uns zu Hause unter dem Dach. Wie auf dem Abstellgleis. Weit weg vom Alltagsgeschehen. Wie eine Aussätzige. Zarte 15 Jahre alt, verpasste ich eigentlich den besten Teil meines Lebens. Aufstehen ging nicht. Den ganzen Tag lang war ich ans Bett gefesselt. Außer einem Fernseher hatte ich nichts und niemanden. Meine Mutter kam höchstens einmal am Tag vorbei und schaute flüchtig in mein Zimmer. Sie kontrollierte nur, ob ich lebe. Kleines Pflichtgefühl von ihr. Mehr ist das nicht. Mich in den Arm nehmen, das kannte sie nicht. Naja, weißt du W., wenn sie mich in Ruhe ließ, dann konnte sie mich wenigstens nicht mit ihren Gemeinheiten quälen. Ihre Kälte im Herzen prügelte meine Seele all die Jahre lang. Wie oft weinte ich mich nachts in den Schlaf. Nach zwölf Wochen wurde der Oberschenkelgips endlich zu einem Unterschenkelgips. Somit wurde ich wieder etwas beweglicher. Ein tolles Gefühl! Ein kleines Stückchen Freiheit erhielt ich zurück. Nachdem ich das Laufen mit den Krücken „drauf" hatte, durfte ich wieder zum Schulunterricht. Mit dem Bus zu fahren, war mir in meiner Hilflosigkeit unmöglich, so fuhr mich täglich ein Taxi zum Schulunterricht und holte mich dort mittags wieder ab. Es gab ziemlich miese Tage mit den scheiß Krücken, insbesondere bei Regen. Der Linoleumboden der Schule war derart glatt, dass ich oft ausrutsche und am Boden lag. Meine größte Sorge: Dass ich mich vor dir zufällig noch auf die "Fresse" legte, W. Das wäre an Peinlichkeit kaum zu übertreffen gewesen! Du hättest bestimmt gesagt: „Ah, da liegt sie mir zu Füssen, die freche kleine Anais. Das ist ihre Strafe!" Die gedankliche Vorstellung, dass du mir unter die Arme gegriffen hättest, damit ich vom Boden wieder aufstehen konnte, war für mich eine grausame Vorstellung! Dein Grinsen sah ich bildlich vor mir. So dachte ich über dich. Ich konnte nicht ahnen, dass wenn es tatsächlich passiert wäre, du sofort mit mir ins nächste Krankenhaus gefahren wärst. Du hättest von den Ärzten die Fraktur kontrollieren lassen. Der Bruch hätte sich durch einen Sturz natürlich verschieben können. Als ich den Fuß wieder etwas belasten durfte, musste ich das Laufen fast völlig neu erlernen! Meistens kam ich nur im Schritttempo voran und verpasste den Bus. Während der Zeit genoss ich allerdings den besonderen Umstand, dass ich früh morgens vor Schulbeginn schon in den Aufenthaltsraum durfte, zusammen mit einer Begleitperson, um dort sitzen zu können. Deshalb, weil ich mit den Krücken nicht allzu lange auf einem Bein stehen konnte. Meine damalige Schulfreundin „S". war meine Auserwählte. Das Witzige, der Aufenthaltsraum, in dem wir saßen, grenzte genau an das Raucherlehrerzimmer. Dort warst du täglich anzutreffen. Ein Leben ohne Zigaretten? Für dich unvorstellbar! Im Rauchen warst du wirklich der Größte. Marlboro, bestimmt jeden Tag zwei Schachteln. Dass du sie nicht fraßest, war alles. S. und ich fanden es äußerst interessant, morgens schon vor dir im Aufenthaltsraum zu sein, bevor du in das Lehrerzimmer gingst. Wir beobachteten dich gerne. Wie verrückt wir waren. Eines Tages wurde dir das wohl zu dumm, dass S. und ich dich morgens immer schon frech grinsend in Empfang nahmen und du sagtest: *„So, das hört sich jetzt aber mal auf! Ihr könnt draußen auf dem Schulhof warten, wie alle anderen Schüler auch!"* *„Ja, nee, ist klar! Anais mit ihrem kaputten Bein, die darf hier rein in den Aufenthaltsraum!"* nahm S. mich sofort in Schutz und zeigte dir den Vogel. *„S., sei nicht immer so frech! Anais kann hier sitzen, aber du bleibst ab morgen draußen!"* Deine Sprache war ziemlich energisch, W. So kannte ich dich gar nicht! Nebenbei, warum sagtest du, S., sie sei frech? Was war ich dann bitteschön dir gegenüber? Mit mir hattest du so allerdings noch nicht gesprochen. Jedenfalls saß ich ab dem Tag tatsächlich alleine im Aufenthaltsraum, weil du S. gedroht hattest, zum Direktor zu gehen, würde sie weiterhin mit mir im Aufenthaltsraum sitzen. Natürlich sprach ich aus Ärger, dass S. nicht mehr an meiner Seite sein durfte, kein Wort mehr mit dir. Auch kein 'Guten Morgen!' Unsere Wege kreuzten sich vor unserem eigentlichen Unterricht täglich in dem Aufenthaltsraum. Du grüßtest mich immer freundlich mit einem 'Guten Morgen!' Manchmal sogar mit einem zweiten Satz 'Gut geschlafen?' Innerlich schmunzelte ich. Charme hattest Du und wirst Du auch in meiner Erinnerung immer haben! Ich hatte das Gefühl, dass es dir Leid tat mich morgens alleine im Aufenthaltsraum sitzen zu sehen. Gab es da etwa Schuldgefühle bei dir? Hattest Du ein schlechtes Gewissen? Keine Ahnung, warum du S. rausgeschmissen hattest. Vielleicht mochtest du sie wirklich nicht leiden. War es eine Art schlechter Laune Anfall von dir? Was wusste ich. Mich hattest du innerlich jedenfalls sehr damit getroffen, dass ich alleine im Aufenthaltsraum sitzen musste und ich blieb die nächsten Tage aus Wut und Protest ebenfalls draußen auf dem Schulhof. Zusammen mit S. Eines Morgens, ich stand auf dem Schulhof und du liefst an mir vorbei, fragtest du mich: *„Wie, hat dich noch niemand in den Aufenthaltsraum gelassen? Komm, ich lass dich rein!"* „Nee danke, kein Bedarf, ich warte draußen, genau wie S!" Ja W., Freundschaft geht mir im Leben über alles, damit du es mal weißt! *„Wir gehen heute W. K. besuchen!"* S. schien ziemlich entschlossen an einem Tag, an dem du krank gemeldet warst und somit unsere letzten beiden Unterrichtsstunden, die wir eigentlich bei dir hätten, ausfielen. „"M". kommt auch mit!", triumphierte S. M. ist die schlechteste Schülerin aus unserer Klasse und somit nicht unbedingt eine Lieblingsschülerin von dir gewesen. Erinnerst du dich an sie? M. war dumm wie drei Reihen Salat, dümmer geht nicht. *„Ihr beide seid nicht die besten Freunde von W! Das wisst Ihr schon, oder? Er wird sich nicht über euren Besuch freuen"*, mutmaßte ich. *„Ja, deshalb kommst du ja mit!"* S. packte meine Schultasche. *„Komm, schwing die Krücken, Anais, los geht's!" „Ich? Wieso ich?" „Na, dich mag er doch gut leiden, dann lässt er uns schon rein, wenn wir erst mal da sind!"* Mich mochtest du gut leiden, W? Wie kam S. auf diese Vermutung? Hatte sie etwas bemerkt? Ahnte sie bereits Dinge, von denen selbst ich noch nichts bemerkt hatte? Ziemlich erstaunt war ich, dass die beiden wussten, wo du wohntest, W. Die Zwei wussten jedenfalls mehr über dich als ich. Dein Zuhause war deine Privatsphäre und eigentlich galt es dies zu respektieren. Ok, es sprach eigentlich auch nichts dagegen, wenn Schüler ihren Lehrer zuhause besuchten. Wenn er allerdings krank war, empfand ich das ziemlich daneben und unpassend. Meine Bedenken hielt ich allerdings vor den beiden zurück. Irgendwie war ich neugierig auf dich, auf deine Wohnung und überhaupt. Spannend fand ich es, dich zu besuchen. So ging ich erwartungsvoll ich mit den beiden mit. Hätte ich gewusst, was mich bei dir daheim erwartete, ich wäre direkt zur Bushaltestelle gehumpelt und auf dem schnellsten Wege nach Hause gefahren. S. klingelte mutig an einem Mehrfamilienhaus die oberste Klingel, die tatsächlich deinen Namen trug. Einen steilen Berg waren wir zuvor hochgelaufen. Oben angekommen, japste ich aus allen Öffnungen und keuchte ziemlich. So gut zu Fuß war ich noch nicht wieder. Niemand öffnete. *„Der ist aber zuhause, er ist ja krank."*, sagte S. ziemlich laut. Extra laut, wahrscheinlich in der Hoffnung, dass du S. hörtest und uns deine Tür aufgemacht hättest. S. alarmierte beinahe die gesamte Nachbarschaft. Ungeniert klingelte sie Sturm bei dir. *„Ah, wollt ihr zu mir?"* Du standst plötzlich auf dem Balkon und blicktest zu uns herunter. Dein Blick war nicht gerade freundlich. *„Ja, ganz genau"*, winkte S. zu dir herauf. *„Ich bin krank! Das geht gar nicht heute, Leute! Tut mir leid!"* Damit warst du auch schon wieder vom Balkon verschwunden. *„Kommt, wir gucken mal, ob er uns nicht doch in die Wohnung lässt."* S. blieb hartnäckig und lief in deinen Hausflur. Du kamst plötzlich vom Keller herauf - mit einer Flasche Cola unter dem Arm. *„Ja, ihr gebt wohl keine Ruhe, dann kommt mal mit!"* Du wirkest genervt. Das konnte ich an dem Tag voll und ganz verstehen. Ich nahm mir vor, lieb und artig zu sein, immerhin warst du krank. Natürlich betrat ich zuletzt deine Wohnung, mit meinem Handicap, den Krücken. Du stiegst die Treppen hinter mir hinauf. Dich im Nacken zu spüren, ließ plötzlich ein sanftes Kribbeln durch meinen Körper fahren. Deine Nähe wirkte auf mich unheimlich und etwas beklemmend. Aber nicht im unangenehmen Sinne. Im Gegenteil. M. und S. befanden sich schon längst in deiner

Wohnung und durchwühlten quasi gnadenlos deine Privatsphäre innerhalb weniger Minuten. Deine Wohnung war einfach wunderbar. Ein großes Zimmer, aufgeteilt in mehrere kleinere Abteile. Eine kuschelige Sofaecke, einem Wohnzimmer mit riesigem Stoffsofa und dahinter lag deine offene Küche. Klein aber fein! Das Badezimmer versteckte sich wohl separat hinter einer Tür. Zum Schlafzimmer führte eine breite Holztreppe bis oben unter die Dachschräge. In einem hinteren Winkel im unteren Zimmer, neben dem Wohnzimmer, gab es einen offenen Kamin, der ebenfalls mit einer kleineren Sofaecke geschmückt war. Ein edles weißes Ledersofa war vor dem Kamin platziert. Eine tolle Wohnung hattest du, W! Bis heute sehe ich alles bildlich vor meinem inneren Auge. Deine Wohnung und dich. Wie gemütlich es bei dir daheim war, staunte ich. Liebevoll eingerichtet war sie, deine Wohnung. Für einen Mann, der alleine lebte, Respekt! Brav setzte ich mich wortlos auf dein Sofa und muckste mich nicht. Ich wagte nicht etwas anzurühren, im Gegensatz zu S. und M. S. turnte bereits voller Freude in deinem Schlafzimmer herum und rief: *„Aha, Pornos lesen wir also auch, Herr K!"* M. nahm währenddessen dein Badezimmer genauer unter die Lupe: *„Schöne Badewanne, Herr K!"* Oh mein Gott, war mir das peinlich! Wie versteinert saß ich regungslos auf deinem Sofa. Du setztest dich auf die andere Seite, mir direkt gegenüber. Gedanklich wünschte ich mich auf eine einsame Insel, weit weg vom Geschehen zumindest. So unangenehm war mir die Situation, der ganze Besuch bei dir. Scheiße, wäre ich doch einfach mit dem nächsten Bus nach Hause gefahren. Während S. und M. deine Wohnung im wahrsten Sinne des Wortes umkrempelten und ihre neugierigen Nasen in alles reinsteckten, blickten wir beide uns schweigend an. Niemals werde ich deinen Blick vergessen. Deine Augen ließen die meinen nicht für einen Moment los. Was du wohl über mich dachtest? Inständig hoffte ich, nichts „Schlechtes", auch wenn die Situation mehr als unangenehm war. *„Die beiden sind mir echt peinlich",* sagte ich leise. *„Ach komm, wenn du richtig*

laufen könntest, würdest du doch auch rumwühlen, oder?"
„*Nein!*" sagte ich entschieden! Niemals, auf keinen Fall! Ganz bestimmt nicht! So etwas gehörte sich einfach nicht! Ob du mir das abkauftest in dem Moment, keine Ahnung. Warum sollte ich dich anlügen? Das wäre mir gar nicht in den Sinn gekommen. „*Hätte ich gewusst, was die beiden hier veranstalten, wäre ich gar nicht mitgekommen*", rechtfertigte ich mich. „*So still und leise kenne ich dich überhaupt nicht, Anais!*" Dein Gesicht war recht erstaunt über mein in deinen Augen wahrscheinlich „vorbildliches Verhalten." Ja, ich konnte mich benehmen, wenn ich das wollte. Sehr sogar. „*Wir können ja richtig nett sein*", sagtest du erstaunt mit einem breiten Grinsen im Gesicht. Wortlos nickte ich und schickte ein Stoßgebet zum Himmel, dass die Peinlichkeiten von S. und M. das Höchstmaß nicht noch weiter überschreiten. Die beiden verstanden es an dem Tag gut, die Suppe zum Überkochen zu bringen. M. fing plötzlich an, über 20 cm zu reden, und aus den Sexualgeschichten, die sie irgendwo aufgeschnappt hatte, ins Detail zu gehen. Außerdem stellte sie gezielte Fragen an dich und dein eigenes Sexualleben. Das Lachen verkniff ich mir. Soll ich vor Scham lachen oder weinen? Fremdschämen pur war das! Am liebsten hätte ich mir die Ohren zugehalten. Dieses Mädchen war an Peinlichkeit nur schwer zu übertreffen. Wenn ich besser zu Fuß gewesen wäre, glaub mal W., ich wäre aufgestanden und gegangen. Du bliebst erstaunlich ruhig und erklärtest M., dass nicht die Länge, sondern die Art und Weise, wie man eine Frau befriedigt, darüber entscheidet, ob der Sex gut ist. Während ihr beide euch angeregt über das Thema Sex unterhieltet und S. immer noch in den Pornos wühlte, wünschte ich mich gedanklich noch weiter weg, als nur auf eine einsame Insel. Am liebsten bis zum Mond! Gibt es hinter dem Mond noch einen Planeten? Dann dorthin bitte! Beschämt hielt ich mir die Hände vor die Augen und wagte nur noch einen kurzen, sehr spärlichen Blick hinüber zu dir. Immer wieder trafen sich unsere Blicke. Ein kurzes Schmunzeln huschte dir über die Lippen, während ich

ein peinlich berührtes Gesicht zog und verlegen unter die Decke deiner Wohnung blickte. Ich höre nicht mehr hin, was M. von sich gab. Jedenfalls war es total daneben, was M. erzählte. Mein Gott, wie dumm dieses Mädchen war. Als M. von ihrem ersten Mal berichtete und in die Details ging, zogst du endlich die Notbremse und setztest uns alle kommentarlos vor die Tür. Gottseidank, atmete ich innerlich auf. Endlich hatte das ein Ende gefunden. *„War doch total witzig"*, sagte M. belustigt, als wir zur Bushaltestelle gingen. *„Setzt der uns einfach vor die Tür, dieser Arsch"*, sagte S. verärgert. *„Na, so wie ihr Euch benommen habt, hat es mich echt gewundert, dass er das überhaupt so lange mit uns ausgehalten hat"*, nahm ich dich in Schutz, W. *„Der hatte tolle Pornos am Bett liegen!"* *„Ihr wart witzig, ja! Vor allem du, M"*, sagte ich genervt. *„Jetzt sag bloß noch, dass dir W. Leid tut, Anais!"* S. sah mich völlig entgeistert an und machte große Augen. *„Nein, Leid tat er mir nicht, aber es war mir peinlich mit Euch! Ihr habt Euch doch total daneben benommen, wie die kleinen Kinder!"* Ich dachte mir meinen Teil der Geschichte und, ja W., du hattest mir nach dem Besuch wirklich leidgetan. Außerdem wollte ich nicht, dass du über mich schlecht dachtest. Wie du nach dem Auftritt bei dir zuhause über meine beiden Klassenkameradinnen S. und M., dachtest, wollte ich gar nicht wissen. Auf einmal war es mir wichtig, dass dir die Achtung vor mir nicht verlorenging. Nur noch schwer hätte ich dir unter die Augen treten können. *„Du kannst ihn haben, Anais"*, sagte S. im Bus zu mir. *„Ich will ihn nicht mehr!"* Sie klopfte mir auf die Schulter. *„Ich verstehe nicht!"* *"Ja, diesen W.K! Ich fand den erst ganz toll, aber das ist nicht mein Typ. Angle du ihn dir!"* S. war immer schon eine sehr direkte Person, sie trug ihr Herz auf der Zunge und der Teufel saß in ihrem Nacken. Dennoch, diese Sprache verstand ich nicht. Bis zu dem Zeitpunkt habe ich nicht annähernd darüber nachgedacht, mir meinen Lehrer zu angeln oder dergleichen. Außerdem würde mir, gerade mir, das sowieso nicht gelingen und im Gegensatz zu S. hatte ich Achtung und Respekt vor dir,

W. Auch wenn ich in deinem Unterricht oftmals nicht folgte, dir patzige und gar freche Antworten gab, so wahrte ich doch den feinen Unterschied und die Grenze zwischen uns. Du warst mein Lehrer und nicht irgendein dummer Schulfreund von mir. Mir meinen Lehrer angeln? Ich? Nein, sicherlich nicht! Umso erstaunter war ich, dass es tatsächlich S. Absichten waren, mit dir eine Beziehung, ein Verhältnis oder was auch immer einzugehen. Verbotene Liebe, oder was? Bestimmt hatte der Gedanke etwas Spannendes, aber mein Gott, S. hätte dich in Teufelsküche gebracht, W! Eine Lehrer-Schüler-Liebe oder Sex mit Minderjährigen. Du hättest dafür in den Knast gehen können, W!

An unserer Schule in der Parallelklasse gab es ein Mädchen. Diese „D". Sie war eine gute Freundin von meiner besten Freundin K. Sie waren Nachbarn. D. war ein sehr liebes, nettes Mädchen. Ich mochte sie. Viel Spaß hatten wir in unserer Kindheit miteinander. D., K. und ich. Jedoch war D. ziemlich verrückt. Sie war schwer verliebt in dich, W. Auf eine Art und Weise, die wirklich zu wünschen übrigließ. Völlig ungehemmt ging dieses Mädchen damit hausieren, dass sie in dich verliebt war. Im Sommer trug sie T-Shirts mit der Aufschrift 'I LOVE W. K.' Ja, W., erinnerst du dich an sie? Die ist ziemlich freaky gewesen. Sie wusste alles von dir, von A-Z. Daraus machte sie eine große öffentliche Story, die an der Schule bekannt war, wie nichts anderes. Sie erzählte, dass sie von ihrem Zuhause aus - sie wohnt auch in A – direkt bis in dein Wohnzimmerfenster sehen konnte und somit immer genau wusste, wann du zu Hause warst und wann nicht. Sie ist ein richtiger Stalker gewesen. Respekt W., es schien dich nicht wirklich zu stören! Manchmal kaufte ich die Bildzeitung, weil ich dachte, die Story von D. und dir steht dort irgendwann auf der Titelseite geschrieben. Vielleicht fühltest du dich geehrt, dass D. für dich schwärmt. Du hattest ihr zumindest nie gesagt, dass sie das T-Shirt auslassen soll. D. brachte es wahrscheinlich fertig, sich das T-Shirt direkt vor deinen

Augen auszuziehen. Absichtlich provokant. Vielleicht sagtest du deshalb lieber nichts? Aus Angst, dass sich dieses Mädchen vor dir entblößt hätte. Eine merkwürdige Geschichte war das mit D. In D.'s Zimmer neben ihrem Bett gab es eine Foto-Wand. Die Wand war übersät mit Fotos von dir, W. Alles voll! Ich weiß gar nicht, wo das Mädel all die Fotos von dir herbekommen hatte. Meiner Meinung nach war D. zu dem Zeitpunkt deiner Liebe wirklich würdig! Es gab nichts, das sie nicht über dich wusste. Ihre Schwärmerei zu dir war ihr auch absolut nicht peinlich. Vor nichts und niemandem. D. wäre für dich durch die Hölle gegangen und bis ans Ende der Welt gelaufen. Du warst ihr Leben, W. Und du warst auch ihre große Liebe.

Klassenfahrt. Eissportzentrum, Schlittschuhlaufen. Na toll! Für mich mit meinem Bein war das natürlich ein „No Go". Während sich meine Mitschüler begeistert auf dem Eis tummelten, saß ich im Restaurant am Tisch, trank heißen Kakao und guckte ihnen zu. Meine Nase drückte ich mir an der Scheibe platt. Nie in meinem Leben bin ich Schlittschuh gelaufen. Auf Rollschuhen konnte ich vor meinem Unfall gut stehen. Wahrscheinlich hätte ich mich nicht allzu doof angestellt, wäre mein Bein in Ordnung gewesen. Unsere Klasse verbrachte den halben Tag in der Eissporthalle. Du kamst zwischendurch in das Restaurant, um einen Kaffee zu trinken. *„Schade Anais, dass du nicht aufs Eis kannst, oder?",* sagtest du mitleidsvoll zu mir. Ich nickte: *„Ja, da habe ich leider im Moment die totale A-Karte!"* Die Eishalle…Du setztest dich an dem Tag zu mir an den Tisch. Direkt neben mich. Mein Herz schlug schneller und machte lauter kleine Purzelbäume. Hui, was war das jetzt? Fragend blickte ich dich an. Du lächeltest. Sag mal, wusstest du eigentlich, welche Gefühle du tief drinnen in mir ausgelöst hast? Du hattest etwas an dir, das mich magisch in deinen Bann zog. Außerdem machtest du mich nervös. Zwischen uns lag etwas in der Luft, das auf mich wie eine Droge wirkte. Von deiner bloßen

Anwesenheit fühlte ich mich manchmal wie benebelt oder betrunken. Je länger wir beide uns kannten, desto weniger konnte ich mich der Droge und deiner Art, wie du auf mich wirktest, entziehen. Dieses Gefühl berührte mich zutiefst. Innerlich berührt hattest du mich von unserer ersten Begegnung an. An meinem Empfinden zu dir hatte sich mit der Zeit allerdings etwas verändert. Auch zwischen uns. Deine ruhige Art, du warst stets gefasst und nichts konnte dich erschüttern, das zog mich unaufhaltsam und magisch in den Kreis der Abhängigkeit. Abhängig war ich, weil ich bewusst den Kontakt zu dir suchte. Anfangs konnte ich dich nicht einordnen und wusste nicht, wie ich mich dir gegenüber verhalten sollte. Somit befand ich mich stets in einer eher angespannten und dir gegenüber abweisenden Haltung. Mittlerweile fühlte ich mich in deiner Gegenwart viel wohler. Auf der anderen Seite warst du für mich unerreichbar und unergründlich in den Tiefen deiner Seele. Deine Mimik und Gestik genauer zu studieren, faszinierte mich. Merktest du nicht, dass ich mir Gedanken über dich machte und meine Blicke tiefergingen? Merktest du nicht, wie ich dich ansah? Hatte mein Blick auf dich keinen Reiz? Meine Blicke waren vielleicht gedankenverloren und verträumt. Sie waren jedoch immer liebevoll und ehrlich. Niemals sind sie anhimmelnd gewesen! Mein Gefühl zu dir war aufrichtig, tief und ehrlich. Aber anhimmelnd ist es niemals gewesen! „Nein!" Diese primitive Art von Gefühlsausdruck fühlte ich für dich nicht, W. Das wäre zu billig und viel zu einfach gewesen. Ich wollte nicht so sein, wie M. und S. oder gar diese D. Erreichbar, leicht zu durchschauen und kindisch. Dazu albern und nervig. Nein, meine Gedanken zu dir, die glichen einem tiefen Ozean. Dieser schien geheimnisvoll und unentdeckt. Die Gedanken waren unerreichbar und für niemanden zugänglich. Sie waren mein Geheimnis und das behütete ich gut. Wenn du mich jemals gefragt hättest, was ich für dich empfinde, ich hätte es nicht in Worte fassen können. Jedenfalls nicht so schnell. Auf Distanz zu dir wollte ich bleiben. Meine Seele war verletzlich und zerbrechlich, da ließ ich niemanden ran. Auch dich nicht. Vorerst zumindest nicht. Manchmal konnte ich deinen Blicken nicht standhalten, aber ich versuchte es. Es gelang mir oftmals nicht mehr. Das erschreckte mich etwas. Eingeschüchtert oder dergleichen mochte ich nämlich auf dich nicht wirken. Eher stark und erwachsen. Die Kontrolle haben wollte ich. Über dich und insbesondere in den Situationen unserer Begegnungen. Deinen Blicken muss ich immer wieder ausweichen. Somit verlor ich diese Kontrolle zusehends. Besonders an dem Tag in der Eishalle…Zwei Mitschüler gesellten sich zu uns an den Tisch. Eigentlich fand ich das in dem Moment ziemlich unpassend, ich wollte bitte weiterhin mit dir alleine dort sitzen. Dass konnte ich den Jungs aber wohl schlecht auf die Nase binden. Lieber wollte ich dich beobachten und abwarten, was sich zwischen uns entwickelte. *„Ich weiß jetzt, was Sie mir mit dem Zitat aus dem kleinen Prinzen mit auf den Weg geben wollten! Vor den Ferien, vor meinem Unfall. Erinnern Sie sich, Herr K?" „Ja, ich wollte dir sagen, dass du weniger denken sollst, Anais!"* Mein Gott, du konntest dich tatsächlich erinnern. Du hattest es nicht vergessen. Mein Herz machte einen Freudensprung. *„Das Denken soll man den Pferden überlassen, die haben die größeren Köpfe!"* sagte „T". mein Klassenkamerad, der nun mit am Tisch saß. *„Oh, mit Anais würde ich mich an Eurer Stelle nicht über Pferde unterhalten, die hat auf dem Gebiet richtig was drauf, Jungs. Da könnt Ihr beide aber einpacken!"* Während du das sagtest, W., verschluckte ich mich an meinem Kakao. *„Ich habe ein Kartenspiel dabei, wollen wir eine Runde spielen?"* „S.", der sich mit dem anderen Schüler zu uns setzte, rettete die Situation. *„Klar, ich bin dabei.",* sagte ich begeistert und auch du, W. willigtest ein. Es handelte sich um ein Spiel, bei dem der Verlierer dem Gewinner zwei seiner besten Karten geben musste. Da ich leider verlor und du gewannst, verlangtest du zwei Karten von mir. Es waren recht niedrige Augenzahlen, die du von mir haben wolltest. Das verunsicherte mich in dem Moment unheimlich. *„Gut, ich* *nehme eine 7 und eine 8"*, sagtest du entschlossen und blicktest mich erwartungsvoll an. *"So niedrige Augenzahlen?"*, fragte ich erstaunt. *"Damit werden sie aber die nächste Runde ganz sicher nicht überleben, Herr K!"* Wir tauschten die Karten. Bei den Karten, die ich von dir bekam, handelte es sich um zwei Asse. In dem Moment war ich wie elektrisiert, als ich die Karten in der Hand hielt. So sehr, dass sie mir vor Schreck beinahe auf den Boden fielen. Wie ein Blitz schlug es in mich ein. Völlig entgeistert blickte ich dich an. Mit den Schultern zucktest du, mimtest einen auf „unschuldig." Nach dem Motto: Ist was, Anais? Geht's dir nicht gut? Schlagartig schmolz ich dahin. Hin und weg war ich plötzlich. Nicht mehr ansprechbar. In deiner Nähe fühlte ich mich behaglich und unheimlich wohlig. Wie benebelt. Was war mit mir geschehen? Mir wurde plötzlich warm ums Herz. Das Teufelchen in mir sagte: *„Hey, das sind nur zwei Asse, sonst nichts. Nicht schwach werden, Anais."* Eine andere Stimme sagte: *„Dein Lehrer muss dich sehr gern haben, unheimlich gern, Anais! Sonst hätte er dir niemals zwei Asse gegeben...Zwei Asse...".* Das vergesse ich dir nie, W., mit dem Kartenspiel in der Eishalle. Danke, für den tollen Moment! Danke für deinen Blick, der an dem Tag mehr als tausend Worte sprach. Du machtest mich völlig atemlos und auf einmal spürte ich dieses Herz-an- Herz-Gefühl zu dir. Mein Gott, wühltest du Emotionen in mir auf. Unfassbar. Es lag an dem Tag zwischen uns etwas Magisches, Unbeschreibliches in der Luft. In meinem Herzen hatte sich etwas verändert, das spürte ich intuitiv. Es fühlte sich gut an. Warm und zärtlich. Nie zuvor habe ich ein derartiges Gefühl in meinem Leben verspürt. Es glich einem Gefühl von Heimat! Schmetterlinge tanzten in meinem Bauch und durch meinen Kopf. Sie waren überall. Ein Gefühl von Liebe saß tief in mir. Erstmals in meinen jungen Jahren spürte ich die Liebe in meinem Herzen. An dem Tag wurde mir bewusst, du mochtest mich scheinbar sehr gern, W. Es war, als hätte mich jemand - Schwups - auf Wolke Sieben gehoben. Ja! Da saß ich nun. Wehr- und machtlos. Gegen Gefühle konnte man sich nicht wehren und das wollte ich auch gar nicht. Das Gefühl war wunderbar. Trotz dass wir in einer Eishalle gewesen sind, wurde mir an dem Tag sehr warm. In meiner Seele schien plötzlich die Sonne. Ein Gefühl, das mir bis dahin fremd war. Schmetterlinge im Bauch! Glücksgefühle pur. Alles in mir drehte sich. Mir wurde schwindelig vor Glück. Mit deiner Übergabe zweier harmloser Asse an mich, hattest du etwas in mir ausgelöst, das ich bis heute nicht beschreiben kann. Es war zu schön, um es in Worte zu fassen. Wenn ich es für dich gemalt hätte, wäre dieses Gefühl eine Blumenwiese geworden, mit vielen bunten Blumen, Schmetterlingen, Sonne und blauem Himmel drauf. Seit dem Erlebnis mit dir in der Eishalle, hatte ich wirklich einen 'danebenherlaufen', wenn ich ehrlich bin. Was auch immer du darunter verstehen magst! Wie auf Droge war ich. Aber eine Hardcore Droge war das! Vor allem hatte ich auf einmal das Bedürfnis, nett sein zu wollen, zu dir! Kannst du dir das vorstellen? Ich und nett?! In der Eishalle hattest du mir den Kopf verdreht, W. Fast bekam ich ein schlechtes Gewissen. Du warst so lieb zu mir und ich mochte doch nie lieb zu dir sein. Wenn ich mir bis zu dem Tag noch gar nicht sicher war, ob ich dich mögen oder ablehnen sollte, so weiß ich, dass „Mögen" von da an die richtige Entscheidung war. Von dem Tag in der Eishalle, fing ich an, dich zu mögen, W! Toll, oder? Warst du selbst schuld. Hättest du mir einfach die beiden blöden Asse nicht in die Hand gedrückt. Stattdessen zwei 7-ner, dann hätte ich dich wahrscheinlich weiterhin abgelehnt und gehasst. In deinem Unterricht sagte ich von dem Tag an überhaupt nichts mehr. Es schien mir sinnvoller nichts zu sagen, als dir wieder eine ironische Antwort auf deine Fragen zu geben. Zusammenreißen wollte ich mich. Nett sein zu dir. Eine brave, folgsame Schülerin war ich ab sofort. Das klappte besser als gedacht, wenn ich einfach meinen Mund halte. Wie starr saß ich auf meiner Schulbank und blickte dich an. Gedankenverloren. Versuchte, dich zu analysieren.

Beziehungsweise bemühte ich mich, meine Gefühle zu dir einzuordnen. So träumte ich in deinen Unterrichtsstunden vor mich hin. Wer warst du eigentlich und was hast du mit mir gemacht, W? Nur, weil du mir in der Eishalle zwei Asse in die Hand gedrückt hast, drehte ich völlig durch, oder wie? Einmal fragtest du mich tatsächlich, ob ich krank wäre, weil meine Hausaufgaben auf einmal regelmäßig vorlagen. Irgendwann habe ich dich auf dem Schulhof, im Vorbeigehen gefragt, in deiner Pausenaufsicht: „Na, heute schon geflirtet?" Dein Blick, als du dich in dem Moment zu mir umgedreht hast - und du völlig perplex antwortetest „*Ich? Nein!*". Du lebtest allein, das hatte ich herausgefunden. Ein wenig gestalked habe ich dich, wenn ich ehrlich bin. Ja, nicht aufregen bitte, das musste sein, W. Ich wollte ja ein wenig mehr über dich erfahren. Deine Exfrau I. unterrichtete zu der Zeit ebenfalls an unserer Schule und für kurze Zeit wurde auch sie meine Lehrerin. Ich mochte sie. Sie hatte eine ruhige, freundliche Art, genau wie du. Sie war recht locker drauf, sie unterrichtete Sozialpädagogik. Dazu sah sie gut aus. Sie war wirklich ein cooler Typ. Mir war bekannt, dass sie mit dir zusammen einen Sohn hatte. Dass dieser Sohn nicht dein leiblicher Sohn ist, wusste ich bis zu dem Zeitpunkt nicht. Warum hat die Beziehung zwischen euch beiden nicht gehalten? Zwei sehr nette, liebevolle Menschen, beide mit dem gewissen Etwas, wo lag also euer Problem? Mit S. unterhielt ich mich über meine Gedankengänge zu dir und über deine Exfrau I. „*Ja, guck dir W. doch an, das ist doch keine Schönheit. Die I. (Exfrau) hatte bestimmt einen Liebhaber und der hat ihr dann besser gefallen, da war sie weg.*" Nein, das konnte und wollte ich mir nicht vorstellen. D.'s Antwort zur Problematik, dass ihre große Liebe W. ein Scheidungsopfer war, schien mir besonders amüsant. „*Ach gut, dass die Alte von dem weg ist, da ist der Weg für mich doch wenigstens frei! W. weiß nur noch nicht, dass er mich demnächst lieben wird!*" Oh Mann, W., tolle Aussichten waren das für dich, was? Aber eigentlich stimmte es, was D. sagte. Denn der Weg war frei. Für sie…

oder für wen auch immer. Er müsste es doch aber wohl eher für eine passende, erwachsene Frau in deinem Alter sein und nicht für solche Teenies wie uns, oder? Gab es keine Frau in deinem Leben, die nach I. eine Rolle für dich spielte? Niemand ist auf Dauer gern alleine unterwegs im Leben. Jeder Mensch sehnt sich nach Liebe, Geborgenheit und Wärme. Sehntest du dich niemals nach all diesen „Dingen"? Darüber denke ich oft nach. Einmal war ich krank und musste später eine wichtige Deutscharbeit nachschreiben. Meistens war es so, dass wenn Arbeiten nachgeschrieben wurden, man in das Zimmer des Direktors gesetzt wurde. Dort wollte natürlich niemand gerne hinein. Auch ich nicht. *„Du schreibst morgen die Deutscharbeit um zehn Uhr nach! Bitte dann pünktlich im Aufenthaltsraum sein, Anais!"* „Im bitte wo? Im *Aufenthaltsraum?"*, fragte ich völlig perplex. Hatte ich mich etwa verhört? Wolltest du dich danebensetzen und aufpassen, dass ich nicht schummelte? Die Vorstellung gefiel mir. Das hatte es noch nie gegeben, dass jemand im Aufenthaltsraum eine Arbeit nachschreiben durfte. Mit dieser Premiere war ich wohl einer der ersten Schüler. Jedenfalls saß ich tatsächlich am nächsten Tag allein im Aufenthaltsraum, um dort die Deutscharbeit nachzuschreiben. Keine Lehrperson in der Nähe, weit und breit war niemand zu sehen. Jederzeit konnte ich mogeln und mein Schulheft aus der Tasche nehmen. Selbst meine Schultasche hattest du mir zuvor nicht abgenommen. Bevor ich mit dem Nachschreiben meiner Arbeit begann, dachte ich verwundert darüber nach, wie ich am besten zu einem "Sehr gut" gelangen könnte. Mir kam der Gedanke, dass vielleicht Kameras installiert waren. Dass die Auswertung, bzw. der Ärger, wenn ich betrüge, später erfolgt. Innerlich lachte ich über meine eigenen, blöden und völlig absurden Gedanken. Nee, sicherlich nicht. Nicht wegen einer Deutscharbeit, der Aufwand mit den Kameras. An dem Tag hatte ich alles in meiner Schultasche dabei. Das Deutschbuch, mit allen Antworten und ein Duden steckten ebenfalls in der Tasche. Nein, ich schummelte nicht! Du wusstest, dass ich nicht mogeln würde und ich hätte dich nicht enttäuschen können in deinem Vertrauen zu mir. Eine wunderschöne, herrliche Zeit war es mit dir als meinem Lehrer. Jedenfalls empfand ich sie als solche sehr intensiv. Jeden Tag geschah etwas anderes zwischen uns. Merkwürdige Zufälle, aber auch wunderbare Besonderheiten. Wie diese kuriose Geschichte in dem Aufenthaltsraum mit dem Nachschreiben meiner Arbeit. Eng verbunden fühlte ich mich mit dir, W. Seelenverwandtschaft. Dagegen sind wir Menschen machtlos. Meiner Liebe zu dir bin ich ausgeliefert gewesen, W. Am nächsten Elternsprechtag ist meine Mutter ausnahmsweise mit von der Partie gewesen. Wir saßen beide in deinem Sprechzimmer. Die Situation überforderte dich ein wenig, das spürte ich genau. Meine Mutter war eine gutaussehende Frau. Du konntest den Blick nicht von ihr lassen. Das entging mir natürlich nicht. Neben meiner Mutter saß ich, die interessante Schülerin für dich. Speziell war und bin ich, nennen wir es mal so. Dass ich das bin, wussten wir beide, du und ich. Wir wussten auch, dass es längst kein normales Schüler-Lehrer-Verhältnis mehr zwischen uns war. Das war es schon lange nicht mehr! Unsere Beziehung war sonderbar! Anders, als sie normal verlaufen sollte, oder? Jedenfalls stottertest du an dem Tag im Gespräch mit meiner Mutter. Nervosität kannte ich nicht von dir. Welche Pillen hattest du geschluckt, W? Was du meiner Mutter an dem Tag erzähltest, das war nicht mehr normal! Das warst nicht du! Besonders im Fach Erdkunde war ich auf einmal richtig gut. Na herzlichen Glückwunsch! Da staunte ich aber mal Bauklötze. *„Ja, Anais ist in Erdkunde auf jeden Fall „gut!" Ganz wunderbare Leistung, alles sehr zufriedenstellend, auch im Unterricht, die Beteiligung auch. Ich bin sehr zufrieden mit den Leistungen."* Ha, ich lachte mich innerlich kaputt. Das gab es doch nicht. „Hey, was läuft denn bei dir für ein Film?", dachte ich still. Mein Gesichtsausdruck signalisierte dir, dass es gleich einen Tiefschlag von mir zurückgeben sollte. Gedanklich knallte es bereits hörbar und innerlich kochte ich. Du gucktest nur noch zögerlich in meine Richtung. *„Mama, stimmt gar nicht, in Erdkunde stehe ich auf vier!"*, sagte ich energisch, mit einem strafenden Blick in deine Richtung. Immer schön bei der Wahrheit bleiben, W! Den Satz verkniff ich mir allerdings. Meine Mutter guckte mich entgeistert an. *„Da stand sie auf „vier", Ihre Tochter, aber jetzt ist sie eindeutig im guten Bereich!"* Du schütteltest den Kopf und fielst mir verdammt schnell ins Wort. Du ließest dich gar nicht beirren! Mensch, Erdkunde ist doch das Fach, das mir nun wirklich nicht lag. Was redetest du da von „gut" und so, an dem Tag? Das war glatt gelogen und du bist ein verdammt schlechter Lügner gewesen, W! *„Ja, Frau Miller, und in Deutsch, da ist ihre Tochter eine meiner besten Schülerinnen! Gar keine Frage, und sie kann von einem "gut" auch noch ganz locker auf ein "sehr gut" rutschen!"* Innerlich kam ich aus dem Lachen nicht mehr heraus. Das durfte nicht wahr sein, was du da für eine Nummer abzogst, mein Lehrer. Gleich würde ich dir einen Kinnhaken verpassen, ich platzte innerlich bereits. Pass mal gut auf W., rieb ich mir gedanklich die Hände. Außer mir war ich, über so viel Selbstironie von dir! *„Herr K., warum haben Sie mich eigentlich in den Aufenthaltsraum gesetzt und mich dort die Klassenarbeit nachschreiben lassen? Ich hätte mogeln können ohne Ende. Ich hatte meine Schultasche dabei, da steckten alle Bücher drin, auch der Duden!"* Du hättest mich, glaube ich, in dem Moment, als ich das sagte, immerhin im Beisein meiner Mutter, am liebsten erschlagen. Wahrscheinlich mit dem dicken Klassenbuch, das vor dir liegt. Dein Blick verriet es mir. Dem Blick meiner Mutter entnahm ich, dass sie merkte, dass es sich um keinen alltäglichen Sprechtag handelte. Sie guckte komisch. Nein, ich bedauerte sie nicht. An dem Tag kapierte sie genau, dass zwischen uns beiden etwas nicht mit rechten Dingen lief, W. *„Ja, aber eine solch intelligente Schülerin hat es doch nicht nötig, zu mogeln. Du bist in Deutsch eine der besten Schülerinnen, ob mit mogeln oder ohne, Anais, da habe ich einfach Vertrauen zu dir!"* Unter diesen deinen Worten schmolz ich förmlich dahin.

Ein Ping-Pong-Ball meiner eigenen Gefühle war ich und du W., konntest mich hinschlagen, in welche Ecke des Zimmers du wolltest. Das war besser als Achterbahnfahren. Ich betete, dass meine Mutter nicht merkte, dass ich ein wenig verlegen wurde. Vielleicht bin ich bereits rot angelaufen im Gesicht. *„Also ich würde meiner Tochter nicht vertrauen, Herr K., stille Wasser gründen tief!"* Für den dummen Spruch meiner Mutter erschlug ich sie gedanklich mit dem dicken Klassenbuch. Das hätte mir klar sein müssen, dass von ihr so etwas in der Art noch hinterherkam. *„Doch, ich schon, Frau Miller, ich vertraue Ihrer Tochter!"* Dein Blick über den Rand deiner Brille traf mich zielgenau. In deinen Augen leuchtete ein verbündetes Lächeln. Mir fiel ein Stein vom Herzen. *„Na, dein Lehrer spricht ja nur in höchsten Tönen von dir!"* Meine Mutter war fasziniert. So fröhlich wie an dem Tag, habe ich sie selten erlebt. Dass sie sich über etwas freuen kann, war mir neu. Vor Scham wollte ich auf meinem Stuhl versinken. Das Engelchen in meinem Kopf sagte frech grinsend: *„Hey, der W. ist auf deiner Seite, Anais!"* Als es dem Finale an dem Sprechtag zuläuft, das heißt, als meine Mutter aufstand und dir zum Abschied ihre Hand reichte, hielt ich dir meine ebenfalls hin. In dem Moment, als du sie nahmst, zog ich sie allerdings zurück. Den Schmerz vom letzten Sprechtag, als du mir die Hand arg so fest gedrückt hast, habe ich nicht vergessen, W. Für einen Moment warst du erstaunt und blicktest mich verwirrt an. Dann erinnertest du dich wohl. Plötzlich lächeltest du nämlich verführerisch und deine Augen wurden kleiner. Schuldbewusst sahst du mich an. Du wusstest, worum es geht. Es hat „geklingelt" bei dir. *„Es ist schade, dass Du mir manchmal etwas wehtun kannst - und dass ich mich so schlecht dagegen schütze!"*, zitierte ich verschmitzt den kleinen Prinzen. *„Du hast mich besiegt; ich bin dadurch stärker geworden"*, lautete deine Antwort, ebenfalls ein Zitat von Antoine de Saint-Exupery. Welch außergewöhnlicher Wortwechsel zwischen uns. Dann gab ich sie dir, meine Hand. Vertraute sie dir an. Zögerlich, aber ich reichte sie dir. In dem

Augenblick, als du sie nahmst, war es, als könnte ich den Himmel berühren. Weich, zärtlich und vorsichtig war dein Händedruck. Du nahmst meine Hand und ich berührte im selben Moment das Glück der Liebe! Meine Mutter sprach auf der Heimfahrt von nichts anderem mehr, als davon, wie sehr du, mein Lehrer, Herr K., mich mögen würdest. Wie erstaunt sie war, dass ich auf einmal derart gute Leistungen in der Schule brachte. Auf die Frage, ob das etwas mit dir zu tun hat, W., gab ich ihr keine Antwort. Am selben Tag fuhr sie mit mir ins Reitsportgeschäft und kaufte mir dort etwas für mein Pferd, weil ich so gute Noten in der Schule hatte. Darüber war ich erstaunt. So etwas gab es selten bei uns daheim. Belohnung für gute Taten oder Schulnoten kannte ich nicht. Ein völlig neues Gefühl, dass sich meine Mutter mir gegenüber spendabel zeigte. Wir sind zwar Mutter und Tochter, aber meine Mutter gab mir beständig das Gefühl, dass sie mir fremd sei. Oder ich ihr und wir uns, wie auch immer. Jedenfalls nahm ich mir vor, den nächsten Sprechtag wieder ohne meine Mutter zu dir zu gehen. Die paar Minuten, in denen ich mit dir alleine sein durfte, die waren einfach zu schön und kostbar, als sie mit meiner Mutter zu teilen. Mit niemandem hätte ich auch nur eine Sekunde unserer gemeinsamen Zeit teilen wollen, W., schon gar nicht mit meiner Mutter! An den nächsten Sprechtagen ging ich wieder alleine zu dir. Wir zwei saßen dort in unserem Klassenzimmer und unterhielten uns irgendwann gar nicht mehr über meine Noten. Von ganz anderen Dingen sprachen wir! Wir redeten über mein Pferd und den verheilten Beinbruch. Du erzähltest mir mit Begeisterung von deiner Leidenschaft zum Tennisspielen und Skifahren. Über die nächste Klassenfahrt quatschten wir. Wie engvertraute Freunde sprachen wir miteinander. Nicht mehr wie Lehrer und Schülerin. Nein und es machte mir keine Angst. Im Gegenteil, es machte mich glücklich. „Happy", war ich mit einem Menschen wie dir an meiner Seite. Zur Realschule ging ich gern. Jeden Tag freute ich mich auf deinen Unterricht und auf dich freute ich mich ganz besonders! Eine gute Schülerin war ich geworden. Nicht nur in deinen beiden Fächern Deutsch und Erdkunde, auch in Mathematik hatte ich kaum noch Schwierigkeiten und sogar in Englisch lief es für mich relativ gut. Alles Fächer, die mir auf dem Gymnasium zuvor das Genick gebrochen hatten. Die Realschule machte mir unheimlichen Spaß. Die Schulzeit war die schönste Zeit meines Lebens. Abends ging es mir mit dem Einschlafen nicht schnell genug, nur um morgens gleich wieder in deiner Nähe sein zu dürfen. Ich gebe zu, ich war wahnsinnig verliebt in dich. Urplötzlich und aus völlig heiterem Himmel hatte es mich erwischt. Das Verliebt sein war generell etwas Wunderbares auf der Welt. Auch wenn die Liebe zu dir für immer zum Scheitern verurteilt sein sollte, war das Gefühl das Schönste und Beste meines bisherigen Lebens. Meine Tagebucheinträge sprachen dieselbe Sprache. Nachdem der Beinbruch medizinisch verheilt war, bekam ich einige Monate später eine schwere Knochenentzündung. Aus heiterem Himmel traf es mich wieder einmal. Der nächste schwere Einschnitt in meinem Leben. In der Röntgenabteilung saß ich. Der Gips war frisch abgenommen. Die Röntgenbilder waren in Ordnung, der Knochen schien tatsächlich gut zusammengewachsen zu sein, aber seitlich in meiner Wade befand sich ein tiefes, eitriges Loch. Wie das dorthin gekommen ist, konnte sich zunächst niemand erklären. Mit dem Finger war es mir möglich, deutlich im „Krater" zu puhlen. Eiter und Blut liefen heraus. Durch das lange Tragen vom Gips, hatte sich angeblich eine Druckstelle gebildet. So nannten es die Ärzte. Klar! Richtig war, dass durch die offene Fraktur und den Tritt des Pferdes Bakterien in die Blutbahn gelangt sind, die sich ihren Weg langsam aber sicher durch meinen Knochen fraßen und an einer Weichteilstelle meiner Wade wieder austraten. Die Bakterien waren hochgefährlich und aggressiv. Sie zerstörten gesundes Gewebe innerhalb kürzester Zeit. Ein Jahr lang lief ich bereits mit einem offenen Bein herum. Das nässende Loch in meiner Wade heilte nicht zu. Wieder verbrachte ich unendlich viel Zeit im Krankenhaus.

Die Ärzte operierten das Loch in meiner Wade mehrfach. Erfolglos allerdings. Allein mit meinem Kummer war ich. Niemand war an meiner Seite, der tröstende Worte für mich hatte. Meine Eltern sowieso nicht. Freunde zogen sich wie immer zurück, wenn ich im Krankenhaus lag. Auch du besuchtest mich nicht, W. In der schweren Zeit war ich alleine. Einsam, traurig und verlassen. Eines Nachmittags rief ich aus der Telefonzelle im Krankenhaus bei dir zuhause an, um mich zu erkundigen, wie meine Deutscharbeit ausgefallen war. Diese hatte ich bei dir geschrieben, bevor ich ins Krankenhaus gehen musste. Deine Privatnummer stand dick und fett im Telefonbuch. Bestimmt warst du erstaunt, dass ich dich anrief. *„Ich habe die Arbeiten noch gar nicht angesehen, Anais"*, lautete deine Antwort. Es hörte sich beinahe nach einer Entschuldigung an. *„Aber du weißt doch, das wird entweder ein „gut" oder ein „sehr gut!"* Das Leben ist schön! Trotz Krankenhaus! Dass ich verliebt in dich war, W, setzte in mir ungeahnte Kräfte frei. Selbst die niederschmetternde Diagnose zweier Ärzte, dass mein Bein wahrscheinlich amputiert werden musste, prallte an mir ab. In die Sportklinik nach L. fuhren wir. Dort sollte nachgesehen werden, wie gut der Bruch verheilt war. Das waren wichtige Ergebnisse für die Versicherung zur Schadenregulierung. Die Versicherung von dem Pferd, das mich damals getreten hatte, brauchte die Ergebnisse zwingend, um das Schmerzensgeld, das sie an mich zahlen sollten, zu ermessen. Über dem Loch in meiner Wade trug ich eine Kompresse. Es war ja angeblich „nur" eine Druckstelle vom Gips, wie die Ärzte gesagt haben. Die Situation wurde jedoch plötzlich eine völlig andere. *„Der Bruch ist gut verheilt"*, sagt der Facharzt in L., nachdem er die Röntgenbilder angesehen hat. *„Was ist denn da unter der Kompresse?"*, fragte der andere Arzt neugierig meine Mutter. *„Eine Druckstelle vom Gips!"* erwiderte sie. *„Dürfen wir uns das mal ansehen?"* In dem Moment, als der Arzt die Kompresse von der Wade nahm und das Loch anschaute, blickte er entgeistert seinen Kollegen an, wickelte das Bein wieder zu und sagte zu meiner Mutter: *"Bitte verlassen Sie sofort den Behandlungsraum und warten Sie draußen mit ihrer Tochter!"* Dass das kein Spaß war, merkte ich sehr wohl. Zuerst hielt ich es jedoch für einen Witz. Die beiden Ärzte desinfizierten den kompletten Raum, ebenso die Liege, auf der ich gesessen hatte. Draußen auf dem Flur warteten meine Mutter und ich. Wie uns geschah, wussten wir beide nicht. Meine Mutter erwartete natürlich eine Erklärung seitens der Ärzte. Die bekam sie dann auch. Die Ärzte setzten sich mit sehr finsteren Gesichtern wenig später zu uns. Die Situation schien mehr als ernst. *"Frau Miller, das was Ihre Tochter da hat, ist keine Druckstelle vom Gips! Das sind hochaggressive Keime, die müssen durch die offene Fraktur eingetreten sein und haben sich ihren Weg durch den kompletten Knochen gefressen. An der Wade sind diese wieder ausgetreten. Das ist ein Kanal, der sich wahrscheinlich schon durch den gesamten Knochen gezogen und das Gewebe vollständig zerstört hat! Im schlimmsten Fall wird Ihre Tochter das Bein verlieren!"* Die Aufklärung des Arztes war hart, aber detailgetreu und auch für einen Idioten nachvollziehbar! Dennoch! Weder meine Mutter, noch ich erkannten den wirklichen Ernst meiner medizinischen Lage. Ich erkannte ihn deshalb nicht, weil ich den ganzen Tag nur an dich dachte, W. Ich hatte nichts anderes mehr im Kopf, als dich, meinen Lehrer. Gut, dann bekam ich eben eine Prothese, damit hätte ich leben können. Laufen konnte man mit einem künstlichen Bein genauso gut, ich sah kein Problem. Mein Gott, was bin ich stark?! Wo nahm ich all die Kraft her? Erstaunlich, was ein Mensch ertragen kann, wenn er keine andere Wahl hat. Die Gedanken sind ein Schlüssel und sie müssen positiv sein in jeder noch so miesen Lebenslage, dann kommst du aus der Tür der Hölle auch wieder hinaus. Kinderspiel! Meine Mutter erkannte den Ernst der Lage nicht, weil ich ihr sowieso egal war und sie die Dinge niemals richtig einschätzen konnte. Da gab es außer ihrer Herzlosigkeit kein liebevolles Gefühl in ihr mir gegenüber. Somit konnte das in dieser Situation von ihr auch niemand erwarten. Am allerwenigsten ich. Traurig, aber wahr. Sie liebte mich eben nicht. Würde ich mich irren, müsste sie in Tränen ausbrechen und mich in den Arm nehmen. Verzweifelt müsste sie sein. Jedenfalls würde sie nicht so kalt und regungslos bleiben in dem Moment einer derart schwerwiegenden Diagnose. Meine Mutter behandelte mich wie Müll. Wie Dreck! Abschaum war ich in ihren Augen. Lieblos, kalt und emotionslos offenbarte sich der Charakter ihrer dunklen Seele in den traurigen Stunden meines Schicksals! Ihre fehlende Mutterliebe bekam ich an dem Tag wieder einmal deutlich zu spüren. Die servierte sie mir auf dem goldenen Tablett. Im Auto sagte sie herzlos: *„Dann können wir wenigstens dein Pferd verkaufen! Das kostet sowieso nur unnötig Geld! Den Springsport kannst du auch an den Nagel hängen, denn mit einem Bein wirst du dich wohl nicht mehr auf dem Pferd halten können!"* Ich hörte nicht mehr hin, was sie redet. Auf der Rückbank im Auto saß ich und blickte gedankenverloren durch das Fenster auf den Sternenhimmel, der an diesem Abend wunderschön an dem Autofenster vorbeizog. Tausende von Sternen funkelten in die herannahende Nacht. Wir näherten uns kalendarisch Weihnachten, dem Fest der Liebe. Das gab es für mich schon lange nicht mehr, das Gefühl von zu Hause, Liebe und Geborgenheit. Heimat? Weihnachten? Was war das? Ein paar leuchtende Sterne am Himmel konnten mir viel mehr Wärme in meinem Herzen geben, als meine eigene Mutter. An einem für mich sehr traurigen Tag in meinem Leben, erfreute ich mich am Sternenhimmel. Wie schön die Sterne anzusehen waren, dachte ich. So friedlich leuchteten sie in die Dunkelheit des Abends hinein. Ein paar Tränen flossen mir die Wangen hinunter. Die messerscharfen, kalten Worte meiner Mutter haben mich wieder einmal mitten ins Herz getroffen. So gut ich konnte, verheimlichte ich mein Schluchzen, damit ihr meine Tränen nicht auffielen. An dich dachte ich, während wir nach Hause fuhren, W. Zunächst durfte ich weiterhin zur Schule gehen und ich freute mich sehr auf deinen Unterricht. Meinen Mut und meinen Glauben, das alles gut wird, den verlor ich nicht. Nicht zu diesem Zeitpunkt, auch zu keinem späteren. Niemals! Solange es dich in meinem Leben gab, konnte ich mir nicht vorstellen, dass es einen Grund gäbe, traurig zu sein! Das Gefühl der Liebe trage ich heute noch in mir, wie einen kostbaren Schatz. Wo auch immer es herkam und warum es sich zu mir ins Herz gesetzt hatte, es trug mich jedenfalls durch die Dunkelheit meines Lebens. Dafür bin ich sehr dankbar. Vielleicht kam es gerade rechtzeitig in der schweren Zeit. Im Leben soll alles sein, wie es kommt. Das Schicksal und seine Bestimmung. Mein Schicksal ist es gewesen und immer noch, dich zu lieben, W. Der Gedanke, meinen Unterschenkel zu verlieren, hätte mich eigentlich in eine tiefe Depression reißen müssen. Das tat er nicht. Um mich herum fühlte ich eine unbeschreibliche Sicherheit. Liebe macht allgemein stark und sie schenkt uns Menschen Hoffnung. Was Liebe im Leben ausmachen kann! Ich freute mich auf die Schule, und ich freute mich auf dein Wiedersehen, W. Auch wenn ich mein Bein verlieren sollte. Du warst an meiner Seite. Dieses Glück konnte nichts erschüttern und es konnte mir niemand nehmen. Das Virus „Liebe" hatte sich in mir festgefressen. Am ersten Tag, nach meiner Rückkehr aus dem Krankenhaus, als ich voller Freude wieder zur Schule ging, soll ich gleich einen Physiktest schreiben. Natürlich war mir der Stoff überhaupt nicht geläufig. Ich hatte eine große Menge an Unterrichtsstoff verpasst. Physik war sowieso nicht mein Lieblingsfach. Den Physiktest setzte ich natürlich prompt in den Sand. Note „mangelhaft". Nicht, dass das jetzt unbedingt an meinem Ego kratzte, empfand ich es jedoch vom Lehrer ziemlich ungerecht. Ich bat ihn, mir ein paar Tage Zeit zu geben und den Test nachzuschreiben, damit ich mich besser vorbereiten konnte. Auf sein vollstes Unverständnis meiner Situation traf ich in dem Moment. Er sträubte sich gegen meine Bitte. Absolut kein Verständnis zeigte er für mich. Immerhin war ich mehr als drei Monate nicht in mehr der Schule gewesen. Eigentlich befand ich mich in einer ausweglosen Lage mit dem scheiß Physiktest. Der Lehrer hatte wie gesagt, kein Einsehen mit mir. *„Du hättest den verpassten Unterrichtsstoff doch im Krankenhaus lernen können, oder?"*, fragte er wenig rücksichtsvoll. Gut, ich erwartete von ihm kein Mitleid, aber zumindest ein wenig Verständnis. Mir ließ das keine Ruhe und ich hatte das Bedürfnis, dich in der Situation um Hilfe zu bitten, W. Ich bat dich, dem Physiklehrer die Lage zu erklären und ihn zu überzeugen, dass ich den Test noch einmal schreiben durfte. *„Ich versuche mein Bestes, verspreche dir aber nichts, Herr Sch. kann schon sehr eigenartig sein!"* Direkt einen Tag später bekam ich die Bestätigung von dem Physiklehrer, dass ich den Test in einer Woche tatsächlich wiederholen durfte! Dieser fiel dann auch prompt mit "gut" aus. Mann, war ich glücklich! Und so stolz! Stolz, dass du das für mich geregelt hattest. Ich glaubte in dem Moment, dass ich dir unheimlich wichtig bin in meiner Person und ich freute mich riesig über die gute Note und über deine Hilfe, W. Auf die Idee, dass es wohl jeder Klassenlehrer so machen würde, wäre ich nicht gekommen. Völlig benebelt war ich von deiner Selbstlosigkeit mir gegenüber. An dieser Stelle, entschuldige bitte, musste ich gerade ein wenig über mich selbst lachen! Etwas Naivität steckte schon in mir. Wie man als Heranwachsender oder Teenie in dem Alter so fühlt. Gut, ich war damals 15 Jahre jung. Schwärmerei ist in diesem Alter eben besonders ausgeprägt. Vielleicht gefiel dir das an mir. Meine Leichtigkeit, mit der ich durch das Leben ging und dass ich so unbeschwert in allem war. Unbekümmert. Ein kleines Dummerchen war ich! Finden musste ich mich in meiner Persönlichkeit und diese musste erst heranreifen. Das ist generell ein langjähriger Prozess und als Heranwachsender darf man ruhig auch mal naiv sein. Du hattest scheinbar deinen Spaß daran, mir behilflich zu sein. Behilflich, mich auf den rechten Weg des Lebens zu schubsen. Klassenfahrt nach B. ins Aquadrom stand an. Schwimmen. Mit meinem offenen Bein wieder eine Angelegenheit, die ich nicht wahrnehmen konnte. Dieselbe Situation, wie in der Eissporthalle. Ziemlich gelangweilt hockte ich an dem Tag an einem Tisch im Trockenen, mit Ausblick auf meine sich im Wasser tummelnden Schulkollegen. Du mochtest auch nicht ins Wasser zum Schwimmen gehen, W., obwohl M. und S. dir wenige Tage zuvor eine schicke Badehose ausgesucht und gekauft hatten. Die beiden machten sich wirklich immer und überall einen Spaß daraus, dich zu ärgern oder gar zu beleidigen. *„Erzähl mal, Anais, was ist denn da mit deinem Bein eigentlich los?"*, fragtest du. Du saßest mit mir zusammen am Tisch. *„Ja, eine Art Knochenfraß. Das muss noch einige Male operiert werden, dann haben die Ärzte es vielleicht im Griff! Wenn sich das Loch nicht zurückbildet, dann müssen sie mir das Bein abnehmen, weil die Bakterien durch den ganzen Körper wandern. Im schlechtesten Fall kann man daran sterben." „Sterben? Bein abnehmen? Du machst jetzt Spaß, oder?"*, fragtest du entsetzt. *„Nein! Die Ärzte wissen nicht, wie weit der Knochenfraß schon vorangeschritten ist, das muss nächste Woche erst mal genauer untersucht werden. Und wenn der Knochen schon hinfällig ist, dann müssen die Ärzte das Bein abnehmen, damit die Bakterien nicht noch weiter wandern. So sieht's aus!" „Puh, das ist ja ziemlich starker Tobak! Kannst du mir das Loch mal zeigen?"* Wir hatten Sommer und ich trug eine kurze Hose. Auf dem Loch in meiner Wade klebte eine große Kompresse. Kein Thema, die Kompresse abzuziehen und nachher wieder draufzukleben, um dir das eitrige Loch zu zeigen. Ich entfernte sie und hielt dir das Bein hin. Unangenehm war es mir schon etwas, aber ich wollte dir deinen Wunsch nicht abschlagen. Wenn du es sehen wolltest, ok, ich zeigte es dir. Das Bein war natürlich deformiert und unansehnlich, weil in der Wade ein großes Loch klaffte. Grösser, als du es dir wahrscheinlich vorgestellt hattest. Tja, W., da musstest du durch, du Superheld, dachte ich. Hinter mir lagen bereits einige Operationen und die haben dem Aussehen meines Beines ihr Übriges angetan. Das war kein schöner Anblick. Du verlangtest es aber unbedingt zu sehen. Nachdem du das Bein angesehen hattest, gucktest du mich völlig entsetzt an. Kein Mensch zuvor hat mich jemals so entgeistert angesehen, wie du in dem Moment, W. *„Das ist aber wirklich schlimm! Ich wusste gar nicht, dass es so schlecht um dich steht. Also nicht, dass du jetzt denkst, dass ich denke, dass du stirbst. Ich habe mich falsch ausgedrückt, entschuldige!"* Du suchtest in dem Moment nach den richtigen Worten. Es hatte dir scheinbar deine Fassung genommen. *„Ganz ehrlich? Mir fällt da nichts ein, was ich dir sagen könnte, Anais! Oder womit ich dich aufmuntern könnte. Du scheinst ein sehr starker Mensch zu sein, weil du so locker darüber reden kannst! Ich meine, du hast mir doch gesagt, dass du gerne reitest. Du hast ein Pferd, nicht wahr?* Ich nickte stumm. *„Meine Mutter will es verkaufen!" „Was?"* Du schienst plötzlich ganz außer dir und es war, als seist du schlagartig hellwach gewesen. *„Das kann sie nicht tun, du brauchst doch etwas, das dir Mut macht, wofür es sich zu kämpfen lohnt! Soll ich mal mit deiner Mutter sprechen?"* Mir fiel es wie Schuppen von den Augen. Nein, um Gotteswillen. Du solltest bitte niemals erfahren, was für eine schreckliche Mutter ich hatte. „Gott den es nicht gibt, steh mir bitte bei!", dachte ich in diesem Moment. *„Das würden Sie für mich tun?"*, fragte ich skeptisch. *„Ja, das ist leider das einzige, was ich für dich tun kann!" „Meine Mutter lässt sich da nicht umstimmen, Herr K., sie ist so festgefahren in ihrer Meinung. Sie glaubt, dass ich nie wieder Reiten kann." „Klar kannst du wieder Reiten! Du musst nur daran glauben, dass du es kannst, Anais!"* Innerlich war ich in dem Moment den Tränen sehr nahe. Heftige Schmerzen trug ich in meiner Seele. Langsam wurde mir der Ernst meiner eigenen Situation bewusst. Wenn ich mein Bein und obendrein mein geliebtes Pferd verlieren würde, könnte ich das überhaupt verkraften? *„Ich rede mit deiner Mutter!"* sagtest du entschlossen. *„Und ich werde ihr auch sagen, dass sie mal mit dir in ein anderes Krankenhaus gehen soll, in eine Spezialklinik. Nach B. zum Beispiel, die Wald- und Wiesenkrankenhäuser hier sind doch alle für' n Arsch!"* „Na!

Was ist das denn für eine Ausdrucksweise?" Unsere Religionslehrerin, Frau A. war an dem Tag im Schwimmbad ebenfalls anwesend. „*Ach ist doch wahr!"* Du warst richtig wütend und völlig außer dir W., so kannte ich dich nicht. An dem Tag habe ich es endlich geschafft, dich einmal aus der Reserve zu locken. Dabei war das in der traurigen Situation gar nicht beabsichtigt. That is life and you are welcome. Fuck it! „*Das Mädchen muss da mit einem Loch in der Wade rumlaufen, verliert vielleicht ihr Bein und die Mutter will das Pferd verkaufen! Na Bravo!",* sagtest du kopfschüttelnd. Ein Gespräch mit meiner Mutter? Ich für meinen Teil hoffte inständig, dass der Schuss nicht nach hinten losging. Meine Mutter riefst du direkt wenige Tage nach unserer Klassenfahrt an. Das Echo von ihr kam prompt, zuhause beim Abendbrot. „*Anais, dein Lehrer hat angerufen!" „Oh?!"* Mir schien es sinnvoll, einen auf erstaunt zu simulieren und so stellte ich mich einfach dumm. Insgeheim dachte ich, Mensch, da hat der W. K. tatsächlich deine Mutter angerufen?! Hoffentlich ist das mal gut gegangen. „*Bin ich so schlecht in der Schule geworden?",* fragte ich vorsichtig. "*Nein, gar nicht! Ganz im Gegenteil. Er hat dich in höchsten Tönen gelobt, was deine Noten angehen und er hat gesagt, dass er das ganz fantastisch findet, dass du, obwohl du so viel Lernstoff verpasst hast, trotzdem so gut in allen Fächern mitkommst!"* Mein Herz machte einen kleinen Freudensprung. „*Und er hat mir auch nahegelegt, dass wir dein Pferd nicht verkaufen sollen. Er meint, das könnte im jetzigen Moment negativen Einfluss auf deine Noten haben! Anais, woher weiß der denn, dass du ein Pferd hast, der Herr K?",* tat nun meine Mutter so, als sei sie erstaunt. „*Ich habe es ihm erzählt!"* "*Na, ihr beide habt ja scheinbar ein recht inniges Verhältnis zueinander! Also mein Klassenlehrer hätte sich für mich nicht so eingesetzt!"* Ja, Mama, kein Wunder, dachte ich. Bei deiner Respektlosigkeit und Kaltschnäuzigkeit deinen Mitmenschen gegenüber, wunderte mich das wirklich nicht. Meine Eltern fuhren mit mir nach B. ins Krankenhaus. Dort sollte mein Bein noch einmal operiert werden. Die Möglichkeiten in dem Hospital schienen besser, als in dem Wald- und Wiesenkrankenhaus, wie du es genannt hattest, W. An meinem letzten Schultag vor der Abreise ins Krankenhaus, wünschtest du mir für die OP viel Glück. Sehr lieb von dir! *„Und denk daran, Anais, du wirst bald wieder im Sattel sitzen und reiten, besser als je zuvor!"* Ja, W., dein Wort in Gottes Ohr, denn ich hoffte es so sehr. Die Ärzte in B. wiesen uns ab. Sie wollen die Sauerei nicht operieren; nach dem Motto: Was ein anderes Krankenhaus verbockt hat, baden sie nicht aus. Einige Zeit später erfuhren meine Eltern, wie hochaggressiv der Keim tatsächlich war, den ich in mir trug. Kein Krankenhaus wollte sich einen derartigen Keim freiwillig ins Haus holen. Sie warfen mich regelrecht vor die Türe. Ich verreckte vielleicht und die Krankenhäuser weigerten sich hartnäckig, das zu verhindern. Und das nur, damit ich ihnen keinen Keim einschleppe. Tatsache! Heutzutage wusste ich, was hochaggressive Krankenhauskeime sind und um die Bedeutung ihrer Gefährlichkeit. Die Lage war jedenfalls verdammt ernst, das kapierten meine Eltern und ich sehr wohl. Auf gutem Wege der Amputation befand ich mich. Diese rückte mit jedem Tag, an dem ich nicht endlich operiert wurde, unaufhaltsam näher. Wir hatten Glück, dass man mich in dem Wald- und Wiesenkrankenhaus, bei uns um die Ecke, wieder aufnahm. Dort, wo man mich schon einmal operiert hatte. Meine Mutter machte dem Chefarzt ziemlichen Stress. Im Stress machen war sie ja die Beste. *„Herr Dr. R., wenn Sie den Unterschenkel meiner Tochter jetzt nicht in den Griff bekommen, ich schwöre Ihnen, ich verklage das ganze Krankenhaus hier und lasse Sie alle auffliegen!"* Die Drohworte meiner Mutter mussten wohl gezogen haben, denn der Aufwand der Ärzte in meiner darauffolgenden, stationären Zeit war gigantisch. Man bemühte sich wirklich aufopfernd um mich. Dennoch wurde es für mich ein langer Leidensweg. Operationen ohne Ende. Eine folgte der anderen. Immer wieder musste das Gewebe um den Knochen herum gesäubert und geschält werden. Antibiotische

Medikamente mussten in das Gewebe eingelegt werden. Zu den körperlichen Schmerzen kam mein seelischer Schmerz. Einiges ertrug ich. Zu der Zeit konnte ich wirklich vieles wegstecken. Irgendwann platzte aber auch aus mir einmal alles heraus, was sich angesammelt hatte. Mein Pferd durfte ich eine lange Zeit nicht sehen, in der Schule verpasste ich wieder unheimlich viel Unterrichtsstoff. Es war ein Drama. Eine wirklich traurige Geschichte. Die Ärzte bekamen mein jedoch Bein in den Griff. Sie gewannen den Kampf gegen die Keime. Eines Tages, als die Kompresse abgenommen wurde, wie jeden Morgen zur Visite, war die Operationswunde wie durch ein Wunder verheilt und blieb trocken. Nichts eiterte und suppte mehr, die Naht von der letzten OP war wunderbar sauber. Für die Ärzte war ich ein kleines medizinisches Wunder. Mein Knochen schien sich langsam zu regenerieren und blieb stabil. Die Amputation rückte in die Ferne, ich schien über den Berg. Es dauerte nur wenige Wochen nach der letzten OP, da saß ich tatsächlich wieder im Sattel meines geliebten Pferdes und ritt zusammen mit meiner besten Freundin K. durch die Wälder. Die Zeit mit dir als Klassenlehrer neigte sich langsam dem Ende zu, W. Leider! Ab der zehnten Klasse, im letzten Schuljahr, sollten wir nochmals die Lehrer wechseln. Das war für mich ehrlich gesagt, eine kleine Tragödie. Der Gedanke, dich zu verlieren, tat mir unheimlich weh. Nach der Nachricht saß ich weinend zuhause. Lange ist es her gewesen, dass ich aus irgendeinem Grund geweint habe. Selbst in der Zeit mit meinem kaputten Fuß habe ich kaum Tränen vergossen. Als ich erfuhr, dass du unsere Klasse abgabst, weinte ich bitterlich. Ändern konnte ich die Tatsache nicht. Alleine die Situation zu akzeptieren, fiel mir jedoch unendlich schwer. Ich versuchte mich damit zu trösten, dass mir immerhin noch ein Jahr auf der Schule blieb, in dem ich dich wenigstens sehen konnte, W. Bevor ich die Schule wechseln musste oder eine Ausbildung anfing. Ein schwacher Trost. Unsere letzte gemeinsame Klassenfahrt mit dir. Mittlerweile war ich bereits 16 Jahre alt. Es ging nach F.

ins Abenteuerland. Nachdem ich an diesem Tag alle Fahrgeschäfte ausprobiert hatte, trenne ich mich aus der Gruppe meiner Klassenkameraden, mit denen ich zuvor umhergezogen war. Bei den Pferden wollte ich vorbeischauen, die mit den Touristen im Sattel traurig ihre Runden unter der Achterbahn drehten. Aus unserer Klasse waren ein paar Idioten dabei, die sich auf den Pferden ihren Spaß machten. Pferde haben auf mich eine besondere Anziehungskraft, seit ich denken kann. Als ich den Weg zu den Pferden ging, sah ich dich dort am Ausgang des Freizeitparks auf einer Bank sitzen! Oh Mist, fuhr es mir bis in die tiefste Spitze meiner Seele. In dem Moment, als ich zu dir blickte, bemerkte ich, dass auch du mich gesehen hattest. Unsere Blicke trafen sich. Überrascht war ich, als ich dich sah. Ein elektrisierender Schlag fuhr in meine Adern. Ein Blitz, der in mich einschlug. Zum Glück kannte ich diese Adrenalinstöße mittlerweile recht gut. In ihrer Intensivität erschreckte ich mich nicht mehr allzu sehr und blieb relativ gefasst. Das war immer so, wenn sich unsere Blicke unerwartet treffen. Scheiße, scheiße, was macht der denn da? Meine Gedanken kreisten wie in einem Kreisverkehr, in dem es keine Verkehrsregeln mehr gab. Ein Durcheinander. Warum musstest du überall in meiner Nähe sein? Warum saßest du auf der Bank, während ich dort vorbeiging? Weißt du, wie groß F. ist und wie viele Bänke es dort gab? Einige! Warum war es unbedingt „die Bank" und warum lief ich in dem Moment an genau jener Bank vorbei, auf der du saßest? Was sollte ich machen? Weitergehen, oder mich zu dir setzen? Für das Weitergehen entschiede ich mich zunächst. Taha, der Herr K. war wieder völlig in Gedanken, fuhr es mir durch den Kopf. Was in dir vorging, konnte ich genau fühlen. Gedanklich las ich es in dir ab. So gut fühlte ich dich, W. Du wartetest sehnsüchtig, dass die Zeit ablief und wir Schüler uns alle wie vereinbart, am Ausgang versammelten, um mit dem Bus nach Hause zu fahren. Für einen Moment, als ich bei den Pferden angekommen war, überlegte ich, ob ich nicht vielleicht doch zu dir gehen und mich neben dich auf die

Bank setzen sollte. Um mit dir zu plaudern, einfach so. Wahrscheinlich hieltest du mich dann für verrückt, dass ich die Zeit im Abenteuerland nicht sinnvoller mit meinen Freundinnen ausnutzen möchte und mich stattdessen zu dir gesellen wollte? Ach, für verrückt hieltest du mich doch sowieso! Außerdem war es so ziemlich meine letzte Chance, mit dir nochmal ausgiebig zu reden und dir nahe zu sein. Die Uhr des Abschiedes tickte unaufhaltsam. Das Ende meiner Schüler/Lehrerzeit mit dir, war absehbar. Einen Ruck gab ich mir, ging zu der Bank und setzte mich dreist zu dir. Da gehörte schon ein bissel Mut dazu. Ob ich das heute alles nochmal so selbstverständlich und cool bringen könnte, wie damals? Ich weiß es nicht! Ich glaube, eher nicht. *„Ist schön in der Sonne oder?"*, fragte ich und hielt meinen Kopf in das vom blauen Himmel strahlende Licht. Die Sonne hätte an diesem Tag wirklich nicht schöner scheinen können. Obwohl ich die Augen geschlossen hielt, weil mich die Sonne sehr blendete, bemerkte ich, dass du mich die ganze Zeit über ansahst. Ein wenig warm lief es mir den Rücken runter. *„Tun dir die Pferde hier auch so leid?",* fragtest du. *„Naja, ich meine, schön ist es für die armen Viecher nicht, da direkt unter der Achterbahn stehen zu müssen, aber es gibt Schlimmeres!"* Da ich ehrlich gesagt nicht unbedingt mit dir über Pferde reden wollte, da du von denen sowieso keine Ahnung hattest, kam ich direkt auf den Punkt. *„Herr K., ganz ehrlich? Ich bin sehr traurig, dass wir die Lehrer jetzt noch in der letzten Klasse wechseln müssen!"* *„Sag mal, Anais, reitest du eigentlich wieder? Was macht dein Pferd?"* Du ignoriertest meine Frage scheinbar völlig. Ach, das liebte ich an dir. Deine chaotische, zerstreute Art. Ja, übergeh mich ruhig! Irgendwie hatte ich manchmal das Gefühl, du warst von einem anderen Stern, aber nicht von dieser Welt. *„Ja, ich bin wieder geritten, auf meinem Pferd! Danke!"* Meine Augen waren immer noch geschlossen und das Gesicht hielt ich weiterhin der Sonne zugewandt. Trotzdem spürte ich, dass dein Blick auf mich gerichtet war. *„Es stimmt, Herr K., man muss nur an gewisse Dinge im*

Leben ganz fest glauben! Ich muss mich bei Ihnen bedanken, dass Sie meiner Mutter ausgeredet haben, mein Pferd zu verkaufen. Ich wäre an dem Verlust meines Pferdes bestimmt zerbrochen!" „Ja, das freut mich, dass alles wieder im Lot ist bei dir, Anais!" Ich nahm meinen Blick aus der Sonne und schaute dich an. Du hattest dich bereits in meine Richtung gedreht. Ich saß links von dir und dein linker Arm hing lässig über die Lehne unserer Bank. Dicht an meiner rechten Schulter. Es machte mich etwas nervös. Als ich mich zu dir wendete, sage ich: *„Es ist gar nichts im Lot!" „Nicht?" „Nee, ich sagte doch vorhin, dass ich traurig bin, dass Sie unsere Klasse abgeben!" „Ja, das habe ich mitbekommen, aber was soll ich denn darauf antworten? Alles hat mal ein Ende, Anais, irgendwann. Du bist eine gute Schülerin, du wirst weiterhin gute Noten haben, wovor hast du also Sorge?"* W. K, du verstandst tatsächlich nur Bahnhof! Ich war traurig, dass ich dich verlieren sollte, verdammte Scheiße. Das konnte doch nicht so schwer zu verstehen sein, oder? Konntest du nicht zwischen den Zeilen meiner Worte lesen? Meine Blicke nicht deuten oder wolltest du es einfach nicht? *„Naja, ich bin eigentlich froh, dass ich Euch los bin. Ihr seid schon eine anstrengende Klasse gewesen. Bei Frau W. könnt ihr Euch solche Geschichten nicht mehr erlauben! Da werdet ihr Euch noch umgucken!"* Fix überlegte ich, welche Geschichten du wohl meinst. Eigentlich war ich als Schülerin doch recht unkompliziert geworden und bereitete dir kaum noch Ärger. Seit ich in dich verliebt war, war ich doch brav wie ein Hündchen, das dir aus der Hand frisst, oder nicht? *„Ja, ich bin nicht immer nett zu Ihnen, Herr K!"* gestand ich seufzend. *„Und das tut mir leid."* Wie du mich angesehen hattest, W. Erschrocken, mit ganz großen Augen! *„Du? Mensch, du bist doch immer nett, Anais!"* Und dann lachtest du, herzhaft aus dem Bauch heraus und das ziemlich lange. *„Was gibt es da zu lachen?" „Du warst faul Anais!"* Hast öfter mal versucht, mich *zu provozieren, aber das ist dir nicht gelungen. Glaub nur nicht, dass ich das nicht gemerkt hätte."* Oha, jetzt kamen wir beide zu dem peinlichen Teil unserer Geschichte, oder wie? *„Du bist ein sehr nettes Mädchen, wohlerzogen, höflich und nicht auf den Kopf gefallen! Du musst nur aus deinen Veranlagungen etwas machen!"* „Aha! Ok...!" Halt stopp mal- das kam dir einfach so aus der Pistole herausgeschossen? Luftholen musste ich. Deine Direktheit überforderte mich. Nach einer Pause, in der ich deine Worte verarbeiten musste, antwortete ich: *„Ich werde Ihre Miss-Marple-Geschichten sehr vermissen!" „Meine was?"*, lachtest du. Ja, ich weiß doch, dass du ein großer Fan von Miss Marple warst, W., während ich eher für den Tatort mit Götz George als Schimanski schwärme. Ich weiß auch, dass du ihn so gar nicht leiden mochtest, den Schimanski. Irgendwann habe ich dir einmal tatsächlich folgendes unter eine Klassenarbeit geschrieben: *„Herr K., warum sagen Sie eigentlich immer etwas Negatives über Tatort mit Götz George, Miss Marple ist doch wohl genauso unrealistisch...!"* Als Antwort von dir, bekam ich damals kurz und knapp ein: 'Jawoll!' unter meine Arbeit geschrieben, mit mehreren Ausrufezeichen dahinter. Wenn ich in Erinnerungen aus unseren Zeiten schwelgen möchte, blättere ich in ihnen. Das tue ich auch noch viele Jahre später, in denen ich längst erwachsen bin. Dass du kein Tatort-Fan warst, fand ich nicht weiter schlimm. Die Miss-Marple-Folgen habe ich ebenfalls alle gesehen und ich mochte die Figur der alten schrulligen Hobbydetektivin ebenfalls gern. Aber Schimanski ist der Typ Mann, auf den ich recht gut abgefahren bin. Mein Idol. Als hart aber herzlich empfand ich ihn! Ein toller Meinungsaustausch, zwischen uns, W! Welch ein Kontrast lag dem allerdings zugrunde!? Miss Marple und Götz George alias Schimanski. Wir beide, du und ich, beschrieben wir nicht ebenso unheimlich abstrakte „Kontraste" hinsichtlich unserer Persönlichkeiten? Du der Lehrer, 30 Jahre älter, ich deine Schülerin! Du schwärmtest für alte Schinken einer schrulligen Hobbydetektivin in schwarz weiß und ich für Actionfilme mit Götz George. Verrückte Geschichte mit uns. Für einen Moment überlegte ich damals, ob Miss Marple und

Schimanski wohl zusammen funktionieren könnten?
Urkomische Vorstellung. Bei dem Gedanke musste ich lachen.
So saßen wir beide an dem Tag auf der Bank in F. und
unterhielten uns über Miss Marple und die neue Lehrerin.
Über die Klassenarbeit, die ich bei dir geschrieben habe und
über Gott und die Welt. *„In deiner Deutscharbeit habe ich
auch nicht mehr viel verstanden bei der Interpretation der
Nacherzählung, Anais! Irgendwie ist da alles durcheinander
geraten und es ist für mich nur noch schwer
nachzuvollziehen!"* Ja W., nachdem ich erfahren habe, dass du
unsere Klasse abgibst, konnte ich leider keinen klaren
Gedanken mehr fassen. Seitdem ist bei mir alles
durcheinander. Kein Wunder, dass du bei mir nichts mehr
verstanden hast! Alles nur wegen dem einen verdammten Tag
in der Eishalle. „Die Eishalle" und ihre beiden Asse. Seit dem
Tag ist es vorbei mit mir gewesen, W. War das eigentlich
Absicht von dir? Mir den Kopf so zu verdrehen? Egal was es
war, es war dir gelungen! Gratuliere W. K. Der Tag in der
Eishalle, der mein Leben verändert hat. Dort habe ich mein
Herz an dich verloren und nahm dich seitdem mit anderen
Augen wahr. Dagegen konnte ich nichts tun, das war wie
Fieber über mich gekommen. Immer wieder betone ich,
meinen Gefühlen zu dir bin ich machtlos erlegen gewesen,
auch denke ich heute noch sehr oft an dich und unsere Zeit
zurück. An dem Tag in F., im Abenteuerland, als wir
nachmittags zurück zur Schule fuhren, setztest du dich im Bus
ausgerechnet neben mich. „Kribbeln pur" löste das in mir aus!
Eine Stunde lang! Herrlich! Vielen Dank! Dabei sind an dem
Tag im Bus genügend andere Sitzplätze frei gewesen.
Dankeschön, das waren 60 Minuten lang Schmetterlinge im
Bauch! Kostenloses Vergnügen. Dass ich das aushalten
konnte, grenzte an ein Wunder. An zu viel Adrenalin kann
man nicht sterben, oder? Wie auf einem Trip war ich. Einem
Adrenalintrip. (Wenn ich heute an den Tag von damals
zurückdenke, dann kribbelt es immer noch in mir. Sie war da.
Die Liebe). Seit dem Tag der letzten Klassenfahrt, wurde es

recht extrem bei mir, mit der Liebe zu dir. Wie konnte das passieren, dass ich mich, so wie es aussah, tatsächlich in dich verliebt hatte? Du hattest mir vor wenigen Wochen in der Eishalle beim Kartenspielen zwei Asse zugeschoben, aber deshalb habe ich mich nicht gleich in dich verliebt, oder doch? Genauso gedankenverloren, wie du immer warst, war ich es auf der Heimfahrt von F., als ich im Bus neben dir saß. An meiner Haltestelle stieg ich nicht aus. Gern wollte ich neben dir sitzenbleiben, bis du aussteigen musstest. Dort stieg ich dann auch aus, mit dir zusammen - und ich ärgerte mich überhaupt nicht über mein dummes Verhalten. Im Grunde genommen war es doch total idiotisch, weil ich mit dem nächsten Bus fast die halbe Strecke wieder zurückfahren musste, um nach Hause zu kommen. Bescheuerte Aktion von mir! Was man für blöde Sachen machte, nur weil man plötzlich verliebt war. Kaum zu glauben. An dem Tag in F., hattest du anscheinend dein Portemonnaie verloren. Du fluchtest ziemlich, weil du deine EC-Card auf der Bank sperren lassen und deine Papiere wie Führerschein etc. später neu beantragen musstest. Das mit dem Portemonnaie hattest du allerdings erst an der Haltestelle in A. beim Aussteigen bemerkt. Ich war an dem Tag bereits drauf und dran, dich zu fragen, ob ich dich nach Hause begleiten darf. Nachdem ich jedoch merkte, wie deine Laune wegen dem Portemonnaie auf den Tiefpunkt sank, fuhr ich mit dem nächsten Bus nach Hause. Dir hätte ich niemals schaden wollen. Mich dir aufdrängen, dich belästigen, oder nerven wollen? Undenkbar! Das mit deinem Portemonnaie tat mir sehr leid. Hätte ich die Möglichkeit gehabt, ich wäre nach F. zurückgefahren und hätte es für dich gesucht. Ab dem Tag warst du etwas „Heiliges" für mich. Bestimmt, weil ich wegen dir tausend Schmetterlinge im Bauch hatte. Das war so ein wunderbares Gefühl. Dafür danke ich dir! Abends lag ich im Bett und blickte in den Sternenhimmel, wartete auf eine Sternschnuppe, um mir etwas zu wünschen. Wünschen wollte ich mir, dass ich den Mut fassen konnte, dich einmal zu Hause zu besuchen und zwar allein! Ohne M. und S. Das wäre es für mich gewesen! Der Gedanke daran machte mich ganz verrückt. Damals fuhr ich morgens bewusst einen Bus früher zur Schule, nur um dich auf dem Weg von deiner Wohnung zur Schule beobachten und abfangen zu können. Deinen Fußweg vielleicht „zufällig" kreuzen zu dürfen, das war das Größte für mich! Verrückt, oder? Das passierte natürlich alles „rein zufällig", dass ich dir über den Weg lief. Nein, glaube das bitte nicht, es war pure Berechnung! Entschuldige! Jedoch habe ich niemals den Eindruck gehabt, dass du genervt von meiner Anwesenheit warst. Im Gegenteil, du hattest immer ein Lächeln für mich auf deinen Lippen. Meine Eltern kauften mir im Laufe der Zeit ein zweites Pferd. Von dem Schmerzensgeld, das die Versicherung wegen meines kaputten Beines ausgezahlt hatte. Es war mein Wunsch, davon ein weiteres Pferd zu kaufen und sie hatten mir diesen erfüllt! Sagenhaft! An dieser Stelle einen Dank an meine Mutter. Einmal in ihrem Leben hat sie etwas Gutes für mich getan! Dem neuen Pferd gab ich stolz den Namen 'Genesis'; du hörtest die Musik von Genesis so gern. Hinter den Namen 'Genesis' hing ich extra noch ein „W" an, das „W" aus deinem Namen. Natürlich musste ich dir davon gleich morgens berichten. Von meinem Pferd Genesis „W". Ach, W., wie gern wüsste ich einmal, was du über mich in all den Jahren gedacht hast. Bestimmt, dass ich verrückt war und einen an der Waffel hatte? Denke ich heute über mich und mein Verhalten von damals nach, so weiß ich, dass ich tatsächlich verrückt war. Ja. Verrückt nach dir! Oh Mann! Aber, ich bereue nichts! Und ich würde alles dafür geben was in meiner Macht steht, um die Zeit zurückdrehen zu können. Die letzten Tage standen an. Die letzten Tage, in denen du unser Klassenlehrer warst! Du bemerktest genau, wie traurig ich war und wie nahe mir das alles ging. Hey, das konntest du doch nicht wirklich bringen und unsere Klasse tatsächlich abgeben. Gerade in dem Moment, wo ich anfing deinem Unterricht konstruktiv zu folgen, mich mit Antworten auf deine Fragen beteiligte. Sogar in Erdkunde! Hey, ich hatte alle

Städte und die dazugehörigen Flüsse aus dem „FF" drauf. Du musstest mich nur fragen, ich kannte sie alle!! Zu spät, der Zug war abgefahren. Dass das Ende unserer gemeinsamen Schüler-Lehrerzeit uns beide allerdings viel näherbringen würde als ich mir jemals erträumt habe, das ahnte ich zu dem Zeitpunkt nicht. Unsere neue Lehrerin war ziemlich anstrengend. Ich hatte bei ihr längst nicht so gute Noten wie ich sie bei dir gehabt habe, W. Dabei gab ich mir alle Mühe. Immerhin ging es jetzt um die Wurst. Das Abschlusszeugnis durfte ich nicht in den Sand setzen. Die Nachmittage verbrachte ich weiterhin in A., immer in der Hoffnung, dir irgendwo über den Weg zu laufen, dich sehen zu können. Es gelang mir oft. Erstaunlich war das mit uns, wirklich! Manchmal wünschte ich mir, dass du mir bitte begegnen solltest - und zack, warst du da! Aus dem heiteren „Nichts". „Irgendwo" aus dem „Nirgendwo" entlang meines Weges, kamst plötzlich du daher. Egal durch welche Straßen ich zog, oft warst du ebenfalls in ihnen unterwegs. Du gingst jeden Nachmittag spazieren, wenn du nicht auf dem Tennisplatz anzutreffen warst. Das hatte ich fix rausgefunden. Nicht, dass ich dich heimlich beobachtete oder so. Nein, niemals! Gewisse Dinge über dich lernte ich einfach aus Erfahrung. Dinge, die mir wichtig waren. Dich auf dem Tennisplatz aufzusuchen, wäre mir, ehrlich gesagt wichtig gewesen, aber leider auch zu peinlich. Nachspionieren wollte ich dir nicht. So etwas ist generell nicht meine Art gewesen. Eines Nachmittags fing ich dich allerdings, muss ich ehrlich zugeben, absichtlich ab. Ich wusste, dass du häufig gegen 15 Uhr unterwegs warst. Meistens spaziertest du durch das kleine Wäldchen nahe unserer Schule. Ach, wie liebte ich diesen Wald, so viele Erinnerungen steckten in all seinen Bäumen. In den großen alten Eichen. Nein, nicht nur, weil ich dort unsere Initialen in der Rinde einiger Baumstämme hinterlassen habe, sondern weil ich dort gern spazieren ging. Eben, weil auch du dort oftmals anzutreffen warst. Alles was dir lieb war und Freude bereitete, bedeutete mir damals nichts anderes, komischerweise. Als Erklärung berufe ich mich auf meinen Glauben der Seelenverwandtschaft. Dort, wo du glücklich warst, war ich es auch. Jedenfalls fing ich dich eines Tages im Wald ab und fragte dich, ob ich ein Stück des Weges mit dir zusammen gehen dürfte. An dieser Stelle musste ich sehr schmunzeln, W. Du wusstest genau, dass die Begegnungen im Wald mit mir keine Zufälle waren, oder? Wir beide gingen plaudernd gemeinsam des Weges und trafen plötzlich auf einen deiner Bekannten. Ausgerechnet deinen Nachbarn! Oh Gott, dieser grüßte uns auch noch freundlich. *„Oh je! Was mag der jetzt nur von mir denken?" „Warum? Wegen mir?"* fragte ich verblüfft. Deine Sorgen verstand ich nicht. Was war daran schlimm, dass dein Nachbar uns beide gesehen hat? *„Warum, was soll der denn denken? Hey, das ist ein öffentlicher Weg, hier darf jeder Spazierengehen!"* Du lachtest herzhaft. *„Ja, da gebe ich dir Recht, Anais! Ein öffentlicher Weg, auf dem ein Lehrer mit seiner Schülerin entlanglaufen darf!"* Ach W., deine Sorgen von damals. Zu dem Zeitpunkt wusste ich noch nicht, wie grausam Menschen sein können, wenn sie Gerüchte und Spekulationen zu Ungunsten ihrer Mitmenschen bösartig auslegen. Mein Gott, ich war noch so unschuldig in schlechten Erfahrungen, die das Leben bereithielt. Heute denke ich, du hattest bereits genügend Unannehmlichkeiten erlebt, sonst hätte es dir keinen Kummer bereitet, dass dein Nachbar dich mit mir zusammen gesehen hatte. Weißt du, ein wenig hatte ich an dem Tag das Gefühl, dass du mich am liebsten in den Fluss werfen wolltest, an dem wir flanieren. Nach der etwas unglücklichen Begegnung mit deinem Nachbarn warst du ziemlich nachdenklich. Wirklich viel würde mir auch das nicht ausmachen. Ich war verliebt, ich war glücklich und ja, ich lies mich von dir in den Fluss werfen, wenn du es für richtig hieltest. Herrlich willenlos bin war. Außerdem, für dich wäre ich bis ans Ende der Welt gelaufen oder geschwommen. Immer wieder stellte ich mir die Frage, was du mit mir gemacht hattest, dass ich bis über beide Ohren in dich verliebt war? Irgendwann traute ich mich, dich anzurufen und zu fragen, ob ich dich bei dir zuhause besuchen durfte. Zehn oder mehrere Versuche startete ich zuvor, bevor ich das Telefon endlich klingeln lassen konnte ohne gleich wieder aufzulegen. Mein Gott war ich nervös. Garantiert waren es mehr als zehn Versuche. Einfach so zu dir hingehen und dich zu besuchen, das traute ich mich nicht! Hatte ich Angst, dass du mir eine Abfuhr erteilst, weil es dir nicht recht war, dass ich zu dir kommen wollte? Nein, davor hatte ich komischerweise keine Angst. Sorge bereitete mir der Gedanke, dass du schlecht über mich dachtest, wie du es vielleicht über meine Mitschülerinnen S. und M. getan hast. Nervige, aufdringliche und dumme Schülerinnen mit ihrer aussichtslosen Schwärmerei für dich…! Aber die war ich nicht! Die wollte ich jedenfalls nicht sein. M. und S. waren einfach nur peinlich und das wäre mir nicht recht gewesen, dass du ebenfalls so über mich denken könntest. Am Telefon sagtest du zu mir: *„Na klar, komm vorbei, Anais! Ich freue mich!"* Mein Herz hüpfte mir damals direkt aus der Brust vor Aufregung. Das erzählte ich dir natürlich nicht. Schade eigentlich. Ich hätte viel ehrlicher zu dir sein sollen- um ganz ungezwungen über meine Gefühle zu dir zu sprechen. Eigentlich war ich immer ein sehr direkter Mensch, aber über meine Gefühle konnte ich nur schlecht reden. So saß ich das erste Mal mit dir alleine in deiner Wohnung. Verdammt, war ich stolz an dem Tag, dass ich das auf „die Kette" bekommen hatte. Nur gut, dass ich vor lauter Aufregung nicht hyperventilierte oder an Herzversagen starb. Ich musste mich wirklich sehr zusammenreißen, meinen Herzschlag im Griff zu halten. Dieser raste mit Spitzengeschwindigkeiten. Kreideblich war ich sicherlich im Gesicht. Na gut, ich besuchte dich am Abend, da schien das Licht nicht mehr so hell. Du konntest hoffentlich nicht sehen, wie blass ich auf deiner Couch saß. Ziemlich eingeschüchtert war ich. Dabei dachte ich mir, hey, Anais, jetzt hast du die Chance! Nutze sie! Ok. Aber was hätte ich denn machen sollen? Dich verführen? Das wäre mir gar nicht in den Sinn gekommen. Viel zu feige war ich für solche Aktionen. Ach, das wäre mir im Traum nicht eingefallen, W! Ich blickte aus deinem Wohnzimmerfenster. Es war so riesig, dein Panoramafenster und es gab eine herrliche Aussicht frei. Man konnte bis an das Ende der Straße sehen. Lichter brannten in den Häusern, der Mond strahlte vom Himmel herab und ich sah die Sterne. Zuhause fühlte ich mich in meinem Herzen bei dir. *„Mein Stern wird für dich einer der Sterne sein!"*. Du zitiertest den kleinen Prinzen für mich. Lächelnd blickte ich dich an. Du hattest nicht vergessen, wie sehr ich das Buch liebte. *„Sie haben eine wunderschöne Wohnung, Herr K!"* Die Sterne leuchteten direkt über uns. Ich fühlte mich wie in einem wunderbaren Traum mit dir. Weißt du, W., das bedeutete mir an dem Tag so unendlich viel, dass ich bei dir sein durfte. In deiner Nähe fühlte ich mich unendlich geborgen. Die Zeiger der Uhren tickten nicht mehr. Sie standen still. *„Und, wie ist es mit der neuen Lehrerin?" „Ach...!"*, seufzte ich. *„Boykottierst du bei ihr den Unterricht auch, weil er so langweilig ist?" „Nein!"* Du brachtest mich wirklich zum Lachen. *„Ach, sag bloß, der Unterricht bei Frau W. ist interessanter als meiner?" „Frau W. ist jedenfalls strenger mit uns. Ich habe schon zwei Einträge im Klassenbuch!"*, murmelte ich geknickt. *„Hey, ist doch prima. Du wolltest doch immer unbedingt Einträge im Klassenbuch haben! Bei mir war das doch zumindest so!" „Woher wissen Sie das, dass ich bei Ihnen Einträge haben wollte?"* Das war ja interessant! Du wusstest anscheinend mehr über mich, als ich vermutet hatte, W. Auch du hattest also ein feines Gespür für mich entwickelt und du schienst dir Gedanken über mich gemacht zu haben. *„Ich habe es vermutet, so wie du dich benommen hast, aber den Gefallen habe ich dir nie getan!"* Nach der Vollendung deiner Worte an mich, zwinkertest du mir ein Auge zu. Einige Minuten saß ich regungslos auf deinem Sofa, weil ich das, was du gesagt hattest, verdauen musste. Du kanntest mich gut, W. Unsere Seelen, sie kannten sich gut. Das war schon verrückt mit uns. Das Gespür, das wir füreinander hatten, das war wirklich unbeschreiblich. *„Warum, ich meine, woher wussten Sie das?"*

„Anais, Lehramt studieren, da steckt auch eine ganze Menge Psychologie dahinter!" In dem Moment wurde mir klar, dass du ahntest, dass ich in dich verliebt war. Sicherlich wusstest du noch vieles mehr über mich und meine Gefühlswelt. Über all das, was ich stets versuchte vor dir zu verheimlichen. *„Ich finde es sehr schön, dass du heute alleine gekommen bist, Anais!" „Echt?"* Ach, das ging mir runter wie Öl. *„Sie mögen S. nicht, nicht wahr?"* Lachen musste ich plötzlich, weil in mir ein Gedanke schwirrte. S. (Mitschülerin) hatte mir einst gesagt, sie würde, wenn sie dich „rumkriegen" wollte, nur mit einem Mantel bekleidet vor deiner Türe stehen. *„Wenn mir W. dann die Tür öffnet, Anais, dann lasse ich den Mantel fallen und ich stehe völlig nackt vor ihm!"* S. der Knaller! Das hatte sie wirklich so gesagt und ja, ich würde ihr das glatt zutrauen, dass sie das gemacht hätte, W. *„Worüber lachst du?" „Ach, wissen Sie, ganz ehrlich. Was halten Sie eigentlich von S., Herr K?" „Hm, nettes Mädchen, intelligent, etwas vorlaut und vorwitzig. Warum fragst du?" „Die war mal sehr scharf auf Sie!"* Auf die Zunge biss ich mir in dem Moment, denn das hätte ich dir besser nicht sagen sollen. Oh Mist, Fettnäpfchen! Anlauf, ich komme. Ich überlegte, wie ich die Situation wieder geradebiegen konnte. Du machtest mir jegliche weitere Bemühungen meinerseits zunichte: *„S. muss nicht unbedingt wieder zu Besuch kommen und mir mein Schlafzimmer durchwühlen! Ist schon in Ordnung, dass du alleine gekommen bist! Anais, warum hast du mich am Beginn unserer Schulzeit eigentlich so sehr „sabotiert?"* Oha, die Fragen hagelten plötzlich auf mich ein. Sie kamen Knall auf Fall nacheinander und einige gingen direkt bis in meine Magengrube und keine Ahnung wo sie wieder hinausgingen. Mit der Frage, warum ich dich anfänglich nicht leiden mochte, hatte ich überhaupt nicht gerechnet. Sicherlich war sie berechtigt. *„Ich konnte Sie nicht einschätzen, Herr K. und das verunsicherte mich!"* Ich glaube, wenn jemand verunsichert ist, ist er eher auf Distanz eingestellt. *„Warum verunsichert?" „Weil ich immer das Gefühl hatte, dass ich Sie schon mein*

ganzes Leben lang kenne! Von dem ersten Tag an, als ich Sie gesehen habe." „Du hast mich immer angesehen, als wolltest du mich gleich fressen!" „Ja, das hätte ich manchmal gern getan!" „Und jetzt geht's? Oder möchtest du mich jetzt auch fressen?" Ich schüttelte den Kopf. Nee, wir waren nicht bei „Hallo Spencer" und Poldi dem Drachen, der immer „Ick will dir fressen", sagt! *„Nein, jetzt ist alles gut!"* Mein Gott, war ich verliebt in dich, W., das musstest du doch längst bemerkt haben. Du spürtest das genau, da war ich sicher. *„Was macht der Fuß? Er ist noch dran, wie ich sehe!"* „Ja", strahlte ich. *„Das Loch in der Wade ist verheilt! Wenn ich Glück habe, bin ich aus dem Gröbsten raus!"* Wie ein Honigkuchenpferd freutest du dich über meine gute Nachricht. *„Wenn du wieder Turniere reitest, lass es mich wissen!"* Ja! Klar doch! Dich hätte ich alles von mir wissen lassen, wenn du mich gefragt und es gewollt hättest, W. Als ich mich an dem Tag von dir verabschiedete, hatte ich bestimmt eine Herzschädigung. Ich leide später in meinem Leben übrigens generell an Herzrhythmusstörungen. Der ausschlaggebende Punkt für die Erkrankung bist in meinen Augen du, W! Du bist einer dieser Menschen in meinem Leben, die mein Herz völlig aus dem Takt brachten. Bei diesem einen Besuch bei dir blieb es nicht. Ihm folgten weitere. Natürlich nicht täglich, aber ein- bis zweimal im Monat besuchte ich dich. In der Schule sahen wir uns nur noch flüchtig. Manchmal begegneten wir uns zufällig auf dem Flur, du warst auf dem Weg in dein Klassenzimmer, ich auf dem Weg in meins. Unsere Blicke!! Tief, vertraut, freundlich. Nie wieder in meinem Leben habe ich einen Menschen angesehen, wie ich dich angesehen habe, W. Ein Blick voller Liebe. Wenn ich in deine Augen blickte, spürte ich ein Gefühl von Weihnachten, Sommer, Sonne, Wind, Meer, Strand, Freiheit und wilde Pferde, alles zusammen! Die Pferde in mir gingen oftmals durch. Ich hätte vor Glück Bäume ausreißen oder laut schreien können. „Und du, wenn du mich anblickst, dann ist es, als siehst du nur das Beste in mir!" Wie verrückt ich damals war! Weil ich nachmittags mit dem Bus nach A. fuhr und die Straße, die zu deiner Wohnung führt, hinauflief. Das Arbeitsgericht lag deiner Wohnung gegenüber. Von den Treppen des Gebäudes aus konnte man hervorragend zu deinem riesigen Panoramawohnzimmerfenster sehen. Wenn das Licht brannte, wusste ich, du warst zu Hause. In der Winterzeit war das wunderbar, wenn es gegen 16 Uhr dunkel wurde. Welch ein wohliges Gefühl, wenn bei dir daheim das Licht schien und ich auf den Treppen des Arbeitsgerichtes verweilte, nur um in das Fenster deiner Wohnung zu sehen. Ich saß einfach da. Manchmal eine oder sogar zwei Stunden lang und überlegte…Was du wohl gerade machtest? An was dachtest du? Wartetest du bereits auf meinen Anruf? Nahe sein wollte ich dir. Das gelang mir mit dem Sitzen auf den Treppen am Arbeitsgericht hervorragend. Warum auch immer. Ist doch völlig egal. Wir sollten die Dinge, die uns Menschen glücklich machen, nicht mit wieso, weshalb, warum hinterfragen. Das stimmt nämlich nicht unbedingt, „Wer nicht fragt, bleibt dumm". Wer nicht fragt, bleibt glücklich, muss die Antwort lauten! In der Sesamstraße für Erwachsene zumindest. Ja und dann, jetzt lach bitte nicht, lief ich wieder zurück zur Telefonzelle, um dich anzurufen. Die Telefonzelle befand sich am unteren Ende deiner Straße. Verstehst du? Zuerst guckte ich, ob du zuhause bist und danach rief ich dich an. Raffiniert, was? Um mir den Weg zu sparen, hätte ich dich auch vorher anrufen können, oder? Verrückt war ich, sagte ich ja! Oftmals sagtest du am Telefon Dinge wie: *„Ja, ich freue mich, Anais! Bis gleich!"* Vielleicht erzählte ich dir einfach mal von all meinen Verrücktheiten. Dann wüsstest du, was für ein Chaos in mir herrschte. Ein Gefühlschaos, für das du verantwortlich warst. Kaputtlachen würdest du dich wahrscheinlich über mich, W! Das war ein Gefühl, wie wenn eine Sicherung durchbrennt. Ich veranstaltete plötzlich die tollsten Dinge in meinem Leben. Ach, war das alles magisch und aufregend für mich mit dir. Unheimlich viele Schmetterlinge kribbelten in meinem Bauch. Wo kamen die wohl alle her? Welch ein tolles

Gefühl, mit dir die Zeit verbringen zu dürfen (If i could turn back time.)! Eine ehrliche und aufrichtige Empfindung der Liebe trug ich in all den Jahren in meinem Herzen. Jemanden sehr lieb zu haben, ihn so zu mögen, wie ich dich mochte, das war unfassbar und einzigartig! Wenn du mir zu deiner Wohnung die Tür öffnetest und mich dabei so lieb ansahst, ach, ich schmolz dahin. Natürlich durfte ich stets vor dir die Stufen zu deiner Wohnung hinaufgehen. Du warst ein charmanter Gentleman und bliebst hinter mir. Jedes Mal lief mir ein warmer Schauer den Rücken hinunter, wenn ich dich hinter mir spürte. Das Gefühl, das mich durchfuhr, wenn du die Treppen hinter mir gingst und ich deinen Atem in meinem Nacken spürte, W., war unbeschreiblich. Direkt ein wenig unheimlich wurde es mir manchmal. Mir war, als würdest du mich jeden Moment von hinten eng an dich heranziehen und mich wortlos küssen. Innig, sinnlich, zärtlich, aber auch verlangend und leidenschaftlich. Manchmal glaubte ich, du spieltest mit demselben Gedanken. Warum waren wir beide uns so sehr vertraut? Waren unsere Seelen tatsächlich verwandt? Wie aufgeregt ich war und versuchte, meine Gefühle vor dir zu verbergen. Es gelang mir selten. Mein Herz schlug so laut, dass ich hoffte, du hörtest meinen Herzschlag nicht oder sahst ihn, weil vielleicht eine Beule in meiner Brust unter meinem Pullover auf und ab hüpfte. Da saßen wir also auf deiner Couch. Bei dir zuhause. Anfangs saßen wir uns nur gegenüber. Auf Abstand zu mir bliebst du. Wir redeten über Gott und die Welt, über alles, was uns in den Sinn kam. Wir lachten zusammen und du sahst mir tief in die Augen. Dein Blick ging mitten ins Herz. Er traf mich in den tiefsten und empfindsamsten Bereich meiner Seele. Manchmal saßen wir auch nur schweigend da, starrten uns an und lachten los. Dein Blick ging mir durch und durch. Egal, was ich dir erzählte, du hörtest mir aufmerksam zu. Niemals hatte ich den Eindruck, dass du auch nur für einen Moment gedanklich woanders warst oder dass dich etwas mal nicht interessiert. Oder ich dich gelangweilt hätte. Nein! Du warst immer bei mir. Mit all deinen Sinnen. Daran hegte ich keinen Zweifel. Das Gefühl, dass ich dir wichtig war, das war wunderschön und es war ehrlich. Dankbar war ich dir, W., für all das, was du mir gabst in unseren Gesprächen, sowie an Nähe und Zuneigung. Dass du mir zuhörtest und für mich da warst. Du warst der einzige Mensch in meinem Leben, dem ich wichtig war und dem ich etwas bedeutete. Der Einzige, der sich für meine Person wirklich interessierte. Mein Vertrauen zu dir, das war unendlich tief. Körperliche Nähe spielte für mich während meiner Besuche bei dir keine Rolle. Sich gegenseitig Zeit zu schenken war ein wertvolles, wunderbares Geschenk, das ich in meinem späteren Leben nie wieder erfahren durfte. Zuhause konnte ich niemandem von meinen Gedanken, Sorgen, Kummer und Nöten erzählen. Da nahm sich keiner Zeit für mich. Deshalb war ich so gern bei dir. Es war wundervoll mit dir. Danke! Zu meiner Mutter habe ich dir weiter oben im Brief bereits einiges geschrieben, W. Du weißt jetzt, dass sie für mich kein offenes Ohr hatte. Dass ihr meine Probleme am Arsch vorbeigingen. Entschuldige die Ausdrucksweise. Wenn es Probleme gab, nahm sie mich nicht in den Arm. Auf die Idee kam sie nicht einmal. Mir Trost zuzusprechen? Nein, das Verhältnis zu ihr war schlecht. Ganz ehrlich, W! Es war „grottenschlecht" und ich litt sehr darunter. All die Jahre lang. Ich hasste meine Mutter regelrecht für ihr Verhalten mir gegenüber, und je älter ich wurde, desto schlimmer wurde die Abneigung. Weil ich genau wusste, dass es ihr das Wichtigste im Leben ist, sich mit meinen Erfolgen im Reitsport zu „brüsten." Wenn ich welche zu verzeichnen hatte, war es das größte Glück für sie, das sie erfahren konnte. Angeben tat sie, vor der Nachbarschaft und vor ihren gesamten Freunden. Weißt du, nach dem Motto: „Meine Tochter ist erfolgreich, aus ihr ist was geworden!" Weil aus ihr selbst nichts geworden ist im Leben. Mein Vater hat sie für eine andere Frau verlassen und daran ist sie zerbrochen. Anstatt aufzustehen und zu kämpfen, wurde sie depressiv im Laufe der Jahre und gab ihrer Tochter die Schuld am Verlust ihrer

Liebe. Wollte meine Mutter mich mit dem Entzug ihrer Liebe all die Jahre lang bewusst strafen? *„Mama, warum hast du einen Mann geheiratet, von dem du weißt, dass er dir nicht das geben kann, wonach du dich sehnst?"* Die Frage habe ich meiner Mutter gestellt. Nein, ich bekam keine Antworten auf meine Fragen. Jahrelang steckte meine Mutter in einer unglücklichen Beziehung fest. Mein Erfolg im Sport war alles, was sie aufrechterhielt. Schlug sie morgens gierig die Zeitung auf und fand meinen Namen auf der Sportseite, weil ich mit meinem Pferd ein Springen gewonnen hatte, dann war sie glücklich. Dafür bewegte sie, wenn es sein musste, sogar ihren Arsch morgens um 4 Uhr aus dem Bett. Armselig, meine Mutter! In meinen Augen war sie psychisch krank. Traurig, erkennen zu müssen, dass die eigene Mutter psychisch krank ist. Weißt du, W., ich habe meinem Vater von dir und unserer Freundschaft erzählt. Wie wichtig mir der Kontakt zu dir war. Kannst du dir seine Reaktion vorstellen? Ja, ich denke, das kannst du. Für mich war das in dem Moment ein Schlag mitten ins Herz und direkt ins Gesicht. Seine Worte verletzten mich damals unheimlich. *„Oh, mein Gott, jetzt schwärmt meine Tochter für ihren Lehrer, weil sie einen Vaterkomplex hat, weil sie all die Jahre nie einen Vater an ihrer Seite hatte und ihr Lehrer nutzt das schamlos aus. Das geht ja gar nicht, unternimmt deine Mutter denn da nichts?"* Meine Frage an ihn lautete: *„Warum nutzt mein Lehrer das aus? Der nutzt gar nichts aus! Ich bin froh, dass ich ihn habe, ohne ihn wäre ich bestimmt schon mit meinen knapp 18 Jahren zerbrochen. Psychisch reif für die Klapse!"* Meinen Vater konnte ich überhaupt nicht nachvollziehen in seiner Argumentation. Nach dem Gespräch, das wir damals telefonisch geführt haben, in dem er so schlecht und gemein über dich gesprochen hat, W., nahm ich mir vor, den Kontakt zu ihm komplett abzubrechen. Besuchen kam er mich sowieso selten. Immer hatte er zu tun, andere Dinge waren ihm wichtiger. Meine Mutter scheiterte in seinen Augen an meiner Erziehung. Meiner Meinung nach hatte sie komplett versagt in all den Jahren. Das gestand ich meinem Vater natürlich nicht. Meine Mutter versagte, weil sie sich nicht um mich kümmerte und keine Liebe für mich in sich trug. Meine Mutter zog sie sich lieber an meinen reitsportlichen Erfolgen hoch. Damit polierte sie ihr krankhaftes Selbstwertgefühl auf. Sie war stolz, dass sie ein tolles, erfolgreiches Kind hatte. Meine Oma wohnte zu weit weg. Geschwister gab es keine. Unsere Verwandten waren größtenteils tot. Mein Vater wohnte am Ende der Welt, mein Stiefvater interessierte sich für mich und meine Probleme ebenso wenig wie meine eigene Mutter. Was sollte ich tun? Ich war so gesehen am Arsch. Also, außer dir, W., gab es niemanden für mich und meine Probleme. Gut, meine Freunde, aber die konnten mir nicht annähernd das geben, was mir die Beziehung zu dir gab. Mit Beziehung meine ich nicht ein sexuelles Techtelmechtel zwischen uns, sondern eine rein freundschaftliche, platonische Freundschaft. Für mich warst du von Anfang an ein sehr guter Freund, der Beste meines Lebens wahrscheinlich. Ohne Zweifel! Mein Gott, ich hing so sehr an dir! Du warst mir wichtiger als meine eigene Familie es für mich zu dem Zeitpunkt war. Du nahmst dir Zeit für mich, wenn ich dich zum Reden brauchte. Egal wann. Du sagtest niemals „Nein". Keine Zeit für mich zu haben, gab es für dich nicht.

„Anais, zum Reden kannst du immer zu mir kommen! Tag und Nacht! Oder wenn du etwas auf dem Herzen hast, bist du immer willkommen!" Mittlerweile war eine innige Freundschaft zwischen uns beiden entstanden. Diese wollte ich um nichts in der Welt missen oder gefährden. Den Gedanken, dich zu verlieren, mochte ich mir nicht einmal im Traum vorstellen. Es würde mir das Herz zerreißen. Glücklich war ich, dass es jemanden gab, der sich für mich und meine Sorgen interessierte und dass ich zu ihm kommen durfte, wann ich immer ich wollte. Tag und Nacht. Die wunderbare Freundschaft zu dir, hütete ich, so gut ich konnte. Aufmerksam blieb ich und versuchte, dich nicht zu nerven.

Aus Angst, dich zu verlieren. Ich forderte nichts von dir und du nichts von mir. Wir waren füreinander da, gaben uns gegenseitig das, was wir beide so bitter nötig hatten: Aufmerksamkeit, Halt, Respekt und Achtung, Nähe und Wärme. Bedingungslos gaben wir uns all diese wunderbaren Dinge. All dies war zwischen uns selbstverständlich. Es gab keine ungeklärten Fragen. Jeder von uns konnte den anderen alles fragen. Es gab kein Tabu, weil niemand ein Tabu aufstellte. Ich spürte, W., dass auch dir der so wichtige Halt in deinem Leben fehlte. Für dich gab es außer mir auch niemanden, dem du wichtig warst. Tief in meinem Herzen spürte ich, unsere Gefühle füreinander waren identisch. Wir taten uns gegenseitig gut. Unsere Seelen liebten einander. Wir verstanden uns blind. Unsere Seelen waren eins. Der Spruch, ich kann dir nicht wehtun, ohne mir wehzutun, der traf auf uns wie die Faust aufs Auge. Mit meiner Anwesenheit schienst du genauso glücklich zu sein wie ich mit deiner. Wir gestanden uns das nicht, anfänglich zumindest nicht. „Die schönsten Dinge im Leben bedürfen keiner Sprache, man fühlt sie."

'W. K. hatte einen Herzinfarkt erlitten, heißt es auf einmal an der Schule. Oh mein Gott, durchfuhr es mich! Damals habe ich die Bedeutung Herzinfarkt lange nicht als solches Schreckgespenst im Kopf gehabt wie heute, 25 Jahre später. Dass es schlimm war - und es war mir sofort bewusst - dass man an einem Herzinfarkt sterben konnte, ahnte ich. Das Besondere an dem Punkt der Geschichte war, dass ich nach der Nachricht nicht sofort zum Telefon griff, um dich anzurufen. Ich wollte dich nicht fragen, warum, wieso, weshalb und was genau passiert ist. Auch wenn ich nach dieser Hiobsbotschaft in jedem meiner freien Gedanken bei dir war. Nein, dich bloß nicht zusätzlich unnötig belasten, dachte ich. Wieder einmal hielt ich mich zurück. Ging auf Abstand zu dir. Jeden Abend zündete ich in meinem Zimmer eine Kerze an und betete für dich. Ob ich an Gott glaubte? Weißt du, W., ich musste nicht unbedingt an Gott glauben. Ich glaubte an

Bestimmungen, Schicksal, an die Liebe und ich glaubte an mich. An mich und meine Kraft, die in mir steckte, um bestimmte Situationen im Leben zu meistern, daran glaubte ich in diesem Moment! Ich betete, dass du wieder auf die Beine kamst, W. Nicht meinetwegen! Deinetwegen! Du warst mir in meinem Leben unheimlich wichtig! In dem Moment ging es mir nur um dich. Meine Bedürfnisse standen hinten an. Gedanklich trug ich dich durch die schwere Zeit deines Infarktes. Unendlich traurig war ich, dass es ausgerechnet dich erwischt hatte. Du warst ein so lieber, wundervoller Mensch. Ab dem Zeitpunkt begriff ich, das Leben ist kein Ponyhof war und dass es einem ganz schnell das nehmen konnte, was man sehr lieb hat. Den richtigen Augenblick wartete ich intuitiv ab, um mich wieder bei dir zu melden. Als der Zeitpunkt meiner Meinung nach gekommen war und ich das erste Mal wieder bei dir anrief, war deine Freude groß. Mir war das etwas mulmig, immerhin waren einige Wochen vergangen. *„Anais", ja das freut mich aber sehr, dass du mich anrufst!"* Am Telefon sprachst du in einer Tonlage, die ich sehr liebte. Mit jedem Wort, das du über deine Lippen brachtest, bist du mir gegenüber ehrlich gewesen. Wenn du sagtest, dass du dich über etwas freust, dann war dem so und zwar aus deinem vollsten Herzen. Daran hegte ich niemals Zweifel. Du würdest dich nicht verstellen, nur um mir etwas „vorzuspielen". In dem Punkt waren wir uns ähnlich, denn ich würde es ebenfalls nicht tun. Mit liebevollen Aussagen oder Komplimenten warst du allerdings sparsam. Zwischen uns gab es keine schmalzigen Kosewörter oder übertriebene Gefühlsduselei. Mit Gefühlsbekundungen mir gegenüber, warst du ohnehin sehr zurückhaltend. Aus der Richtung kam von dir leider nichts. Das war ok für mich. Wir sprachen nicht über unsere Gefühle. Vorerst taten wir das nicht. Meine Augen konnten alles Wichtige in deinem Herzen lesen. Es gab Zeiten zwischen uns, in denen du freundlich warst, aber in dich gekehrt. Deine Sorgen spürte ich. Meine Seele spiegelte die deine! Wir konnten einander nichts vormachen. *„Komm doch mal wieder* *vorbei!*", sagtest du am Telefon, an dem Tag, als ich nach längerer Zeit, nach deinem Infarkt, bei dir anrief. Wie gern hörte ich den Satz, dass ich vorbeikommen sollte. Das signalisierte mir, ich war bei dir willkommen. Nach dem Telefonat war ich glücklich, dass dein Zustand stabil war. Erleichtert ist mein schweres Herz bezüglich deiner Krankheit gewesen. Als ich dich das erste Mal nach deinem Herzinfarkt wiedersah, erzähltest du mir, dass du kurzfristig Richtung Hamburg ins Krankenhaus fahren musstest, um dich einer notwendigen Operation am Herzen zu unterziehen. Du solltest einen Bypass bekommen. *„Bitte, Herr K., rufen Sie mich an, wenn die OP überstanden ist, ok?!"* Meine Telefonnummer schrieb ich dir auf. Handys gab es zu der Zeit nicht. *„Ja, aber wenn ich deine Eltern am Telefon habe?"*, fragtest du verunsichert. *„Rufen Sie einfach nach 20 Uhr an, dann gehe ich ans Telefon! Und falls meine Eltern doch abnehmen, einfach auflegen! Aber das wird nicht passieren, das verspreche ich Ihnen!"* Mein Gott, wie wichtig war es mir, dass du mich nach deiner OP anriefst, damit ich weiß, dass mit dir alles in Ordnung war. Große Sorgen machte ich mir um dich. Jeden Abend war ich ab 20 Uhr pünktlich zuhause in der unmittelbaren Nähe unseres Telefons anzutreffen. Aber dein Anruf blieb aus. Sehnsüchtig wartete ich auf das Klingeln. Vergebens. Nachts konnte ich nicht schlafen, weil ich immer an dich denken musste. Die Sorgen um dich brachten mich beinahe um meinen Verstand. Damals nahm ich dir das wirklich übel. Meinen Ärger ließ ich dich dennoch nicht spüren. Auch meine Enttäuschung nicht. Vielleicht war es die Angst in mir dich zu verlieren, wenn du merktest, wie wichtig du mir geworden warst. Vielleicht zögest du dann die Notbremse, spekulierte ich. „Klammern" ist nämlich etwas, das bei dir gar nicht ging. Das verabscheutest du zutiefst, das habe ich schnell kapiert. Einmal sagte ich dir während eines Telefonats, dass ich mir Sorgen um dich mache. Deine Antwort darauf verletzte mich ungemein. *„Um mich braucht sich niemand Sorgen machen, Anais!"* Diese ironische

Selbstgerechtigkeit war doch eigentlich nur ein Hilferuf von dir, W! Wie Recht ich mit all den Gedanken, Vermutungen und Spekulationen um dich hatte, erfuhr ich in einem späteren Teil unserer Geschichte. Jedenfalls ließ ich mir nichts anmerken, als wir uns nach deiner Operation das erste Mal wiedertrafen. Meine Enttäuschung, dass du nicht angerufen hattest, behielt ich für mich. Einen Menschen so gut zu kennen, ihn innerlich zu spüren, wie ich dich spürte, das konnte nur eine Seelenverwandtschaft sein! Wenn du wüsstest, wie wichtig du mir warst, W., du hättest mich garantiert angerufen! Anscheinend bemerktest du nicht, dass ich mir um dich Sorgen mache. Kanntest du das Gefühl nicht, dass sich jemanden um dich Sorgen macht? Hatte sich in all den Jahren niemand um dich gekümmert oder sich um dich gesorgt? Ging es in deinem Leben ebenso traurig zu, wie in meinem? Während ich dir die Zeilen schreibe, denke ich an meine kaltherzige Mutter und an meinen Vater, die sich beide nie um mich gekümmert haben. An die Einsamkeit in meinem Herzen denke ich und an die schönen vergangenen Stunden, die ich mit dir erleben durfte. Anscheinend hatte es tatsächlich niemanden gegeben, außer mir in deinem Leben, der sich um dich Sorgen gemacht hat. Zu deiner Ex-Frau hattest du jahrelang keinen Kontakt mehr, dein Sohn war unehelich und von dir adoptiert. Er kümmerte sich laut deiner Erzählungen eher selten um dich. Du erzähltest mir in einer stillen Minute, dass du mit deiner damaligen Frau sehr unglücklich warst. Die Beziehung hätte man in die Tonne kloppen können, sagtest du. Und deine Freunde - naja, deine Freunde haben auch ihre eigenen Familien, im Gegensatz zu dir. Von dem Zeitpunkt an wurde die Geschichte mit uns beiden etwas kompliziert. Kompliziert deshalb, weil sie fester wurde. Ziemlich fest sogar. Zu fest? Ich weiß heute nicht mehr, wo wir damals den Fehler begingen, W. *An genau diesen Punkt in der Zeit „unserer Beziehung", denke ich oftmals traurig zurück und frage mich, wo der verdammte Fehler lag, der uns beiden schließlich das nahm, was wir am liebsten hatten, nämlich das „Uns".*

14. Februar, Valentinstag.

Eine sehr berührende Seite über diesen Tag finde ich in meinem Tagebuch. Alles was ich dir jetzt schreibe, habe ich aus meinem Tagebuch mit dem Datum detail- und inhaltsgenau entnommen. Sieh es als eine Art Rückblick, um dir einen Einblick in meine damalige Gefühlswelt zu erlauben.

Der Tag der Liebenden! Es lag ein wenig Schnee und kalt war es. Richtiges Matschwetter. An dem Tag war ich in der Stadt unterwegs und besorgte für dich eine Kleinigkeit. Pralinen! Schokolade war sowieso deine Welt. Am allerliebsten mochtest du diese Blombenzieher DAIM. Obwohl das Wetter an dem Tag wirklich sehr trübselig war, bin ich unheimlich glücklich und happy über den Umstand, dass ich dich besuchen durfte In meinem Herzen schien die Sonne. Wie immer eigentlich, wenn ich dich besuchte. Das Besondere: An dem Tag rief ich dich nicht an um zu fragen, ob dir mein Besuch angenehm ist, sondern ich kam ohne Voranmeldung zu dir. Das war das erste Mal, dass ich unangekündigt bei dir erschien. Immerhin war Valentinstag und an einem Tag wie diesem, ist für mich klar, dass ich den Menschen, den ich liebe, besuchen wollte. Draußen wurde es bereits dunkel, als ich den Weg zu deiner Wohnung hinauflief. Wie immer ging ich den steilen Berg bis zu dem Straßenbogen hinauf, der an dem alten Arbeitsgericht vorbeiführte. Dort stellte ich mich auf die Treppen, um in dein Wohnzimmerfenster zu sehen. Es brannte Licht. Glück gehabt, Anais! W. war zu Hause, dachte ich voller Freude. Eine ganze Weile blieb ich auf der Treppe vor dem Arbeitsgericht sitzen und beobachtete das Fenster zu deiner Wohnung. Länger als gewöhnlich. Mir kreiste der Gedanke im Kopf, wie es sich anfühlen mochte, den Weg zu deiner Wohnung irgendwann einmal nicht mehr zu gehen.

Aus Gründen, weil du vielleicht nicht mehr möchtest, dass ich dich besuchen käme. Oder: Wenn du dort nicht mehr wohnen würdest, eines Tages, warum auch immer. In der Wohnung hinter dem schönen Panoramafenster, von wo aus ich die Sterne so gern am Himmel leuchten sah. Wenn du tot wärst eines Tages; ein schrecklicher Gedanke, damals völlig unvorstellbar! Wenn das Licht nicht mehr brennen sollte!? Wo wärst du dann, W? Gäbe es plötzlich vielleicht eine andere Frau in deinem Leben? Wäre dir gar etwas zugestoßen? Nicht auszudenken. Ein Leben ohne dich konnte ich mir zu dem Zeitpunkt nicht vorstellen. Auf das Glück mit dir wollte ich niemals verzichten. War es an dem Valentinstag eigentlich auch dein Wunsch, dass ich dich besuchte? Wartetest du bereits sehnsüchtig auf mich oder auf meinen Anruf? Wusstest du eigentlich, dass ich bereits in deiner Nähe war? Nur wenige Meter trennten uns voneinander! Woher wusste ich eigentlich, dass du dir an dem Tag nicht etwas anderes vorgenommen hattest und du vielleicht gar nicht zu Hause warst? Woher nahm ich die Gewissheit, dass wir uns zeitnah begegnen sollten? Woher wusste ich, dass ich an deiner Türe läuten kann, ohne Angst zu haben, von dir abgewiesen zu werden? Ohne Angst zu haben, dass bei dir eine andere Frau anwesend gewesen wäre? Woher nahm ich diese Sicherheit? Die Schmetterlinge in meinem Bauch tanzten wie verrückt, als ich mich schließlich von der Treppe erhob, um zu dir zu gehen. Weißt du, W., die Situation mit uns, war nichts Alltägliches. Alles, was geschah, passierte deshalb, weil meine Seele die Entscheidungen traf. In einer Seelenverwandtschaft sind die Dinge nun einmal, wie sie sind. Warum auch immer. Da konnte irgendwie gar nichts schiefgehen. Das ist höhere Gewalt. Du bist nicht der Typ, den ich einfach so geheiratet hätte - irgendwann. Dafür waren wir viel zu unterschiedlich. Altersmäßig zunächst. Zu dem Zeitpunkt habe ich wirklich keinen Plan gehabt, wie das mit uns weitergehen sollte. Ehrlich gesagt war mir das auch egal. Solange mich das Gefühl, in dich verliebt zu sein, nicht verlassen sollte! Das

Gefühl bedeutete nämlich die Welt für mich, W! Für dich war ich ebenfalls keine alltägliche Situation, W. Es lag immer noch die „gewisse Distanz" zwischen uns. Die Distanz, Lehrer-Schüler, vielleicht auch das „Verbotene" in unserer Geschichte, das machte den Reiz der Story für uns beide aus. Dabei warst du zu dem Zeitpunkt nicht mehr mein Lehrer. Kurz vor der Volljährigkeit befand ich mich und eigentlich standen dir somit bei mir alle Türen offen, W! Du hattest jetzt die Chance, die Möglichkeit zu ergreifen. Um die Gelegenheit am Schopfe zu greifen, war *ich* viel zu schüchtern! Mein Gott, total zurückhaltend war ich. Bestimmt war das der richtige Weg, dass ich zurückhaltend war. Das machte den Reiz für dich aus? „Leichte Beute" war jedenfalls etwas anderes. Das bekamst du besonders am Valentinstag mit mir zu spüren. Nachdem ich vom Arbeitsgericht die paar Meter bis zu deiner Wohnungstür lief, atmete ich einmal tief durch. Valentinstag. Ein besonderer Tag sollte es werden. Da lag etwas in der Luft, das spürte ich. Du öffnetest mir an dem für mich besonderen Tag die Tür wie selbstverständlich und warst erfreut, mich zu sehen. Gedanklich atmete ich auf. Du warst nicht sauer, dass ich dich vorher nicht angerufen habe. Nachdem ich meine Jacke ablegte und dir mein kleines Mitbringsel überreichte, hören wir zusammen Musik. Meistens lief eine Kuschelrock-CD. Meine gesamte Sammlung befand sich bei dir daheim. Meine komplette CD Sammlung habe ich dir irgendwann einmal mitgebracht und später nicht wieder mit nach Hause genommen. Mit dir war es viel schöner, gemeinsam die wundervollen Songs aus den 80ern zu hören, als alleine bei mir daheim. Wir sprachen über Gott und die Welt an dem Tag. Du warst verdammt gut drauf; wir lachten wieder einmal sehr viel. Eine Kerze brannte auf deinem Wohnzimmertisch und das große Licht war gedimmt. Romantische Stimmung hattest du an dem Valentinstag gezaubert. Manchmal kam ich mir vor wie aus 1000-und-einer- Nacht mit dir. Wie im Märchen war es mit uns. Unbeschreiblich schön und ich wünschte mir, die Story würde niemals enden. Der CD-Player dudelte 'The

Miracle of Love' von Eurhythmics. Oh, wie liebte ich dieses Lied. Genau, wie den Song von Foreigner 'I want to know what love is'. Den mochtest du besonders gern - Du sagtest immer wenn der Song lief, dass du gern jemanden hättest, der dir einmal „zeigt", was Liebe bedeutet. Das hätte ich natürlich gern übernommen, glaube mal! Der Abend mit dir verging viel zu schnell an dem Valentinstag. Schließlich musste ich los, um den letzten Bus zu „erwischen". Als ich meine Jacke anzog, hieltest du mich sanft am Arm fest. Für einen Moment erschrak ich beinahe - was war los? Vorsichtig und ganz langsam zogst du mich eng zu dir und schautest mich aus deinen grün-braun-grauen Augen liebevoll an. So zärtlich und tiefgehend, dass mir ehrlich gesagt „anders" wurde. Mein Herz stockte. Meinen Atem hielt ich an. Zärtlich strichst du eine Haarsträhne aus meinem Gesicht, nahmst meinen Kopf sachte zwischen deine Hände und gabst mir einen Kuss auf meine Stirn. Das kam für mich in dem Moment völlig überraschend und unerwartet. Ziemlich verdutzt guckte ich dich an. Für einen Augenblick traf mich die absolute Sprachlosigkeit. Jedenfalls ging ich am Valentinstag leicht kopfschüttelnd und verwirrt nach Hause. Wie benebelt war ich auf dem Heimweg. Die Schmetterlinge aus meinem Bauch flogen mir plötzlich alle durch den Kopf. Was war mit mir passiert? Einen Kuss auf meine Stirn von dir, habe ich bekommen, W! Eigentlich war das nichts Besonderes, aber ich war an dem Abend absolut perplex und fassungslos. Überwältigt war ich. Damit hatte ich nicht gerechnet. Wirklich nicht. Aber Anais, hattest du dir das denn nicht gewünscht, dass so etwas geschah? Hattest du dir niemals die Story mit W. gedanklich weiter ausgemalt? Nein, wenn ich ehrlich bin, hatte ich das nicht getan. Weißt du, warum nicht, W? Weil ich niemals geglaubt hatte, dass ich so viel Glück haben kann, dass aus unserer Freundschaft mehr wird. Gedanklich befand ich mich in einer hoffnungslosen Liebe zu dir! In einer Liebe, die meiner Meinung nach niemals ein Happy End haben sollte, weil du mir außer „Freundschaft" nichts anderes bieten konntest und es auch nicht wolltest! Ich war mit unserer Freundschaft bis dahin zufrieden und glücklich. Etwas anderes erwartete ich von dir niemals. Warum ich über das Thema Zärtlichkeit zwischen uns nicht weiter nachgedacht habe, ich weiß es nicht. Naja, weil ich mir eben keine Hoffnungen auf dich gemacht habe, W. Es gab keine bestimmten Erwartungen an dich. Du machtest mich einfach glücklich! Die Gespräche mit dir, Musik hören, Blicke austauschen. Das war wunderbar und meinen Bedarf an Nähe, den deckst du damit absolut! An „Sex" dachte ich während der Zeit nicht. Tatst Du es? Auch an Küssen und Zärtlichkeit austauschen dachte ich nicht. Wahrscheinlich tat ich es deshalb nicht, weil es verboten war (Schüler/Lehrer) und ich dich nicht in eine gefährliche Situation mit mir bringen wollte! Die Liebe zwischen einem Lehrer und seiner Schülerin war etwas „Verbotenes". Das Tabuthema verlor ich niemals aus meinem Hinterkopf. Tatsächlich wäre ich wahrscheinlich für immer und ewig mit unserer Freundschaft und den gemeinsamen Gesprächen, glücklich geblieben. Auch wenn ich dich liebte, so erwartete ich nicht, dass du dasselbe tun solltest, - nämlich mich zu lieben. Deine Freundschaft war mir „Geschenk" genug, W. Es war wunderbar! Ein sehr Kostbares war es dazu! Mein Gott, wie viele Sterne hatte der Himmel an dem Abend, als ich von dir am Valentinstag nach Hause ging? Tausende? Millionen? Sie alle leuchteten nur für mich zum Tag der Liebe. In Gedanken deines Kusses auf meiner Stirn versunken, grenzte es an ein Wunder, dass ich auf dem Weg zur Bushaltestelle an dem Abend nicht vor sämtliche Straßenlaternen lief, die meinen Weg kreuzten. Aus völliger Vernebelung meines Gehirns nahm ich um mich herum nämlich nicht mehr viel wahr. Was war geschehen an dem Valentinstag, W? War es ein Traum, aus dem ich am nächsten Morgen erwachte oder war das mit uns tatsächlich passiert? Damals schrieb ich wie gesagt, Tagebuch. An dem Abend malte ich Herzen und bunte Schmetterlinge hinein und beschrieb den Tag als den schönsten meines gelebten Lebens! Im 7. Himmel schwebte ich. Hätte ich heute einen Wunsch frei, W., ich würde mir noch einmal diesen einen Tag, den Valentinstag, herbeiwünschen! Jedes Jahr „wieder" ist der 14. Februar ein ganz besonderer Tag für mich und das seit über 20 Jahren. Er wird es auch immer bleiben. An jedem Valentinstag gedenke ich unserer Freundschaft, Liebe, Beziehung, Begegnung. Und eben dem Kuss von dir. Das Traurige, in nur wenigen Wochen bereits, werde ich ihm wieder gedenken. Mich liebevoll und sehnsüchtig an unsere Liebe erinnern und dich besuchen. Dieses Jahr auf dem Friedhof. An dieser Stelle meines Briefes, weine ich! Du warst ein wundervoller Mensch, W. Ich vermisse dich so sehr! Könnte ich dich noch einmal umarmen, dich berühren, spüren, sehen, fühlen. Hätte ich nur einen Wunsch frei, er würde dir gehören! In den vergangenen Jahren konnte ich dich nicht mehr besuchen, auch wenn ich oft daran gedacht habe, - an genau diesen Valentinstagen. Die Zeiten änderten sich für uns, W. Mein Leben musste ich leben und du deines. An den Valentinstagen der letzten Jahre war die Versuchung jedoch groß und ich dachte immer wieder daran, zu dir zu gehen. Seit mehr als 20 Jahren zu jedem Valentinstag, gedenke ich an unsere Liebe. Als ich dich wenige Tage später nach dem Kuss anrief, versuchtest du erstmals, mich am Telefon abzublocken. Das war hart und traf mich völlig unvorbereitet. Eigentlich war ich in der Annahme, dass unsere Freundschaft einem Höhepunkt zulief. Auf dem Weg in das vollendete Glück sah ich uns beide, sofern es überhaupt noch mehr Glück für mich geben könnte. An dem Tag sprachst du in einer Art und Weise mit mir, die ich von dir bis dato nicht kannte. Völlig fremd erschienst du mir. Du hattest dir jedes Wort für mich genauestens zurechtgelegt. Für mich, und den Abschuss, den du mir verpassen wolltest. Ich bekam das erste Mal Angst. Angst, dich zu verlieren. Deine Worte waren hart, ernst und verletzend. *„Was ist passiert, W?"* fragte ich traurig, als ich merkte, dass du über meinen Anruf nicht erfreut warst. *„Ja, du bist kopfschüttelnd nach Hause gegangen, Anais!"* Deine Stimme am Telefon klang nervös.

Meine überraschte Reaktion hat dich also am Valentinstag hart getroffen. In Gedanken fragte ich dich: „Was erwartest du von mir?" Ich für meinen Teil habe sicherlich nicht erwartet, dass du mir plötzlich, einfach so, einen Kuss gibst, wenngleich auch nur auf meine Stirn. *„Das war für mich ein Gefühl, Herr K., das kann ich gar nicht beschreiben. Ich war überrascht im Moment, und, mal ehrlich, was haben Sie von mir erwartet?"*, versuchte ich mich zu rechtfertigen. All die Jahre, seit ich mit dir in Kontakt stand, W., siezte ich dich, während du mich duztest. Ich traute mich nicht, dich einfach zu duzen. Irgendwann sprach ich dich einmal vorsichtig darauf an, ob wir das 'Sie' nicht weglassen könnten. Darauf sagtest du mir, dass du ein wenig Distanz zwischen uns wahren wolltest. Ja, die Distanz zwischen uns war recht groß, die **ich** wahren wollte. Interessant, dass das 'Du' zwischen uns tabu war, aber Küssen war ok? Du wolltest die Distanz zwischen uns bewusst beibehalten, das ist mir klar, sonst hättest du mir irgendwann in all den Jahren zumindest einmal angeboten, das verdammte 'Sie' wegzulassen. So beließ ich es dabei, dich zu siezen, weil es dir wichtig war und nein, ich kam mir nicht blöde dabei vor, W. Welche Wahl hatte ich denn überhaupt? Mir wurde bewusst, ein Fehler von mir und die Sache mit uns war für dich beendet und erledigt. Du warst für mich eine Art Heiligtum, also riss ich mich zusammen. Das 'Sie' war ok für mich. Nur der Kuss passte für mich irgendwie nicht dazwischen. *„Aha, irritiert und überrascht warst du?!"* Jedenfalls wurde deine Stimme etwas lockerer. *„Weißt du, Anais, ich mag dich sehr. Aber wenn du damit nicht klarkommst, dann ist das kein Problem. Dann müssen wir das..."* *„Es tut mir leid, wenn ich Sie enttäuscht habe, aber damit konnte ich nicht rechnen, dass ich gleich einen Kuss von Ihnen bekommen würde. Verzeihen Sie bitte meine Reaktion"*, fiel ich dir ins Wort, am Telefon. Ich wusste doch genau, was du sagen wolltest -dass du die Sache dann beenden wolltest. Das habe ich mir in meinen kühnsten Träumen nicht ausgemalt, dass ich jemals in eine derart brisante Situation mit dir kommen könnte, W. Dass du mich aus heiterem Himmel küsstest und ich mich für meine überraschte Reaktion hinterher dir gegenüber noch rechtfertigen musste. In der Tat war das ehrlich gesagt ein schwieriges Unterfangen für mich mit dir und es bereitete mir Magenschmerzen. Welch schwere Last erlegtest du mir auf? Ich war doch noch so jung! Eine Satire spielte mein Leben, die mit einer ordentlichen Prise schwarzem Humor gewürzt war. Schwer verdauliche Kost für ein so junges Mädchen. *„Anais, vielleicht ist es besser, wenn du erst mal nicht mehr zu mir kommst!"* Den Satz brachtest du an dem Tag nur schwer über deine Lippen, aber er kam. Für einen Moment war ich sprachlos und ziemlich geknickt. Das traf mein Herz und tat sehr weh. Du spürtest genau, dass du mich verletzt hattest mit deinen Worten, in einer etwas sanfteren Tonlage sagtest du nämlich: *„Ich möchte dir nicht wehtun!" „Wenn Sie mir nicht wehtun möchten, dann sagen Sie so etwas bitte nicht mehr zu mir!"*, erwiderte ich mit trauriger Stimme. *„Ok!"* Du nahmst einen tiefen Atemzug. *„Wir sehen uns, Anais!"* Damit war das Gespräch für dich beendet und du legtest einfach auf. Von dem Tag an wurde mir bewusst, dass ich dich mit anderen Augen sehen musste, wenn ich weiterhin mit dir und meinem totalen Gefühlswirrwarr klarkommen wollte. Unsere Beziehung war zerbrechlich. Wir scheiterten an Lebensumständen, weil wir in ihnen nicht alltäglich waren. Das war nicht einfach für mich zu verdauen. Siezen sollte ich dich und mich von dir küssen lassen. Gut, ok! Da ich bis über beide Ohren verliebt war, akzeptierte ich alles, was du verlangtest. Mein Herz gehörte dir, darin bestand für mich kein Zweifel. Jetzt musste ich nur noch damit klarkommen, dass es für dich dasselbe bedeutete und du auf dem besten Wege warst, aus unserer Freundschaft eine Liebesgeschichte/Liebesaffäre zu machen. Du hattest die Absicht, unsere Geschichte in einer Art und Weise fortzuführen, die ich mir bis dahin in meinen tiefsten Träumen nicht ausgemalt hatte. Erhofft auch nicht. Nach dem Telefongespräch fühlte ich mich ein wenig vor den Kopf gestoßen und ich war sehr traurig. In den darauffolgenden Tagen weinte ich viel. Wegen dir, W! Ich konnte nicht verstehen, dass mir mein Lehrer, den ich über alles verehrte, einen Kuss auf meine Stirn gab und weil ich ihm nicht gleich dankbar um den Hals fiel, er mich sofort wieder zurückstieß. Ich verstand nicht, warum ich mich falsch verhalten haben sollte! Das war arg heftig! Lag es an dem Altersunterschied zwischen uns? An den verschiedenen Sichtweisen unserer Handlungen? Dachtest du nicht darüber nach, dass ich die Distanz, die dir so wichtig war, deinetwegen wahren wollte? Aus Respekt und Achtung dir gegenüber? Mir wurde in dem Augenblick klar, wenn ich dich in der nächsten Zeit noch einmal wiedersehen wollte und wenn du weitere Annäherungsversuche startetest, dass ich es zulassen musste. Sonst hätte ich dich mit meinem Verhalten verletzt und wäre Gefahr gelaufen, von dir komplett abgewiesen zu werden. Irgendwie konnte ich mein Glück noch gar nicht fassen. Dass das nicht unbedingt Glück bedeutete, dass du mit mir „intimer" werden wolltest, war mir nicht wirklich bewusst, das lernte ich später sehr bitter in einigen Erfahrungen praxisnah. Die Situation wurde natürlich auch für dich schwieriger. Du warst hin und hergerissen, W., zwischen Gut und Böse, irgendwo im nirgendwo deiner Gefühle, das wusste ich genau. Du wolltest mich, dann wieder nicht, du wusstest oftmals glaube ich gar nicht, was du eigentlich genau wolltest. Und ich, ich versuchte immer, das Beste für uns beide aus der Geschichte herauszuholen, keine Fehler zu begehen und meine Liebe zu dir zu leben, die ich im Herzen trug. Was war mit uns beiden passiert? Ich für meine Person war bis über beide Ohren verliebt und in dem Glauben, dass die Liebe zwischen uns hoffnungslos und einseitig war. Einseitig aufgrund des Altersunterschiedes und weil es eine verbotene Liebe war, auch wenn ich fast volljährig gewesen bin. Plötzlich signalisiertest du mir gegenüber eindeutige Gefühle. Womit hatte ich so viel Glück verdient? Wie sollte ich damit umgehen? Mein Gott, war ich glücklich! Glücklich über deinen Kuss. Natürlich war mir klar, dass ich die Besuche bei dir geheim hielt. Niemand erfuhr davon! Du solltest wegen mir keinen Ärger oder Unannehmlichkeiten bekommen. Unsere „Beziehung" bewahrte ich auf, wie einen wertvollen Schatz. Meine Mutter musste allerdings etwas geahnt haben. Weißt du noch, als ich bei dir zuhause saß und das Telefon klingelte? Das kam selten vor, dass dich jemand anrief. Zumindest hatte dich bisher niemand angerufen, während ich dich besucht habe. Du nahmst das Telefon ab, sahst mich ziemlich verdutzt an, mit dem Hörer in deiner Hand und sagtest völlig ernst: *„Nein Frau Miller, ihre Tochter ist ganz bestimmt nicht bei mir! Aber sie wird sicherlich gleich nach Hause kommen!"* Mein Blick war garantiert unbezahlbar! Auweia! Meine Mutter sagte mir später, dass sie genau wusste, dass ich bei dir war und sie fragte, warum sie belogen wurde. Sie nahm es dir nicht unbedingt übel. Angeblich hatte sie sich Sorgen um mich gemacht, weil ich nach der Schule nicht wie sonst, gleich nach Hause gekommen bin. Ich glaube eher, es war ihre Neugier, warum sie bei dir angerufen hat. Sie - und sich sorgen, um mich? Nee, das passte nicht zu ihr. Die Situation, als sie bei dir anrief, war allerdings urkomisch und an „Witz" kaum zu übertreffen. *„Warum haben Sie meine Mutter belogen?"* Warum kam deine Antwort, dein *„Nein"* gegenüber meiner Mutter, so zielsicher? Du sagtest meiner Mutter an dem Tag ohne zu überlegen, dass ich nicht bei dir war. Du wolltest nicht riskieren, dass ich Ärger kassiere, wenn ich nach Hause ging! Meine Freundin S., ahnte damals ebenfalls etwas. Irgendwann fragte sie mich: *„Sag mal Anais, hast du eigentlich noch Kontakt zum W. K?"* Da ich mit der Antwort nur zögerlich rausrückte, konnte sie sich natürlich denken, dass zwischen uns Kontakt bestand. *„Weißt du, die D. aus unserer Parallelklasse, die ist ja so sehr verliebt in W. Sie hat auf ihrem T-Shirt dick und fett, I LOVE W.K. stehen. Damit rennt sie jeden Tag durch die Schule. Ich denke, sie würde alles dafür gegeben, ihn rumzukriegen. Und du, du hast es echt geschafft?"* *„Nein! Ich habe ihn zu nichts rumgekriegt,*

S., sagte ich deutlich. *"Wir sind Freunde, sehr gute Freunde, und ich habe ihn sehr lieb. Ich muss ihn zu nichts rumkriegen!"* Das war eine verdammt ehrliche Antwort, die ich S. gab. *"Na, sieh mal zu, dass du ihn in die Kiste bekommst!"* S. zwinkerte mir mit einem verführerischen Blick ein Auge. Die Vorstellung, mit dir richtig intim zu werden, W., gestaltete sich für mich in der Tat ein wenig schwierig. Warum auch immer konnte ich mir das nicht wirklich vorstellen! Für mich bedeutete Liebe nicht unbedingt Sex. Du dachtest wohl ähnlich, weil du mir sagtest, „Love is not Sex" und dass unsere Beziehung für dich rein „platonisch" wäre! Das heißt nicht, dass wir beide nicht über Sex sprachen. *„In meinem Leben hat es keine Frau gegeben, die mich beim Sex umgehauen hat"*, sagtest du. Liebe war also für dich ebenfalls nicht unbedingt mit Sex verbunden. Deshalb verstanden wir zwei uns auch so gut. Aus dem Grund funktionierte das so hervorragend, trotz des Altersunterschiedes. Das sind aber alles Dinge, Lebensweisheiten, über die ich mir erst heute im Klaren bin. 20 Jahre später. Wenn ich über deine Worte nachdenke, macht es den Anschein, als hättest du damals beides in deinem Leben nicht gehabt, weder die große Liebe, noch wirklich guten Sex. Außerdem machte es den Anschein als würdest du die wunderbaren Dinge in deinem Leben schmerzlich vermissen. Immerhin warst du zu dem Zeitpunkt unserer Freundschaft 30 Jahre älter als ich. Da hätte dir die „Große Liebe" längst begegnet sein müssen. Ebenso eine Frau, die dir im Bett das Gehirn weggeblasen hätte, so wie du es mir beschrieben hattest, dass du es gern einmal erleben wolltest. Dass dem bisher in deinem Sexualleben nicht so war, konnte ich mir kaum vorstellen. Bei derartigen Geschichten war ich völlig grün hinter den Ohren. Mit dir machte ich erstmals die Erfahrung, wie es sich anfühlt, über beide Ohren verliebt zu sein! Sehr gut fühlte sich das an, das darfst du mir glauben, W. Um nichts in der Welt möchte ich mir das Gefühl nehmen lassen. Ich war der glücklichste Mensch. Natürlich war ich auch zerbrechlich und verletzlich, das gehörte zu der Liebe zwischen uns dazu. Aber W., du warst geschickt und erfahren genug, mir nicht wehzutun. Wenn ich ehrlich bin, konnte ich mir nicht vorstellen, dass du mir jemals absichtlich wehgetan hättest. Gut, bis auf den Vorfall mit dem Kuss. Dass du mich da zurückgewiesen hattest, das hatte schon wehgetan, natürlich. Dennoch war deine Reaktion für mich nachvollziehbar. Den Vorfall wollte ich zügig wieder „geradebiegen", denn ich habe dich mit meinem Verhalten gekränkt und das war nicht meine Absicht. Der nächste Besuch kostete mich einen Haufen Überwindung. Die Zeit zwischen dem Telefonat und dem nächsten Treffen, ließ ich deshalb nicht allzu lange verstreichen. Aus Angst, dass wir uns zu weit voneinander entfernten. Eigentlich besuchte ich dich bis zu dem Zeitpunkt höchstens einmal im Monat. Aus diesem einen Mal war mittlerweile ein regelmäßiger Samstag-Abend-Besuch geworden. Die Beziehung zwischen uns festigte sich in den nächsten Wochen und Monaten erheblich. Sogar auf die Fußballsendung „Run" konntest du zu meinen Gunsten schlagartig verzichten. Darauf bildete ich mir in der Tat etwas ein. Fußball am Samstag, das war dir nämlich sehr wichtig! Obwohl du skeptisch warst wegen der Sache mit dem Kuss, ging es recht zügig und wie selbstverständlich mit uns beiden weiter. Aus deinem Kuss auf die Stirn wurden wie selbstverständlich Küsse auf meinen Mund. Das kam alles völlig easy, fast normal, und ich ließ es zu. Klar ließ ich es zu, mein Gott, ich liebte dich, W! Für mich war das Liebe. Ganz klar. Was war es für dich? Bitte sag mir, dass es auch für dich Liebe war! Auf diese wichtige Frage erhielt ich leider keine Antwort mehr. Aus unseren Gesprächen auf deinem Sofa bei dir daheim, auf dem du mir anfangs sehr zurückhaltend gegenübersaßt, wurde ein gemeinsames Sitzen auf nur einem Sofa zusammen und das ziemlich eng aneinander gekuschelt. Schön war es mit dir! Kam ich zur Tür herein und setzte mich, setztest du dich mir gegenüber und fixiertest mich wortlos von oben bis unten entlang meiner Körperpartien. Du starrtest mich an, könnte man es auch nennen. Deine Augen waren wunderbare und sehr genaue Beobachter. Wunderschöne, sanfte Augen hattest du, in ihnen strahlte meine Sonne. *„Gut siehst du aus!"* sagtest du manchmal. Und… *„Eigentlich müsste ich dich aus dem Fenster schmeißen!"* Du sagtest so oft zu mir, dass ich aus dem Fenster fliegen müsste. Warum? Also, zum Lachen brachtest du mich immer. *„Wenn du mich so anguckst, dann kann ich gar nicht anders!"*, sagtest du sanft und setztest dich zu mir. Unsere Blicke gingen unheimlich tief. Deine Augen, deine geheimnisvollen blau-grün-braunen Augen, W., blickten liebevoll in meine Seele. Mehr an Gefühl ging nicht hinein. Tiefer konnte kein Blick „in ein Herz" gelangen. Deine Hand nahm zärtlich die meine. Nie wieder in meinem Leben hielt ein Mann meine Hand, wie du sie gehalten hast. Du hieltest sie, als wolltest du sie nie wieder loslassen. Vorsichtige, zärtliche Küsse deiner warmen Lippen trafen meine. Sie schmeckten nach Pfefferminz. Weich und zaghaft beginnend, übergehend in eine Aufforderung, dir meine Zunge zu überlassen. Die Spiele unserer Zungen waren wunderbar. Ein heißer Tanz auf dem Vulkan der Gelüste. Deine Küsse forderten und waren sehr sinnlich. Unsere Zungen spielten einen nicht enden wollenden Tanz erotischer Sinne. Niemals warst du aufdringlich in deinen Bewegungen. Eine Schüchternheit erspürte ich hinter deinen Küssen. Die Zurückhaltung, der zaghafte Ablauf deiner Küsse, ließ mich hingebungsvoll in ihnen versinken. Hoffnungslos verfallen war ich ihnen und dir. Die Zeit stand still. Es tat gut, dich zu spüren und bei dir zu sein. Wir umarmten uns, hielten uns fest aneinandergedrückt und küssten uns wieder und wieder. Liebevoll blickten wir uns an, unsere Blicke elektrisierten und pushten unsere Phantasie. Meinen Kopf vergrub ich in deiner Schulter und hielt mich an ihr fest, während deine Lippen sanft meinen Hals küssten und sich ihren Weg entlang meines Nackens bahnten. Deine Hände nahmen zärtlich mein Gesicht, du sahst mich an, ein Blick, der voller Bewunderung für meine braunen Augen war! *„Braunauge! Mein Gott du bist so hübsch, Mädchen!"* flüstertest du leise und wieder berührten deine Lippen auffordernd die meinen. Deine Küsse schmecke ich heute noch, 20 Jahre später. Wie sehr sehne ich mich nach ihnen… Gedanklich küsse ich dich bis ans Ende der Welt und möchte unter ihnen, in deinen Armen sterben. Nie wieder küsste mich ein Mann derart hingebungsvoll, wie du mich geküsst hast. Ein Zungenkuss war einst so heftig, dass ich bald an meinem Kaugummi erstickt wäre. Mein Gott, wir lachten beide herzhaft. *„Das Kaugummi stört, schlucks runter!"* kaspertest du. *„Du weißt doch Anais, Kaugummi kauen im Unterricht ist strengstens verboten! Jetzt weißt du auch, warum!"* Dein Lächeln, dein Blick, deine Berührungen. Unvergessen! Oftmals kitzeltest du mich, wenn wir herumalberten und ich war doch so extrem kitzelig. Das war für dich ein Spaß, wenn ich zwischen deinen Händen quiekte. Einmal biss ich dir in deinen Oberschenkel, weil ich mir nicht mehr anders zu helfen wusste. Dafür zwicktest du mir ins Ohr. Ja es war schön mit dir. Wunderschön. Die schönsten Küsse meines Lebens habe ich von dir bekommen, W. Es hat für mich nie wieder Küsse in meinem Leben gegeben, wie deine. Süße, warme und lustvolle Küsse. Küsse voller Leidenschaft, Liebe und Gefühl. Liebe! Das Wort bringe ich bis auf den heutigen Tag nur in Zusammenhang mit deinem Namen. Nie wieder in meinem Leben habe ich all diese wunderbaren Dinge in Verbindung mit Liebe erfahren. Wie gut, dass ich damals nicht wusste, welche Traurigkeit später in mein Leben einzieht. Im „Massieren" warst du der Größte überhaupt. Zärtlich massiertest du meinen Rücken. Die gefühlvollen Bewegungen deiner Hände sind unbeschreiblich. Niemals wieder hat mich ein Mann so hingebungsvoll mit seinen Händen berührt. Unter deinen Händen war ich geschmolzenes Eis in der Sonne. Deine Fingerfertigkeiten, die liebte ich. Das Kribbeln in meinem Bauch und die Energie, die du auf mich übertrugst, sind angenehm und wunderschön. Manchmal war mir das alles fast unheimlich. Deine Ruhe und Gelassenheit strahlte auf mich so wohltuend aus, dass ich oftmals in deinen Armen einschlief. Sanft streicheltest du mir durch meine

Haare und berührtest mein Gesicht liebevoll mit deinen Händen. Mit deinem Finger zeichnetest du die Konturen meines Mundes entlang. *„Dein Mund ist wunderschön!"*, flüstertest du leise in mein Ohr. Meine Augenwimper küsstest du. Dein Mund war überall. Hingebungsvoll und zärtlich berührtest du nicht nur meinen Körper, sondern auch meine Seele, W. Spät in der Nacht fuhrst du mich mit deinem Auto nach Hause. Gegen Mitternacht erreichte ich weder Bus noch Bahn. Manchmal legtest du während der Fahrt deine Hand auf meinen Oberschenkel und sagtest: *„Ich bin sehr glücklich mit dir, Anais! Geht es dir ähnlich?" „Ja! Sie wissen doch, Herr K., dass ich sehr glücklich mit Ihnen bin!"*, seufzte ich gedankenverloren. W., mir fehlten die Worte für dich und deine liebevolle Art. Überwältigt war ich von meinem Glück mit dir. Wenn ich nichts sagte, dann deshalb nicht, weil ich meine Gefühle sortieren musste, die in meinem Körper regelrecht explodierten. Ich konnte all das, was ich für dich fühlte, gar nicht mehr in Worte fassen. Die richtigen Worte für dich zu finden, das gelingt mir heute noch nicht, 20 Jahre später. Es tut mir leid, dass ich an der Stelle versage. An dieser Stelle weine ich, W! Es tut so verdammt weh, dass ich dir bis zum heutigen Tage nicht verdeutlichen kann, was du mir all die Jahre bedeutet hast. Konntest du es nicht fühlen, wie sehr ich dich liebte? Hattest du das Funkeln in meinen Augen nicht gesehen? Bitte komm noch einmal zu mir zurück! Damit ich dir endlich sagen kann, wie sehr ich dich geliebt habe und bis zum heutigen Tage immer noch liebe! In den Arm nehmen möchte ich dich und dir die drei magischen Worte sagen. Ich flüsterte sie ganz zärtlich in dein Ohr! *„Ich liebe Dich!"* Wie gerne möchte ich dabei deine Hand festhalten und dich küssen. Alles würde ich dafür geben. Für diesen einen Moment. Sogar mein Leben! *„Weißt du, wenn du mir dein Lächeln schenkst, das ist so ein ehrlicher Ausdruck in dir, der kommt direkt aus deinem Herzen!"*, spreche in Gedanken zu dir.

Nie wieder hat mich ein Mensch so innig aus seinem Herzen heraus angesehen wie du, W. Wenn du mich mitten in der Nacht nach Hause fuhrst, musste ich später eine Runde mit meinem Hund durch unseren Ort spazieren und mir den Sternenhimmel ansehen. So schnell konnte ich nicht abschalten und mich einfach Schlafenlegen, das funktionierte nicht. Mein Körper war voller Glückshormone. Sie explodierten in mir. Innerlich vibrierte ich. Manchmal glaubte ich, sie schäumen irgendwann über und ich platze vor Glück. Oder dass ich im Kopf verrückt werde, weil ich es nicht mehr aushalte. Wie ein junges, ungezähmtes Pferd fühlte ich mich, dem man die Freiheit gelassen hat, anstatt es einzureiten. So glücklich war ich! Und, ja, ich war dankbar, dass es dich für mich gibt, W. Das weiß ich sehr zu schätzen, einen Menschen wie dich an meiner Seite gehabt zu haben. Es ist nicht selbstverständlich für mich, dass du mich lieb hattest. Zum Dank schenkte ich dir mein Herz. Ich verlor es an dich. Bei dir war es gut aufgehoben. Manchmal rief ich dich an: *„Ich habe etwas vergessen, bei Ihnen zuhause, als ich das letzte Mal bei Ihnen war!" „Ok, was hast du denn vergessen, Anais?" „Mein Herz!"* Liebesbriefe schrieb ich dir! In ihnen versuchte ich, meine Gefühle für dich auszudrücken. Wenn ich direkt bei dir war, gelang mir das mit Worten leider nicht immer, verzeih bitte. Obwohl ich stets das Bedürfnis hatte, dir zu sagen, wie viel du mir bedeutest. Dass du mein Stern am Himmelszelt warst. Das waren nicht nur zwei Seiten lange Briefe, die ich dir geschrieben habe, nein, ich brachte es auch schon mal auf gut fünf Seiten. Es war mir wichtig, dass du wusstest, wie lieb ich dich hatte, W. Als die zehnte Klasse beendet war, ging ich nochmals hinauf zum Gymnasium. Einen letzten Versuch, mein Abitur zu schaffen, wollte ich starten. Du erledigtest für den Deutschunterricht auf dem Gymnasium oftmals meine Hausaufgaben. Wir saßen bei dir zuhause am Schreibtisch und versuchten, ernst zu bleiben! Wie viel Spaß wir hatten und wenn du versuchtest, dir das Lachen zu verkneifen, war einfach herrlich! Dein herzhaftes Lachen über mein

Unverständnis der Lektüren, die im Unterricht gelesen wurden, unvergessen! *„Ja, die Zeiten des kleinen Prinzen sind vorbei!"* ärgertest du mich, W. *„Goethe und Schiller sind aber auch nicht zu verachten, du musst dich nur mehr in sie hinein versetzen, Anais. Du solltest lernen, zwischen den Zeilen zu lesen, dann liegt dir die Welt zu Füssen!"* Du machtest mir den trockenen Unterricht auf dem Gymnasium schmackhaft. *„Vor allem, Anais, beteilige dich am Unterricht, auch wenn du was falsches sagst. Mensch sieh doch zu, dass du dein Abitur schaffst. Du hast damit später viel mehr Möglichkeiten, und, mein Gott, du bist doch ein intelligentes Mädchen! Dich muss man nur mal in den Hintern treten!"* Das demonstriertest du mir aus Spaß bei dir zuhause, während den Hausaufgaben, sinngemäß. Wir rannten an dem Tag durch deine Wohnung, um deinen Tisch herum. Du hinter mir, weil du mich in meinen Hintern treten wolltest. Ich lief atemlos immer schneller um deinen Schreibtisch im Kreis, auf der Flucht vor dem Tritt in meinen Allerwertesten. Völlig außer Atem und lachend landeten wir auf der Couch und tauschten anstatt Tritte in den Hintern, innige Küsse aus. Einmal nahmst du dir Zeit, mich am Reitstall zu besuchen. Meine Pferde wolltest du ansehen. Damit machtest du mir an dem Tag eine riesengroße Freude, W. Gemeinsame Ausflüge gab es für uns doch so selten. Kino, Essengehen oder sonstige gemeinsamen Aktivitäten waren für uns tabu. Damals glaubte ich, dass du das nicht wolltest, was mit mir zusammen etwas zu unternehmen. Niemals fragte ich dich genauer. Traute mich das nicht wirklich. Sicherlich gibt es viele unausgesprochene Dinge zwischen uns. Leider. Wir waren in einigen Situationen unbeholfen, weil wir nicht wussten, wie wir dem anderen gegenübertreten sollten. Der Altersunterschied machte vieles nicht einfach für uns. Ja, er machte auch einiges kaputt. Dennoch, unsere Beziehung war nahezu perfekt. Den Respekt, den wir voreinander hatten und die Achtung, die wir uns entgegenbrachten, um den anderen nicht zu verletzen und ihm nicht zu nahe zu treten, machte diese nahezu perfekte

Beziehung zwischen uns aus. Böse oder gar beleidigende Worte gab es zwischen uns nicht. Vielleicht dachtest du, dass es mir peinlich war, mich mit dir in der Öffentlichkeit zu zeigen. Das ist es mir niemals gewesen, W! Ich liebe dich! Mit dir wäre ich überall hingegangen. Ich hatte glaube ich Angst davor, dass du sagtest, nein, zusammen Pizza essen, ginge nicht, weil uns jemand aus der Schule zusammen sehen könnte oder einer deiner Nachbarn. Du spieltest leidenschaftlich gern Tennis. Wo der Tennisplatz in A. ist, wusste ich genau. Jedoch wusste ich auch, dass viele deiner Lehrerkollegen dort ebenfalls Tennisspielen - und sie kannten mich aus der Schule. Einige von ihnen waren in anderen Fächern meine Lehrer! Ich wollte dich nicht unnötig in Bedrängnis bringen, deshalb ging ich nicht dorthin, und fragte dich auch nicht, ob ich kommen sollte. Natürlich hätte ich dir beim Tennisspielen gern zugesehen und bei anderen Dingen, die dir in deiner Freizeit wichtig waren. *„Du kannst alles mit mir machen, aber aufs Pferd setze ich mich nicht!"* Nein, ich war dir nicht böse, W. Niemals hätte ich dich aufs Pferd gesetzt, wenn du das nicht gewollt hättest! Denselben Respekt brachtest du mir entgegen. Ich akzeptierte deine Bedürfnisse und Prioritäten. Es gab ein Foto von dir mit meinem Pferd. Auf dem Bild hältst du meine Stute „Metaxa" am Zügel. Die Angst steht dir ins Gesicht geschrieben, aber du warst an dem Tag stolz, dass ich dir mein Pferd anvertraut habe. Leider existiert dieses Foto nicht mehr. Wenn du wüsstest, wie oft ich nach dem Foto gesucht habe und nach anderen Fotos von dir. Erinnerungen! Sie sind manchmal das einzige, das einem bleibt! Meine Freundin K. und ich besuchten dich bei dir zuhause mit unseren Pferden. Ein toller Tag! Die Sonne schien, in meinem Bauch hüpften viele kleine Schmetterlinge umher. Wir standen mit unseren Pferden unter deinem Balkon. Herrlich war das, dich vom Rücken meines Pferdes zu besuchen. Ein echtes „Highlight" an dem Tag in unserer Geschichte, W! Dein Gesicht war gut! Erfreut, mich zu sehen, warst du wohl. Aber gleichzeitig erschrocken über zwei so große Pferde, die direkt vor deiner

Wohnungstür, unter deinem Balkon standen. Herrlich verrückt war ich, oder? Für dich war das an dem Tag kein alltägliches Erlebnis. Du nahmst es gelassen. Der Schülerin D., dieser Verrückten, die dich zwischendurch immer mal wieder besuchte, die mit dem T-Shirt, auf dem dick und fett steht, dass sie dich liebt, du weißt schon, ihr erzähltest du später von meinem Besuch. Das verriet sie mir, als ich sie zufällig traf. Du hättest von meinem Pferd geschwärmt und ihr gesagt, dass mich Reithosen ungemein gut kleiden. Das machte mich ein wenig stolz und verlegen zugleich, wenn ich ehrlich bin. *„Hat ihm dein Gaul wenigstens vor die Tür gekackt, Anais?"* Natürlich war D. verärgert über meine Aktion. In mir sah sie Konkurrenz. Liebeskonkurrenz! Die Sache mit dem Gymnasium wurde schnell ein Schuss in den Ofen. Leider. Meine Faulheit ließ sich nicht besiegen. Somit schaffte ich auch den zweiten Anlauf nicht. Ich rechnete mit einem Donnerwetter von dir, W. Immerhin hattest du dich enorm für mich ins Zeug gelegt und deine Nachhilfestunden haben viel Zeit in Anspruch genommen. Du opfertest deine Zeit gern für mich, das wusste ich. Du warst bestimmt bitter enttäuscht über meine Nachricht. *„Du kleines, faules Biest, Anais! Hast du wieder nur dein Pferd im Kopf gehabt und warst reiten, anstatt dich mal hinter die Bücher zu klemmen?"* Du versuchtest, ein grimmiges Gesicht aufzulegen, als ich dir mein schulisches Dilemma beichte. Das grimmige Gesicht gelang dir nicht. Du konntest mich gar nicht wirklich böse ansehen, W. Immer war es der gleiche Blick. *„Wenn ich dich sehe, habe ich das Bedürfnis, dich zu küssen!"* Einen anderen Blick gab es bei dir nicht. Allerdings, mit dem Pferd, mit meiner Faulheit und dem Gymnasium, da sprachst du zu mir wie meine Mutter. *„Sie reden genau wie meine Mutter! Die hat dasselbe zu mir gesagt!"* *„Ja, dann hat sie ausnahmsweise mal recht, deine Mutter!"* Mitleidsvoll gucktest du mich an. Natürlich war ich geknickt, dass ich das Abitur vermasselt hatte. An dem Tag war meine Stimmung im unteren Grenzbereich. Enttäuscht über mich selbst war ich. Mir fehlte es sowieso an Ellenbogen im Leben. Meine Verzweiflung spürtest du genau. Ganz lieb nahmst Du mich in deinen Arm und drücktest mich fest an dich. *„Es gibt Wichtigeres im Leben, als das Reifezeugnis in der Tasche zu haben, Mädchen!"* *„Sei nicht traurig, dein Leben fängt gerade erst an, du hast noch vieles vor dir liegen, das schaffst du auch ohne Abitur!"* Ich beschloss, eine Ausbildung zu machen. Da ich mir das sehr kurzfristig überlegt hatte, konnte ich nur noch den Ausbildungsplatz nehmen, der frei war und deshalb landete ich beim Rechtsanwalt. Grausame Entscheidung! Mein Gott, was für eine trockene Ausbildung. In der Zeit wurde der zweite Mann meiner Mutter plötzlich sehr schwer krank. Krebs, Kehlkopfkrebs. Mein Stiefvater klagte seit längerer Zeit über Zahnschmerzen, Halsschmerzen und Schluckbeschwerden. Gut, er war starker Raucher. Ohne seinen Raucherhusten kannte ich ihn Zeit meines Lebens nicht. Sein Hausarzt schickte ihn zu einer genaueren Untersuchung zu einem Facharzt. Dieser stellte die schwerwiegende Diagnose eines Tumors am Kehlkopf. Den traurigen Tag, als mein Stiefvater von der Untersuchung nach Hause kam, den vergesse ich niemals. Sein entsetztes Gesicht, seine Niedergeschlagenheit. Er war völlig geknickt und schockiert. *„Ich habe einen Tumor am Kehlkopf. Jetzt werde ich sterben!"* Die Diagnose traf uns alle völlig unerwartet und ausgerechnet vor Weihnachten. Gut, solch schwere Krankheiten lassen sich im Leben zeitlich wohl generell nicht planen. Aber musste das Leid gleich doppelt und dreifach zuschlagen? Vor Weihnachten? Schwere Zeiten standen meiner Mutter und mir bevor. In den nächsten Wochen musste ich also stark sein, denn mein Stiefvater würde sterben. Ich hatte das längst realisiert, im Gegensatz zu meiner Mutter. Sie glaubte an ein Wunder. Der Tumor hatte bereits gestreut, genaueres könnten nur weitere Untersuchungen ergeben. In der Zeit damals weinte ich viel. Den Tod habe ich bis dahin weder an meiner Seite gespürt, noch ihn näher kennengelernt. Dass er so grausam sein konnte, wenn es einen persönlich trifft, das wusste ich nicht. Zwar pflegte ich zu meinem Stiefvater kein gutes Verhältnis, aber als ich erfuhr, dass er sterben wird, da sah ich alles mit anderen Augen. Vor allem sah ich ihn mit anderen Augen. So schlecht waren unsere Zeiten gar nicht. All der Ärger und Streit, der hinter uns lag, wie sinnlos schien er plötzlich? Wenn man wusste, dass man einen Menschen verliert, ließ man all die gemeinsamen Erlebnisse Revue passieren. Plötzlich wurde man traurig, dass man sich über viele Kleinigkeiten zuvor sinnlos aufgeregt hatte. Leider ging es gesundheitlich mit meinem Stiefvater ziemlich schnell steil bergab. Kurz vor Weihnachten kam er ins Krankenhaus, der Kehlkopf wurde ihm entfernt. Er bekam eine Sprechprothese eingesetzt. In seinem Hals klaffte ein großes Loch, wenn er die Prothese nicht trug. Plötzlich spürte ich Ekel vor meinem Stiefvater. Das ist das erste Mal in meinem Leben, dass ich mir etwas derart „Grausames" live und in Farbe ansehen musste, anstatt im TV! So etwas kannte ich nur aus schlechten Horrorfilmen. Wie grausam! Wurden im Fernsehen solche Dinge gezeigt, konnte ich wenigstens umschalten. Aber hier, da spielte das reale Leben und niemand konnte das Programm wechseln. Mein Stiefvater ertrug alles wahnsinnig tapfer. Die Operation dauerte lange. Ununterbrochen fragte ich meine Mutter, ob sie nicht endlich im Krankenhaus anrufen will, um sich zu erkundigen, wie es ihrem Mann nach der OP ging. Ob er überhaupt wieder aus der Narkose aufgewacht ist?! „*Ach, die rufen schon an!*", sagte sie kalt. „*Ja*", wenn er gestorben *ist!*", erwiderte ich und war entsetzt über ihre Herzlosigkeit. An dem Tag rief ich persönlich in der Uni-Klinik in E. an und fragte nach meinem Stiefvater. Die Person am Telefon fragte, wer am anderen Ende Auskunft haben möchte. Ich log, dass ich die Tochter bin. Dass es sich bei mir nur um die „Stieftochter" handelte, worauf ich all die Jahre immer großen Wert gelegt habe, verschwieg ich. Ich erhielt die erlösende Auskunft, dass es ihm den Umständen entsprechend gut ginge. Erleichtert war ich. In der Zeit litt ich viel mehr unter der schweren Krankheit meines Stiefvaters als meine eigene

Mutter. Dabei war das doch ihre große Liebe, die im Sterben lag. Entweder realisierte sie das immer noch nicht, oder sie war wirklich nicht in der Lage etwas Dramatisches zu begreifen. Vielleicht konnte sie Gefühle an- und ausstellen, wie einen Lichtschalter. Sie war herzlos und ohne jegliches Mitgefühl, wie immer. Sie weinte selten. Wenn sie weinte, dann tat sie das meiner Meinung nach völlig am eigentlichen Grund vorbei. *„Bald sind wir wieder alleine, Anais! Dein Vater hat uns verlassen, und der nächste Mann verlässt uns auch wieder! Aber dein leiblicher Vater hat seine gerechte Strafe bekommen, dafür, dass er mich mit dir alleine gelassen hat, Anais!"* Mein Gott, wie oft musste ich mir den Satz von meiner Mutter noch anhören, dass jeder Mensch seine gerechte Strafe bekommt? Wann bekam sie endlich ihre? Mein leiblicher Vater war ebenfalls an Krebs erkrankt. Lungenkrebs! Das lag schon einige Jahre zurück, als er die Diagnose bekommen hat. Er musste sicherlich eine schwere Zeit durchmachen. Aber ich lebte nicht bei ihm. Da gab es keine starke Verbundenheit zwischen uns und nur wenig Gemeinsamkeiten, außer dass wir auf dem Papier blutsverwandt waren. Das war es dann für mich auch schon. Nicht mehr und nicht weniger bedeutete mir mein Vater. Nicht wirklich fühlte ich mit ihm während seiner Krankheit. Litt nicht mit ihm, wie ich mit meinem Stiefvater litt. Er tut mir damals sehr Leid, mein Vater, natürlich. Keine Frage! Als er meine Mutter und mich anrief, um uns die traurige Nachricht mitzuteilen, dachte ich in dem Augenblick an den Tod. Früher oder später würde also auch er sterben. Natürlich wünschte ich ihm „das Beste" und dass er alles möglichst unbeschadet überstünde. Während meine Mutter ihm gedanklich die Pest und seinen frühzeitigen Tod an den Arsch wünschte. Die Krankheit meines leiblichen Vaters berührte mich nicht so sehr, wie die Krankheit meines Stiefvaters, mit dem ich viele Jahre gemeinsam unter einem Dach verbracht habe. Meinem leiblichen Vater entfernten sie damals in der Uni Klinik einen Lungenflügel. Er hat riesiges Glück gehabt. Metastasen hatten sich in den übrigen Organen noch keine gebildet. Er durfte zunächst weiterleben. Nach der Operation meines Stiefvaters stand das Glück leider nicht auf dessen Seite. Manche Menschen haben Glück im Leben und andere einfach ein scheiß Pech. Die Ärzte gaben ihm noch ein halbes Jahr Restlaufzeit seiner Lebenserwartung. Wie ungerecht das Leben war! *„Das mit deinem Stiefvater tut mir sehr leid!"* Dein Gesicht ist ernst, W. Bislang hatten wir beide eigentlich nur die schönen Seiten im Leben durchgekaut. Mit durchkauen meine ich deine Art, mir die Dinge nahezubringen. Du hattest in allem viel mehr Lebenserfahrung, und somit auf meine Fragen eine Antwort. Es war Heilig Abend, an dem ich dich nachmittags besuchte, bevor ich später nach Hause zu „unserer Bescherung" im Kreise der Familie zurückkehren musste. In den Kreis zusammen mit meinem kranken Stiefvater. Kein schöner Gedanke. Einziger Trost war meine Oma, die aus H. angereist war. Ich habe an dem Tag eine Flasche "Kleiner Feigling" gekauft, Wodka. Ich wollte meinen Ärger, meine Ängste und meine Sorgen runterzuspülen. *„Uh, die machen wir jetzt leer, oder was?"*, lachtest du über mich und die Flasche. *„Ja ganz genau, die machen wir leer und dann gehe ich nach Hause, vielleicht...!" „Wie vielleicht? " „Ja, am liebsten würde ich hier bleiben!"* Ich bin ehrlich, der Gedanke an zu Hause machte mir Angst. *„Hey, Weihnachten feiert man in der Familie, Ma Petite!" „Ma Petite?" „Ja! Meine Kleine! Ich möchte dir mal eine kleine Geschichte zum Thema Alkohol erzählen!"* Oh, da war ich aber gespannt. Deine Geschichten waren immer gut, W. *„Weißt du, als meine Ehe beendet war, die I. und ich... weißt du die I..e, keiner will sie..."*, während du über diesen komischen Satz lachtest, verstand ich erst mal nur Bahnhof. Aber gut, dass deine Ex-Frau, die I., ein Reinfall war, davon wusste ich an dem Tag bereits aus deinen älteren Erzählungen von dir. Du nahmst beim Erzählen meine Hand wie selbstverständlich und gucktest mich an, mit einem dieser Blicke, denen ich nur schwer widerstehen konnte. Dieses Mal lag allerdings ein sehr ernster Ausdruck in deinen Augen.

„*Jedenfalls, als die Beziehung beendet war, war ich erleichtert, dass ich diesen Druck nicht mehr in mir hatte. Weißt du, den Druck, mit etwas klarzukommen, das ich nicht geradebiegen konnte, es aber wollte, obwohl ich die Antwort längst kannte!*" „*Sie sprechen in Rätseln!*" Du hieltest mir mit deiner Hand den Mund zu. „*Zuhören, gleich verstehst du das schon!*" Ich nickte brav. Wäre ich doch bald unter deiner Hand an meinem Mund erstickt. „*Die Antwort war, dass ich die Sache beenden musste! Das hatte ich getan und es ging mir sehr gut. Ich war frei! Ich war glücklich! Glücklicher als in dieser monotonen Beziehung. Ich war wieder ich, bzw. ich wurde es mit der Zeit! Dann hatte ich irgendwann das Bedürfnis nach Nähe, Geborgenheit und wer konnte mir das geben? Na? Sag du es mir, komm hopp!*" Aufmunternd nicktest du mir zu. „*Eine neue Frau!?*", überlegte ich. „*Genau! Und weißt du was, die wollte ich nicht! Ich wollte nicht noch einmal solch einen Reinfall erleben, Anais! Nicht noch einmal so verletzt werden. Und den Trost habe ich dann im Alkohol gefunden. Das ging ganz schnell, mit Freunden sich mal eben den Kummer runterspülen. Mal ein Bier, mal zwei, dann mal etwas Härteres als Bier und der Abstieg kommt super schnell. Du fühlst dich im ersten Moment unheimlich gut und dass du ein Problem hast, das merkst du zuerst gar nicht. Das merken andere Menschen, die in deinem näheren Umfeld. Alkohol ist ein Thema, mit dem du besser in deinem Leben niemals wirklich in Kontakt kommst, Anais! Davon runterzukommen, ist verdammt schwer. Das Leben ist dann meist hinüber, im Eimer! That`s me in the corner, weißt du...*" Du zeigtest auf eine Ecke in deiner Wohnung. „*Und da hilft dir niemand raus, das musst du alleine schaffen, wenn du in dem Drecksloch sitzt. Keiner hält dir die Hand hin. Das was wir Menschen suchen, finden wir niemals im Alkohol, niemals in unseren Mitmenschen, weißt du, wo wir das finden?*" Ich schüttelte den Kopf. Du legtest deine Hand auf mein Herz. „*Hier drin! Und bei dir ist so viel Wärme und Liebe im Herzen, dass dich der Alkohol ganz schnell platt machen* *würde, wenn du diese Sehnsucht nach Liebe und Geborgenheit im Alkohol suchen würdest, Anais. Menschen, die im Herzen kalt sind, denen macht der Alkohol weniger Probleme, die merken ja eh nichts mehr!"* Ich dachte in dem Moment an meine Mutter. Aber sie hatte kein Alkoholproblem - oder doch? Mir wurde ganz anders bei unserem Gespräch. *„Aber dich, dich würde er runterziehen, genauso wie er mich all die Jahre runtergezogen, zerstört und kaputt gemacht hat!"* Es war, als wäre mir in dem Moment ein Felsbrocken auf den Kopf gefallen, wie erschlagen fühlte ich mich. Du hattest Alkoholprobleme, W? Schlagartig war ich sprachlos, während ich den weiteren Ausführungen deines Gespräches lauschte. Ich hörte dir zu, aber war bin nur noch verwirrt über deine eigene Geschichte, die du mir an Weihnachten, zum Fest der Liebe gestandst. Wie traurig das alles in dem Moment war. *„Dein Stiefvater wird sterben, ja, wir werden alle irgendwann sterben, Anais. Versuche stark zu sein. So ist das Leben. Höre auf, nach dem Warum zu fragen! Lebe im Heute und Jetzt, dreh dich niemals um, geh deinen Weg! Meide die Drogen, den Alkohol und die verkehrten Freunde, dann wirst du dein Glück finden! Wenn es auch nicht sofort kommt, es kommt! Gib die Hoffnung nicht auf! Niemals! Für mich ist es auch gekommen, das Glück! Es sitzt hier neben mir auf dem Sofa! Du! Du bist es Anais, mein Glück! Ich bin sehr glücklich mit dir. Auch wenn ich weiß, dass es niemals so sein kann, wie wir beide das gerne hätten. Da hat uns das Leben altersmäßig einen Strich durch die Rechnung gemacht, leider!"* „Ich bin ihr Glück?" fragte ich leise. *„Ja, Anais, wenn du mich nachmittags gegen 16 Uhr besuchst, dann bin ich um 15 Uhr schon glücklich!"* "Das ist aus dem kleinen Prinzen!" sagte ich voller Ehrfurcht. *„Auch, aber heute ist es von mir, für dich!"* Deine Hand strich mir zärtlich eine Haarsträhne beiseite, bevor dein Mund meine Lippen suchte. Kurz bevor es mit meinem Stiefvater zu Ende geht, erfuhr ich, was das Leben wirklich aus einem Menschen machen konnte und wie sehr es ihn veränderte. Nicht nur der Alkohol, nein, auch die Krankheiten können aus einem Menschen einen Haufen Elend machen. Mein Stiefvater drehte zuhause durch. Einmal verlangte er Tabletten. *„Anais, hol mir alle Tabletten! Alle, die du findest! Bitte!"* Neben seinem Bett, im Schlafzimmer stand ich. Er hatte nach mir gerufen. Meine Mutter ist an dem Tag unterwegs gewesen. Sie nahm sich eine Auszeit von dem „Elend". So nannte sie das Leiden meines Stiefvaters. Als mein Stiefvater mich zu sich rief, vermutete ich, er würde nach Essen oder Trinken verlangen wollen. Nicht aber, dass ich ihm behilflich sein soll, ihn ins Jenseits zu befördern. Nach meinem Arm griff er und besonders fest hielt er ihn. In sein Gesicht blickte ich. In das blasse, dünne, leblose Gesicht, dessen Augen ins Leere starrten. Die Augenhöhlen lagen bereits tief eingefallen in dem knöchrigen Gesicht zurück. Ich erschreckte vor seinem Anblick zutiefst. Der Tod hatte in dem Zimmer bereits seinen Einzug gehalten, das spürte ich. Ich konnte ihn wittern. Wenn mein Stiefvater in dem Moment sterben würde, in dem er meinen Arm festhielt, hätte er mich mitgenommen auf die andere Seite des Lebens, ins Jenseits. So fest und entschlossen war sein Griff. Seine Stimme war kraftlos und die Melodie derselben, die mir jahrelang vertraute, sie war lange schon fort aus ihm. An dem Tag steckte seine Sprechprothese nicht im Hals. Er hielt sich, um zu sprechen, zwei Finger an das Loch. Wenn er fest genug drückte, konnte er reden. Er krächzte wie ein Computer. Ich schüttelte den Kopf und sagte: *„Nein, ich kann dir die Tabletten nicht geben! Du musst stark sein, du musst dagegen ankämpfen!" „Nein Anais! Ich kämpfe nicht mehr!"* Er schüttelte den Kopf und drehte den Hals zur Seite. Mit seiner dünnen, zittrigen Hand zeigte er auf zwei dicke Knoten hinter seinem Ohr. *„Siehst du? Tumore! Wieder neue. Ich bin voll davon Anais! Sie sind überall, in meinem Kopf, in meiner Lunge, in meinem Bauch, in meinem Hals, überall, ich kann nicht mehr, verstehst du? Hilf mir, bitte, dass das ein Ende hat! Ich möchte nicht verrecken, hier in meinem Bett, ich möchte friedlich einschlafen, für immer! Hörst du Anais,* *einschlafen, nicht krepieren. Ich krepiere, siehst du das denn nicht?"* Sein Blick war flehend, verzweifelt und bittend. Grausam, wie er vor mir liegt, dieser einst starke, große Mensch. Zusehen musste ich, wie er in sich zerfällt. Zusehen, wie ihn der Krebs innerlich auffraß. Er tat mir so unendlich leid. Ich möchte ihm helfen, aber ich konnte es nicht. Meine Ohnmacht, sie machte mich so traurig. *„Bitte, bevor deine Mutter nach Hause kommt, Anais! Dann seid ihr mich endlich los, ich bin doch nur eine Belastung für euch!"* Plötzlich richtete er sich im Bett vor mir auf. Ich bekam Angst. Aufwachen!! Aufwachen aus diesem Albtraum wollte ich bitte! Raus, weg, ganz weit weg! Sein Griff wurde fester. *„Hol sie mir! Alle!"* Er nahm seine zweite Hand hinzu, packte mich an beiden Armen und schüttelte mich. Seine Augen wurden riesengroß. *„Hol sie! Bitte! Hol sie mir!"* „Ja!" nickte ich. *„Ich hole sie, warte, ich bin gleich wieder da!"* Der Blick meines Stiefvaters, erleichtert ließ er mich los und sackte kraftlos in sein Bett zurück. Er glaubte, dass er gleich einschlafen durfte. Dass ich ihm wirklich die Tabletten besorgte. Meine Worte ließen ihn Hoffnung schöpfen, dass sein Leiden endlich ein Ende fand. Für immer, friedlich und selig durfte er gleich einschlafen, glaubte er. Gern hätte ich ihm den Wunsch erfüllen wollen, aber ich konnte ihn doch nicht umbringen! Meine Worte gaben ihm Zuversicht und nahmen seine Schmerzen für einen kurzen Moment. Sein verzerrtes Gesicht, das eingefallene knöchrige Etwas mit den leeren Augen, dem Loch im Hals und den vielen Tumoren hinter den Ohren, lichtete sich in seinem „sterbenden" Ausdruck. Mein Stiefvater schien für einen Moment friedlich, als er im Glauben war, endlich sterben zu dürfen. Mit weichen Knien lief ich die Treppen hinunter. Das Gesicht voller Tränen. Meine eigenen Schmerzen im Herzen, die wollte ich mir am liebsten aus dem Kopf schreien. Die Schmerzen von all dem Leid, dem nahenden Tod. Warum half mir niemand? Das war nicht mein Leben. Wenn es meins war, so wollte ich es nicht mehr. Das war ein Albtraum, aus dem es kein Erwachen gab.

Ich wollte diesen Traum nicht, ich wollte zurück nach „Hause", obwohl ich längst „zu Hause" war. Ein zuhause, in dem ich meine Heimat verloren hatte und mich nicht mehr wohl fühlte. Ein Horror, aus dem es kein Entkommen gibt. Ich durchwühlte in der Toilette den Medikamentenschrank. Du konntest ihn doch nicht umbringen - das ist Mord - wenn er es aber wollte - sollte ich den Krankenwagen anrufen - die Nachbarn - was sollte ich tun? Meine Gedanken liefen Amok. Ich sah die Packungen der Tabletten hastig durch. Irgendwo mussten doch Schlaftabletten sein. All die anderen Tabletten schmiss ich wahllos auf den Boden. Da waren keine Schlaftabletten in dem Badezimmerschrank zu finden. Meine Hände ballten sich zu Fäusten, ich schlug heulend in den Schrank ein. Immer wieder auf die Glasscheiben. Ich war so wütend, so aufgewühlt und emotional völlig am Ende. Erst langsam, dann schlug ich fester, immer härter, die Spiegelscheiben zersprangen schließlich. Die Scherben durchschnitten meine Finger. Ich spürte keinen Schmerz und ich hörte nicht mehr auf. Wie von Sinnen und betäubt war ich. Mein Blut tropfte in das Waschbecken, auf den Fliesenboden, auf meinen Pullover. Das Blut, es war überall und der Anblick machte mich noch wütender. Ich bemerkte nicht, dass meine Mutter zur Haustür hereinkam. Sie hörte im Flur meine Schreie und das Scheppern des zerborstenen Alliberts. Außer sich lief sie entsetzt zum Badezimmer. Sie sah mich, ihre Tochter, wie verrückt auf den Schrank einschlagen. Wie irre war ich und um mich herum am Boden, ist alles voller Blut. Sie packte mich. "Anais! *Hör auf! Hör auf!*" schrie sie mich an. "*Was ist denn passiert? Hör doch endlich auf!*" Sie schüttelte mich. Ich hörte nicht auf. Ich konnte gar nicht aufhören und wollte es auch nicht. Ich drehte komplett durch. Als ich sie erblickte, schlug sie mir plötzlich mit voller Wucht ins Gesicht. Mit der flachen Hand. Niemals habe ich meiner Mutter einen derart heftigen Schlag zugetraut. Durch ihren Schlag kam ich wieder zur Besinnung. Ihrem Griff entriss ich mich und rutschte entkräftet an der Fliesenwand des

Badezimmers runter. Vergrub das Gesicht in meinen Händen. Am ganzen Körper zitterte ich. Weinte schluchzend. Unendlich bittere Tränen flossen mir entlang meines Gesichts. Meine Mutter nahm mich nicht in den Arm. Nein, natürlich nicht. Sie fluchte stattdessen: *„Was für eine Sauerei hast du hier veranstaltet? Herrgott nochmal! Was hast du hier gemacht? Guck dir mal diese Schweinerei an. Und den Schrank hast du auch kaputtgeschlagen. Bist du denn noch ganz normal im Kopf?"* *„Er wollte Tabletten!"* weinte ich. *„Alle Tabletten, die hier sind...! Soll ich ihn umbringen? Merkst du denn nicht, wie er leidet, wie ihn der Krebs langsam, aber sicher auffrisst? Wie sehr er sich quält?"* Meine Mutter ging ins Schlafzimmer, wahrscheinlich um nachzusehen, ob mein Stiefvater noch lebte. Als sie zurückkam, war ihr Gesicht kalt und bleich. Sie hatte nicht geweint. Nein, sie weinte niemals. *„Morgen bringen wir ihn ins Krankenhaus, gleich morgen früh. Du wirst ihn dorthin fahren!"* Ihre Stimme war dominant und ohne Mitgefühl, sie spiegelte ihren widerlichen, bestialischen Charakter. Meine Mutter räumte wortlos das Badezimmer auf und fegte die Scherben zusammen. Sie kehrte ohne jegliches Mitgefühl neben mir den Dreck und wischte das Blut auf. Es war, als wäre ich nicht anwesend für sie. Ihr sterbender Mann und ihre hilflose, eigene Tochter waren ihr egal. Am nächsten Morgen versuchte mein Stiefvater aufzustehen. Das gelang ihm kräftemäßig zu dem Zeitpunkt eigentlich nur noch schlecht, aber an dem Tag schien er einen Lichtblick zu haben. Er schaffte es, sich und seinen mageren Körper alleine aus dem Bett zu wuchten. Schleppend kam er die Treppen hinunter. Er trug seinen Schlafanzug. Dieser hing nur noch an ihm wie ein ausgeleierter Sack. Ein schrecklicher Anblick. Er war dünn wie ein Streichholz und genauso zerbrechlich. Als er mich in der Küche sah, hielt er inne. *„Du hättest das Richtige getan, Anais! Glaub mir! Warum hast du an dir gezweifelt, Mädchen? Ich wäre dir dankbar gewesen, wenn du es beendet hättest, mein verdammtes Leiden!"* *„Aber guck, heute geht es* *dir doch schon wieder viel besser"*, versuchte ich ihn zu beruhigen. Er schüttelte den Kopf. *„Nein", es geht nicht besser. Das ist die letzte Kraft, die sich noch einmal aufbäumt, bevor der Tod mich endgültig holt, Anais! Die letzte Kraft in mir, die ist noch einmal zurückgekommen. Das ist ein Zeichen, dass es bald zu Ende geht!" „Anais fährt dich jetzt ins Krankenhaus, F"*, sagte meine Mutter. Sie hatte die Reisetasche mit dem Notwendigsten meines Stiefvaters bereits zusammengepackt. *„Wie, ins Krankenhaus?" „Ja, ins Krankenhaus. Das geht hier zuhause nicht mehr mit dir, du drehst ja komplett durch!"* Meine Mutter sprach klare Worte, wie immer. Wie konnte man nur so herzlos sein. Ich empfand es als richtig, mich aus dem Gespräch meiner Eltern herauszuhalten und wollte die Küche verlassen. *„Wie, ich soll im Krankenhaus sterben? Wir haben das doch besprochen, dass ich zuhause sterben darf!"* Mein Stiefvater stellte sich mir in den Weg. Mitbekommen sollte ich es. Ich sollte seine Wut sehen und seinen Worten genau zuhören. In dem Moment ergriff er plötzlich einen der Stühle und schlug ihn mit voller Wucht in den Küchenschrank, neben dem meine Mutter steht. *„Verdammte Scheiße!"* schrie er. An dem Tag glaubte ich, dass er meine Mutter und mich mit dem nächstbesten Stuhl erschlagen würde. Wie von Sinnen war er, mein Stiefvater. Ich versuchte ihn zu beruhigen. Meine Mutter hielt schützend die Hände abwechselnd über ihren Kopf und vor das Gesicht. Sie weinte. Ich griff meinen Stiefvater am Arm. *„Hey, Hey, beruhige dich! Du kommst, wenn es dir besser geht, wieder nach Hause! Keine Sorge, ich hole dich ab, versprochen! Du musst nur auf Medikamente eingestellt werden, damit die Schmerzen nachlassen!"* Mein Stiefvater schenkte meinen Worten scheinbar Glauben. Er beruhigte sich und ließ sich von mir anstandslos ins Krankenhaus fahren. Ich schrieb meinem Stiefvater wenige Tage danach einen Brief. In diesem entschuldigte ich mich für die Streitereien in all den Jahren. Wichtig war mir, dass mein Stiefvater wusste, dass es mir unendlich leid tat, dass er sterben würde und ich ihm nicht helfen konnte. Bevor er stirbt, wollte ich mein Herz erleichtern. So oft habe ich ihm vorgeworfen, dass er nicht mein richtiger Vater ist und er mir deshalb gar nichts zu sagen hatte. Ich habe ihm damit sicherlich wehgetan, all die Jahre. Er kann biologisch keine Kinder zeugen, deshalb gab es in meinem Leben auch keine weiteren Geschwister mehr. Trotzdem liebte mich mein Stiefvater, wie sein eigenes Kind. Ihm habe ich vieles zu verdanken! Einiges hat er für mich getan. Zum Reitturnier mit meinem Pferd hat er mich gefahren und in Krankheiten meine Hand gehalten. In all den Jahren meiner Not hat er näher zu mir gestanden, als meine eigene Mutter. Mein Stiefvater hat mich bei Freunden spät in der Nacht eingesammelt und mich von den Partys abgeholt. Er hat mir sein Auto geliehen, als ich den Führerschein bestanden und in der Tasche hatte. Eigentlich ist er immer für mich dagewesen, wenn ich ihn oder etwas von ihm gebraucht habe. Ich war ihm also wirklich einiges schuldig. Die zwischen uns wichtige Aussprache auf jeden Fall. Glücklich war ich, dass sie noch rechtzeitig kam. In meinem Brief an ihn, schrieb ich mir alles von der Seele. Dass mir bewusst war, dass er sterben würde. Ich schrieb ihm, dass ich hoffte, dass es dort wo er hingeht, ins Jenseits, es genauso schön ist, wie auf Erden. Und dass wir uns irgendwann einmal wiedersehen. Naja und eben noch einmal ausdrücklich, wie leid mir alles tat. Die Streitereien zwischen uns, wie sinnlos sie doch waren. Ich bedankte mich bei ihm, für alles, was er für mich getan hat während unserer Zeit. Dass er vom Himmel aus auf mich und meine Mutter bitte aufpassen sollte, schrieb ich ihm und malte einige Herzchen mit vielen Ausrufezeichen dahinter. Es gab mir eine innerliche Erleichterung, ich fühlte mich danach deutlich besser und befreit. Vor allem, nachdem ich wusste, dass er meine Zeilen noch bei vollem Verstand gelesen hatte. Die Krankenschwester, die ihm meinen Brief damals am Bett vorlas und er, weinten bei meinen Zeilen zugleich. Sie erzählte es mir nach dem Tod meines Stiefvaters unter Tränen, wie sehr mein Brief auch sie berührt hatte. Mein Stiefvater bat mich kurz vor seinem Tod noch einmal zu sich, allein. Er konnte kaum noch sprechen und ich spürte, dass es nicht mehr lange dauern würde. *„Anais, wenn es im Jenseits noch etwas gibt und du einmal Kummer hast, dann sprich zu mir! Ich werde dir helfen, wenn es mir möglich ist! Als Dank für deinen Brief! Ich stehe dir zur Seite, du darfst mich einfach nicht vergessen, hörst du?" „Ja, Papa, ich verspreche es!"* An dem Tag hielt ich das letzte Mal in meinem und seinem Leben seine Hand in meiner. Tränen liefen uns beiden durch die Gesichter. Mein Stiefvater starb genau an seinem Geburtstag. Nur wenige Tage nach meinem Brief. Meine Mutter und ich besuchten ihn kurz vor seinem traurigen Ende noch einmal im Krankenhaus. Die Ärzte bereiteten uns darauf vor, dass es nicht mehr lange dauern würde. Letztendlich erstickte mein Stiefvater, als ihm der Magensaft und alles was an Flüssigkeiten in seinem vergifteten, sterbenden Körper steckte, aufstießen. Braune, übelriechende Flüssigkeit sprudelte aus seinem Loch im Hals. Wie eine Fontäne spritzte es aus ihm heraus. In dem Moment verließ das Leben seinen Körper. Niemals möchte ich einen derart grausamen Tod sterben. Das ist menschlich unwürdig und absolut brutal, so zu verrecken! So vor die Hunde zu gehen, wünscht man selbst dem Teufel nicht. Sein Blick, als meine Mutter und ich das Zimmer verlassen, der Augenblick war unendlich grausam. Niemals vergaß ich den Moment, als mein Stiefvater mir verzweifelt nachsah. Es zerriss mir das Herz, ihm nicht helfen zu können, tat mir unheimlich weh. Der flehende Blick, seine Not und Pein. Die Angst stand in seinen weit aufgerissenen Augen. Der Tod gewann an dem Tag und er hatte leichtes Spiel. Der Kampf war zu Ende. Mein Stiefvater ergab sich seinem Schicksal. Der Tod hatte die Macht über den krepierenden Körper meines Stiefvaters an sich gerissen. Die Ärzte schickten meine Mutter und mich nach Hause. Kurze Zeit später kam der Anruf aus der Klinik, es war vorbei. Traurig und untröstlich war ich. Natürlich war auch meine Mutter mitgenommen über den Tod ihres Mannes. Dennoch hatte ich bei ihr das Gefühl, sie weinte lediglich aus Pflichtgefühl. Meine Mutter erlebte ich mein Leben lang als gefühlskalten Menschen. Ob und wie sehr sie ihn überhaupt geliebt hatte, meinen Stiefvater, das will ich ihr nicht unterstellen. Ich glaube nicht, dass es eine Liebe war, die so stark gewesen ist wie, naja, meine Liebe zu dir, zum Beispiel, W. Meine Mutter hatte mit meinem Stiefvater fast 20 Jahre zusammen verbracht. Vielleicht flaute die Liebe im Laufe der Zeit ab. Bis zu dem Zeitpunkt damals wusste ich recht wenig über „Liebe". Ebenso wenig verstand ich vom „Verlust", „über das Sterben" und die damit verbundene „Trauer". Schlimm war es in den ersten Tagen, an denen ich die Tränen meiner Mutter trocknen musste. Verpflichtet fühlte ich mich, sie zu trösten. So herzlos wie sie, könnte ich niemals sein. Nähe und Geborgenheit bot ich ihr an, obwohl sie die von mir gar nicht wollte. Meine eigene Trauer versuchte ich tapfer vor ihr zu verbergen, sie ihr regelrecht zu verheimlichen. Ich glaubte, dass ich meine Mutter mit meiner eigenen Trauer noch verzweifelter machen würde. Trotz allem, was sie mir angetan hat, hatte ich das Bedürfnis, sie in meine Arme zu nehmen und ihr Trost zu spenden. Sie ließ es nicht zu. Sie wand sich ab von mir. Gefühllos war sie mir gegenüber. Besonders grausam fand ich die Tatsache, dass sie darüber weinte mit mir alleine zu sein, anstatt über den Verlust ihres angeblich so geliebten Mannes. Die Gefühle meiner Mutter konnte ich in all den Jahren nur schwer nachvollziehen. *„Dein Vater hat uns schon alleine gelassen, und jetzt sind wir wieder alleine, Anais!"* jammerte sie. *„Aber mein Vater lebt noch! Mein Stiefvater ist tot, den sehen wir nie wieder!"* Für mich waren das ehrlich gesagt zwei verschiedene Paar Schuhe. Den Verlust „durch Tod" eines geliebten Menschen, fand ich wesentlich schlimmer, als eine kaputte Beziehung, die nicht mehr funktionierte. Wie gut, dass es damals, in der schweren Zeit meine Oma gab, dass sie noch lebte. Sie war anders als meine Mutter. Sie war nicht kalt im Herzen, sondern liebevoll. Meine Oma trug das Herz am rechten Fleck. Sie sagte immer, dass sie sehr erschrocken über ihre eigene Tochter und deren Gefühlskälte war. *„Omi, ich musste die Sachen vom F. aus dem Krankenhaus abholen, aus seinem Zimmer! Mama wollte nicht mitfahren, sie schickte mich alleine und dann kam ich in das Zimmer und dann lag er noch dort... tot. Die Krankenschwester sagte mir, dass man die Toten noch ein paar Stunden im Zimmer liegenlässt, damit die Angehörigen Abschied nehmen können! Und dann habe ich bei ihm im Zimmer gesessen! Ich habe mich verabschiedet von ihm, ein letztes Mal! Und weißt du, er hat so zufrieden ausgesehen, so erlöst! All die Schmerzen schienen von ihm abgefallen zu sein!"*, erzählte ich meiner Oma unter Tränen. Sie konnte mich wenigstens in den Arm nehmen, im Gegensatz zu ihrer Tochter, meiner Mutter. *„Ich weiß, dass dir deine Mutter sehr oft wehgetan hat! Das hast du ganz toll gemacht, dass du dich nochmal verabschiedet hast, Anais!"*

Meine Oma war selten bei uns zu Besuch, auch zu den Zeiten, als mein Stiefvater noch lebte, kam sie nur zu besonderen Anlässen. Wahrscheinlich, weil sie sich mit ihrer einzigen Tochter nie wirklich gut verstanden hatte. Als wir meinen Stiefvater zu Grabe trugen, war meine Oma aus H. zu uns angereist und ihre Anwesenheit tat mir gut. *„Du hast es nicht leicht gehabt, Anais, und deine Kindheit war auch kein Zuckerschlecken, ich weiß das. Aber, Mädchen, ich war zu weit weg all die Jahre! Ich konnte dir nicht helfen! Ich hätte es gerne getan, aber ich konnte nicht! Mir waren die Hände gebunden. Es tut mir so leid!"* Das Geständnis meiner Oma schmerzte in meiner Seele. Ich liebte meine Oma sehr. Sie bedeutete alles für mich in meinem Leben. Alles, was ich war, hatte und besaß, das hatte ich ihr zu verdanken. Meinen Reitsport, meine Pferde. Alles hatte sie für mich, ihre geliebte Enkeltochter, gekauft und bezahlt. Meinen Führerschein, meine Zimmerausstattung, sie hätte mir keinen Wunsch abgeschlagen, der mit Geld nicht zu bezahlen ist. Sie war für mich da. Sie enttäuschte mich niemals. Genauso enttäuschte ich meine Oma nicht. „Blut ist dicker als Wasser!" Das war ihr

Lieblingsspruch. Es war tröstlich, dass sie noch lebte als mein Stiefvater von uns ging. Wäre ich zu der Zeit mit meiner Mutter alleine gewesen, ich hätte das nicht durchgestanden, weder seelisch, noch nervlich. An der charakterlichen Grausamkeit meiner Mutter wäre ich seelisch eingegangen. Wahrscheinlich hätte ich mir an der Stelle das Leben genommen. Aber von meiner Oma bekam ich Halt, Respekt und Zuversicht. Weil sie mich liebte…Mit Liebe ist vieles zu ertragen im Leben! Meine Mutter wurde nach dem Tod ihres zweiten Mannes depressiv. Noch schlechter gelaunt und kälter, als sie es ohnehin war. Sie verbitterte zusehends. Nach dem Tod meines Stiefvaters lebte ich allein mit ihr unter einem Dach, notgedrungen. Jeden Tag gab es Streit und Ärger zwischen uns. Meistens ging es um Geld, denn das wurde knapp. Ihr wurde es knapp. In der Lehre verdiente ich nicht viel und mein Pferd musste finanziert werden. Meine Pferde, eher gesagt. Mittlerweile waren es schon vier an der Zahl und ich war stolzer Pächter eines eigenen kleinen Pferdestalles. Mein gesamtes Lehrgeld steckte ich in die Pferde. Finanziell kam ich einigermaßen über die Runden. Die Pferde gehen mir, solange ich denken kann, wirklich über alles und sie geben mir in den schweren Zeiten meines Lebens den nötigen Halt. Gab es zuhause wieder einmal Ärger, fuhr ich zum Stall. Ich war damals eine erfolgreiche Turnierreiterin, an sportlichen Leistungen nicht zu verachten. Obwohl bereits ein schwerer Reitunfall hinter mir lag, bedeuten mir die Pferde und das Springreiten mein Leben. Natürlich waren in dem Lebenskapitel nicht nur „rosige Zeiten" zu finden. Es gab viele Stürze oder eines meiner Pferde wurde krank. Es gab Misserfolge, aber im Großen und Ganzen war die Zeit in meiner Jugend zusammen mit den Pferden einfach nur wunderbar. Das Kapitel der Reiterei möchte ich in meinem Leben nicht missen. Viele schöne Erinnerungen, der erste Sieg im E-Springen, der erste Sieg im A-Springen und schließlich auch der erste Sieg im L-Springen. Dazu brachte jedes Pferd eine eigene Geschichte mit. Da gibt es den kleinen Fuchs mit der breiten Blesse. „Dual" hieß er. Dual war ein Spontankauf auf einem Schlachtpferdemarkt. K., meine beste Freundin und ich, wir waren mittwochs immer auf dem Pferdemarkt unterwegs. Ein Pferd vom Markt kaufen, wollten wir jedoch nicht unbedingt. Zumindest nicht vom Schlachtmarkt. Die Pferde dort waren krank und bereits ausrangiert, das wussten wir. Die letzte Station vor dem Schlachten war der Schlachtmarkt. Doch dann stand dieses kleine, unscheinbare Pferd plötzlich vor mir und meine innere Stimme sagte: *„Kauf ihn Anais!" „Der geht ja lahm, der Gaul! Anais, den kannst du nicht kaufen, der ist ja total krank!"*, sagte K. entsetzt über meine Kaufabsichten. Ja, der war wirklich krank und lahm, der Dual. Dass das Pferd lahmte, sah ich, aber mein Bauchgefühl sagte mir, dass ich „Dual" kaufen musste. Warum auch immer. Niemals zuvor habe ich einen so deutlichen innerlichen Drang meiner Intuition gespürt. Meistens entschied ich aus dem Bauch heraus. Mein Leben lang. Das ist geblieben bis zum heutigen Tage. Meine Intuition, sie lässt mich selten im Stich und ich vertraue ihr. Unglück in meinem Leben geschieht immer dann, wenn ich diese meine leise innere Stimme verdränge. Ich war damals volljährig und der Pferdehändler verlangte nicht viel Geld für das Pferd. Dual war also schnell gekauft. Inklusive Kopfschütteln meiner damals besten Freundin K. Dual, dieser „Gaul", wie K. ihn nannte, war einer der besten Pferdekäufe meines Lebens. Viele Erfolge schenkte er mir und unzählige Siege. Nicht nur mich trug er zum Sieg, sondern auch K., die mir eindringlich abgeraten hatte, Dual zu kaufen. Dual sprang mit uns beiden zu mehreren Seriensiegen. Große Erfolge feierten wir mit dem wunderbaren Pferd. Eine fantastische Zeit durfte ich mit Dual erleben. Dual`s Lahmheit ließ ich in einer Pferdeklinik operativ beheben. Dafür schenkte er mir zehn wundervolle Jahre. Die waren enorm prägend für mich. Deshalb erhalte ich ihm bis heute ein Ehrendenkmal. Auf ewig hat Dual einen Platz in meinem Herzen. Sein Tod war damals für mich eine einzige Tragödie. Wie es dazu kam, das erzähle ich an anderer Stelle. Bis heute fühle ich mich jedenfalls für Duals Tod verantwortlich. Das hätte niemals passieren dürfen. Das Leben kann hart sein, W. Vielmehr, es wurde noch härter für mich in den nächsten Jahren. Die traurige Geschichte von Dual ist leider noch das kleinste Übel und nur der Anfang eines schrecklichen Horrors, der langsam aber sicher seinen Lauf nahm. Da rollte einiges auf mich zu, das ich später verkraften musste. Etwas zu verlieren, das mir am Herzen liegt, es nagte unbarmherzig an meiner Seele. Im Laufe meines Lebens verlor ich so unendlich vieles, das mir am Herzen lag. Meine Seele war weich und zart. Ein ganz sensibler Mensch war ich, mit sehr feinen Wahrnehmungen. Wie hast du immer zu mir gesagt, W? *„Du bist so ein liebes Mädchen, wenn ich an dich denke, wird es mir warm ums Herz, Anais!"* Im Zusammenhang mit meinen Pferden, im Rückblick der letzten Jahre, fällt mir übrigens ein Kapitel ein, von dem ich dir erzählen muss, W. Ich habe nie den Mut gefunden, mit dir darüber zu reden. Während die Geschichte mit dir „der Himmel" meines Lebens ist, beschreibt dieses Kapitel „die Hölle". Eine Hölle von vielen, die noch folgen. Ein dunkles Kapitel. Abgrundtief und grausam. In unserem Reitverein hat es vor 25 Jahren einen jungen Mann gegeben, naja, junger Mann ist untertrieben, er ist damals schon gut 15 Jahre älter als ich. „D". heißt er. Der Name alleine war schon schrecklich. Vor der Geschichte mit D. bekam ich bei dem Namen D. generell einen Anreiz von Unbehagen und Brechreiz. Den Namen kannte ich zuvor aus dem Film -Wir Kinder vom Bahnhof Zoo-. Der ultimative Film meiner Jugend, der mich immer sehr aufgewühlt hat. Den Film habe ich nicht unbedingt toll gefunden und den Namen „D" ebenfalls nicht. Jedenfalls, dieser D. hatte sich in mich verliebt. Er muss mich einige Male in der Reitstunde gesehen und beobachtet haben. Mir war das anfänglich nie aufgefallen, weil er mich als Person überhaupt nicht interessiert hat. Auf seine Annäherungsversuche ging ich gar nicht ein. Nahm ihn als Person nicht wahr. Jedenfalls legte D. unseren kompletten Reitverein damals in Schutt und Asche. Weil ich seine Liebe nicht erwiderte. Im wahrsten Sinne des Wortes, brannte D. einen kompletten Reitstall nieder. Rücksichtslos, mit dem Wissen, dass ihm die Pferde hilflos ausgeliefert sind, zündete er in dem Reitstall Feuer. Meine Pferde rettete er im Anschluss aus der Flammenhölle, in der Hoffnung, dass ich ihn als Helden feiern und endlich lieben werde. D. war krank. Sehr krank. Leider wurde er damals nicht sofort weggesperrt, sondern drangsalierte mich zunächst zwei Jahre lang. Zwei Jahre, in denen er mich grausam quälte. Psychoterror! Fast täglich. D. misshandelte mich psychisch und physisch. In den zwei Jahren zog sich der Prozess um den Brandfall hin, in dem D. stets bestritt, das Feuer gelegt zu haben. Ehrlich gesagt wäre ich nicht auf die Idee gekommen, dass D. wirklich die Reithalle angezündet hatte. Immerhin war er ein Reiterkollege und liebte Pferde. Beim besten Willen konnte ich mir nicht vorstellen, dass ein Mensch, der mit Tieren zu tun hat, das Leben eines Tieres bewusst und absichtlich in Gefahr bringen würde. Eine Reithalle anzustecken, ich meine, das ist schon eine Hausnummer. Die Situation zwischen ihm und mir eskalierte irgendwann völlig, als ich mich seiner krankhaften Liebe nicht hingeben wollte und ihm das deutlich signalisierte. Auch nicht, nachdem er meine Pferde aus dem Feuer rettete und sich als Helden feierte, um sein Ziel, meine Liebe, zu erreichen. Seine Denkweise fand ich pervers. Wenn D. anfänglich auch nett zu mir war, so artete das hinterher in bitterbösen Hass seiner kranken Seele aus. Es endete in gefährlichen Spielchen seinerseits. Mit Drohungen und Gemeinheiten versuchte er, meine Liebe zu ihm zu erzwingen. Einschüchtern wollte er mich. Die Kontrolle an sich reißen. Ein Mensch, der liebeskrank ist und sich in seinen Gefühlen missverstanden fühlt, ist eine tickende Zeitbombe. Vor allem, wenn er obendrein psychisch labil ist. Die Bezeichnung „Irre" findet hier ihre Bedeutung. Solche Geschichten sind nicht witzig für die Menschen, die im Geschehen mittendrin stecken und eigentlich den Kernpunkt der Angelegenheit darstellen. In D. seiner krankhaften Gefühlswelt war ich beides zugleich.

Opfer und Täter. Täter, weil ich seine Liebe nicht erwiderte. Opfer, weil ich ihn durch Ablehnung seiner Liebe so verrückt machte, dass er kurz davor war, durchzudrehen und mir etwas anzutun. Auf diese Art und Weise entstehen Morde und Amokläufe. Die Menschen erleiden „Kurzschlüsse". Im Gericht heißt es oftmals später: „Unzurechnungsfähig, weil liebeskrank!" Wie gefährlich D. ist, kann ich damals nicht ahnen. Meine totale Unterlegenheit seiner Person gegenüber, verlangte er. Wenn es sein muss, wird er sie mit Gewalt an sich reißen. Mich steuern in meinem Tun, Handeln und Denken, wollte er um jeden Preis. Er versuchte mich einzuschüchtern. Er drohte mir. Er sprach oft davon, dass ich aufpassen sollte, dass meinen Pferden nicht eines Tages etwas „Grausames" zustößt. Er sagte, dass er allen Pferden bei uns im Reitstall die Ohren abschneidet. Aus dem Grund nur, weil ich nicht nett zu ihm war, wollte er so etwas Bösartiges tun. Mit nett meinte er, dass ich mich von ihm z.B. nach der Reitstunde nach Hause fahren lassen soll oder er mich nach Arbeitsschluss von meiner Lehrstelle abholen durfte. Immer lauerte er mir auf. Überall. Er war überall dort, wo ich bin. Es verging kein Tag, an dem er mir nicht irgendwo Ärger machte und meine Nähe sucht. Beim Rechtsanwalt in meiner Ausbildungsstelle unterlag ich der absoluten Schweigepflicht. Dafür habe ich unterschrieben. Einige von D.'s Bekannten waren in der Kanzlei aktenkundig. D. wusste davon und deshalb erzählte er meinem Chef, dass ich Akten aus dem Büro kopierte und über die einzelnen Fälle in der Öffentlichkeit berichte. Alles solche widerlichen Geschichten, die D. nur erfand, um mich einzuschüchtern. Damals hatte ich großes Glück, dass mein Chef auf meiner Seite stand, sonst hätte ich meine Ausbildungsstelle verloren. Wenn ich heute an D. denke, möchte ich mir in der Geschichte von damals einen Revolver besorgen, ihn durchladen, auf D. zielen und abdrücken. Mit dem Wissen von heute in der damals fürchterlichen Geschichte, hätte ich mir einen Revolver besorgt und eiskalt abgedrückt, W. Glaub mal und ich hätte nicht gezögert, abzudrücken. Sofort hätte ich abgedrückt, bereits an der Stelle der Geschichte, an der D. meine Pferde aus dem Feuer gerettet hat. Ihn hätte ich genauso gequält, wie er mich gepeinigt hat. Laufen müssen hätte er, um sein Leben. Wahrscheinlich hätte ich ihn vorher seine Kleidung ablegen lassen. Komplett. Dann hätte er um sein „Nacktes Leben" rennen müssen. Irgendwann hätte ich ihm dann in den Rücken geschossen. Eiskalt von hinten! Natürlich kam erschwerend hinzu, dass ich panische Angst vor D. hatte. Dass D. krank war, war für mich nicht schwer zu erraten, nach alldem, was er mir angetan hatte. Leider gab es damals niemanden, der mir helfen konnte. Mein Stiefvater war bereits schwer erkrankt und ich wollte meine Eltern mit dem Problem „D." nicht unnötig belasten. Auch nicht, als D. sich mit seinen kriminellen Schweinereien an meinen Pferden verging. Eingeschüchtert blieb ich alleine auf der Höllengeschichte sitzen. D. schnitt einem meiner Pferde den Hals auf, wodurch es beinahe verblutete. Einem anderen Pferd schnitt er über den Huf so tief ins Fleisch, dass es genäht werden musste. D. war derjenige, der den Tierarzt verständigte und mir einredete, dass sich mein Pferd verletzt und er es gerettet hatte. Bis mir die Tierärztin irgendwann erklärte, dass der Schnitt am Hals meines Pferdes mit einem Messer absichtlich herbeigeführt worden sein musste. *„Niemals kann sich ein Pferd einen derart „glatten" Schnitt selbst zufügen!",* sagte sie. Da wurde ich wach!! Das Erwachen kam leider zu spät. Keine Chance hatte ich, mich gegen D. zu wehren. Wie denn auch, wie sollte ich mich gegen einen „Irren" zur Wehr setzen? Mit meinen Pferden wechselte ich den Stall. Aus Angst. Angst hatte ich, dass D. den anderen Pferden, die dort untergebracht waren, wirklich etwas antut. Nur, weil ich ihn nicht liebte, drehte D. durch und ich traute ihm mittlerweile alles zu. Durchaus glaubte ich, dass er den Pferden im Reitstall tatsächlich die Ohren abschnitt, wie er es angedroht hatte. In unserem Reitstall vertraute ich mich niemandem an, aus Angst vor D. Natürlich schämte ich mich auch vor den anderen Menschen.

Meine Situation konnte ich nicht beschreiben. D. hatte mich in der Hand mit seinen Drohungen. Wenn ich nicht gefügig war, passierte ein Unglück. Ein Feuer im Pferdestall war kein Spaß. Ein beinahe verblutendes Pferd ebenfalls nicht. Das war schlimmer als in einem Horrorfilm, was ich erlebte. Schnell begriff ich, dass D. zu allem fähig war. Keine Chance gab es, vor ihm zu flüchten, ihm zu entkommen. Wenn ich seine krankhafte Liebe nicht erwiderte, war ich ihm hilflos ausgeliefert. Hilfe bei anderen Menschen fand ich nicht. Zumindest fand ich keinen Menschen, den ich für geeignet hielt, mir in meiner komplett ausweglosen Situation zu helfen. Die einzige Möglichkeit, die mir blieb, war mich D. zu ergeben. Wenn ich den Kontakt zu ihm hielt und ihn nicht abwies, war er halbwegs zu ertragen. Natürlich war das nicht einfach für mich. Es gab immer wieder Tage, an denen er völlig durchdrehte. Die eigene Kontrolle zusehends über sich verlor. Einen kleinen süßen Welpen brachte D. eines Tages mit zum Stall. Ein unschuldiges Tier. Mein Herz ging auf bei dem Anblick seiner kleinen, lieben Knopfaugen. Einfach so schenkte mir D. einen süßen, hilflosen Welpen. Im Grunde genommen wollte er mir eine Freude machen, um meine Liebe zu gewinnen. Als D. merkte, dass ich den Hund nicht nehmen wollte, weil ich mich D. gegenüber zu nichts verpflichtet fühlen wollte, drohte er mir: *„Wenn du den Kleinen nicht willst, schmeiß ich ihn in die Ruhr!"* Bei D. war ich mir nie sicher, wie schlimm er wirklich austicken konnte. Ihm traute ich durchaus zu, dass er den Hund tatsächlich ertränkte, wenn ich ihn nicht dankend angenommen hätte. An einem Tag hing D. den Hund in einem Baum auf. Niemals vergesse ich, wie jämmerlich die Hündin, der ich den Namen 'Jeany' gegeben habe, schrie, als sie hilflos mit der Hundeleine um den Hals gewickelt, am Baum hing. Sie drehte sich durch ihr Gezappel mehrmals um sich selbst, und die Leine zog sich immer enger um ihre Gurgel. Der Hund erstickte beinahe. Warum D. das mit Jeany gemacht hatte? Es hatte wieder irgendwelche Unstimmigkeiten zwischen uns gegeben. Vielleicht nur, dass ich für D. telefonisch nicht erreichbar gewesen war. Falls er mich zuhause am Telefon nicht erwischte, rastete er nämlich aus und bestrafte mich hinterher mit seinen Gemeinheiten. Wenn ich für D. nicht erreichbar war, dann knallte es. D. bestrafte mich. Eine dieser Strafen war, dass mein Hund im Baum baumelte, wenn ich zum Stall kam. Das Schlimme, Jeany hing an dem Tag so hoch im Baum, dass ich gar nicht sofort an sie herankam, um sie zu befreien. Ach, es brach mir das Herz. Die Gemeinheiten. Der Psychoterror. Die Schikanen von D. Wie sehr wünschte ich mir, dass man D. endlich wegsperrte. Wirklich, D. war so irre krank. Niemals habe ich gedacht, dass "Liebe" die Menschen auch krank machen kann. Zumindest in einer einseitigen Liebe. Mir wurde klar, dass solange nicht erwiesen ist, dass D. die Reithalle angesteckt hatte, ich ihn weiterhin ertragen musste. Vielleicht sogar für den Rest meines Lebens. Selbst wenn man D. den Brand nachgewiesen hätte, hätte er sicherlich nur eine Bewährungsstrafe bekommen. Vorstrafen gab es im Lebenslauf von D. erstaunlicherweise keine. D. war einfach nur unsterblich verliebt, dummerweise ausgerechnet in mich und weil ich ihn nicht lieben wollte, brannten bei ihm alle Sicherungen durch. Solche Geschichten konnte man täglich in den Zeitungen lesen oder in den Nachrichten hören. Jedoch, warum traf es mich? Warum musste ausgerechnet ich solch einem Spinner in die Hände fallen? Einige meiner Schulkollegen aus der Berufsschule haben das Drama mitbekommen, dass D. mir täglich auflauerte und mich schikanierte. Sogar dort, an der Berufsschule, ließ D. nichts unversucht, mir das Leben schwer zu machen. Er wollte mich nach Schulschluss immer abholen und mit seinem Auto nach Hause fahren. Einfach so, weil er das toll fand. Weil ich in seinen Augen seine Freundin war. Das Schlimme war damals: Nicht nur in seinen Augen war ich seine Freundin. Natürlich erzählte D. überall, dass ich seine Freundin war. Somit war ich seine Freundin für unsere Reiterkollegen und für alle, die mich und ihn kannten. Wie krank! Saß ich bereits im Auto bei einem meiner Mitschüler, drehte D. aus Eifersucht komplett durch. Er verfolgte den Wagen bis zu unserer Haustür, stieg erst aus, wenn ich ausstieg und machte dann lautstark eine riesige Szene. „Du Wixer! *lass gefälligst Anais in Ruhe, sonst haue ich dir mal eine aufs Maul!*", schrie er meinen Mitschüler an. Dieser bekam natürlich Angst und bei nächster Gelegenheit nahm er mich nicht mehr mit. Wegen des lauten Geschreis von D. kam meine Mutter aus dem Haus gelaufen. *„Ach, Frau Miller, da belästigt doch einer ihre Tochter"*, schob D. die Schuld von sich auf meinen Mitschüler. Das war wirklich nicht zu fassen, was D. für eine Nummer abzog. Dieses kranke Arschloch und meine Mutter stand auch noch auf seiner Seite. *„Ach, der Junge ist doch nett, Anais! Warum klappt das denn nicht mit euch?"* fragte sie mich verständnislos. Wenn ich ihr meine Variante der Story erzählte, winkte sie jedes Mal ab. Übertreiben würde ich. *„Auf dem Land sind die Männer alle so, Anais! Da hast du nicht viel Auswahl, die musst du so nehmen wie sie sind!" „Ja!? Dann ziehe ich aber ganz schnell in die Stadt! Oder ich will gar keinen Mann in meinem Leben! Oder noch besser, ich erschieße mich!"* Mein Gott, das war nicht auszuhalten. Meine eigene Mutter schenkte mir keinen Glauben. Manchmal hatte ich das Gefühl, sie hörte mir gar nicht zu, wenn ich ihr etwas erzählte. Wahrscheinlich wollte sie mir bewusst nicht zuhören und mir keinen Glauben schenken. Hilfe war jedenfalls von ihrer Seite aus nicht zu erwarten. Meine Hoffnung, dass sie mit D. sprach, damit dieser mich endlich in Ruhe ließ, die konnte ich begraben. Gut, die Hoffnung stirbt bekanntlich zuletzt. Für mich war meine Mutter bereits gestorben! Wenn ich die Geschichte mit D. meinem Stiefvater erzählt hätte, ich denke, er hätte versucht mich vor D. zu schützen. So schwer krank wie er zu dem Zeitpunkt war, wollte ich ihm das aber nicht mehr zumuten. Einige Mitschüler gingen gemeinsam zur Polizei und versuchten zu bewirken, dass D. mich in Ruhe lassen müsste. Eine Anzeige oder ähnliches wollten sie erreichen. Die Polizei sagte, solange nicht wirklich etwas passiert ist, könnten sie nichts unternehmen. Die Hände waren ihnen gebunden. Außerdem gaben sie mir die Schuld für den Psychoterror, weil ich D. angeblich immer wieder Hoffnung auf mich gemacht hätte. Schließlich hatte man uns zusammen gesehen. Unter anderem auch in seinem Auto. Ja gut, sicherlich saß ich in seinem Auto und ließ mich von ihm durch die Gegend fahren. Aber immer nur aus dem einen Grund: Ich wollte meine Ruhe haben und nicht in permanenter Angst um mein Leben sein müssen. Ruhe bekam ich, solange ich nett zu D. war und gute Miene zum bösen Spiel machte. Auf die Art und Weise war D. erträglich und in Schach zu halten. Was für eine Wahl blieb mir bitteschön? Was sollte ich machen? Wie sollte ich mich verhalten? Dieser nervliche Spießrutenlauf war doch für mich nicht auszuhalten. Ich saß lieber in seinem Auto, hielt meinen Mund, lächelte D. an und alles war prima. Das war besser, als dass er meinen Hund ertränkte, ihn erhängte, ihm den Hals umdrehte oder meinen Pferden den Hals aufschnitt. D. hatte noch genug andere Schweinereien für meine Tiere und mich parat. Wie gemeingefährlich D. war, offenbarte sich mir erst nach und nach. Warum ich dir von D. nicht erzählt habe, W? Nein! Niemals wäre das für mich eine Option gewesen. Du wärst sicherlich umgekommen vor Sorge um mich. Geglaubt hättest du mir die Story garantiert. Du wusstest, dass ich dich niemals belogen hätte. Aber in diese kriminelle Story wollte ich dich auf keinen Fall mit reinziehen. Ich habe verdammt nochmal alles unternommen, dass D. bloß nichts von dir erfuhr, W. Explizit habe ich darauf geachtet, dass er nicht auf unsere Spur kam. Wenn ich zu dir fuhr, um dich zu besuchen, gab ich Acht, dass er mir nicht zum Bahnhof folgte. Mit keinem Wort erwähnte ich dich jemals vor D. Dein Name fiel niemals, W. Vor allem, D. hätte dir die Hölle heiß gemacht, W.! Der hätte dir genau einen solch heftigen Stress gemacht wie mir! Gnadenlos! Ach, der hätte deine Wohnung in Brand gesteckt. D. wäre „Amok" gelaufen. Das wäre für mich nicht auszuhalten gewesen. Ich glaube, in solch einer Situation hätte es gut passieren können, dass bei

mir alle Sicherungen durchgebrannt wären. Vielleicht hätte ich D. tatsächlich eines Tages umgebracht. Den Gedanken, D. zu töten, hatte ich bereits mehrfach durchgespielt. Das sind jetzt keine leeren Worte W., leider! Einige Male habe ich tatsächlich überlegt, auf welche Art und Weise ich mich D. am besten entledigen könnte! Der Tod D`s. schien mir damals durchaus eine Möglichkeit. Wahrscheinlich wäre sein Tod auch die einzige Chance gewesen, mich dem Drama zu entledigen. Mein Gott, was habe ich für eine Courage und ein dickes Fell gehabt, dass alles abzuschütteln. Gut, mit einem Revolver ausgestattet hätte ich wahrscheinlich nicht gezögert, D. oder mich aus dem Leben zu schießen. Naja, weiter im Text, auch wenn's schwerfällt. Besuchte ich dich also, W., musste ich mich zuvor vergewissern, dass mir D. nicht folgte. Er verfolgte mich doch sowieso die meiste Zeit des Tages. Nachts tat er das wahrscheinlich auch. Wenn ich schlief, merkte ich bloß nichts mehr davon. Meine Albträume in der Zeit damals waren gnadenlos. Oft wachte ich schweißgebadet auf und begann mitten in der Nacht mein Zimmer nach D. abzusuchen. Manchmal träumte ich, dass sich D. sich irgendwo im Schrank versteckt hatte. Die Angst war mein täglicher Begleiter. Beide, D. und meine Angst ließen mich nicht mehr los, ich war ihnen hilflos ausgeliefert. Gäbe es dich nicht, W., ich wäre von der Autobahnbrücke gesprungen. Sie war hoch genug. Wenn ich sprang, das überlebte ich nicht. Du erinnerst dich, dass damals zwei Mitschüler ebenfalls dort heruntergesprungen sind und den Aufprall nicht überlebt hatten? Die Brücke des Todes nannte ich sie. Wenn du oben auf dem Geländer stehst, dir der Wind sanft um die Ohren bläst, sich die Brücke leicht in ihren Schwingungen neigt und die Baumwipfel zum Träumen einladen. Dann ist das Tor des Todes geöffnet. Der Blick in die Weite der umliegenden Täler verspricht ewige Freiheit. Wer genug Mut hat, verlässt dort oben die Grenze des Lebens und springt hinein in das unendliche Jenseits. Die Freiheit dort oben, schenkt dir trügerisch den Glauben an einen Sprung in deinen „Frieden".

Ein gefährliches Spiel für labile und instabile Menschen. Einmal abgesprungen. 'No way out'. Kein Zurück. Sehr oft stand ich dort oben. Den Mut, zu springen hätte ich vielleicht gehabt, aber es gab dich für mich, W! Warum sollte ich also springen? Mit dir war ich glücklich. Dich liebte ich und die Liebe war stärker als mein Verlangen nach dem Tod. Für mich war das so. Du warst mein Schlüssel zu der Tür, die aus meiner Hölle führte. Der Gedanke an dich machte mich stark genug, alles zu ertragen und über mich ergehen zu lassen. Angst spürte ich manchmal, wenn ich bei dir zuhause saß, W. und es plötzlich an deiner Tür klingelte. Da wurde mir ganz anders. An D. dachte ich. Mein Gott, wenn er plötzlich vor deiner Tür gestanden hätte. Grauenvoll. D. kam jedoch nicht auf unsere Spur, welch ein Glück! Irgendwann gestand mir D., dass er die Reithalle angezündet hatte. Natürlich drohte er mir im selben Atemzug damit, dass, wenn ich nicht gefügig bin, er ebenfalls den Stall niederbrennen wolle, in dem meine Pferde untergebracht waren. D. hatte mich mental sehr gut unter Kontrolle. Er, dieses kranke Schwein. Am Tag, als er mir den Brand mit der Reithalle gestand, fuhr er mich morgens mit seinem Auto zur Berufsschule. Bevor ich ausstieg, fragt er nach dem Zeitpunkt vom Schulschluss, weil er mich pünktlich wieder abholen wollte. *„Wir schreiben heute eine Mathematikarbeit in der dritten Stunde, und ich kann gar nichts! Die setze ich bestimmt total in den Sand!"* Eigentlich hatte ich nur laut gedacht. Hätte ich D. das besser gar nicht erzählt und einfach meinen Mund gehalten. *„Feierabend ist gegen ein Uhr!" „Und wann fängt die dritte Stunde an, Anais, in der du Mathematik schreibst?" „Um neun fünfundvierzig!"* *"Ok, bis dann, um eins, und viel Glück bei deiner Arbeit. Das schaffst du schon, Anais!"* Wieder sein dummes Grinsen... Ach, war das schrecklich mit dem Kerl. Als wir im Schulraum saßen, so gegen halb zehn, und uns auf die herannahende Mathematikarbeit vorbereiteten, hörten wir plötzlich eine Durchsage in den Klassenzimmern: *„Verlassen Sie bitte langsam und in zweier Gruppen die Klassenräume. Ihre*

Schultaschen nehmen Sie bitte mit, die Klassen treffen sich geschlossen auf dem Schulhof!" Ich schaute meine Kollegin, die im Unterricht neben mir saß, verdutzt an. *„Was war jetzt los?"* Sie schüttelte ratlos den Kopf. *„Keine Ahnung, werden wir sicherlich gleich erfahren!"* So packten wir unsere Sachen zusammen und folgten den Anweisungen, uns in zweier Gruppen auf dem Schulhof aufzustellen. Unser Lehrer kam ziemlich aufgebracht zu unserem Trupp gelaufen. *„Was ist denn los, Herr Müller?"* *„Wir haben eine Bombendrohung an der Schule! Das Sekretariat hat gegen halb zehn einen anonymen Anruf bekommen, dass sich auf dem Schulgelände irgendwo eine Bombe befindet!"* *„Eine Bombe? Das ist doch ein Witz oder?"* Keiner der Schüler wollte glauben, was er soeben gehört hatte. *„Nein! Leider kein Witz! So, ihr seid alle vollzählig, ihr könnt nach Hause gehen, der Unterricht ist für heute beendet!"* Der Lehrer schickte uns nach Hause, genau, wie die Schüler der anderen Klassen. Alle Schüler sollten heimfahren. Ein Sondereinsatzkommando mit Spürhunden sei bereits unterwegs, um die Bombe an der Schule ausfindig zu machen und ggfs. zu entschärfen. *„Ist doch supi, Anais, keine Mathematikarbeit und den Stalkerspinner bist du auch gleich los für heute, der wird dann ja um ein Uhr ziemlich dumm aus der Wäsche gucken, wenn kein einziger Schüler mehr da ist!"* Wir lachten über die Angelegenheit. Ein eigentlich anfänglich beginnender, witziger Tag. Allerdings wunderte es mich, dass D. mich gegen elf Uhr direkt am Bahnhof abfing. Mit dem Zug wollte ich nach Hause fahren. Woher wusste D. dass ich verfrühten Schulschluss habe? *„Ja, bei euch an der Schule war Bombendrohung!"*, rief er fröhlich. Er war plötzlich dicht hinter mir, als ich die Treppen zur Unterführung hinunterging. Ich erschrak beinahe zu Tode, als ich mich umdrehte und direkt in sein dummes Fratzengesicht blickte. Und ganz ehrlich? Er hatte eine so hässliche, kranke Visage. Vor diesem Dreckskerl gab es wirklich kein Entkommen. *„Tolle Sache, was? Mal gucken, ob sie die auch finden, die Bombe"*, lachte er unheimlich dämlich. *„Woher weißt du, dass wir eine*

Bombendrohung hatten, D?" fragte ich erstaunt. *„Ja, das haben sie im Radio durchgegeben!" „Aha, und da bist du gleich hergefahren, um mich abzufangen?" „Na klar!"* D. strahlte über das Gesicht, wie ein Honigkuchenpferd. Er nahm mir meine Schultasche ab. *„Komm, das Auto steht gleich da drüben!"* Er machte eine Handbewegung zum Parkplatz. Ich seufzte und schickte ein Stoßgebet zum Himmel. Wann sollte dieser Albtraum ein Ende nehmen? Auf die Idee, dass D. vielleicht für die Bombendrohung verantwortlich sein könnte, kam ich zu dem Zeitpunkt noch nicht. Die Bombe an der Schule wurde nie gefunden. Den Anrufer hatte man angeblich auch nicht ausfindig machen können. An dem Tag fuhr mich D. mit seinem Wagen, einem alter Jeep, der bald auseinanderfiel, jedenfalls nicht Richtung heimwärts. Stattdessen steuerte er einen Waldweg an, abseits meines Heimatdorfes. Weit entfernt von jeglicher Zivilisation. *„Wo fahren wir hin?"*, fragte ich vorsichtig. *„Überraschung"*, lachte D. ironisch und griff mir an den Oberschenkel. Sein schmieriger Blick war grauenvoll. Du krankes Schwein, fuhr es mir durch den Kopf. Nichts Gutes ahnte ich und mir wurde flau im Magen. Der wollte doch jetzt wohl nicht mit mir im Auto eine Nummer schieben? Irgendwo im Nirgendwo? Mir wurde heiß und kalt bei dem Gedanken, ich fing innerlich an zu zittern. Panik machte sich in mir breit. Dort, wo wir waren, hätte ich nirgends Hilfe gefunden. Weit und breit keine Häuser. Tiefster Urwald. D. war mit mir mitten in die Pampa gefahren. Auf der Ablage seines Autos lag eine Zeichnung. Bei uns im Ort wurde die Autobahn gebaut. Die A46. Eine riesige Brücke sollte die zukünftige Autobahn über unseren Wald führen. Die Brücke war noch nicht fertiggestellt, sie endete in luftiger Höhe. Jedoch war auf der einen Seite bereits eine Fahrbahndecke errichtet worden. Sie war durchaus befahrbar. Abgesperrt war dort nichts, außer einem Schild, „Betreten der Baustelle verboten, Eltern haften für ihre Kinder". Die Brücke war somit eigentlich jedem frei zugänglich. Auf der Zeichnung, die ich in D. seinem Auto fand, war die Brücke gezeichnet und ein Jeep, wie dieser die Brücke hinunterstürzte. Die Zeichnung war ziemlich gut, aber erschreckend in ihrem Ausdruck. Beängstigend wirkte sie auf mich. *"Hast du das gezeichnet, D.?"*, fragte ich erstaunt. Dass er so gut zeichnen konnte, hätte ich ihm gar nicht zugetraut und für einen Moment war ich wirklich verblüfft. Über D. als seine Person habe ich ja niemals wirklich nachgedacht. Ihn nicht mit den Augen gesehen, etwas „Gutes" in ihm entdecken zu wollen. Für mich war er ein krankes Schwein. Aber kein Mensch wird als „Drecksschwein" geboren. Was war nur mit D. passiert, dass er so krank geworden war, fragte ich mich für einen kurzen Moment. Empfand ich plötzlich Mitleid? Jedenfalls war es für einen Augenblick tatsächlich so, dass er mir Leid tat. *"Die Reithalle habe ich angsteckt, Anais!"*, sagte er auf einmal. *"Alles nur wegen dir! Weil ich dich liebe! Am besten stürze ich mit meinem Auto die Brücke hinunter, dann gehe ich wenigstens nicht in den Knast. „Du bist krank, D."*, sagte ich entsetzt und fassungslos *„Ja, ich bin ein krankes Schwein, ich weiß, und du bist schuld, dass ich so geworden bin! Wenn du mich einfach lieben würdest, so wie ich dich, dann wäre alles in bester Ordnung. Warum willst du mich nicht lieben, Anais? Sag mir das doch mal!"* Als ich nicht antwortete - für mich gab es darauf keine Antwort - meinte er: *„Ich kann dir alles bieten! Geld, Pferde, alles was du willst! Ist dir das nicht gut genug, Anais?"* D. war mit mir währenddessen die Anhöhe zu der Autobahnbrücke hinaufgefahren. Mein Puls fing aus Angst an zu rasen. Wir befanden uns bestimmt in mehr als 100 m Höhe auf der halbfertiggestellten Autobahnbrücke, die mitten im „Nichts" endete. *„Dort vorne endet die Brücke! Wenn wir dort hinunterfahren, ist alles vorbei!"* Als wir das Ende der Brücke erreichten, hielt er den Jeep an. Vor uns lag ein tiefer Abgrund. Wie ein schwarzes Loch. Gähnende Leere. Die Arbeiter waren an diesem Tag nicht zugegen. Mit der Baufirma hatte es Ärger gegeben, hatte in der Zeitung gestanden. Die Arbeiter befanden sich im Arbeitsstreik wegen höherer Gehälter. Mein persönliches Pech an dem Tag. D. hatte das Gefährt wenige Zentimeter vor dem Abstieg angehalten. *„Geh mal aussteigen, aber pass auf, dass du nicht gleich runterfliegst! Na, mach schon! Mach mal die Autotür auf!"* Vorsichtig blickte ich aus dem Fenster. Oh mein Gott! Dort aussteigen, das wollte ich ganz sicherlich nicht tun. D. lehnte sich über mich und ließ den Schnapper der Beifahrertür aufschnellen. Er drückte die Tür auf und schob mich ein Stück vom Sitz. *„Jetzt steig schon aus! Los!"* zischte er energisch. Unsicher stieg ich aus dem Wagen. Was hatte D. vor? *„Jetzt pass mal auf!"* sagte er lachend, machte die Beifahrertür wieder zu und fuhr den Wagen ein kleines Stück vorwärts. Langsam ließ er ihn Stück für Stück nach vorne rollen. Genau so weit, bis die vorderen Räder keinen Bodenkontakt mehr hatten. *„Der ist komplett irre. Jetzt stürzt der mit dem Auto gleich den Abhang runter!"* Meine Gedanken und mein Puls liefen auf Hochtouren. Wenn ich so viel Adrenalin in meinen Venen spürte, glaubte ich, durchzudrehen oder zu sterben. Die Kontrolle über mich zu verlieren, befürchtete ich. Ohnmacht war mir nahe. Vor lauter Angst wusste ich nicht, wie ich mich wieder beruhigen sollte. Meinen Pulsschlag bekam ich nicht mehr runter. D. ließ den Jeep auf einmal „wippen". Hoch und runter, indem er auf seinem Sitz auf und ab wippte. Dabei sah er mich lachend an. Der Wagen neigte sich auf und nieder, ohne dass die vorderen Räder Bodenkontakt hatten. *„Na, was glaubst du? Stürze ich ab mit der Karre? Hä? Ich verstehe dich nicht, Anais!"*, schrie er. *„Das hättest du doch gerne, oder? Dass ich abstürze! Du kannst dir das jetzt noch von außen angucken und gleich sitzt du mit hier drin. Was meinst du, was das für ein Spaß wird! Dann stürzen wir beide ab, Anais! Mich sperren sie doch sowieso bald weg wegen dem Brand in der Reithalle. Ich habe nichts mehr zu verlieren. Und dich nehme ich mit! Das ist ein Gefühl, Anais, hier im Auto! Das wirst du nie wieder vergessen! Das ist besser, als jeder Trip. Warte, ein paar Minuten noch, dann kannst du wieder einsteigen!* D. wippte wie ein Irrer weiterhin im Auto auf und ab, lachend. Immer wenn er zu mir sah, rief er: *„Ist das ein Spaß, was?"* *„Anais lauf weg! Lauf so schnell du kannst"*, warnte mich eine innere Stimme in meinem Kopf und ich lief tatsächlich los. Ich rannte um mein Leben. D. musste seinen Wagen erst mit der Seilwinde wieder heraufbringen, um mir folgen zu können. Das kostete ihn Zeit und ich hatte einen guten Vorsprung gewonnen. Querfeldein lief ich, nicht wissend, wohin und in welche Richtung überhaupt. Aber ich lief, so schnell ich konnte. Abseits des Weges quer durch Tannenschonungen, zwischen Sträucher und Äste hindurch, die mir unbarmherzig ins Gesicht schlugen. Heulend rannte ich über Stock und Stein, auf der Flucht vor einem kranken Verrückten. Irgendwann erreichte ich die Hauptstraße. Völlig außer Atem glaubte ich, ersticken zu müssen. Nach Luft japste ich. Ein Auto kam. Ich winkte es heran. Zum Glück hielt es. *„Bitte, nehmen sie mich mit! Bitte"*, flehte ich. Eine ältere Frau kurbelte die Scheibe herunter, ich hörte das Klicken ihrer Zentralverriegelung. An die Tür fassen und einfach einsteigen, diese Möglichkeit hatte sie mir direkt abgeschnitten. *„Was ist passiert Mädchen?"*, fragte sie erschrocken und neugierig. "*Bitte, machen sie auf, schnell!"*, keuchte ich. *„Ich erkläre ihnen alles im Auto!"* Mein Blick musste sie überzeugt haben, denn sie öffnete gottseidank die Tür und fuhr auch sofort los. *„Mein Gott, Kind, vor wem bist du denn auf der Flucht?"* *„Vor einem Irren!"* *„Ach, die gibt es doch nur in Filmen, Kindchen!"* *„Die, in den Filmen, sind nicht so schlimm! Im wahren Leben sind sie schlimmer!"* heulte ich auf dem Beifahrersitz. Die Frau schenkte mir keinen Glauben. Es war mir egal. Nur fort wollte ich. Raus aus der Hölle. Mit meinen Nerven war ich fertig. Völlig am Ende war ich. Mein eigener Horrorfilm lief und das völlig kostenfrei. *„Wo willst du denn aussteigen? Am Bahnhof?"* *„Nein, um Gotteswillen nicht am Bahnhof! Am besten direkt an einer Polizeistelle!"* Die Frau ließ mich an der Polizeistation aussteigen. *„Ja, und warum wollen Sie jetzt eine Anzeige machen?"* Der Polizist blickte mich fragend an. *„Der Kerl, der bringt mich irgendwann um,* *verstehen Sie das denn nicht?"* Ich war in Tränen aufgelöst. *„Ja, aber es ist Ihnen doch nichts passiert, er hat Sie weder verletzt oder haben Sie irgendwelche sichtbare Verletzungen!?"* „Dass er die Reithalle angesteckt hat, das hat er auch zugegeben!" *„Wenn Sie wirklich so einen Ärger mit dem Kerl haben, dann wird ihn eine Anzeige nur noch wütender machen."*, mischte sich ein anderer Polizist ein. Die Argumentation der Polizisten war plausibel. Helfen konnten auch sie mir nicht. Der Beigeschmack, der bitteren Erklärung ihrerseits, den wurde ich jedoch nicht los. *„Können Sie mich bitte nach Hause fahren? Ich habe Angst, dass er mir wieder auflauert!"* Der Polizist nickte und fuhr mich nach Hause. D.'s Gemeinheiten und Quälereien gingen weiter. Täglich. Gefügig musste ich sein, sonst hatte ich die Hölle auf Erden. Immer erreichbar sollte ich für D. sein. Er musste stets wissen, wo ich war, wie lange ich dort blieb und überhaupt. Wäre ich ein LKW, ich hätte einen Fahrtenschreiber getragen. Die totale Kontrolle verlangte er über mich. Hätte er eine elektronische Fußfessel, ich müsste sie tragen. Ein Leben im Knast stellte ich mir weniger anstrengend vor, als das Leben mit diesem verrückten Psychopathen zusammen. Anfänglich bestand die Gefügigkeit nur daraus, dass er mich von A nach B fahren durfte. Er im Stall dabei war, wenn ich die Pferde versorgte und ich ihn ab und zu mal zum Ausreiten mitnahm. Das war noch irgendwie alles zu ertragen. Später forderte er Zärtlichkeit von mir und das war nervlich für mich ein Weltuntergang. Jemanden gegen meinen Willen anfassen zu müssen, das war mir völlig fremd. Mich gegen meinen Willen anfassen zu lassen, war ein noch schlimmeres Gefühl. Wie ein Hund litt ich unter D., der jeden Tag geprügelt wurde. Jede Nacht weinte ich mich in den Schlaf. Niemandem konnte ich mich anvertrauen. Wie sehr hoffte ich, dass dieses Drama bald sein Ende fand. Es gab Tage, an denen ich mich gerne selbst ins Jenseits befördern wollte. Mit Tabletten, dem Springen von der Autobahnbrücke oder mir meine Pulsadern aufzuschneiden. Es gab kaum noch Gutes in meinem Leben,

das mich aufrechterhielt. Außer diese Liebe, die ich in mir trug. Die Liebe zu dir, W. Würde ich sie nicht mehr in mir spüren, ich würde meinem Leben ein Ende setzen. Wenn ich gesprungen wäre, von der Brücke, hätte niemand gewusst, welche Leiden und Qualen ich hinter mir liegen lassen habe. Niemand hätte den wahren Grund meiner Verzweiflungstat erfahren. Geheißen hätte es, ein labiles, und dummes Mädchen war sie, die Anais. Depressiv! Und jetzt ist sie tot. Du W., hättest vielleicht gedacht, dass ich wegen dir von der Brücke gesprungen wäre. Das ist einer der Gedanken, die mich damals vielleicht abgehalten haben, nicht zu springen. Manchmal hing ich nächtelang über dem Toilettenrand und kotzte mir die Seele aus dem Leib. Könnte ich mein Leben auswürgen, ich hätte es getan. Für dich W., wollte ich aber leben, um jeden Preis! Das Gefühl, zu den Sternen greifen zu können, welches du mir gegeben hast, dafür lohnte es sich, weiterzukämpfen. Ich hoffte, dass alles irgendwann gut werden würde. Für dich war ich stark. Wenn ich bei dir sein durfte, dann war all der Kummer und Schmerz vergessen. Natürlich bekam ich zusehends Probleme mit körperlicher Nähe. Ich sehnte mich nicht mehr nach ihr. Für mich waren Zärtlichkeiten ab sofort nur noch mit Schmerzen verbunden. Die körperliche Nähe zu D., die ich gezwungener Maßen ertragen musste, war grausam und ekelhaft. Wieder einmal in meinem Leben spürte ich diese heftigen Schmerzstiche in meiner Seele. „Zärtlichkeit" konnte etwas sehr „Dreckiges" sein, wenn sie jemand gegen seinen Willen ertragen und austauschen musste. Auch das lernte ich schnell in meinem Leben. Ekel, Kummer und Leid stumm zu ertragen zu müssen. Bisher hatte D. mich sexuell noch nicht missbraucht. Der Weg lag nahe, dass wir uns dem Szenario näherten. Ich wusste, dass er keine Hemmungen hatte, falls ihm danach gewesen wäre, mich zu vergewaltigen.
Irgendwann würde er sich einfach nehmen, wovon er glaubt, dass es ihm zusteht. Wenn ich zu dir ging, W., überlegte ich, ob du vielleicht etwas bemerkt hattest. An mir?! Dass ich anders geworden war. Zurückhaltender. Sicherlich spürtest du

meine Unsicherheit. Angst vor deiner Abweisung hatte ich. Wie damals, nach deinem Kuss. Dich zu verlieren, das wäre mein Ende gewesen. Die Gespräche zwischen uns brauchte ich. Meine Seele nährte sich von ihnen und ich erwärmte sie mit deiner Nähe, W. Deine Nähe, die mir so viel bedeutete. Wärme und Geborgenheit. Wenn ich bei dir war, W. in deinen Armen lag und du meinen Körper küssend und streichelnd liebkostest, dann war das die reine, ehrliche, unschuldige und aufrichtige Liebe. Sie zu verlieren, wäre mein Ende gewesen. Trotz aller schlimmen Erfahrungen, die ich in nur wenigen Wochen durchlebt hatte und obwohl mich ein Mensch missbrauchte, körperlich und psychisch, war ich in der Lage, mich bei dir fallenzulassen. Mich deiner Liebe hinzugeben. Auch wenn wir bis dahin noch keinen Geschlechtsverkehr miteinander gehabt haben, war alles andere für uns selbstverständlich. Dass es langsam, aber sicher, mit uns auf die eine Sache hinauslief, war mir bewusst. Nein, mit dir hatte ich keine Angst. Mit dem Gedanken, Sex mit dir zu haben, beschäftigte ich mich zwischendurch immer wieder. Kannst du dir vorstellen, wie schlimm es war, jemanden zu lieben und an anderer Stelle im Leben für Liebe missbraucht zu werden? Ich war innerlich zerrissen. Mittlerweile hatte ich gelernt, dass Berührungen auch weniger angenehm sein können. Berührungen zuzulassen, die an einer Stelle wunderbar und an anderer Stelle grausam waren, das war wie die Hölle und den Himmel gleichzeitig zu besuchen. Einfach nur schrecklich! Jeden Abend weinte ich mich in den Schlaf. Aus Schmerzen. Es waren doppelte Schmerzen. Die Höllenqualen mit D. und die wunderbare Liebe zu dir. Die Liebe zu dir bereitete mir Schmerzen, weil ich mich auf einmal dreckig fühlte, W. Nicht nur, dass ich missbraucht worden bin, fühle ich mich dir gegenüber als verlogen und schmutzig, weil ich dir meine Qualen verheimlichte. Hatte ich eine Wahl? Nein, oder? D. beschmutzte mit seinem dreckigen Handeln meine Seele. Ich belog dich, W. Ich ließ dich nicht wissen, dass es jemanden gab, der sich ebenfalls an mir befriedigte. Das zu verschweigen, war eine Lüge. Außer dir gab es noch jemanden, der mich liebte. Allerdings auf eine kranke und perverse Art. Seelisch machte sie mich kaputt, meine Lüge. Manchmal hätte ich vor dir in Tränen ausbrechen oder vor Scham im Erdboden versinken können. Bemerktest du nicht, dass aus mir zusehends ein kleines Häufchen Elend wurde? Blass und dünn war ich. Ich trug sie im Herzen deine Liebe, aber nicht mehr in meinem Blick. Meine Augen waren leer. Konntest du sie sehen, die Leere in mir? Fragen über Fragen, die mir damals wichtig waren und es heute immer noch sind, gut 20 Jahre später.

Fragen, auf die ich keine Antwort mehr bekomme. Du sahst es in mir, W., mein Leiden. Mit deinem Feingefühl für mich spürtest du, dass da etwas nicht mit rechten Dingen zuging. Du konntest in meiner Seele, in meinen Augen und in meinem Herzen lesen. Wir verstanden uns blind. Du glaubtest, dass mich die schwere Krankheit meines Stiefvaters fertigmachte. Dass ich deshalb neben der Spur hing. Um mich damit nicht unnötig zu belasten, quältest du mich auch nicht mit weiteren Fragen. Du warst selten der, der die Fragen stellte. Du warst derjenige, der die Antworten für mich hatte. Das war gut so. Ich vertraute dir. Alles durfte ich dich fragen, egal, worum es ging. Keine meiner Fragen waren dir zu blöd oder zu langweilig. Geduldig hörtest du zu und suchtest nach Lösungen für meine Probleme. Meistens fandst du sie auch. Falls es keine Antworten in Worten gab, hattest du eine zärtliche Umarmung für mich parat. Oder einen liebevollen Kuss. All die Schmerzen in meiner Seele machtest du erträglich. Alles, was in mir zerbrochen war, repariertest du. Du trugst mich aufrecht. Meinen Stolz in mir, den holtest du hervor. Du sahst das Beste in mir. Die elementare Frage, wie ich mich vor einem Stalker schützen konnte, der meine Seele quälte, meine Tiere misshandelte und mich missbrauchte, die stellte ich dir nie. Heute weiß ich, dass die Entscheidung richtig war. Ich weiß nicht, wie du reagiert hättest, wenn ich dir von meinem sexuellen und psychischen Missbrauch erzählt hätte. Ich will es gar nicht wissen, denn es passt nicht zu unserer Geschichte. Weißt du, zwischen uns beiden war der Himmel auf Erden, da passte keine Hölle hin. Die Gerichtsverhandlung rückte näher und D. wurde nervös. *„Vielleicht muss ich in den Knast, wenn die mich schuldig sprechen!"*, sinnierte er. *„Ja, das hoffe ich doch, du krankes Schwein!"* Wie sehr ich mir erhoffte, dass man D. endlich wegsperrte, das konnte sich zu dem Zeitpunkt niemand vorstellen. Gegen D. sagte ich vor dem Richtergremium aus. Immerhin hatte er mir erzählt, die Reithalle angesteckt zu haben. Regelrecht gebrüstet hatte er sich damit. Auch wenn er bei der Gerichtsverhandlung beteuerte, dass er nicht der Brandstifter war, hielt ich an meiner Aussage fest. Da ich als Zeuge aussagen musste, erzählte ich wahrheitsgemäß, dass er mir gegenüber behauptet hatte, den Brand gelegt zu haben. Mir war bewusst, sperrte man D. nicht weg, brachte er mich wahrscheinlich um. Entweder mich, meinen Hund oder meine Pferde. Aber ich vertraute darauf, dass man ihn schuldig erklärt und endlich wegsperrte. Auf mein Glück und die Gerechtigkeit im Leben hoffte ich. Das Gericht sprach D. tatsächlich schuldig im Brandfall. Er bekam allerdings zwei Jahre auf Bewährung. Bewährung! Das heißt, er blieb frei. Sein Anwalt sagte nach der Gerichtsverhandlung kopfschüttelnd zu mir: *„Wie kann man seinen eigenen Freund nur so in die Pfanne hauen, Anais?"* „Freund?" An dem Tag verspürte ich erstmals Angst um mein nacktes Leben. D. brachte mich jedoch nicht um, nicht sofort jedenfalls. Er forderte weiterhin Zärtlichkeiten und Sex. Auf eine sehr brutale Art und Weise tat er das. Seine Vorlieben waren genauso pervers, wie er. Mein Wille war damals sowieso gebrochen, in mir saß die blanke Angst. Alles ließ ich über mich ergehen, eine andere Wahl blieb mir nicht. Solange ich alles ertrug und keinen Widerstand leistete, geschah mir und meinen Tieren nichts Schlimmes. Ich redete mir ein, besser D. tut mir weh, als meinen Tieren. Ein Messer trug ich neuerdings bei mir. Ein Butterfly, aus Selbstschutz. Es beruhigte innerlich ein wenig, auch wenn es lachhaft war. Ein Revolver hätte mehr Sinn gemacht, aber woher nehmen? Wie hätte ich mich wehren sollen, gegen D? Wohin, in welchen Teil seines Körpers hätte ich es ihm rammen sollen, mein Butterfly? Bei meinem Anwalt durfte er sich bis auf 100 Meter an die Kanzlei nicht mehr annähern. Dort nahm man mich gottseidank in Schutz und auch ernst. Den Anschuldigungen von D., dass ich über Mandanten redete, glaubt ihm niemand mehr. D. versuchte trotzdem immer wieder, in der Kanzlei telefonisch mit mir in Kontakt zu treten. Der Psychoterror nahm kein Ende. Weil ich nicht mit D. sprechen wollte, rief eines Tages seine Mutter im Büro an. Völlig aufgelöst war sie. Sie weinte bitterlich am Telefon. D. ihr eigener Sohn hatte sie auf dem Küchenstuhl festgebunden und sie gezwungen mich anzurufen, um mich zu überzeugen, dass ich mit ihrem Sohn sprechen sollte. Es war einfach nur grausam, auf welchem Niveau wir uns alle mittlerweile befanden. Der Mensch konnte anscheinend keine Minute ohne in Kontakt mit mir zu stehen, überleben. Leider konnte mein damaliger Chef mir nicht wirklich helfen, weil noch nichts passiert war. Nichts passiert! Das bedeutete, D. hatte mich noch nicht umgebracht, mich nicht verletzt. Keine Ahnung, was erst passieren musste, damit endlich jemand gegen ihn vorging. Auf den Gedanken, D. wegen sexuellen Missbrauchs anzuzeigen, kam ich damals gar nicht. Die Polizei stand sowieso nicht auf meiner Seite. Für sie hieß es, ich suchte immer wieder den Kontakt zu D.

(Besonders dem Polizisten aus dem Ort, in dem meine Pferde untergebracht waren, dem wünsche ich die Pest an seinen Arsch. Das war damals wahrhaftig noch der beste Freund von D. Für mich hatte er keinerlei Verständnis. Er sagte damals zu mir wortwörtlich: „Mädchen, wenn das nicht dein Freund ist, dann gib dich doch verdammt noch mal auch nicht mit dem Typen ab!" So wie er gedacht hat und seine Meinung über mich verbreitet hat damals, bin ich heute noch, 20 Jahre später diejenige, dessen Freund die Reithalle angesteckt hat.

Das damit verbundene Drama, was er mir angetan hat, darüber schreibe ich ein anderes Mal. Das ist ein anderes Kapitel meines Lebens. Ein so grausames, das ich dir, W. wirklich nicht antun muss!) Meine Stunde kommt irgendwann, ganz bestimmt. Das hoffte ich in dem Moment auf jeden Fall. Darauf hoffte ich wie ein kleines Kind auf den Nikolaus. Sehr schlimm war es für mich, meinen Kummer vor dir verbergen zu müssen, W. An einigen Tagen war das kaum noch möglich. Manchmal stand ich kurz davor, völlig in Tränen auszubrechen und durchzudrehen. Den Kummer konnte ich kaum noch in mir halten. *„Warum bist du immer so traurig die letzte Zeit, Anais? Und so nervös?"*, fragtest du mich manchmal. Auf die schwere Krankheit meines Stiefvaters schob ich es. Mein Stiefvater war schwer krank und ich musste zusehen, wie er im wahrsten Sinne des Wortes elendig vor die Hunde ging. Täglich wurde er weniger Mensch. Die Tränen meiner Mutter, wenn sie weinte, die taten mir weh. Ich hatte meine Mutter doch lieb, wenngleich sie mich nicht lieb hatte. Den Abschluss meines armseligen Lebens krönte Psychopath D. Das war sehr viel an Kummer, den ich ertragen musste. Zu viel! *„Wenn ich mal sterben muss, dann gehe ich wie ein Elefant in den Wald und lege mich irgendwo hinter einen Baum!"* Das sagtest du zu mir, als wir über den Tod sprachen. Du brachtest mich wirklich immer wieder zum Lachen, W. Du hattest verrückte Ideen, mein Gott! Wenn ich bei dir sein durfte, konnte ich all den Kummer und meine Sorgen für einen Augenblick vergessen. In der schweren Zeit gabst du mir unheimlich viel Halt. Du machtest mir Mut, obwohl du manchmal glaube ich gar nicht wusstest, wozu genau du mir Mut zusprechen solltest. Die Sache mit D. durftest du auf keinen Fall erfahren. Flüchtig fragte ich dich, ob du wusstest, dass in meinem Reitverein die Reithalle abgebrannt war. Du verneintest das damals, darum hielt ich es für besser, das Thema nicht weiter anzusprechen. Du fragtest besorgt, was genau passiert wäre. Ich antwortete dir, dass ich meine Pferde mittlerweile woanders untergebracht hatte und ich deshalb nicht mehr auf dem neuesten Stand der Dinge war. Das mit dem neuesten Stand der Dinge war gelogen. Das war das einzige Mal, dass ich dich angelogen habe und es tut mir leid. Bitte verzeih mir! Alles andere betrachte heute bitte nicht als „angelogen", sondern als etwas, das ich dir verschwiegen habe, weil ich dich damals nicht belasten wollte. Das wäre zu viel Kino an Horror und Dramatik gewesen. Hinter dir lag ein Herzinfarkt, W. Da wäre der zweite schnell gefolgt. Auch wenn du immer energisch darauf bestanden hattest, dass ich dir alles erzähle, was mir auf dem Herzen lag. Heute bin ich froh, dass du das mit D. damals nicht gewusst hast und dass du auch von all den vielen anderen Dingen nichts wusstest, die in meinem Leben später passierten. *„Ach Anais, die Sache mit D. ist harmlos, es wird so viel schlimmer noch kommen in deinem Leben!"*, sprach die Stimme des Schicksals. Nur wusste ich das damals zu dem Zeitpunkt noch nicht. Gottseidank. Es war gut, im Leben nichts über seine Zukunft zu wissen. Sonst würde man es nämlich an einigen Stellen einfach vorzeitig beenden. Ein kleiner Lichtstrahl am Horizont in der Geschichte mit D. war meine damalige Reitbeteiligung B., die mir, so glaube ich, der Himmel geschickt hat. In der Zeitung hatte ich mein Gesuch um eine Reitbeteiligung inseriert. Ein nettes Mädel, recht willensstark, 15 Jahre jung, meldete sich und nahm die Aufgabe mit meinen Pferden ernst. Zum Leidwesen von D. Er konnte ab dem Zeitpunkt nicht mehr mit mir umgehen, wie er es gerne machte. Wenn es Zeugen für seine Schweinereien gab, wäre seine Bewährung futsch gewesen. B. war ihm natürlich allein deshalb ein riesengroßer Dorn im Auge. Lange überlegte ich, ob es sinnvoll war, B. in die Story um D. einzuweihen oder nicht. Ich erzählte es ihr und sie schenkte mir Glauben. Sie besorgte Pfefferspray, für den Notfall, wie sie es nannte. Sie hatte tolle Ideen und machte sich ernsthafte Gedanken. Das tat mir gut. Nicht mehr dieses Gefühl zu haben, völlig allein zu sein. Allein mit einem Irren. Endlich hatte ich Hilfe! Ich glaubte zwar nicht, dass D. das abhalten könnte, das Pfefferspray, aber es war eine

Erleichterung, sich jemandem anvertraut zu haben. Der Tag, an dem wir dem Finale zusteuerten, D. und ich, rückte näher. D. war wieder einmal erbost über mich und musste seine „Erziehungsmaßnahmen", an mir, wie er sie nannte, anwenden. Seit meine Reitbeteiligung B. bei mir war, war die Brutalität von D. unheimlich gesteigert. Seine innerlich aufgestaute Wut machte ihn zu einer tickenden Zeitbombe. Zuerst schnappte er sich schließlich mein Pferd, dann eine Gerte und schlug gnadenlos auf das arme Tier in der Box ein. *„Jetzt zeige ich dir mal, was ich demnächst mit dir mache, Anais!"*, schrie er im Wahn. *„Wenn du diese B. nicht endlich hier wegschickst! Dieses blöde Mistblage, mischt sich in alles ein, sie ist ein Parasit, der sich bei uns einnistet!"* Als ich D. gnadenlos auf mein Pferd einschlagen sah, brannten die Sicherungen in mir durch. Die Mistgabel, die in meiner Nähe stand, nahm ich, ergriff D. und zog ihn aus der Pferdebox. Die Wut, die sich über mehrere Wochen in mir aufgestaut hatte, brachte eine Kraft zum Vorschein, die war gigantisch. Mit der Mistgabel schlug ich auf D. ein. Immer wieder und wieder. All meinen Hass, den ich in mir spürte, ließ ich raus, indem ich mit der Mistgabel wie von Sinnen auf D. eindrosch. Weiß Gott, niemals habe ich in meinem Leben zu Gewalt geneigt. Aber in dem Augenblick war ich wie in einem Rausch, wie von Sinnen und nicht mehr zurechnungsfähig wahrscheinlich. Welch eine Kraft sich in meinem Körper austobte, das war der Wahnsinn. D. hielt seine Hände schützend über den Kopf und schrie: *„Aufhören! Aufhören!" „Nein, ich werde nicht aufhören! Ich werde dich totschlagen, du dreckige Ausgeburt des Satans!"* Dessen war ich sicher, dass D. den Teufel im Leib trug. An dem Tag, in dem Augenblick, drehte ich komplett durch. Ist es mir zu verdenken? Als ich zum nächstbesten Schlag ausholte - mein Gedanke war: *„Stirb, du Schwein!"* - da gelang es D., mir die Mistgabel zu entreißen. Hätte D. es nicht geschafft, ich hätte ihn an dem Tag totgeschlagen. Garantiert. Als D. die Mistgabel errungen hatte, keucht er. Auf seinem Kopf war Blut, es klebte in seinem

Haar. Er rieb sich über dieses und sah das Blut an seinen Händen. Er schnaubte wie ein Walross. Völlig außer Atem waren wir beide. In dem Moment befürchtete ich, dass meine letzte Stunde eingeläutet wird. Der Stall lag einsam, hier war weit und breit niemand, der uns zur Hilfe eilen könnte. B. stand während des Kampfes wortlos einige Meter von D. und mir entfernt. Natürlich schrie sie zwischendurch: *„Aufhören! Aufhören!"* Aber weder D. noch ich nahmen ihr Geschrei wahr. Wie zwei hassbesessene Kampfunde wollten wir uns zerfleischen. Das Drumherum interessierte uns nicht. D. kämpfte um die abgewiesene Liebe, die ihn beinahe in den Wahnsinn trieb und ich kämpfte gegen die Schmerzen in mir, die D. mir wochenlang zugefügt hatte. Der Stärkere an diesem Tag würde gewinnen. Als D. das Blut an seinen Händen sah, warf er die Gabel hinaus, auf die Pferdekoppel. Ich hoffte, dass er den Rückzug antrat. *„Geh einfach, D! Geh und komm nie wieder",* flehte ich ihn an. *„B. hat alles gesehen. Wenn wir zur Polizei gehen, bist du erledigt!" „Ja, dann bist DU erledigt, du kleine dreckige Schlampe! Du hast doch auf mich eingeschlagen!"* sagte er melancholisch. *„Sie hat sich doch nur gewehrt",* rief B. Sie war in Tränen aufgelöst. Und dann ging alles ganz schnell. D. packte mich. Blitzschnell griff er mir an den Hals und würgte mich. Sein Griff war fest und unbarmherzig. D. war wie von Sinnen. Ich hörte B. schreien: *„Aufhören! Du bringst sie ja um!"* Als B. den Ernst der Situation begriff, lief sie los, um vom nächsten Haus aus Hilfe zu holen. Auch sie war an dem Tag überzeugt, dass D. mich umbringen würdest Das nächste Haus lag allerdings einige 100 Meter entfernt. Zwischen D.'s Würgegriffen wurde ich schließlich bewusstlos. Da ließ er von mir ab. Mein Glück damals! Er ließ mich auf der Wiese am Pferdestall liegen und rannte auf und davon. (Unterhalb meines Pferdestalls, den ich damals gepachtet hatte, gab es einen Reitverein. Die Mitglieder waren damals nicht bereit, mir und B. an dem Tag zu helfen, als mich D. bis zur Bewusstlosigkeit gewürgt hatte! Als B. unter Tränen um ein Telefon bat, weil sie die Polizei anrufen wollte, wurde sie mit den Worten abgewiesen: *„Es gäbe kein Telefon und man wollte mit der Sache nichts zu tun haben!"* Heute kann ich den Menschen ans Herz legen, dass das damals glatt unterlassene Hilfeleistung war! Wer es genau war, das kann ich heute, 22 Jahre später, namentlich noch benennen! Das sind Gesichter aus meinem Leben, die ich nie wieder vergessen habe, weil sie sich ganz tief in meine Seele gebrannt haben. Mit dem Krankenwagen wurde ich ins Krankenhaus gebracht. Durch den Vorfall, der mich um Haaresbreite mein Leben gekostet hätte, war D.'s Bewährung damals dahin. Zwei Jahre Knast gab es für ihn! Wegen gefährlicher Körperverletzung bekam er zusätzlich noch ein Jahr obendrauf. Für drei Jahre sperrte man ihn endlich weg, dieses kranke Arschloch. Ich atmete durch. Das Gerichtsurteil wurde nach dem Vorfall ruck zuck ausgesprochen. Zwischen D. seinem Angriff und dem Haftantritt lagen nur zwei Wochen. Bei der Urteilsverkündung im Gericht brauchte ich zum Glück nicht erscheinen. Als D. von der Verwahrungszelle im Amtsgericht zur JVA überführt werden soll, büxte er den Beamten dort aus. Er war ihnen tatsächlich aus dem Fenster der Toilette abgehauen. Mit dieser Aktion offenbarte sich endlich allen Beteiligten, wie kriminell D. wirklich war. Für mich kommt die Einsicht der Beamten beinahe zu spät. Mit Glück hatte ich den gewaltsamen Angriff beinahe unbeschadet überstanden. Seitdem D. flüchtig war, erhielt ich auf dem Weg zum Pferdestall und auf dem Weg zu meiner Ausbildungsstelle Polizeischutz. Den gab es rund um die Uhr. Von D. fehlte jede Spur. *„Er wird irgendwann Kontakt zu dir aufnehmen, Anais!"* sagte der Kripobeamte. *„Vielleicht können wir ihn in eine Falle locken. Wenn er sich meldet, vereinbare ein Treffen mit ihm, dann schnappen wir den kranken Kerl!"* Ja, und D. meldete sich tatsächlich bei mir zu Hause, telefonisch. Ohne mich konnte das kranke Arschloch doch gar nicht existieren. Und ja, er wollte mich natürlich unbedingt sehen. Ich vereinbarte dieses Treffen mit ihm, genau wie es von der Kripo geplant und mit mir durchgesprochen war. Das letzte Treffen von D. und mir. Welch ein harter Weg für mich. D. fiel auf die ihm von der Polizei gestellten Falle tatsächlich rein. *„Die Bullen, Anais, die beobachten mich. Wir müssen uns irgendwo treffen, wo die mich nicht vermuten! Ich gehe nicht in den Knast! Aber ich muss dich unbedingt sehen!"* Das waren seine letzten Worte... Als er an einem abgelegenen Rastplatz auf mein Auto zulief und einsteigen wollte, schnappt man ihn. Widerstandslos ließ er sich von den Beamten überwältigen. Sein entsetztes Gesicht verfolgte mich noch viele Wochen danach, als er in Handschellen abgeführt wurde. Von dem Tag an als man D. festgenommen hat, habe ich ihn nie wieder in meinem Leben gesehen. Bis heute weiß ich nicht, was aus D. geworden ist. Als er später aus dem Knast entlassen wurde, bekam er fünf Jahre lang eine Kontaktsperre. Er durfte sich mir bis auf 150 Meter nicht mehr nähern. Ehrlich? *150 km* wären mir lieber gewesen! *Irgendwie musste ich später die Sache wegstecken und mit D. abschließen. So schwer es damals war. Eigentlich hätte ich in erfahrene Therapiehände gehört. Nach dem Vorfall mit meinem Peiniger, D., dem Stalker, der mich bald aus dem Leben gekickt hätte, war ich das erste Mal in meinem Leben psychisch fertig.* Meine Eltern kamen jedenfalls nicht auf die Idee, dass ihre Tochter Hilfe brauchte. Gut, meinen Stiefvater nehme ich in Schutz, er war zu dem Zeitpunkt damals schwer krank. Meine Mutter jedoch, dass sie mich nicht einmal in den Arm genommen hatte, mir in der Zeit keine Wärme gespendet und keinen Schutz gegeben hatte, das ist unverzeihlich. Weißt du was, W., ich verzeihe ihr das. Aufgrund der Krankheit ihres Mannes nehme ich sie in Schutz. Sie tat mir leid. Das ist schon immer eines meiner großen Probleme im Leben gewesen. Zuerst denke ich an andere Menschen, danach an mich. So war es bei dir, W., bei meinen Eltern, bei meinen Freunden. Mich stellte ich stets hinten an. Meine Bedürfnisse zählten für mich nicht. Heute kann ich von mir sagen und zwar mit Stolz, dass ich viele Jahre lang ein sehr selbstloser Mensch war. Das gibt mir Achtung. Achtung vor meiner eigenen Person. Das

Schicksal, das mich eigentlich fortlaufend ereilte, das war schon hart. Aber niemals verlor ich mein gütiges Herz, egal wie schmerzhaft es zuschlug. Ich überlegte, dir die Angelegenheit zu erzählen, W. Von D., als der Horror vorbei war. So sehr sehnte ich mich danach, mir alles von der Seele reden zu können. Nein, ich belastete dich damit nicht. Oder doch? Den Zeitungsartikel, (Die Bildzeitung hat von dem Vorfall mit D. und mir berichtet, trug ich, als ich beim nächsten Besuch bei dir auf der Couch saß, in meiner Jackentasche. Nein, ich erzählte es dir nicht. Ich behielt alles für mich. Mir war aufgefallen, dass es dir in der letzten Zeit auch nicht gut geht. Du versuchtest genau wie ich, deine Sorgen zu verbergen. „*Ich bin Meister im Verdrängen!*" Das war einer deiner Lieblingssprüche. Oder: "*That's me in the corner!*" Das machte mich traurig, dass du mit deinem Leben nicht wirklich glücklich warst, W. Dabei konnten wir beide es so gut haben, wenn das Alter zwischen uns gepasst hätte. Ach, wie oft saßen wir gemeinsam über den Fotos deiner Jugend und du sagtest: „*Mensch, wenn ich doch nur 25 Jahre jünger wäre!*" Eigentlich wollte ich das gar nicht, dich in 25 Jahre jünger, W. Ich liebte dich so, wie du warst. Ich kannte dich nicht anders, also wollte ich dich auch nicht anders. Die Liebe ließ sich doch nicht vorschreiben, auf wen sie fiel oder bei wem sie einschlug. Nach dem Alter fragte sie schon mal überhaupt nicht. Wahrscheinlich wäre aus uns beiden gar nichts geworden. Ach, W., wenn du meine Hand nahmst und mir in meine Augen blicktest, ist meine kleine, zerbrechliche Welt wieder in Ordnung. So saßen wir auf deiner weißen Ledercouch zusammen vor dem Kamin, im Sommer. Wie wunderbar. Völlig zeitlos waren wir. Von deinem großen Wohnzimmerfenster aus konnte ich in den Sternenhimmel blicken. Unendlich weit schien er. Das war wunderschön. Dort lag ich in deinen Armen, mit Blick auf den freien Himmel. Die Zeit blieb für einen Moment stehen, wenn ich all die vielen Sterne sah und gleichzeitig deine Nähe spürte. Du streicheltest mir meinen Bauch und über meine Brust. Berührtest mit deinen Fingern zärtlich meine Lippen. Am schönsten war für mich das Gefühl, wenn du die Linien meiner Lippen und Augen mit deinem Finger entlangfuhrst. Hauchdünn und kaum spürbar. Dieses Kribbeln, das es in mir auslöste, war wunderbar sinnlich und unfassbar schön. Mit deiner Zuneigung machtest du all das gut in mir, was kaputt, verletzt und verlorengegangen war. Oft dachte ich an das Lied von Udo Lindenberg: „*Ein Herz kann man nicht reparieren...!*" W., du konntest meins sehr wohl reparieren. Die Liebe zu dir, sie machte alles wieder gut in meinem kleinen verletzten Herzen. Niemals wollte ich diese Liebe verlieren. Für nichts in der Welt hätte ich dich aufgegeben wollen. Für dich W., wäre ich durchs Feuer gegangen und durch die Hölle, so oft du es von mir verlangt hättest. Ich hatte keine Angst vor der Hölle. Die Hölle hatte ich längst gesehen. Ich kannte sie gut. Ich werde dich bis ans Ende meiner Tage lieben, W. Dabei hatte ich bis zu dem Tag noch nicht einmal mit dir geschlafen. Sexuell war nichts gelaufen. Das war zwischen uns nicht unbedingt wichtig, weil wir beide von der reinen, ehrlichen Liebe unserer Seelen profitierten. Liebe, Zuneigung und Zärtlichkeit, all das gaben wir uns, aber kein Sex. Der Tag rückte näher, das ahnte ich und war für ihn bereit. Zwar konnte ich mir bis zu dem Tag nicht vorstellen, die Treppen zu deinem Schlafzimmer mit dir hinaufzugehen, aber bald war es soweit, das spürte ich. Warum ich es mir nicht vorstellen konnte, mich dir hinzugeben, das wusste ich nicht. Vielleicht konnte ich mir so viel Glück mit dir gedanklich nicht ausmalen. Wahrscheinlich aber auch, weil ich unerfahren war. Wenn mich dein Satz 'Anais, ich genieße jede Stunde, Minute und Sekunde mit dir!' bereits unendlich glücklich machte, wie sollte es werden, die Treppen zu deinem Schlafzimmer mit dir hinaufzusteigen? Als ich dich das nächste Mal besuchte, war ich darauf vorbereitet, dass es an dem Tag mit uns passierte Ich war bereit für dich. Trotz allem, was hinter mir lag, wollte ich es endlich mit dir spüren und erleben. Mich dem Menschen hingeben, den ich über alles liebte. Da konnte nichts geschehen außer, dass ich an dem Tag den Himmel berührte. Verdammt, du warst der einzige Mensch, der den Weg zu den Sternen kannte. Ich hungerte danach, sie endlich anfassen zu dürfen. Mit dir zusammen. Los! Zeig mir den Weg. Bitte! An dem Tag ging es wie üblich mit uns beiden los. Reden, Erzählen, Lachen. Du wolltest mich wieder einmal aus dem Fenster werfen. Dann musstest du mich küssen, etwas an mir fummeln, mir ins Ohr flüstern, dass ich gut rieche. Deine Hände waren an dem Tag überall und dann zogst du mich langsam aus. Zuerst mit deinen Blicken, dann mit deinen Händen. Deine Hände bahnten sich vorsichtig den Weg dorthin, wo sie hingehören. Ich wartete eigentlich nur darauf, dass du mich an die Hand nahmst und mit mir die Treppen zu deinem Schlafzimmer hinaufgingst. Dein Atem war laut hörbar. Du warst erregt. Dein nach Liebe hungernder Blick drang bis in die tiefste Spitze meines Herzens. Deine Hände hatten den Reißverschluss meiner Hose bereits geöffnet und es war, als nahmst du mich an die Hand, damit wir gingen. Plötzlich hieltst du inne, blicktest mir in die Augen und sagtest: *„Ich kann das nicht! Ich mache dir dein ganzes Leben kaputt! Ich kann dir nicht wehtun, Anais! Ich kann es nicht!"* Dein Blick war traurig in dem Moment. Im Ausdruck deiner Augen erkannte ich Verzweiflung. Ich verstand ich nicht genau, was du mir sagen wolltest. Dein Sinneswandel kam zu überraschend für mich. Ich nahm dir unsere entglittene Situation nicht übel. Ich glaube, dir hätte ich niemals irgendetwas übelgenommen. Es war für mich ok und ich sinnierte, naja, wenn du jetzt nicht kannst, wirst du das nächste Mal können. Für dich hatte ich alle Zeit der Welt. Heute weiß ich, dass ich damals unbedingt die Führung hätte übernehmen müssen. Ich hätte dich nicht von mir ablassen dürfen. Um deine körperliche Nähe hätte ich kämpfen müssen, um dich nicht zu verlieren. Aber woher sollte ich das wissen in meiner Unerfahrenheit? Dich hätte ich führen müssen, um dich in deinem Tun und Handeln zu bestärken. An meinen intimsten Stellen hätte ich mich von dir berühren lassen müssen. Deine

Hand hätte ich nehmen sollen, um sie an die wichtigsten Stellen meines Körpers anzulegen. Ich hätte dich die Treppen zu deinem Schlafzimmer hinaufführen müssen. Nicht du mich. Hätte ich es getan, hätte ich dich nicht verloren. Wenn es mir gelungen wäre, deine Zweifel und Ängste auszuräumen an dem Tag, dann wärst du mir geblieben, W. Mensch! Ich war doch noch so jung! 20 Jahre alt. In dem Moment zu wissen, was richtig und was falsch war, mit relativ wenig Liebeserfahrung und stattdessen viel erlebter psychischer Lebensscheiße, wäre ein Kunststück gewesen. Heute verstehe ich dich, W. Wenn es dir nur um dich gegangen wäre, hättest du es getan. Mich und meinen Körper sexuell genommen, um dich an mir zu befriedigen. Es ging dir niemals um puren Sex mit mir. Du hast mich nicht als leichte Beute gesehen. Dir bedeutete ich dasselbe, wie du mir. Alles Glück, das war das „Wir". Du wolltest mir nicht wehtun, weil du wusstest, dass unsere Liebe niemals ausgelebt werden konnte. Uns trennte zu viel. Das Leben schenkte uns keinen Raum für unsere Liebe. Wenn du mich sexuell genommen hättest, hättest du nicht nur mir wehgetan, sondern auch dir! Unsere Liebe war jungfräulich. Das bedeutete, sie war unbeschmutzt und rein. Wir stritten nicht und wir warfen uns nichts vor. Wir verletzten uns nicht mit Worten, Gesten oder Handlungen im Alltag. Weil es keinen Alltag für uns gab. Wir lebten den Augenblick. Unsere Liebe gehörte nur wenigen Stunden, die uns geschenkt waren. Sie waren kostbar für uns und deshalb gingen wir achtsam mit unserer Liebe um. Meine Liebe zu dir war ungeschliffen und wertvoll wie ein Diamant. Als ich dich an dem Abend verließ und von dir ging spürte ich, dass sich etwas zwischen uns ändern würde. Innerlich, in meiner Seele fühlte ich es. Was passieren würde, wusste ich zu dem Zeitpunkt nicht. Einige Tage später würde ich es bitter erfahren. Am nächsten Tag hatte ich eigentlich Berufsschule, doch ich schwänzte. Mich zog es nach A., in deine Nähe, W. Meine Seele weinte an dem Tag und ich wusste nicht einmal, warum. Mit einer tiefen Traurigkeit in mir war ich bereits am

Morgen erwacht. Du hattest Unterricht in der Schule und ich möchte die Realschule besuchen. Zurückkehren an den Ort, an dem alles mit uns angefangen hatte. An den Ort, wo wir uns das erste Mal begegneten und wo ich all die letzten Jahren so glücklich war. Glücklich mit dir! In Gedanken spürte ich deine zärtlichen Hände auf meiner Haut. Wenn ich dich das nächste Mal besuchte, brauchtest du weder Zweifel noch Ängste haben, dass du mir mein Leben kaputt machtest, W. Gedankenverloren saß ich auf der Treppe am alten Schwimmbad. Von dort aus konnte ich zur Realschule hinüberblicken. Dachtest du ebenfalls an mich an diesem wunderbaren Morgen? Direkt zur Schule mochte ich nicht gehen. Ich wollte nicht riskieren, dass du mich siehst. Ich wollte nur in deiner Nähe sein, dich spüren und fühlen. Das war mir genug. Gern würde ich mich am Schulhof auf die Bank setzen. Dort, wo vor mehr als fünf Jahren alles mit uns angefangen hat. In Gedanken schwelgte ich und in den Erinnerungen mit dir war ich versunken. Plötzlich kribbelt es in mir. Dieses Gefühl kannte ich! Es kam tief aus meiner Seele. Es signalisierte mir, dass du ganz in meiner Nähe warst…! Tatsächlich! Auf einmal, aus dem Nichts, kamst du entlang des Weges. Innerlich schreckte ich auf. Blieb jedoch ruhig, fast unbeweglich sitzen. Ich atmete nicht. Ich getraute mich nicht, mich zu bewegen. Die Uhren standen still. Unaufhaltsam gingst du deinen Weg. Du sahst mich nicht. Zuerst dachte ich an eine Halluzination. Ein Déjà-vu? Uns trennten keine drei Meter voneinander. Keine drei Meter, W! Ich zuckte zusammen. Noch heute habe ich das Zucken in meinem Herzen. Du sahst mich an dem Morgen nicht, obwohl du direkt an mir vorbeiliefst. Uns trennte nur die halbhohe Betonmauer, die sich durch die Treppe des Schwimmbades zog. Deshalb konntest du mich nicht sehen. Ich aber sah dich seitlich und von hinten an der Treppe, auf der ich saß, entlang des Weges laufen. Du gingst gesenkten Blickes und trugst diesen dunklen Mantel, den ich so sehr an dir mochte. Dein Gang war zügig. So, als müsstest du dich beeilen. Du wirktest

sehr entschlossen. Deine Seele war mir vertraut, W. Ich kannte sie genau und fühlte, was in dir vorging. Du warst traurig und nachdenklich. Über mich dachtest du nach, das wusste ich. Der gestrige Abend lag dir schwer im Magen. In dem Moment war es schwer zu glauben, wie mir geschah. Ich spürte dich wie meine eigene Seele. Das war kein Zufall mit uns beiden an dem Vormittag. Wer warst du? Was wolltest du von mir? Was machtest du mit mir? Was geschah mit uns? Wir beide, W., wir waren seelenverwandt. Unsere Wege kreuzten sich immer wieder und überall! Und zwar taten sie das genau dann, wenn es wichtig war! **An diesem Tag ist es dieselbe Begegnung zwischen uns, wie vor 5 Jahren. Vor 5 Jahren begegnete ich dir das erste Mal an der Realschule. An demselben Tag wurdest du mein Klassenlehrer und mein Leben nahm einen schicksalhaften Verlauf. Unsere Seelen trafen aufeinander. Es war Bestimmung.** Den Weg liefst du sonst niemals entlang. In all den Jahren, seit ich dich kannte, hast du das nicht ein einziges Mal getan. Du nahmst immer die Rückseite vom Schulhof aus, wenn du in die Stadt gingst. Nur an diesem Morgen tatst du das nicht! Warum? Für einen kurzen Moment überlegte ich, dich beim Namen zu rufen.
„Mach es Anais! Du liebst diesen Menschen! Rufe seinen Namen!", sprach meine Seele. Keine Ahnung, was passiert wäre, wenn du dich umgedreht und mich gesehen hättest. Nein, ich rief dich an dem Tag nicht. Es war als wäre mein Mund taub. An Sprache fehlte es mir. Meine Stimme war weg. Ich blickte dir hinterher, bis du am Ende des Weges als kleiner schwarzer Punkt verschwandst. In dem Augenblick fühlte ich das Ende. Unser Ende. So sehr, wie ich dich liebte, spürte ich, dass wir unserem Ende zusteuerten. Trotzdem, dass unsere Seelen füreinander bestimmt waren, endete es hier. Musste es hier enden. Wenn das so war, mit der Seelenverwandtschaft zwischen uns, dann gab es für viele Dinge, Gefühle und Momente mit uns überhaupt keine Erklärung. An dem Morgen, als ich auf der Treppe am Schwimmbad saß, an dem du entlangliefst, fühlte ich, dass du bereits entschieden hattest,

die Sache mit uns zu beenden. Ich wusste, dass dir das wehtat. Der Kummer ging an dir. Dein Schmerz fuhr in meine Seele. Dein Herz war mir so nahe, W. In ihm konnte ich lesen, ohne dass wir miteinander sprachen. Es war vorbei mit uns. Tatsächlich, als ich dich das nächste Mal besuchte, war zwischen uns alles anders. Es war „kalt". Von Anfang an war es kalt und lieblos in deiner Wohnung. Lieblos, weil es mit uns vorbei war. Es fiel wie ein Schleier von mir. Ich wusste, dass hier und heute unser Ende gekommen war. Das brauchtest du mir eigentlich gar nicht mehr sagen. Du setztest dich nicht mehr wie sonst, neben mich auf die Couch, du bliebst sofort auf Distanz. Wir hörten Musik. Ein Stück von Matthias Reim lief. In dem Text hieß es: „ Wir dürfen uns nicht wiedersehen und wir rufen auch nicht an!' „Hörst du, Anais? *Wir dürfen uns nicht wiedersehen und wir rufen nicht mehr an!"* Beklemmend, wie ernst du auf einmal warst. So kannte ich dich nicht. „*Warum?*", fragte ich leise und zögerlich. Du standst auf und holtest ein Lineal. „*Hier, guck mal! Hier bist du!"* Du legst den Finger auf die 20. „*Und hier, hier bin ich!"* Du zeigtest auf die 50. "*Siehst du den Unterschied?"* „*Ja, aber das macht mir nichts! Das weiß ich doch schon lange!"* Das Problem, das ich dir anscheinend plötzlich bereitete, verstand ich nicht wirklich. Ich meine, wir kannten uns fünf Jahre lang und sind die letzten drei Jahre intensiv miteinander verbunden gewesen. Warum, wo wir uns auf dem Höhepunkt unserer Beziehung befanden, wolltest du, Herrgott noch einmal, das plötzlich und ausgerechnet jetzt mit uns beenden?? Dass ich um einiges jünger war, das war dir bekannt. Und nicht erst seit heute. „*Anais, mir macht es aber was aus! Ich mache dir dein weiteres Leben kaputt, das möchte ich einfach nicht! Heute verstehst du mich sicherlich nicht, aber in ein paar Jahren wirst du mich verstehen! Dann weißt du, dass es so besser ist! Auch wenn ich dir jetzt damit vielleicht wehtue, ich würde dir andersrum noch vielleicht noch mehr wehtun!"* „*Vielleicht wehtun? Vielleicht?"* wiederholte ich das verdammte Wort „vielleicht". „*Vielleicht?"*, fragte ich entsetzt. Fassungslos war ich. Du wusstest genau, dass du mir in dem Moment deiner Worte all das nimmst, was mir in meinem Leben wichtig war, W. Für ein „vielleicht", schmisst du unsere Liebe weg! Du solltest sagen: *„Auch wenn für dich die ganze Welt zusammenbricht, du nie wieder lieben kannst, du dich nächtelang, nein jahrelang in den Schlaf heulst, du dich nie wieder auf eine andere Liebe so einlassen kannst, wie auf meine und du denkst, dass du stirbst, weil du dich bis zum Ende deiner Tage an mich erinnern wirst und du durch die Hölle hin und zurücklaufen musst, täglich, ohne jemals den Ausgang zu finden, DU MUSST GEHEN, ANAIS!* Ich hätte es endlos lange fortführen können, W. *„Auch wenn du das alles verlierst, Anais, alles, was dir lieb ist, du musst gehen, damit ich dir nicht wehtue...!"* Ich verlor meine Welt mit deinem Verlust, W., weil ich dich liebte! Zählte das nicht? Nur du und nichts anderes lag mir so nahe am Herzen. Ich kannte keinen anderen Zustand, als für dich da zu sein. Du warst einfach unersetzlich. Du warst ein Teil von mir. Du brachtest meine Welt in Atem. Du machtest mein Leben bunt und jetzt sollte ich gehen, wegen einem *„vielleicht, machst du mir mein Leben kaputt?"* Das war doch paradox. Du zerstörtest mit deinen Worten soeben alles in mir, was mir lieb war. Das traf mich hart. Mein Herz blutete und meine Seele weinte. Da war so viel Liebe, warum wolltest du sie nicht sehen, W? Warum nicht? Du wolltest mir alles, was mir lieb war, nehmen, nur um mir nicht wehzutun? Du tatst mir weh, wenn du mich fortschicktest, denn du warst ein Teil von mir! Du machtest so viel Sinn und du hieltst mich am Leben! Für dich schlug mein Herz und jetzt stachst du einen Dolch mitten hinein. So tief, dass mein Herz in zwei Teile brach. Ich konnte ihn richtig spüren, den Schmerz. Er schnürte mir meine Kehle zu. Ich glaubte zu ersticken. Sofort wusste ich, dass das eine Sache war, die mich den Rest meines Lebens begleiten und mich niemals wieder loslassen würde! Das grausame Gefühl in meinem Herzen, würde mir für immer bleiben! Gebrandmarkt hast du mich an dem Tag. In mein Herz hast du mir ein

Brandzeichen gesetzt. Wie bei einem Fohlen, das ein Brandmal bekommt. Das Fohlen bekommt es auf den Oberschenkel, ich habe es von dir mitten ins Herz bekommen. Dein Dolch ist heiß, schneidend und wahnsinnig scharf. Du rammtest ihn mit aller Wucht, mit deiner ganzen Kraft, so tief in mein Herz, dass ich fast zusammenbrach vor Schmerzen. Wie sollte ich das ertragen? Du hattest alles genau durchgespielt. Meinen Abschuss hattest du dir bestens zurechtgelegt gehabt. In dem Moment spürte ich, dass ich mir nichts sehnlicher wünschte, als dass du deine Entscheidung später einmal bereuen würdest. Mir die Liebe zu dir nehmen zu wollen, W., das war der größte Fehler deines Lebens! Als ich dir zum letzten Mal gegenübersaß, lag mir die Frage auf meinen Lippen, ob du mich gar nicht mehr lieb hattest. Ich wollte es von dir hören! Du solltest es mir ins Gesicht sagen und mich dabei ansehen. Sag mir, dass du mich nicht liebtest. Dann hätte ich von dir gehen können. Wenn du das nicht könntest, dann dürftest du das nicht von mir verlangen, dass ich gehe! Es war eine Lüge, wenn du sagtest, dass ich gehen sollte! Deine Antwort kannte ich bereits, also fragte ich dich nicht. Es wäre unfair von mir gewesen, dich zu fragen. Ich wollte dir nicht wehtun. Dabei tatst du mir so verdammt weh, W. Auch wenn es dir schwergefallen war, mich fortzuschicken, du hattest es getan. Meine Augen füllten sich mit Tränen. Dass das kein Spaß war, dass ich gehen sollte, begriff ich. Es gab in dem Moment zwischen uns nichts mehr zu sagen. Mit den Tränen kämpfte ich. Den letzten Blick, den ich dir schenkt, als ich fortging, aus ihm sprach meine pure Verzweiflung. Sahst du sie? Du schautest mir an dem Tag nicht mehr in meine Augen. Das konntest du nicht. Es zerriss dir ebenfalls das Herz, das wusste ich. All die Liebe, die ich für dich im Herzen trug, wolltest du mir nehmen, indem du mich abweisen wolltest. Aber das schafftest du nicht. Niemals hätte ich dir sagen können, dass ich dich nicht wiedersehen möchte. Ich liebte dich doch! Daran würde ich zerbrechen. Du jedoch, du konntest so brutal sein. Mein Herz ließ ich bei dir in deiner Wohnung, während ich eilig die Treppen hinunterlief. Das konnte ich nicht mitnehmen, das gehörte dir doch. Tränen liefen mir durch das Gesicht. Ich musste weg, einfach nur fort. Es gab zwischen uns kein Wort mehr, kein 'Auf Wiedersehen', keine Umarmung zum Abschied, nichts. Als ich damals von dir ging, brach für mich eine Welt zusammen. Weinend lief ich durch die dunkle Nacht. Verzweifelt, zutiefst traurig und entsetzt war ich über so viel Härte von dem Menschen, dem mein Herz gehörte. Einen Menschen, der liebt, abzuweisen, ist das Grausamste, das man einem anderen Menschen antun kann. Später dachte ich, ich hätte dich zumindest ein letztes Mal umarmen und dir sagen müssen, dass ich dich immer in meinem Herzen tragen werde. Egal was passieren sollte. Dass ich dich liebte, das hätte ich dir sagen müssen. Mein Herz, es hat immer dir gehört, W. Ein Geschenk nahm ich niemals wieder an mich. Mein Herz habe ich dir geschenkt. Auch wenn du es damals nicht haben wolltest. Bei dir blieb es all die Jahre. Ich habe es nie zurückbekommen. Bis heute nicht. Nächtelang habe ich mir die Augen aus dem Kopf geheult und mir die Frage nach dem „Warum" gestellt. Warum war es plötzlich ein Problem für dich mit unserem Altersunterschied? Warum konntest du nicht einfach über die Tatsache schweigen, dass wir altersmäßig zu weit auseinanderlagen, so wie ich es getan habe? Damals habe ich das alles nicht verstanden. Überhaupt nicht! Mit der Zeit lernte ich, deine Gedanken, Zweifel und Ängste nachzuvollziehen. Es dauerte einige Jahre. Genau wie ich später gelernt habe was es bedeutet, mir das Leben nicht kaputt zu machen. Dennoch habe ich mir bis auf den heutigen Tag die Frage gestellt, wie kann mir jemand, den ich liebe, das Leben kaputtmachen? Weißt du, W., ich kann dir erzählen, wer mir das Leben kaputt gemacht hat und wie es zerstört wurde. Wenn du das wirklich einmal wissen möchtest, was ein kaputtes Leben bedeutet, dann lese bitte in meinen Zeilen weiter! In den nächsten Jahren meines Lebens wurde mein Leben zerstört. Wie unnötig und unsinnig unsere Sorgen und

Ängste von damals waren, gegen das Schicksal in meinem Leben, das mich später ereilte, das ist sehr traurig, W. Wir hätten unsere gemeinsame Zeit genießen sollen, W. Auskosten bis zum letzten Schluck unserer süß schmeckenden Liebe hätten wir unsere kostbaren Stunden. Den Rest meiner Geschichte musst du dir nun auch noch anhören, sonst verstehst du die Tragik meiner Liebe zu dir nicht. Du und ich, wir schrieben die beste Tragödie des Lebens! Zunächst: An deine Bitte, dich nicht mehr anzurufen und dich nicht mehr wiederzusehen, hielt ich mich eisern. Aus Liebe zu dir verzichtete ich so gesehen auf die Liebe. Zumindest habe ich darauf verzichtet, sie zu leben. Bitter oder?! Das trifft es aber auf den Punkt. Dir wollte ich niemals Probleme bereiten, dafür hatte ich dich viel zu gern. Wenn du mich nicht mehr sehen wolltest, musste ich das akzeptieren. Mir wurde schnell klar, dass mein Herz für immer bei dir bleibt, weil ich es an dich verloren hatte. Wie ich es jemals zurückbekommen sollte, das wusste ich zunächst nicht. Im Grunde genommen war es mir lieber, ich ließ es bei dir, als dass ich es kaputt und demoliert weiterhin mit mir herumgetragen hätte. Bildlich betrachtet, hätte ich noch einmal zu dir kommen, mir mein Herz von deiner Couch schnappen, und mit ihm zusammen wieder gehen müssen. Mein Herz allerdings klebte bei dir fest und war dort auch nicht mehr abzulösen. Meine Liebe zu dir konntest du mir nicht nehmen. Die Liebe hatte mich all die Jahre aufrecht getragen und mich bestärkt, niemals den Glauben an das Gute im Leben zu verlieren. Das Einzige, was du mir damals genommen hattest, war deine körperliche Hülle, unsere gemeinsamen Gespräche und den Austausch unserer Zärtlichkeit. Die Liebe blieb mir. Berühren und anfassen konnte ich dich nicht mehr. Deine Haut nicht mehr fühlen, deine Wärme nicht mehr spüren, dich nicht mehr riechen und dich nichts mehr fragen. All das hielt mein Herz jedoch nicht davon ab, dich weiterhin zu lieben, W! Mein Herz, es ließ sich weder beirren, noch aufhalten. Der Mensch hat über alles in seinem Leben Gewalt, nur nicht über sein Herz. *„Wenn du mir* *meine Liebe nehmen willst, musst du mich töten, W!"*, sprach meine Seele. Die Schicksalsmelodie meines Lebens spielte schlagartig traurige Musik, nachdem du mich aus deinem Leben verbannt hattest. Mein Stiefvater krepierte jämmerlich an Krebs. D. saß im Knast. Von dir, meiner großen Liebe, wurde ich abgewiesen und fortgeschickt. Bitterböse Satire bescherte mir das Leben. Kannst du dir vorstellen, wie traurig ich war? Und wie verzweifelt? Ich brauchte dich so sehr, W. Tapfer hielt ich meinen Kopf aufrecht. Sonst konnte man die Sterne doch nicht mehr sehen. Weiter im Text meines Briefes. Meine Mutter verfiel langsam, aber sicher dem Alkohol - zusätzlich zu ihren Depressionen. Und ich, ich sammelte durch all diese „Geschichten" meine Erfahrungen. Ich lernte das Leben von seiner harten Seite kennen. Stark sein musste ich! Besonders für meine Mutter. Ihren Zerfall wollte ich verhindern. Nein, ich mochte nicht vor ihr weinen, auch wenn mir nach Weinen zumute war. Trost wollte ich ihr geben. Ein Halt sein, an den sie sich anlehnen kann. Auch wenn meine Mutter mich nicht liebte, so liebte ich sie. Niemals wollte ich, dass sie traurig war. Ich glaube, wenn ich vor ihr meine Tränen zurückhielt und ihr stattdessen Stärke zeigte, dass sie nicht mehr traurig war. Zusehen zu müssen, wie meine Mutter langsam aber sicher dem Alkohol verfiel, glich einem Schock für mich. Helfen konnte ich ihr nicht. Über den Tod meines Stiefvaters und dem fast gleichzeitigen Verlust von dir W., meiner großen Liebe, war ich damals untröstlich. Beides auf einmal zu verlieren, war ein schwerer Schlag für mich. Der Gedanke, dass meine Mutter nach dem Tod ihres Mannes, die Kurve nicht mehr bekam, waren große Sorgen und schwerwiegender Kummer für mich. Wie gerne würde ich mich in deinen Armen ausheulen! Wie sehr sehnte ich mich nach deiner Nähe. Nein, ich blieb mit all dem Kummer alleine. Dich gab es nicht mehr in meinem Leben. Gedanklich natürlich schon. Jeder Tag, jede freie Minute, gehörte dir. Mit dir über all die Dinge reden, die mir auf dem Herzen lagen, dich fühlen und spüren zu können, war mir ab sofort verwehrt.

Tapfer hielt ich durch. Am Tag unseres Abschiedes hatte ich versprochen, mich nicht mehr bei dir zu melden. Das Versprechen hielt ich ein. Welch eine harte Last hattest du mir auferlegt? Der Schmerz saß unendlich tief in mir. Wenn ich etwas versprach, hielt ich das auch! Briefe schrieb ich dir, denn du hattest **nicht** gesagt, dass Briefeschreiben verboten war. Aus meinem Leben erzählte ich dir. Schrieb dir, dass ich dich nicht vergessen konnte und dass ich immer noch an dich dachte. Von meiner nächsten Beziehung erzählte ich dir. Die nicht lange gehalten hatte, denn es war keine Liebe. Wenn ich abends in den Sternenhimmel blicke, W., dann hatte er für mich nicht mehr die Bedeutung, die er zu unseren Zeiten hatte. Auch das schrieb ich dir. Oft fuhr ich spontan nach A., besuchte die Orte, an denen die Erinnerungen unserer Liebe hängengeblieben waren. Nachmittags ging ich zum Hof der Realschule, setzte mich dort auf die besagte Bank und träumte entlang den Erinnerungen mit dir. Manchmal sah ich dich. Einmal aus dem Auto heraus - du gingst spazieren und ich fuhr an dir vorbei, aber du sahst mich nicht. Ein anderes Mal, in einem Geschäft in der Einkaufszone! Auch dort sahst du mich nicht, aber ich dich. Und immer noch tanzten bei deinem Anblick tausend Schmetterlinge in mir. Ich müsste einfach nur auf dich zugehen, dich umarmen und alles wäre gewesen, wie vorher. Das Leben wollte ich dir nicht unnötig schwer machen, indem ich einfach bei dir zu Hause auftauchte und an deiner Türe klingelte. Sehr oft habe ich daran gedacht, es zu tun. Psychisch schaffte ich das nicht. Die Vorstellung, dass es obendrein gegen deinen Willen sein könnte, ließ mich den Gedanken zügig wieder verdrängen. Immer flossen Tränen, wenn ich an unsere Story dachte. Es tat weh. So verdammt weh! Zwei Jahre blieb ich alleine, ohne Partner. Weißt du was, W? Es waren im Grunde genommen zwei tolle Jahre! Ich konzentrierte mich auf meine Ausbildung und widmete die Zeit meinen Pferden. Eine neue Reitbeteiligung hatte ich, ein nettes Mädel, das genauso pferdeverrückt wie ich war. Wir hatten eine Menge Spaß zusammen und verbrachten jeden Tag gemeinsam am Stall bei den Pferden. Wir gingen durch dick und dünn. In der Zeit brachte ich auf den Turnieren meine beste Leistung. Wichtige Springen gewann ich und meine Pferde liebte ich über alles. Das Gefühl der Selbstständigkeit mit einem eigenem Auto, eigenem Anhänger, und alleine zum Turnier fahren zu können, ohne meine nervende Mutter dabei zu haben, war unglaublich toll! Stress gab es selten und ich war eigentlich sehr glücklich in meinem Leben. Einen Mann an meiner Seite brauchte ich nicht. Meine Reitbeteiligung, M. war zu der Zeit mein bester Freund und meine engste Vertraute. Ihr konnte ich all meine Sorgen erzählen. Das tat gut, wieder jemanden in meinem Leben zu haben, der mich verstand und mir zuhörte. Leider nahm die Freundschaft ein abruptes Ende, als M.'s Vater plötzlich und unerwartet an Herzversagen starb. M.'s Mutter zog fort aus unserem Ort. M. war damals erst 16 Jahre alt und muss natürlich mit ihrer Mutter mitgehen. Ihr Verlust schmerzte bitter. In meinem Leben hatte es bis dahin nur wenige Menschen gegeben, denen ich mich voll und ganz anvertraut habe. M. war einer von ihnen. Selbst dir habe ich nicht immer alles erzählt, W. Vieles schluckte ich mein Leben lang runter. Bei M. war das anders. Bei ihr habe ich sofort gespürt, dass alles, was in meinem Leben passiert und ich ihr anvertraue, gut aufgehoben war. Ob ich ihr von dir erzählt habe? Ja klar. Dich habe ich nie vergessen und natürlich war es mir seit jeher ein Bedürfnis, mit jemandem, dem ich vertraute, über die Geschichte meiner verlorenen Liebe zu reden. Die Story mit dir erzählte ich M. an einem Tag, als wir zusammen ausreiten gingen. Wir waren an dem Tag besonders lange im Wald unterwegs. Wir sprachen wie immer über alles sehr frei und offen. *„Gab es da mal jemanden, den du geliebt hast, Anais?"* M. saß auf dem schwarzen Wallach, Partner hieß er. Die beiden waren damals auch ein Pärchen, wie Max und Klärchen. M. war nicht die beste Reiterin aber " Partner" eine Seele von Pferd. M. hatte die Zügel baumeln und ganz lässig hing sie im Sattel. Die Sonne schien vom strahlend blauen Himmel und da stellte sie mir die Frage nach meiner Liebe. *„Ja, ich habe mal jemanden sehr geliebt, und den liebe ich auch heute noch!"* *„Aha! Und wo ist der jetzt?"* Ich musste schmunzeln. *„In A.! Er unterrichtet an der Realschule und in seiner Freizeit spielt er gern Tennis!"* *„Wieso ist der nicht mehr an deiner Seite? Mag er keine Pferde?"* Herrlich dieses Mädchen, so authentisch! Weißt du, W., nachdem M fortging, habe ich echt gelitten. Ich habe sie nie wiedergesehen, obwohl wir so eng miteinander verbunden waren. *„Er war Lehrer, M., und hatte leider ein großes Problem damit, dass sein Alter auf dem Lineal zu weit hinter dem meinen lag!"* *„Ach, aber das wusste er doch von Anfang an, oder etwa nicht?"* *„Ja, aber es wurde hinterher ein ernsthaftes Problem für ihn, als es auch für ihn Liebe mit uns beiden wurde!"* *„War der denn verheiratet?"* *„Nein!"*, entgegnete ich energisch. *„M., ich hätte doch nie etwas mit einem verheirateten Mann angefangen! Er war frei! Aber er wollte mich trotzdem nicht! Das war ihm alles zu heikel und zu kompliziert."* *„Weißt du, Anais, der hat echt was verpasst, mit dir. Du bist so ein tolles Mädel. Sowas, wie dich, findet der doch nie wieder. Und du bist jung und hübsch. Da war er aber schön doof, dass er dich weggeschickt hat!"* M. und ich lachten an dem Tag viel. Recht hatte sie, oder? Ja, du warst schön dumm, W., mich wegzuschicken. Sicherlich hattest du einmal in einer stillen Stunde darüber nachgedacht, dass es nicht richtig war, mich fortzuschicken, oder? Wahrscheinlich bereutest du mittlerweile, mich aus deinem Leben verbannt zu haben. Vielleicht vermisstest du mich sogar. Wer weiß! Je älter ich wurde, umso mehr wurde mir bewusst, dass es viel wichtiger war, das Leben in kurzen, aber intensiven Intervallen auszukosten, als über einen langen Zeitraum unglücklich zu sein, weil man sich dem „System" angepasst hat. Dem System der Gesellschaft. Du konntest solche Lebensweisheiten gut verdrängen, W. Du warst ja der unangefochtene Meister im Verdrängen. Schade, dass M. damals wegzog. Leider weiß ich nicht einmal, wohin sie überhaupt gegangen ist. Von Berlin war mal die Rede.

Jedenfalls war sie damals schnell verschwunden. Freunde kommen und gehen in unserem Leben. Zum Abschied schenkte ich ihr meinen treuen Hund, Jeany. Den Schäferhund Mix aus der Zeit mit D. Jeany und M. waren damals unzertrennlich. An die schöne Zeit mit ihnen und an die Zeit mit meinen Pferden denke ich gern zurück - und überhaupt, seit ich dir diesen Brief schreibe, W., kommen all die schönen Erinnerungen wieder zurück. Es gab nicht nur schlechte Tage in meinem Leben. Es sind auch gute Abschnitte zu finden. Zu der Zeit mit M. habe ich dir auch einen Brief geschrieben und dir sogar ein Foto beigelegt. Ein Foto von M. und mir, mit den Pferden. Ein Foto aus glücklichen Zeiten! Immer wieder ließ ich dir ein kleines Lebenszeichen von mir zukommen. Freutest du dich von mir zu hören? Meine Handynummer unter die letzten Zeilen eines Briefes zu schreiben, wäre zwecklos gewesen. Angerufen hättest Du mich sowieso nicht. Eine meiner Freundinnen versuchte irgendwann, mich wieder an den Mann zu bringen, mich zu verkuppeln. Dabei will ich das gar nicht. Ich wollte eigentlich niemandem mehr mein Herz schenken. Wie hätte ich das auch tun sollen? Mein Herz gehörte dir. Die Narben, die ich auf meiner Seele trug, waren verheilt, konnten aber allzu leicht wieder aufreißen. Wenn der Körper einmal missbraucht wurde, macht man danach automatisch innerlich zu. Man lässt niemanden mehr an sich heran. Eine neue Beziehung wollte ich deshalb zunächst nicht eingehen. Ich vertraute niemandem mehr. Nach der Geschichte mit D. war ich ein gebranntes Kind. *„Man kann wieder lieben, du musst es nur zulassen!"*, ermunterte mich meine Freundin V. *„Du wirst wieder glücklich werden, ganz bestimmt, Anais! Dann hast du wieder jemanden an deiner Seite, der für dich da ist, mit dem du all das teilen kannst, was dir wichtig ist! Das ist doch toll, wenn du einen Freund hast, der für dich da ist!"* Bei derartigen Sprüchen laufe ich heute, 25 Jahre später sofort Amok. Damals glaubte ich noch ein wenig daran, dass es vielleicht toll sein könnte, einen Freund zu haben. Heute kommt mir keine meiner Freundinnen mehr mit derart dummen Verkupplungsversuchen. Meine Freunde wissen, welche Odyssee ich hinter mir habe. Meine Freundin hatte damals gleich einen von ihren Auserwählten für mich im Schlepptau. Ihren Nachbarn. Sie schwärmte in höchsten Tönen von ihm. *„Er ist älter, weiß also, wo es langgeht im Leben! Er ist sehr nett, hilfsbereit, gutaussehend und du musst ihn unbedingt kennenlernen, Anais!"* Na gut, gesagt getan. Auf in das Abenteuer „Verkupplungsversuche". Irgendwie konnte ich mir nur schwer vorstellen, dass es von deiner Sorte noch ein Exemplar gab, W. Dennoch ließ ich mich auf das Experiment ein. V`s. Auserwählter war leider für mich der totale Griff ins Klo! Aber gut, das konnte anfänglich niemand wissen. Von vorne fange ich an, dann kannst du dir das ganze Ausmaß der Katastrophe besser vorstellen. Er, sein Name war T., war älter als ich. Gut, ich dachte zunächst tatsächlich, mit einem älteren Mann könnte ich es ähnlich haben wie mit dir und dass ich bei ihm vielleicht genauso gut aufgehoben wäre. Dass ich bei ihm ebenfalls diese Geborgenheit fand, wie ich sie all die Jahre bei dir gefunden habe. Dass ich bei ihm Achtung und Respekt finde, Dinge, die ich bitternötig hatte. Und dass er wusste, was er in seinem Leben wollte und was nicht. Dass er gewisse Lebenserfahrung mitbrachte, das war mir sehr wichtig. Vor allem, bei dem Programm, das bereits hinter mir lag. Meine Seele würde keinen weiteren Kummer mehr schadenfrei durchstehen. Ein großer Irrtum war es zu glauben, dass der um zwölf Jahre ältere Mann gewisse Lebenserfahrungen mitbrachte. Ebenso, zu glauben, dass er mir die nötige Sicherheit für mein Leben geben konnte, nach der ich mich innerlich sehnte. Ein Kind war er, verwöhnt von Mami und Papi! Selbstständigkeit war ihm ein Fremdwort. T. bekam alles von seinen Eltern in den Hintern geschoben und das mit fast 35 Jahren. Mami kochte sein Essen, wusch seine Wäsche und räumte sein Zimmer auf. Mami (seine Adoptivmutter!) stellte sich samstags hin und wusch das Auto ihres Sohnes. *Taschengeld* gab es jeden Montag. Seine Eltern erledigten einfach alles für ihren „Jungen". T. war lustig, hatte immer witzige Sprüche auf Lager, und im Bett lief es eigentlich gar nicht mal so schlecht zwischen uns. Das war aber im Grunde genommen alles, was gut lief. Reichte das für eine vernünftige Beziehung? Diesen Halt, den man in einer Beziehung brauchte, den fand ich bei ihm nicht! Ziemlich blind rannte ich also in mein völliges Verderben. Anfänglich vermisste ich das gar nicht mal, dass ich in der Beziehung zu T. überhaupt keinen Halt fand. T. brachte mich auf andere Gedanken. Wir unternahmen viel zusammen, er interessierte sich für meine Pferde und begleitete mich zu meinen Reitturnieren. Ein tolles Auto fuhr er, einen schwarzen Jeep mit Verdeck, das man im Sommer abnahm, um sich den Wind um die Ohren wehen zu lassen. Das imponierte mir, klar! War doch toll, mal etwas ganz anderes. Die Beziehung hatte „etwas Besonderes". Es reichte jedenfalls aus, um eine längere Beziehung mit T. einzugehen. Diese führte schließlich irgendwann zu einem gemeinsamen Zusammenziehen in das Haus seiner Eltern. Die Eltern wohnten unten, T. und ich oben in der Wohnung. Meine damalige Schwiegermutter mischte sich stets in alles bei uns ein. Sie schrieb uns vor, wie wir zu leben hatten. Ihr erwachsener Sohn blieb immer ihr kleiner Junge. Die Gefahr, die sich mit einem derartigen Verhalten einer Mutter gegenüber ihrem längst erwachsenen Sohn für mich als angehende Schwiegertochter darstellte, verdränge ich. T.'s Eltern bevormundeten mich, wo sie konnten. Zuerst versuchten sie, mir meine Pferde auszureden. Pferde kosteten nur unnötig Geld und sie wollten auf gar keinen Fall, dass ihr Sohn auch nur einen Pfennig in meine Pferde investierte. T. verdiente damals nicht schlecht, Miete mussten wir keine zahlen, finanziell standen wir gut. Welchen Preis zahlte ich jedoch für dieses Dasein? T.`s Mutter durchwühlte täglich unsere Wohnräume, wenn T. und ich arbeiten waren. Ich merkte schnell, wenn die Sachen nicht mehr an ihrem Platz lagen, wo ich sie hingelegt hatte. Mami kochte immer noch für ihren Sohn, wusch seine Wäsche, räumte unsere Wohnung gleich mit auf, steckte ihre Nase nur zu gern in alles hinein und kontrollierte zum guten Schluss unsere Post. Der Horror begann langsam aber sicher, seinen Lauf zu nehmen. Zumindest für mich tat er das. T. schaffte es nicht, sich seiner Mutter entschieden entgegenzustellen und mich in Schutz zu nehmen. Er konnte nicht einmal für mich sprechen. Schaffte es nicht, seiner Mutter zu sagen, dass sie sich nicht in unser Leben einzumischen hatte. Ich bat ihn oft darum, und immer versprach er, dass er das machen würde, aber er tat es einfach nicht. Für ihn stellte das alles kein Problem dar. Er kannte es nicht anders mit seiner Mutter, aber für mich wurde die Situation immer unerträglicher. Ich litt sehr unter dieser grausamen Person, meiner Schwiegermutter. Sie kontrollierte unser komplettes Leben, nichts konnte ich in ihren Augen recht machen. Ihr und ihrem Sohn gegenüber schon gar nicht. Immer willenloser wurde ich. Meine Schwiegermutter hatte alles unter Kontrolle. Vor allen Dingen mich. Aus mir, dem einst recht stolzen und fröhlichen Menschen wurde zusehends ein kleines Häufchen Elend, das sich irgendwann nicht mehr zur Wehr setzte. Anfänglich kämpfte ich noch um T. und unsere Liebe. Dass es gar keine Liebe sein konnte, kapierte ich bis zu dem Zeitpunkt leider noch nicht. Wahrscheinlich verdrängte ich die bittere Wahrheit einfach. Blauäugig und blind war ich. Wäre es Liebe gewesen, dann hätte T. sich endlich einmal zwischen seine Mutter und mich gestellt und ihr ordentlich die Meinung gesagt. Seine Mutter musste er in die Schranken weisen und zwar ohne Pardon. Irgendwann gab ich auf. Resignierte. Mich und meine Hoffnung, dass alles besser werden würde, begrub ich. Mir war bewusst, dass ich mich von T. lösen musste, aber ich schaffte es nicht. Mir fehlte ehrlich gesagt die Kraft. Die Vorstellung, zu meiner Mutter zurückzugehen, war ebenso schrecklich. Dann konnte ich gleich bei T. und meinen Schwiegereltern bleiben. Beides war die Hölle auf Erden. Den Alkoholsuff meiner Mutter miterleben zu müssen oder mich von meiner Schwiegermutter derart bevormunden zu lassen. Die Wahl hatte ich nun. Wie entschied ich mich? T. versprach mir immer wieder, dass er mit seiner Mutter redete. Seinen Versprechungen schenkte ich Glauben. Eine andere Wahl blieb mir nicht. Meine angehende Schwiegermutter war der Drache in Person. Der Ausdruck 'böse Schwiegermutter' fand bei ihr seine tatsächliche Bedeutung. Eigentlich war sie noch schlimmer als „Böse", sie war gemeingefährlich und führte täglich nur „Schlechtes" im Schilde. Es herrschte Krieg zwischen uns. Wir befanden uns im Ausnahmezustand. Eines Tages, im Winter, die Post kam soeben, musste sie natürlich wie immer sofort zum Briefkasten laufen, um unsere Briefe abzufangen. Die kontrollierte sie penibel und regelmäßig auf Rechnungen, um genau über unser Leben im Bilde und informiert zu sein. Wenn wir Rechnungen bekamen, fing sie diese höchstpersönlich ab. Die landeten direkt im Müll, damit T. nicht auf die Idee kam, für mich Rechnungen zu begleichen. In den Augen dieser Frau hatte ich ihr nicht nur ihren Sohn weggenommen, sondern nahm ihn finanziell auch noch aus wie eine Weihnachtsgans. Jedenfalls fiel sie diesen Morgen, als sie den Postboten abfangen wollte, auf die Nase und brach sich das Bein. Ihren Schochen! Schochen, das ist so der geläufige Ausdruck in der Provinz. Ganz ehrlich? Ich bin kein Mensch der Schadenfreude oder jemand, der anderen „Gemeines" wünscht. Seit diesem Tag, als meine Schwiegermutter so heftig auf die Nase flog, wusste ich jedoch, dass es einen Gott gab. Er hatte mich erhört, oder aber ich tat ihm leid. Jedenfalls war ich für einige Wochen endlich von dieser fürchterlichen Person befreit. In der Zeit lief die Beziehung mit T. ziemlich gut. Mir wurde klar, solange seine Mutter uns nicht im Wege stand, war alles gar nicht so übel zwischen uns beiden. Dabei war T. strohdumm. Entschuldige, wenn ich das hier einfach so schreibe, und vor allem, dass ich zugebe, dass ich mit einem Mann eine Beziehung geführt habe, der wirklich dümmer ist als es damals M., aus unserer Schulklasse war. Für die beispiellose Dummheit von T. möchte ich dir ein Beispiel nennen, W. Leider kann ich dir nicht alle Details aufzählen, die uns in der Beziehung passiert sind, das würde zeitlich den Rahmen sprengen, aber ich möchte dir gern einen kleinen Ausschnitt erzählen und ich verspreche dir, du würdest herzhaft lachen! Oh Schande über dich Anais, wo hattest du damals nur hingeguckt? Wo die Liebe hinfällt und wenn es auf den Misthaufen ist! Es gab eine Abkürzung vom Pferdestall zum Elternhaus von T. Sie führte durch den Wald. Der Weg durch diesen war äußerst schmal und eigentlich nur Anliegern vorbehalten. Bauern also, die mit ihrem Trecker durch den Wald tuckerten oder für den Förster. Der musste natürlich öfter den Weg dort entlangfahren, um die Strecke zu kontrollieren. Dieser hatte einen Schlüssel, um den Pfosten, der mitten im Weg einbetoniert war, aufzuschließen. Der Pfosten sollte Unbefugten die Durchfahrt verweigern. Es gab Tage, an denen der Förster vergaß, den Pfosten wieder abzuschließen. Dann konnten wir prima dort entlangfahren und es ersparte uns immerhin 20 Minuten Autofahrt. Immer vergaß der Förster das Abschließen jedoch nicht. T. war jedes Mal ziemlich wütend, wenn dieser Pfosten abgeschlossen in der Straße steckte und er mit seinem Auto umdrehen musste, weil er zwischen Pfosten und den Tannenbäumen nicht hindurch passte, ohne den Lack seines ach so geliebten Autos zu zerkratzen. Eines Tages drehte er allerdings nicht um, sondern hat eine glorreiche Idee. *„So Anais, jetzt kannst du gleich was erleben!"* Ziemlich entschlossen war er, als er aus dem Auto stieg. Kurz überlegte ich, was jetzt wohl für eine „Aktion" kam. T. kramte aus dem Kofferraum das Abschleppseil hervor. Ich drehte mich erstaunt auf dem Autositz um und sah, dass T. irgendwie hinten am Auto rumwurschtelt und dann zu dem Pfosten ging. *„Himmel, die Berge, was hat der vor?"*, fragte ich mich. Als er das Abschleppseil an die Anhängerkupplung hing und das andere Ende am einbetonierten Pfosten befestigte, hielt ich es für sicherer, ebenfalls auszusteigen. *„Kannst ruhig sitzenbleiben, wir fahren gleich sofort weiter!"*, rief T. fröhlich. Nee Junge, ganz sicherlich nicht, fuhr es mir durch den Kopf. *„Du bist ja verrückt T!"*, versuchte ich ihn noch zu warnen, denn ich ahnte nichts Gutes. Männer..! Bei solchen Aktionen hielt sich die Frau besser aus der Sache raus. Ich ging schon mal in Deckung. Weit genug vom Auto entfernt, suchte ich hinter einem Baum Schutz und beobachtete das Geschehen. Böses ahnte ich. Langsam fuhr T. den Wagen an und brachte das Abschleppseil damit auf Spannung. Hey, das wurde aufregend. Drei Varianten, was gleich passieren würde schwirrten mit durch den Kopf! Entweder riss das Seil oder es rutschte von der Anhängerkupplung ab. Oder... In dem Moment, als ich an die dritte Variante dachte - die schlimmste aller drei Möglichkeiten - war es auch schon passiert. Das Seil rutschte am Pfosten ab, als T. den Wagen vorwärtsfuhr. Das lose Seilende mit dem schweren Abschlepphaken flog mit voller Wucht von hinten über das Autodach hinweg, um direkt vorne in die Windschutzscheibe einzuschlagen. Die Scheibe zersplitterte in tausend Einzelteile und in der Mitte klaffte ein riesiges Loch. Sorry, dass ich mich vor Lachen nicht mehr halten konnte, nachdem ich den ersten Schreck überwunden hatte. Hätte ich von diesem Vorfall ein Video gedreht und es bei Youtube eingestellt, wäre ich heute eine reiche Frau. Mir fällt noch eine besondere Situation ein mit T. Nach dem Vorfall, an den ich mich noch sehr gut erinnere, wusste ich wirklich nicht, wo ich meinen Verstand damals gelassen hatte. Da wäre es allerhöchste Eisenbahn gewesen, die Notbremse von T. zu ziehen und mich von ihm zu verabschieden. Eine Freundin und ich verabredeten uns zum Reiten an einem Ostermontag, wir schreiben damals das Jahr 1998. Nachdem wir im Wald einen tollen Galopp mit den Pferden hingelegt hatten – (es ging uns nie schnell genug) - ließ sich mein Pferd plötzlich nicht mehr bremsen. Sofort begriff ich, mein Pferd ging mit mir in vollem Galopp durch. Das bedeutet, das Tier reagierte nicht mehr auf meine bremsende Hilfengebung vom Sattel aus, sondern erhöhte stattdessen das Tempo. Die absolute Höchstgeschwindigkeit hatten wir ruck zuck erreicht. Ich wusste, dass dort, wo der Weg endete, eine besonders scharfe Kurve lag. Nach der Kurve ging es steil bergab auf eine Asphaltstraße! Das Pferd, auf dem ich wie ein Jockey saß, wusste natürlich genau, in welcher Richtung es nach Hause ging. Mir war klar, dass wir beide das nicht überleben würden, wenn das Pferd in dem Tempo mit mir im Sattel um die Kurve flog. Mit den glatten Hufeisen würde das Pferd auf dem Asphalt ausrutschen und sich wahrscheinlich überschlagen. Abspringen bei der Geschwindigkeit hielt ich für keine gute Idee. „Das Pferd musst du geradeaus lenken, zwischen den Bäumen hindurch, aber um Gottes willen nicht um die Kurve, Anais!", dachte ich mir. Nicht um die Kurve, Anais! Dann: Filmriss! Als ich wieder zu mir kam, saß ich auf der Straße, alleine und ohne Pferd. Ziemlich benebelt war ich und habe wohl für einige Minuten zuvor das Bewusstsein verloren. Mir dämmerte es. Mein Pferd, Wahnsinnstempo, die Kurve, der Sturz. Ich versuchte aufzustehen. Ich schwankte und plumpste beim ersten Versuch prompt wieder auf meinen Hintern. *„Immerhin lebst du, Anais!"*, beruhigte ich mich. Gottseidank und so wirklich weh tat mir im ersten Moment auch nichts. Arme, Beine, Kopf, war alles noch dran. *„Heilige Scheiße, was ist passiert?"* Meine Freundin kam um die Ecke geritten, ganz gemütlich jedenfalls, und nicht in solch einem Renngalopp, in dem ich zuvor unfreiwillig durch den Wald geflogen war. *„Ich weiß es nicht! Mein Pferd ist jedenfalls weg"*, stammelte ich. *„Ihr hattet einen Affenzahn drauf. Ist dein Pferd durchgegangen? Komm, ich helfe dir auf mein Pferd, dann bringe ich dich nach Hause!"* Meine Freundin stieg von ihrem Pferd ab und versuchte mich in den Sattel hieven. „Da komme ich nicht mehr hoch!", ächzte ich. Mir wurde komisch warm in meinem Nacken und auf meinem Kopf. Zögerlich fasste ich in dem Moment mit beiden Händen an den Hinterkopf. Als ich die Hände wieder vor meine Augen hielt, lief dickes, tiefrotes Blut an meinen Fingern entlang und mündete in einer kleinen Pfütze in meinen Handflächen. *„Ich blute ziemlich stark!"*, sagte ich erschrocken. Ein Auto fuhr heran. *„Ich habe das Pferd im vollen Galopp die Straße entlang galoppieren sehen, da habe ich mir gedacht, dass* *etwas passiert sein muss. Komm, steig ein, Anais!*", rief ein Mann aufgeregt aus dem offenen Autofenster. Es war der Bauer, der in der Nähe meines Pferdstalles wohnte. Er fuhr mich zum Stall, wo T. auf mich wartete. Mein Pferd rannte wenige Minuten zuvor in vollem Galopp und reiterlos zum Stall, direkt an seinem Auto vorbei. Dennoch hielt T. es nicht für nötig, sich auf die Suche nach mir zu begeben. Ein jeder Idiot weiß, dass etwas passiert sein muss, wenn ein reiterloses Pferd um die Ecke kommt. Nein, T. saß seelenruhig in seinem Auto, rauchte eine Zigarette und hörte laute Musik. Zu dem Beat aus dem CD-Player klatschte er aufs Lenkrad. „Party" feierte T., während ich mir bald den Hals gebrochen hätte. *„Du musst mit Anais sofort ins Krankenhaus fahren! Die hat sicherlich auch was gebrochen und sie blutet ziemlich stark am Kopf!"* sagte der Bauer aufgeregt zu T. *„Ja, komm, ich fahre dich!"* T. blieb ziemlich gefasst. Beinahe regungslos, zumindest ohne jegliches Mitgefühl, schob er mich lieblos auf den Beifahrersitz seines Autos. *„Ich will nicht ins Krankenhaus, ich muss mich um mein Pferd kümmern, dem ist bestimmt was passiert!"*, jammerte ich. *„Gut, wir fahren zum Dr. S., der hat Notdienst!"* Während der Fahrt blickte T. komisch zu mir herüber. Bestimmt tat ich ihm Leid in meinem Zustand. Das Blut lief mir den Kopf hinunter, der Pullover war bereits blutüberströmt. Leise liefen mir die Tränen. Wortlos saßen wir nebeneinander. Meine Jacke war ebenfalls blutverschmiert, mir brummte gehörig der Kopf und ich habe wirklich Angst, dass ich vielleicht sogar einen Schädelbruch erlitten habe. Immerhin trug ich während des Unfalls keine Reitkappe. *„Anais kannst du dich mal bitte weiter nach vorne lehnen? Du blutest mir ja den ganzen Autositz voll!"* Das waren von T. an mich gerichtete Worte. Wie herzlos. Vielmehr war es eine äußerst dringende Bitte an mich. Es waren die einzigen Worte, die er während der Fahrt mit mir sprach. Das schien sein völliger Ernst zu sein und seine große Sorge, dass ich die guten Ledersitze im Auto mit meinem Blut versaute. Ruinierte Autositze vom Blut, das mir vom Kopf tropfte, war der wahre Horror für T. Die Praxis von meinem Hausarzt, der an dem Tag Notdienst hat, lag an einem sehr steilen Berg und man musste viele Treppen bis zu seinem Sprechzimmer hinaufsteigen. T. schubste mich ohne Gefühl aus dem Auto direkt vor die Treppen, als wir an der Praxis anhielten. Klar, bloß schnell raus mit mir, ich blutete ja die Sitze voll. *„Die Treppen kommst du alleine hoch, gell?"* T. ließ mich tatsächlich die Treppen alleine hochkrackseln. Er machte sich währenddessen sofort mit Taschentüchern an den Autositzen zu schaffen, nachdem er mich unsanft aus seinem Jeep bugsierte. Das Wartezimmer des Arztes erreichte ich schließlich auf allen Vieren, gehen oder stehen konnte ich alleine nicht mehr. Das Wartezimmer war voll, rappelvoll an dem Tag. Oh mein Gott, da kommst du vor heute Abend gar nicht mehr dran, Anais, dachte ich. Wie ein Zombie musste ich wohl aussehen. Die Leute, die im Wartezimmer saßen, verstummten alle in ihren Gesprächen, als ich durch die Tür hereinkam und sie blickten mich erschrocken an. Noch bevor ich mich auf einen der Stühle setzen konnte, kam der Doc aus seinem Zimmer und sagte: *„Der Nächste, bitte!"* All die vielen Menschen, die an dem Ostermontag im Wartezimmer saßen, zeigten wortlos auf mich. *„Oh mein Gott! Anais, was hast du gemacht?"* Doc S. stöhnte verzweifelt, als er sich meinen Kopf ansieht. *„Ich hatte einen Reitunfall!" „Wie bist du hier hergekommen?" „Mein Freund hat mich gebracht!" „Aha, und wo ist der jetzt, dein Freund?" „Draußen!" „Wie, draußen?"* Doc S. war total irritiert. *„Was macht der draußen?" „Das Auto sauber!"*, sagte ich wahrheitsgemäß. *„Der macht bitte was...?"* Doktor S. wurde plötzlich laut und böse. *„Moment, Anais, ich bin gleich wieder da!"* Er verließ das Behandlungszimmer mit hektischen Schritten. Durch die halbgeöffnete Tür konnte ich nicht alles verstehen, was der Doc draußen am Auto mit T. besprach. Jedenfalls handelte es sich um ein lautes Gespräch. Der Doc war laut, T. weniger. Von ihm hörte man keinen Mucks. Dann musste der Doc sich den T. wohl am Kragen gepackt haben, denn der stand plötzlich mit im Behandlungszimmer. *„Das gibt's ja wohl nicht!"* Doc S. war außer sich. *„Dass das Mädchen diesen Crash überlebt hat, ist ein Wunder! Und du Volldepp hast nichts Besseres zu tun, als dein Auto sauberzumachen? Eine reinhauen müsste man dir T! So und jetzt hältst du der Anais mal ihre Hand, während ich das hier zunähe! Das ist ja wohl der Gipfel, sowas habe ich ja noch nie erlebt!"* Der Doc schien verdammt sauer und wütend auf T. zu sein. Zwischendurch murmelte er, während er mir den Schädel zusammenflickte: *„Scheiße, sowas habe ich ja noch nie gesehen. Was soll ich denn hier zusammennähen? Hier ist ja nichts, nur der blanke Knochen!"* T., der brav meine Hand hielt, blickte zwischendurch immer mal wieder zaghaft auf meinen Kopf und ich bemerkte, dass er würgt. Ihm war wohl schlecht. Plötzlich stand er auf. *„Hey Freundchen, wo willst du hin?"* Doktor S. hielt ihn sofort fest. *„Ich muss mal raus, mir ist übel!"* T. hielt sich die Hand vor den Mund. *„Nix da, hiergeblieben!"* Doktor S. reichte ihm eine Brechschale. *„Hier, da kannst reinkotzen, du Weichei!"* An diesem Punkt hätte ich die Beziehungsgeschichte mit T. beenden müssen. Nein, ich habe es auch an der Stelle nicht getan. Ja, ich war leider ein sehr gutmütiger Mensch und mein Glaube an das Gute in anderen Menschen schien wirklich grenzenlos zu sein. So hielt ich weiterhin tapfer durch. Ergab mich meinem Schicksal. Schließlich zog die Zeit ins Land und ich wurde schwanger. Ein Kind? Ja! Schwanger war ich plötzlich, von T. War es ein Wunschkind? Ja, für mich war es das zu dem Zeitpunkt, an dem ich von meiner Schwangerschaft erfuhr! Absolut! Glücklich war ich, als ich den positiven Schwangerschafts-Test in meinen Händen hielt. Ich war mir sicher, dass mit einem Kind alles besser laufen würde in meinem Leben. T. konnte einmal lernen, was es bedeutete, Verantwortung zu übernehmen. Vielleicht würde das Kind sogar das Verhältnis zu meiner bösen Schwiegermutter aufbessern. T. fasste die Nachricht über meine Schwangerschaft so auf, wie ich es von ihm erwartet hatte. Er freute sich. T. war eigentlich ein lieber

Mensch, Streit hatten wir beide selten. Wenn es Streit gab, dann nur wegen seiner Mutter. Aber Liebe, die richtige Liebe war es trotzdem nicht zwischen uns. Gehofft habe ich es wohl, dass es die große Liebe mit uns eines Tages werden würde. *„Jede Liebe ist anders!"*, sagte meine beste Freundin, während ich mich bei ihr ausheulte. Zu dem Zeitpunkt war ich mir sicher, dass in meinem Leben alles richtig lief. Ich glaubte, dass das Kind, das unterwegs ist, alles retten würde. Mein Leben, meine Beziehung und meine Liebe. Meine Liebe zu T. und ein besseres Verhältnis zu seiner Mutter. Alles würde endlich gut, denke ich. Der Glaube an diesen Schwachsinn machte mich stark. Ich Dummerchen! Was ich in den kommenden Monaten einstecken musste, war an grausamen Schicksalsschlägen nicht mehr zu überbieten. Das Tor der Hölle öffnete sich für mich erneut. Der Weg dorthin würde grausamer sein, als er es je zuvor war. Meine Mutter fasste die Nachricht, dass sie Oma werden würde, nicht sonderlich positiv auf. Sie mochte T. nicht leiden als den Mann an meiner Seite. Sie war zwar froh, dass ich schnell von zuhause ausgezogen war und sie für sich alleine leben konnte, aber unser Verhältnis blieb kühl und lieblos. Da die Beziehung zwischen meiner Mutter und mir immer sehr kalt war, war ich damals natürlich erleichtert, bei T. ein Zuhause gefunden zu haben. Dass es Mütter gab, die noch schlimmer waren als meine eigene, konnte ich mir zu der Zeit nur schwer vorstellen. Überzeugt war ich, dass es mit dem Auszug aus dem Haus meiner Mutter in meinem Leben nur noch bergauf gehen konnte. Niemals hätte es woanders schlimmer sein können, als mit meiner versoffenen, gefühlskalten Mutter bei mir daheim. Niemand hatte mich all die Jahre lang mehr gedemütigt als sie es getan hatte und niemand hat mich mehr verletzt in meinem Leben. Nachdem ich die bittere Erfahrung mit T. und seinen Eltern gemacht hatte, wünschte ich mir zwischendurch oftmals mein altes zu Hause zurück. Zuhause, in meinem Zimmer, dort hätte ich mich einschließen können und nach ein paar Stunden wäre alles wieder gut gewesen. In dem für mich fremden Haus jedoch, war ich hilflos den Gemeinheiten und Schikanen meiner bösen Schwiegermutter ausgeliefert. Sie war wirklich von Grund auf ihrem Charakter ein bösartiger Mensch. Niemandem konnte ich mich anvertrauen. Meine Mutter sagte, wenn ich am Telefon weine: *„Du hast dir dein Leben selbst ausgesucht, Anais und wenn du es so vermasselt hast, dann musst du zusehen, wie du da wieder rauskommst! Hilfe brauchst du von mir keine erwarten!"* In meiner Mutter fand ich mein ganzes Leben lang niemals den nötigen Rückhalt, den ich brauchte. Sie ließ mich auflaufen, ließ mich fallen und zeigte mir ihre deutliche Abneigung, wo sie nur konnte. Lag ich bereits im Dreck, trat sie nach mir, damit ich noch tiefer in ihm versank. Besonders, wenn es Probleme gab. Dann war sie die Erste, die von der Bildfläche verschwand, das Telefon ausstöpselte und sich einkapselte. Der Gedanke, dass sie vielleicht auch irgendwann mal Hilfe in ihrem Leben brauchte, kam ihr wohl nie in den Sinn. Für meine Schwiegermutter war das Verhältnis zwischen meiner Mutter und mir natürlich ein gefundenes Fressen. Ihrer Meinung nach taugte meine ganze Familie nichts. Mein leiblicher Vater war ihr vielleicht schon eher sympathisch, denn er hatte uns frühzeitig verlassen. In den Augen meiner Schwiegermutter hatte er dies getan, weil er recht früh schon bemerkt hatte, wie fürchterlich meine Mutter ist. Das war ihre Version der Geschichte. Ihre Version unserer Familiengeschichte! Naja, mit der Spekulation lag sie vielleicht gar nicht mal so falsch. Dass meine Oma eine sehr wohlhabende Frau war, war ihr ein Dorn im Auge. *„Ach, als ob deine Oma so vermögend ist, wie deine Mutter sie immer hinstellt!"* keifte sie eines Tages, als wir mal wieder Streit miteinander hatte. *„Soll sie dir doch mal unter die Arme greifen, deine wohlhabende Frau Oma, und nicht mein guter Junge, T! Der soll sein Geld für sich ausgeben und nicht für dich!"*, argumentierte sie böse und zynisch zugleich. Das liebe Geld spielte immer die erste Geige im Leben. Es drehte sich überall alles nur ums Geld. Das war bei meinem leiblichen

Vater auch immer ein Streitpunkt. Oftmals warf er mir vor, dass ich mich nur bei ihm meldete, wenn ich Geld brauchte. Beide meiner Eltern befragte ich einzeln voneinander, warum sie sich getrennt hatten. Die Version meiner Mutter war ganz einfach: Mein Vater war ihr nicht treu und das hatte sie sich dann irgendwann nicht mehr gefallen lassen. Die Version meines Vaters lautete Meine Mutter sei kalt und herzlos gewesen und damit wäre er nicht klargekommen. Mit beiden Antworten konnte ich persönlich nicht viel anfangen. Beides war schlimm genug für mich und ich wollte niemals so enden wie meine Eltern. Schon gar nicht, wenn ein Kind im Spiel war. Wie sehr habe ich als Kind gelitten unter der Trennung meiner Eltern! Kinder wünschen sich immer beide Elternteile. Ich nahm mir fest vor, ein besseres Leben zu führen und meinem Kind zuliebe eine gute Mutter zu sein. Niemals wollte ich so kalt werden wie meine eigene Mutter. Ich freute mich auf das Kind, das ich unter meinem Herzen trug. Ein Mädchen übrigens. Ich gab ihr den Namen „Kim". Als ich wusste, dass es ein Mädchen wird, war meine Freude noch grösser. Meine Schwiegermutter ließ mich damals in der Zeit meiner Schwangerschaft in Ruhe. Ihre Gemeinheiten waren längst nicht mehr so schlimm, wie ich sie zuvor ertragen hatte. Ich schöpfte Hoffnung, dass alles gut werden würde, dass mein Leben endlich eine positive Wendung nahm. *„Anais dafür, dass du schwanger bist, bist du aber recht dünn!"*, sagte eine Freundin zu mir, kurz vor der Entbindung von Kim. Das war mir auch aufgefallen. Aber gut, ich aß nicht wirklich viel und hatte eine Menge Stress. Stress mit der Schwiegermutter und Stress mit meinem damaligen Arbeitgeber. Der hatte mir nämlich direkt nach meiner Schwangerschaftsmitteilung gekündigt. Vor das Arbeitsgericht musste ich ziehen. Den Prozess gewann ich natürlich. Mein Chef sollte mir eine Abfindung zahlen, aber es nagte dennoch an meiner Seele. Keine schöne Angelegenheit, sich kurz vor der Entbindung mit dem Chef auseinanderzusetzen, ob er kündigen durfte oder nicht. Beim Anwalt arbeitete ich zu diesem Zeitpunkt längst nicht mehr. Nach der Lehre bin ich gleich in einen anderen Bereich gewechselt. In einem kleinen Restaurant arbeitete ich, direkt vor unserer Haustür, in dem Ort, in dem ich mit T. lebte. Es war für mich praktisch dort zu arbeiten. Einen kurzen Weg zur Arbeit, mehr Zeit für meine Pferde und mehr Freizeit hatte ich. Während ich im Büro von morgens bis abends geschuftet hatte, erlaubte mir das Restaurant einen halben Tag Freiraum. Jedenfalls, nachdem ich über zwei Jahre lang für dieses Restaurant gearbeitet hatte und schwanger wurde, bekam ich zum Dank die Kündigung. Ein tolles Leben! Die Erinnerungen an meine Vergangenheit, die lasse ich besser ruhen. Weißt du W., ich wollte dir einen Brief schreiben. Kurz und bündig wollte ich dir mitteilen, wie gern ich dich habe und dass ich dich immer noch liebe. So hat der Plan ausgesehen mit meinem Brief an dich. Jetzt erzähle ich dir mittlerweile mein ganzes Leben. Während ich die Zeilen schreibe, aus meinem angedachten Brief, den ich eigentlich ausschließlich für dich geschrieben habe, W., fließen bei mir Tränen. Mittlerweile werde ich das Gefühl nicht mehr los, dass nicht nur du diesen Brief zur Kenntnis nimmst, sondern dass auch andere Menschen meine Zeilen lesen werden. Leute, die mich kennen, meine Eltern, vielleicht meine Mutter, T., und ein Teil meiner Freunde. Sie werden ihn lesen, weil ich mittlerweile möchte, dass sie ihn lesen, damit sie wissen, was sie mir angetan haben in all den Jahren. Wie sehr sie mich gequält haben. Mit ihrer lieblosen, grausamen Art. Ihren Vorstellungen von Liebe. Liebe! Sie wissen doch alle gar nicht, was Liebe wirklich bedeutet! Das Wichtigste ist mir jedenfalls, dass dich mein Brief erreicht, W! Im Himmel!? Dort wirst du sein, wenn es einen Himmel gibt. Das weiß ich sicher. Menschen wie du, die kommen in den Himmel! Wenn ich in meinen Zeilen lese, dann denke ich traurig, ach Anais, was liegt nicht alles hinter dir, Mädchen. Immer warst du alleine. Niemals hat es jemanden gegeben, der dich in den Arm genommen und dir Trost gespendet hat. Gedanklich sitze ich manchmal noch bei dir zuhause auf der Couch. Bei dir, meinem ehemaligen Lehrer und klammere mich an die Liebe, die ich an dich verloren habe und unsere Erinnerungen. In meinen Gedanken hoffe ich, dass es dir gut geht und dass du glücklich bist. Mögest du deine Entscheidung, mich vor Jahren abzuweisen, niemals bereut haben. So, jetzt habe ich tatsächlich den Punkt verloren, W! Ach ja, Schwangerschaft! Ich war gegen Ende der Schwangerschaft sehr dünn. Es machte mir aber keine Angst. Niemals wäre mir in den Sinn gekommen, dass ich schwer krank sein könnte. Auf mein Kind freute ich mich sehr. Auf meine kleine Kim. „Meine Kleine". Das hattest du so oft liebevoll zu mir gesagt, W. 'Ma Petite'. Meine Frauenärztin war mit mir während der Schwangerschaft zufrieden. Alles lief nach Plan. T. und ich heirateten kurz vor meiner Entbindung. War ich zu dem Zeitpunkt glücklich? Ja, ich war glücklich! War es Liebe? Nein, es war keine Liebe. Es war etwas ähnliches, aber es war keine Liebe. Es war meine Hoffnung, dass es irgendwann die große Liebe werden würde. Dass ich überhaupt nicht lieben konnte, weil mein Herz immer noch dir gehörte, W., das war mir zu dem Zeitpunkt damals nicht bewusst. *„Anais, dass du diesen Deppen geheiratet hast, das war der größte Fehler deines Lebens!"*, prophezeite meine Freundin, K., bekannt aus unserer Kindheit. Und sie hatte Recht, denn sie sprach nur das aus, was absolut der Wahrheit entsprach. Ich machte die Augen zu. Verschloss sie vor der Wahrheit. *„Anais ich gebe dir die Überweisung für das Krankenhaus zur Entbindung! Wenn in ein paar Tagen die Wehen einsetzen, dann fahr bitte erst ins Krankenhaus, wenn sie länger als eine Stunde andauern!"* Meine Frauenärztin suchte ich freitags auf, da ich plötzlich starke Unterleibsschmerzen bekam. Es waren nur noch wenige Tage vor dem errechneten Geburtstermin, ich war bereits in der 39. Schwangerschaftswoche. An dem Tag veranlasste die Ärztin keine Ultraschallkontrolle mehr bei mir. Ein fataler Fehler. *„Bei dir ist alles in Ordnung, etwas hohen Blutdruck hast du, und 100 Prozent Eiweiß im Urin. Aber das ist kurz vor der Entbindung nichts Ungewöhnliches!"* Als ich von meiner

Frauenärztin nach der Untersuchung heimwärts fuhr, besuchte ich auf dem Rückweg meine Mutter. Mein Elternhaus lag auf dem Weg. *„Anais, mit diesem Kind, das war keine gute Idee. Mit T. und dir, das wird doch nie gutgehen! Irgendwann wirst du alleine dastehen. Der T. guckt doch ständig anderen Frauen nach. Glaub doch nicht allen Ernstes, dass der einen auf braven Familienvater mit dir und dem Kind machen wird! Du brauchst aber nicht glauben, dass du dann mit dem Kind nach Hause kommen kannst. Hier ist für dich die Tür zu! Du hast dich so entschieden, dann musst du auch zusehen, dass du klar kommst!"* Das waren damals harte Worte. Von meiner eigenen Mutter. Ich war entsetzt. Aber anders kannte ich sie nicht. An dem Abend setzten die Wehen ein. Ich erlitt starke Schmerzen. *„Ich fahre dich ins Krankenhaus!"* sagte T. besorgt. *„Nein, wir sollen eine Stunde warten und erst fahren, wenn die Wehen länger als eine Stunde dauern!"*, entgegnete ich. Damals kannte ich den Unterschied zwischen Wehen und Unterleibsschmerzen nicht. Woher auch, es war mein erstes Kind, das unterwegs war. Jedenfalls ließen die Wehen nach einer Stunde tatsächlich nach. *„Siehst du, man hätte mich sowieso wieder nach Hause geschickt. Morgen früh geht's sicher los, T., dann fahren wir gleich!"*, sagte ich beruhigt. Am nächsten Morgen spürte ich jedoch keine Kindsbewegungen mehr im Bauch. Sonst habe ich morgens immer dieses zarte Strampeln von Kim in mir gespürt. Sanft in den Bauch geboxt hatte sie mich, nach dem Motto: *„Hey, Mum, alles ok mit mir, Frühstück bitte, ich habe Hunger!"* An diesem Morgen spürte ich nichts! Tief horchte ich in mich hinein. *„Die Kleine schläft sicher noch!"*, beruhigte mich T., dem ich meine Bedenken schilderte. So nehme ich es hin, aber mein Bauchgefühl war ein völlig anders. Kim war tot, vermutete ich. Natürlich verdrängte ich den widerlichen Gedanken. So etwas Grausames konnte mir nicht passieren, niemals. Bestimmt gab es für alles eine Erklärung. Auch am Nachmittag spürte ich keine Bewegungen, und in den Abendstunden auch nicht mehr. Ich bekam Angst, verdrängte jedoch den Gedanken, mein Kind könnte tot sein, weiterhin. *„Wie kannst du nur vermuten, dass unser Kind tot ist?"* fragte T. ungläubig, als ich ihm meine Eindrücke mitteilte. *„Gleich morgen wirst du zum Arzt gehen! Und du wirst sehen, alles ist gut, Anais!"* Ich fuhr allerdings erst am Montagmorgen, also 3 Tage später, zu meiner Frauenärztin. Die Sprechstundenhilfe, die ein CTG anfertigte, fand die Herztöne des Kindes nicht und sagte verwundert: *„Das Kind muss sich gedreht haben, ich finde die Herztöne nicht mehr!"* Sie blieb ruhig und gefasst, setzte mich allerdings sofort in das Sprechzimmer der Ärztin, die trotz vollen Wartezimmers sofort zu mir kam und mit zittrigen Händen Ultraschall machte. Auch sie schien Böses zu ahnen. Ihr Blick, als sie auf den Monitor blickte, verriet mir, dass ich mit meinen Befürchtungen richtig gelegen hatte. Der Verdacht, mein Kind könnte tot sein, sich zu bestätigen schien. *„Das Kind ist tot!"*, sagte die Ärztin und schaltete den Bildschirm aus. In dem Augenblick konnte ich nichts sagen, ich war wie tot und gelähmt zugleich. Wie versteinert saß ich auf der Untersuchungsbank und hörte nur noch durch „Watte", was die Ärztin redete. Von wegen, dass ich jetzt ins Krankenhaus zur Entbindung fahren sollte. Entbindung? Meine Ärztin sagte, sie führe zunächst in den Urlaub und wenn sie zurückkäme, dass wir darüber reden wollten, was passiert war. Warum mein Kind in der 39. Schwangerschaftswoche in meinem Bauch plötzlich verstorben sei, dafür hatte sie an dem Tag nämlich keine Erklärung. Im Urlaub kam ihr dann die Erleuchtung, oder wie? Die Frage hatte ich mir damals tatsächlich gestellt, voller Ironie. Wie konnte die Ärztin von Urlaub reden, während ich ein totes Kind im Bauch hatte? Zur Hölle sollte sie fahren, die Alte! In einem schlechten Traum glaubte ich mich. Albtraum. Ich registrierte um mich herum gar nichts mehr. Die Ärztin ließ mich an dem Tag mit dem Auto nach Hause fahren. Ich war allein zu ihr in die Praxis gekommen, T. musste arbeiten an dem Tag. Sie hatte keinen Krankenwagen angerufen. Nein, sie rief niemanden an. Ich setzte mich im schlimmsten realen

Albtraum hinters Steuer meines Autos und fuhr los. In einem jämmerlichen Zustand. Den Tod im Kopf und in meinem Bauch. Das kann ich nicht beschreiben, was ich in dem Moment gefühlt habe. Von der Ärztin war es damals unverantwortlich, mich alleine nach Hause zu schicken. Sie drückte mir die Überweisung in die Hand, damit ich mein totes Kind im Krankenhaus entbinden sollte. Der erste Weg führte mich später zu meiner Mutter, sie wohnte auf der Strecke. Als ich völlig verheult und fix und fertig vor ihrer Tür stand, kreidebleich, blieb sie relativ gefasst. Natürlich sah sie, dass ich geweint habe und total aufgelöst war. Fertig mit den Nerven eben. *„Was ist denn jetzt wieder los, Anais?"*, fragte sie herzlos. *„Mein Kind ist tot!"*, stotterte ich. *„Wie, tot?" „Ja, tot Mama, tot eben, verstorben, noch bevor es auf die Welt kommen durfte!"* Ich brach schließlich in völlige Verzweiflung aus. Meine Mutter nahm mich nicht in den Arm, nein, ihr Blick war kalt und berechnend, wie versteinert und ohne jegliches Mitgefühl. *„Ja, da kann ich dir auch nicht helfen. Dann sieh mal zu, dass du ins Krankenhaus kommst, Anais!"* Dass sie mir nicht direkt die Tür vor der Nase zuknallte, war alles. Völlig entsetzt und mit dem nächsten Schlag in meine Fresse, den mir meine eigene Mutter verpasst hatte, fuhr ich alleine ins Krankenhaus. Dort vergingen nochmals zwei Tage, bis ich meine kleine Kim auf die Welt bringen konnte. Zuerst mussten natürlich alle nötigen Untersuchungen stattfinden. Ich hatte das Gefühl, für die Ärzte war ich ein medizinisches Highlight. Unter der Rubrik der Negativerkrankungen. Eine Frau, die in der 39. Schwangerschaftswoche ein totes Kind im Bauch trug, war ein Ausnahmezustand. So behandelte man mich auch. Im Krankenhaus folgten Untersuchungen, die im Anschluss für mich immer wieder herzzerreißende Gespräche mit den Ärzten bedeuteten, die kaum Mitgefühl zeigten. Für sie war ich Routine, sonst nichts. Mein Mutterschaftspass wurde etliche Male durchgecheckt, die Ultraschallbilder meiner kleinen Kim ausgewertet. In meiner eigenen Hölle war ich gefangen.

Weitere Ultraschall- Untersuchungen folgten im Stundentakt, man war gnadenlos mit mir. Wie ich das nervlich verkraftete, das Horrorszenario, das interessierte niemanden. Mittlerweile trug ich **vier** Tage lang mein totes Kind im Bauch und unter meinem Herzen. Überall fand und stieß ich auf die Herzlosigkeit der Menschen. Angefangen bei der Frauenärztin, über meine eigene Familie und sie endete im Krankenhaus. Meine Mutter fragte nicht nach mir, sie rief nicht an. Mein Vater meldete sich nicht. Ich war allein. Allein mit meinem Kummer und mit all meinen Ängsten. Wie immer in meinem Leben. Am Ende des Regenbogens auf der dunklen Seite, der Hölle, dort stand ich. Einsam und verlassen. Meine kleine Kim, sie durfte nicht leben. Warum? Was hatte ich verbrochen, dass mich solch ein grausames Schicksal ereilte? Ja ich hatte Angst, große Angst. Was würde mit mir passieren? Was war überhaupt passiert, dass meine kleine Kim gestorben war? War ich vielleicht schwer krank? Was spielte das Leben für ein mieses Spiel mit mir? Warum ausgerechnet mit mir? Die Frage stellte ich mir immer wieder. Ich hatte doch nichts Schlimmes verbrochen in meinem Leben, warum wurde ich so hart bestraft? Ich sah das damals als Strafe. Die Ärzte fanden heraus, dass ich unter einer Schwangerschaftsvergiftung litt. *„Ihr Kind müssen Sie auf natürlichem Wege zur Welt bringen!"* Der Arzt war ohne Mitgefühl mir gegenüber. *„Nein, holen Sie es bitte per Kaiserschnitt, ich kann das so nicht!"* weine ich. *„Das geht nicht, das könnte Sie ihr eigenes Leben kosten! Wenn das Fruchtwasser in Ihre Bauchhöhle gelangt, das ist pures Gift, das überleben Sie nicht! Das kann niemand von uns hier verantworten." „Ich werde auch sterben, wenn ich mein Kind so auf die Welt bringen muss. Ich schaffe das nicht, nervlich! Sie sehen doch, dass ich am Ende bin!"*, flehte ich den Arzt an. Man gab mir Beruhigungsmittel. Obwohl ich die gar nicht wollte. Nein, verdammt, ich wollte bei Bewusstsein sein! Niemand von den Ärzten interessierte es, was ich wollte und was nicht. Die Vorstellung, ein totes Kind zu entbinden, war grauenvoll. In welchem Film war ich gelandet? Das war nicht mein Leben, das konnte gar nicht mein Leben sein. Mein Gott, soeben hatte ich geheiratet, stand am Anfang meines Lebens-Weges, habe doch nur „glücklich" sein wollen. Glücklich sein, ein kleiner Wunsch war es nur! Auf meine kleine Kim hatte ich mich so sehr gefreut, das war doch „Mein Mädchen". Ich wollte einfach nur noch „raus" aus dem Albtraum. Raus aus meiner eigenen Hölle und dem Horror. Raus aus mir selbst, fort aus meinem Leben und „weg" aus dem Krankenhaus. Nicht annähernd kann ich in Worte fassen, wie schlecht ich mich fühlte und wie grausam sich das Schicksal anfühlte, das sich wie ein dunkler Schleier über mich gelegt hatte. Alles um mich herum war tot. Ich war tot, innerlich zumindest. Mein Kind war tot. Mein Herz jedoch, das schlug weiter. Konnte es nicht endlich stillstehen. Dann wäre alles vorbei gewesen. Frieden wünschte ich mir. Nichts wünschte ich sehnlicher, als dass es endlich aufhört zu schlagen. Um mich weinte niemand, wenn ich tot war. Mein elendiges Leben wollte ich nicht mehr leben. „Leben" wollte ich generell nicht mehr. Nicht, nachdem ich wusste, dass mein Kind tot war. *„Ihre Ärztin hat Bluthochdruck und 100 Prozent Eiweiß im Urin im Mutterschaftspass eingetragen! Wieso hat man Sie an dem Tag nicht direkt zu uns überwiesen?"*, fragte mich der Arzt fassungslos. *„Ihr Kind hätte eine Überlebenschance gehabt, wenn Sie sofort gekommen wären!"* *„Ja, was weiß denn ich?"*, weinte ich verzweifelt. *„Sie müssen das Kind durch künstliche Wehen auf die Welt bringen, wir können Ihnen das leider nicht ersparen, ein Kaiserschnitt wäre zu gefährlich. Wenn Fruchtwasser in Ihre Bauchhöhle läuft, bedeutet das für Sie den sicheren Tod! Es tut mir sehr leid!"* Das waren die Worte des Chefarztes aus der Gynäkologie, kurz bevor er mir das Mittel für die künstlichen Wehen spritzte. Ach, mir wäre es egal gewesen, zu sterben, mir war doch zu dem Zeitpunkt alles egal. Der Tod wäre für mich eine Erlösung gewesen. Eine Befreiung aus dem Albtraum, den ich durchlebte. Über zwölf Stunden lag ich in den künstlichen Wehen, bis sich der Muttermund endlich weit genug geöffnet hatte. Es war nachts gegen drei Uhr. T. war da, er hielt meine Hand. Ich glaube, er tat es aus reinem Pflichtgefühl. Ich spürte nichts bei ihm, während er meine Hand hielt. Es war kalt. Er war kalt. Alles um mich herum war leer und kalt. Aber ich war froh, dass er da war, dass überhaupt jemand da gewesen ist und ich den Horror nicht alleine durchstehen musste. Wir sprachen nicht, er saß einfach da und hielt wortlos meine Hand, während ich mich vor Schmerzen krümmte. Durch die Beruhigungsmittel war ich wie auf einem Trip. Schlimme Schmerzen hatte ich. Gotteseidank musste ich später in meinem Leben nie wieder derartige Schmerzen ertragen. Während ich in den künstlichen Wehen lag, dachte ich, es zerfetzte mir meinen Unterleib oder es zerriss ihn. Mein ganzes Leben rauschte an mir vorbei. Es war grausam. Ja, Sterben, bitte! Sterben schien mir die sinnvollste Möglichkeit, dieser Hölle zu entkommen. Durch die Beruhigungsmittel konnte ich nicht mal weinen. Weinen würde mich befreien, aber ich konnte es nicht und ich konnte auch nicht sterben. Weil Gott mich nicht zu sich nehmen wollte. Gott, wenn es einen gibt, wollte mich anscheinend nicht haben. Warum ließ er zu, dass ich mich so quälte? Was hatte ich verbrochen in meinem Leben? Ich sah es als Strafe, ein totes Kind auf die Welt zu bringen. Eine Bestrafung, aber wofür verdammt? Die Hebamme versuchte, mich zu beruhigen. *„Wir setzen Ihnen gleich eine Rückenmarknarkose, dann lassen die Schmerzen nach. Das ist das einzige, das wir für Sie tun können, aber es wird Ihnen gleich besser gehen, die Schmerzen werden weniger!"* Ja, das hoffte ich, denn ich konnte die Schmerzen bald nicht mehr aushalten. Der Körper des Kindes drückte unaufhaltsam nach unten. Die Wehen zerrissen wahrscheinlich bald mein Becken. Der Anästhesist kam nicht herbei. Er kam einfach nicht, und ich fürchtete, vor Schmerzen sterben zu müssen. Eine befreundete Hebamme erklärte mir einige Jahre später, dass die künstlichen Wehen dreimal so stark waren wie normale. Das Kind kann bei der Austreibung nicht mehr mithelfen und mein Körper muss das komplett alleine übernehmen. Als der Anästhesist endlich kam, fauchte die Hebamme ihn an: *„Ja, wo bleiben Sie denn verdammt nochmal?"* *„Guck mal auf die Uhr, es ist mitten in der Nacht, und wozu soll ich mich denn beeilen, das Kind von „der" ist doch sowieso tot!"* Was für herzlose Worte. Mit „der" meinte er mich. Ich war ein Mensch. Mit Herz, Verstand und Gefühl und kein toter Gegenstand. Hatte ich kein Recht auf Mitgefühl? Auf Anteilnahme? Nein, für mich war das anscheinend eine Regel, die außer Kraft gesetzt war. Damals wurde mir zum ersten Mal bewusst, dass es viele herzlose Menschen auf der Welt gab, denen das Schicksal anderer Menschen völlig egal war. Es ließ sie absolut kalt und interessierte sie nicht. Während der Entbindung meiner kleinen Kim zog ich mir die Decke meines Bettes bis über beide Ohren. Mein totes Kind, das aus mir herauskam, wollte ich nicht sehen. Gedanklich hatte ich schlimmste Vorstellungen, wie meine Kim aussehen würde. Immerhin war sie seit vier Tagen tot in meinem Bauch. Die Entbindung war die Hölle. Ein Albtraum. Schlimmer als das noch. Alles zusammen. Meinen Zustand empfand ich grausamer, als einen Zombiefilm, in dem sich alle Menschen niedermetzeln. Wie verrückt „presste" ich mir mein Kind aus dem Leib. Natürlich wollte ich die Angelegenheit möglichst schnell beenden und meine kleine Kim hinaus haben. Raus aus meinem Körper. Den Tod wollte ich ebenfalls aus meinem Körper „pressen". Meine Vorstellung, dass ich den Tod seit mehr als vier Tagen in mir trug, macht mich „irre". Angst, Panik, Entsetzen und das Gefühl, „Durchzudrehen", liefen in mir auf Hochtouren. Es ging alles gut über die Bühne. Kim war zügig auf der Welt. In dem Augenblick, als der leblose, tote Körper meines kleinen Mädchens ins Licht der Welt rutschte, fühlte ich mich befreit. Befreit von all den Schmerzen in mir. Ein großer Moment des Glücks. Einen Augenblick der Erleichterung durfte ich erleben. Kim war da, endlich war sie aus mir heraus und auf der Welt. Kim war im Licht. Sie sah es nicht mehr. Alle Mütter berichteten von dem „einen Moment", in denen das Kind das letzte Stück des Weges hinausgeleiten kann, dass es der schönste Moment an der Geburt überhaupt sei. Diese wundervolle Erfahrung, von der sie berichten, erfuhr ich in dem Augenblick auch. Ja, das war er, der schönste Moment, als Kim ganz leicht und sanft meinen Körper verließ. Mit dem Körper meines Kindes verließ mich auch der unbarmherzige Schmerz in mir. Aber Kim war tot. Niemals würde mein Mädchen atmen, für immer waren ihre Augen geschlossen. Nicht einen winzigen Moment in diesem Leben hatte sie das Recht bekommen, ihre Augen zu öffnen. Nicht einen kleinen Blick in das Licht der Welt durfte sie werfen. Welch einen Preis mussten Kim und ich bezahlen für „den Moment", in dem sie auf die Welt kam? Mit dem Tod hatten wir ihn bezahlt. Der Tod hatte mir mein Kind genommen. Entrissen hatte er mir meine ungeborene Tochter. Kurz, bevor sie ins Leben „glitt". Wie grausam. Man zwang mich zu guter Letzt, mir mein Kind anzusehen. Gegen meinen Willen wurde ich gezwungen, Kim anzuschauen. Die Schwestern hatten mein totes Baby gewaschen und angezogen. *„Sie müssen sich Ihre Tochter ansehen, Anais! Sie können das sonst niemals vergessen und Zeit Ihres Lebens nicht damit abschließen. Und ihre Kim ist ein ganz so hübsches Kind! Sehen Sie sich die Kleine bitte an!"* Die Worte der Hebamme klangen ehrlich. Es war gut und ich überwand mich. Ja, es war die richtige Entscheidung in dem Moment. So konnte ich von Kim Abschied nehmen. Sie war ein wunderhübsches Baby, mit schwarzen langen Haaren, einem süßen kleinen Mund. Ihr Ausdruck war liebevoll und zart. Voller Anmut berührte ich mein totes Kind, meine kleine Tochter. Streichelte ihr zärtlich über den kleinen, flauschig weichen Kopf und verabschiedete mich von ihr. Ich war so erschöpft und fertig von der Entbindung. Nicht nur fertig von der Geburt, ich war auch fertig vom Leben. Warum hatte „Kim" den Kampf verloren? Warum? So viele Fragen nach „dem Warum" und es gab keine Antworten! Eine einzige mögliche Antwort war wahrscheinlich die Fahrlässigkeit meiner Frauenärztin.

Die nächsten Tage nach der Entbindung waren für mich nur schwer zu begreifen. Mein Kind musste ich zu Grabe tragen. Da Kim keine Minute gelebt hatte, durfte sie kein eigenes Grab bekommen. Sie wurde im Grab von T.'s Oma beigesetzt. Viele Tage vergingen, in denen ich wortlos vor mich hinvegetierte. Teilnahmslos, oftmals verwirrt. Erst einmal musste ich begreifen, was mit mir passiert war. Dies zu verarbeiten war weiß Gott nicht einfach. Immer dünner wurde ich. Eines Tages bestand ich nur noch aus Haut und Knochen. Ich bekam Angst vor mir selbst. In mir gab es nur noch Hassgefühle, Trauer, Wut und Verzweiflung. Die vielen Fragen nach dem Warum, zermürbten mich. Ich glaubte, vor Angst durchzudrehen. Hilfe erhielt ich keine. Freunde zogen sich zurück, T. wurde mir zusehends fremd. Der Terror seiner Mutter ging weiter, sie gab mir den Rest. Über ihre Lippen gelangen Sprüche wie: *„Guck mal, selbst zum Kinderkriegen bist du zu dumm! Du bekommst nichts auf die Reihe, Mädchen! Du stürzt unseren T. nur ins Unglück! Rappel dich mal wieder auf und geh wenigstens arbeiten, geh Geld verdienen! Du kannst unserem Jungen doch nicht ewig auf der Tasche liegen!"* Damals war ich gar nicht mehr in der Lage, arbeiten zu gehen. Ich fühlte mich körperlich viel zu schwach, ich war nur noch ein Schatten meiner selbst. Die Waage zeigte mir immer weniger Gewicht. Dabei hatte ich eigentlich einen guten Appetit. Also ich hatte nicht das Gefühl, zu wenig zu essen. Was war nur los mit mir? Ich versuchte arbeiten zu gehen. Jobbte in der Frittenbude. Um überhaupt „irgendetwas" zu machen und um Geld nach Hause zu bringen. Damit mich meine Schwiegermutter nicht weiter drangsalierte. Mein Auto ging kaputt und das Geld für die Reparatur fehlte mir. Finanzielle Rücklagen gab es keine. Zuhause ist mir nie beigebracht worden, für schlechte Zeiten zu sparen oder Geld zurückzulegen. Die Mutter von T. flehte ihren Sohn regelrecht an, mir kein Geld für die Autoreparatur zu geben. Stattdessen sollte er mein kaputtes Auto verkaufen. *„Wozu braucht das Miststück denn ein Auto? Zur Frittenbude kann sie doch zu*

Fuß laufen, das sind doch alles nur unnötige Kosten", keifte sie T. an. Bis zu uns oben in die Wohnung hörte ich sie schreien. T. verkaufte mein Auto tatsächlich. Das Geld, das er für das Ausschlachten meines Wagens erhielt, das steckte sich meine Schwiegermutter ein. Damit hätte ich angeblich meine Schulden zu tilgen, die ich bei ihrem Sohn für die Beerdigung meines Kindes gemacht hatte! Hammerhart war sie, diese alte, böse Frau. Früher hätte man Menschen mit solch einem schäbigen Charakter auf den Scheiterhaufen geschmissen. Gedanklich bugsierte ich die Alte dort einige Male hinauf. - Auf den brennenden Haufen! In meinen Augen war sie eine widerliche alte Hexe, die nur Böses im Schilde führte. War es nicht auch das Kind ihres Sohnes? War Kim nicht auch ihr Enkelkind? Mein Gott, wie stark musste ich denn noch sein? Wann nahm dieses Drama endlich ein Ende? Mit den Nerven wirklich am Ende, schnappte ich mir eines Tages den Jeep von T. aus der Garage und fuhr zu der Autobahnbrücke. Die Brücke befand sich im Wald meines Heimatortes. Dort, wo ich als Kind aufgewachsen war. Sie war hoch genug, um meinem armseligen Leben ein Ende zu setzen. Ich müsste mich nur trauen, hinunterzuspringen. Aus meiner Schulklasse waren bereits vor Jahren zwei Schüler gesprungen. Sie überlebten es nicht. Der Aufprall nahm ihnen das Leben. An „meinem" Tag, an dem ich mich eliminieren wollte, war es regnerisch, stürmisch und kalt. Ein Tag im November. Dunkler, wie er nicht hätte sein können. Oben auf der Plattform sah ich über die Bäume hinweg auf die vielen Lichter der Stadt. Alles schien so friedlich und wunderbar. An meine Oma dachte ich, an meine Mutter, an ein paar meiner Freunde und natürlich an dich, W. Was du wohl machtest? Mit großen Schritten ging es auf Weihnachten zu. An diesen Tagen warst du immer besonders herzlich, sehntest dich nach Liebe. Ob du wohl eine neue Freundin gefunden hattest? Wenn ja, dann war sie sicherlich die glücklichste Frau auf der Welt, mit dir an ihrer Seite! Und ich, ich war von dem Tag an, seit du mich fortgeschickt hattest, nie wieder glücklich geworden. *„Ich will* *dir das Leben nicht kaputtmachen! Wir dürfen uns nicht wiedersehen, Anais...!"* Die Sätze hingen wie Blei in meinem Herzen. Schwer trug ich an ihnen. Warum hatte ich kein Recht darauf, glücklich zu sein? War es nicht viel wichtiger, jemanden zu lieben, ihn zu ehren, ihn zu respektieren und alles für ihn zu geben, als mit einem Menschen sein Leben zu verbringen, für den man kaum etwas empfindet, was an Liebe erinnert? Scheiß doch auf den Altersunterschied, W! Es war Liebe! Du hattest mir mein Leben kaputt gemacht, als du mich aus deinen Händen gegeben hattest! Wäre ich bei dir geblieben, wäre ich niemals so unglücklich geworden. Wütend stieg ich auf das Geländer der Brücke. Gleich war es vorbei. Mein scheiß Leben vor allen Dingen. Niemand würde mich vermissen, ich war sowieso allen Leuten ein unnötiger Klotz am Bein. Besonders meiner Mutter. Meinem Mann T., und dessen Mutter. Als ich auf dem Geländer stand, schloss ich meine Augen. Meine Arme breitete ich aus. Ans Fliegen dachte ich. Frei sein. Wie die Vögel dieser Welt wollte ich. Die Höhe, in der ich mich befand, konnte ich durch die Dunkelheit, die mich umgab, nicht einschätzen. Der Wind drückte meinen Körper nach vorn, ich hatte Mühe und Not, das Gleichgewicht zu halten. Bewusst springen wollte ich und nicht vom Wind hinunter geweht werden. In dem Moment überlegte ich, wenn ich noch einen letzten Wunsch frei hätte, was ich mir wünschen würde? Ich würde mir wünschen, dass mir T. endlich seine Liebe schenkte. Liebe, nach nichts sehnte ich mich mehr als nach Liebe. Mein Stiefvater fiel mir plötzlich ein. Er hatte gesagt, wenn es da etwas gab, dass ich mir wünschte und er mir helfen konnte, so sollte ich zum ihm reden. Ganz fest dachte ich an ihn, während ich mich an seine Worte erinnerte und zu ihm sprach: *„Papa, wenn du mir helfen kannst, bitte ich möchte endlich einmal in meinem Leben Liebe erfahren und wenn es durch den Tod sein muss, dann soll es so sein!"* Als ich mich von der Brüstung abdrücken wollte, klingelte mein Handy. Es steckte in meiner Jackentasche. Für einen Moment zögerte ich. Wer rief jetzt an? Ich hatte niemandem gesagt, wo ich hinfahren wollte. Sprechen wollte ich eigentlich auch niemanden mehr. Gut, ich hätte dich anrufen können, W. Darüber hatte ich für einen kurzen Moment nachgedacht. Dir „Auf Wiedersehen" zu sagen. Das wäre allerdings unfair gewesen. Du hättest dann immer mit dem Gedanken leben müssen, dass du es vielleicht hättest verhindern können, dass ich mir das Leben genommen hatte. Aus dem Grund habe ich dich nicht angerufen. Ich überlegte, ob ich am Telefon antworten sollte. Springen konnte ich später noch. Also kletterte ich tatsächlich vom Geländer runter und nahm am Handy ab. *„Ja!?"* "*Anais, wo bist du?*" T. war am anderen Ende. *„Auf der Autobahnbrücke!"* *„Was machst du denn da? Und hast du mein Auto dabei?"* *„Ja, dein Auto ist hier. Ich habe leider eine dicke Beule und einige Kratzer reingefahren!"*, log ich. Sollte er doch heulen um sein scheiß Auto. *„Wieso denn das? Was machst du denn an der Brücke? Warum rauscht das denn so in der Leitung?"* *„Das ist der Wind! Hier weht es ganz schön"*, lachte ich unter Tränen. Ich weinte in dem Moment aus Fassungslosigkeit über mich selbst, dass ich wirklich soeben mein Leben beenden wollte. *„Wann kommst du nach Hause?"* *„Gar nicht mehr! Wenn du jetzt nicht gerade noch zufällig angerufen hättest, wäre die Sache schon erledigt gewesen, T!"* Am anderen Ende der Leitung herrschte Funkstille. *„Wie?"* kam es zögerlich. *„Du willst da jetzt nicht etwa runterspringen, oder? Ach, das traust du dich gar nicht, Anais!"* Ha, hatte T. eine Ahnung, was ich mich nicht alles traue... *„Das, mit der Beule im Auto, ist nicht schlimm. Aber mach jetzt keinen Blödsinn, ich liebe dich!"* *„Du liebst mich?"*, fragte ich erstaunt. *„Ja, das weißt du doch! Komm, ich rede auch mit meiner Mutter, damit sie uns in Ruhe lässt. Aber komm jetzt bitte nach Hause!"* Plötzlich war die Verbindung weg. Der Akku meines Hands hatte den Geist aufgegeben. Abgestürzt. Mein Absturz stand noch in Planung! T. liebte mich? Das ließ mich staunen und ein wenig an meinem Vorhaben, mich aus dem Leben zu stürzen, zweifeln. Eigentlich klangen T seine Worte am Telefon ehrlich. Vielleicht machte er sich tatsächlich Sorgen um mich. Anscheinend liebte er mich doch. Mein Bauchgefühl sagte mir, spring nicht, Anais. Gib T. noch eine Chance, alles wird gut! Ich fuhr also nach Hause. Ich Idiot! Das erste was T. machte, er überprüfte sein Auto wegen der Beule. *„Das war gelogen T., da gibt es keine Beule, aber schön, wie sehr du dich freust, dass ich wieder da bin!" „Ach, du wärst doch sowieso nicht gesprungen, Anais. Erzähl doch nicht so' n Mist! Das kaufe ich dir nicht ab!"* In der Nacht schlief ich schlecht, meine Gedanken kreisten wie verrückt um mein trauriges, trostloses Dasein. Ein Leben, das ohne Glück und Freude war. Mir wurde bewusst, dass T. sich niemals ändern würde. Menschen änderten sich nicht und ich würde an T. seiner lieblosen Art irgendwann zerbrechen. T. schlief seelenruhig neben mir. Hätte er mich geliebt, hätte er mich in der Nacht in den Arm genommen. Mich im Arm gehalten und mir seine Schulter zum Anlehnen überlassen. Mir liebe Worte zugesprochen. Merkte er gar nicht, wie verzweifelt ich war? Wie schlecht es mir ging und dass die Sache, dass ich bereit war, mein Leben zu beenden, wirklich ernst war? Dass ich aus der ausweglosen Lage flüchten wollte? T. bemerkte nicht einmal meine Tränen. Nicht nur in dieser Nacht weinte ich. So oft habe ich weinend neben ihm gelegen. Wahrscheinlich wollte T. es nicht realisieren. In den darauffolgenden Tagen drehten mir T. und seine Mutter mein letztes bisschen Selbständigkeit endgültig ab. T. leihte mir sein Auto nur noch selten, ich hätte es ja zu Schrott fahren können. So war ich beständig auf ihn angewiesen, wenn ich irgendwo hinfahren wollte. Zur Freude seiner Mutter, die mich nervlich und körperlich wahrscheinlich endgültig in die Klapsmühle bringen wollte. In der Nachbarschaft erzählte sie, dass ich nach dem Tod meines Kindes nicht mehr auf die Beine kam. Mich um ihren kleinen lieben Jungen T. nicht mehr kümmern konnte. Ihm nichts kochte, die Wäsche für ihn nicht mehr wusch und dass die Ehe zum Scheitern verurteilt war. Dass sie mir überhaupt keine Chance gab, mit ihrem Sohn T. ein eigenes Leben zu führen, erzählte sie natürlich nicht. Oh mein Gott, diese böse Frau! Ich wünschte ihr wirklich nichts Gutes. Eigentlich wünschte ich ihr die Pest an den Arsch. Das Problem war, T. war seiner Mutter hörig! Zumindest solange sie ihn unter ihren Fittichen hatte. T schaffte es nicht, sich schützend vor mich zu stellen. Ich nahm damals, ziemlich verzweifelt, wieder Kontakt zu meiner ehemals besten Freundin aus A. auf, zu K. Sie hatte von meiner Totgeburt erfahren. Eigentlich hätte sie die Patentante von Kim werden sollen. Unsere Freundschaft war jahrelang stark geblieben. Auch wenn wir uns nicht mehr regelmäßig sahen, waren wir immer füreinander erreichbar. *„Ich habe dir gesagt, dass du mit T. nicht glücklich wirst, Anais! Du brauchst erst mal ein eigenes Auto, damit du wieder unabhängig bist!"*, redet sie mir ins Gewissen. *"Du kannst doch nicht zum Stall und zur Arbeit laufen! Mensch, lass dir das doch nicht gefallen! Weißt du was, du nimmst mein Auto, ich gebe es dir für 100 Mark. Die Kiste ist nicht mehr die Beste, aber du kommst wenigstens von A nach B! Und dann tust du mal was für dich, fährst mal weg. Du musst da raus, die machen dich ja kaputt, der T. und seine Mutter!"* Ja, Recht hat sie, aber ich fühlte mich schwach und ausgelaugt. Ich lief damals von einem Arzt zum anderen, niemand fand eine eigentliche Ursache für meinen Gewichtsverlust. Für meine schwachen Nerven auch nicht, außer den krankmachenden Umständen meiner Totgeburt, die hinter mir lag. Damit war ich bei den Ärzten schnell abgetan. Psychisch war ich am Ende und das war ich in den Augen der Ärzte sowieso und so fühlte ich mich auch. Ich wollte nicht glauben, dass es nur an der Totgeburt lag. Ich fühlte irgendetwas nagte innerlich an meinen Organen. Es war nicht nur meine Seele, die Hilfe brauchte. Ich war krank. Organisch war etwas mit mir nicht in Ordnung. Das spürte ich. Niemand schenkte meiner Ahnung Glauben. Sensibel war ich seit jeher und habe mich auf meine Intuition immer verlassen können. Ich sagte es auch zu meiner Freundin K. *„Das ist nicht nur wegen Kim, dass ich mein Leben nicht mehr auf die Reihe* *kriege. Irgendetwas ist in mir und macht mich kaputt! Eine Krankheit! Warum kann mir niemand helfen?"* Jeden Tag durchlebte ich Panikattacken. Mochte nur noch selten aus dem Haus gehen und schaffte es kaum, meine Pferde zu versorgen. Kurz vor dem Durchdrehen stand ich und vor dem Zusammenbruch meines Körpers. Meine Freundin K. wohnte zu weit weg, damit wir uns regelmäßig sehen konnten. K. führte mittlerweile ihr eigenes Leben. Dem Kindesalter waren wir beide längst entwachsen. Da auch sie in der Liebe schwer enttäuscht wurde, zog sie aus unserem Bezirk schließlich fort. Sie wollte noch einmal neu anfangen. In einem anderen Ort. Besonders in der Zeit, in der es mir schlecht ging, W., dachte ich immerzu an dich. Weißt du, mein Herz spielte verrückt. Es schlug viel zu schnell und ich bekam Rhythmusstörungen. Aussetzer. Herzstolpern. Das war zu der Zeit, als wir beide noch regelmäßigen Kontakt hatten, auch vorgekommen. Ein Herzstolpern aus Liebe war jedoch etwas ganz anderes, als diese Störungen des Herzens, die ich persönlich einer Krankheit zuordnete. Die konnten nicht gesund sein. Das Herzstolpern, das ich bei dir hatte, das hat mir keine Angst gemacht, W! Deine Hand habe ich vor Jahren mal auf meine Brust gelegt, weil ich wollte, dass du den schnellen Herzschlag in ihr spürst, für den du verantwortlich warst. Erschrocken hattest du mich angesehen: *„Soll ich dich zum Arzt fahren?"* Ich habe gelächelt und dir gesagt: *„Nein, es ist alles ok, mein Herz schlägt nur wegen Ihnen so schnell!"* Sollte ich dich anrufen? Dich besuchen? Nur so, um mit dir zu reden. Ich hätte es gern getan in der Situation, W. Du hattest doch immer gesagt, Reden wäre ok. Mir fehlte jedoch die Kraft. Ich war wirklich am Ende. Totaler Stillstand. Auf der Arbeit klappte ich irgendwann zusammen. Ich fiel einfach um. Das war abzusehen, oder? Meine damalige Chefin hatte wenig Mitleid mit mir, obwohl sie wusste, was hinter mir lag. Sehr früh im Leben lernte ich, dass man nie auf das Mitleid anderer Menschen hoffen durfte. Sie schrieb mir damals direkt die Kündigung. Für den Imbiss war ich gesundheitlich nicht mehr tragbar. Zumindest nicht in Vollzeit, in Teilzeit beschäftigte sie mich weiterhin. Das hieß bei ihr: Die Stunden, die ich anwesend war, bekam ich bezahlt. War ich krank, gab es kein Geld. So versuchte ich trotz meiner körperlich schlechten Verfassung, tapfer weiterzuarbeiten. Das Geld brauchte ich. Für die Pferde und für mich. T. hatte mir den Geldhahn dank seiner Mutter längst abgedreht. Frohsein konnte ich, dass ich verheiratet war und keine Miete zahlen musste. Ein Fall für das Sozialamt wäre ich gewesen. Somit hatte ich keine Chance, mich aus der elendigen Beziehung von T. zu lösen. Ich war quasi abhängig von ihm. Eine eigene Wohnung, wie hätte ich sie finanzieren sollen? Sozialamt? Dann hätte ich meine geliebten Pferde hergeben müssen! Die Pferde waren alles, was ich besaß. Sie gaben mir den Halt, überhaupt weiterzumachen und mich nicht völlig aufzugeben. Sie lagen mir sehr am Herzen. Die Beziehung zu T. wollte ich gern aufgegeben. Zwischen uns gab es keine Liebe und ich hungerte doch so sehr nach Liebe. Körperlich schien ich am Ende, aber T. streckte seine Hand nicht aus, um mich aus dem Dreck zu ziehen. Nein, er hatte mittlerweile die Einstellung seiner Mutter übernommen, mit mir wäre nichts anzufangen. Er trat mit den Füssen auf mich ein, damit ich noch tiefer im Sumpf versinke. Freunden von uns erzählte er, dass er mich nur nicht aus seinem Elternhaus schmiss, da ich ihm Leid tat, weil ich soeben unser gemeinsames Kind verloren hatte. Einige Jahre später, in einer ruhigen Minute, beichtete mir das ein sehr guter Freund von uns. Welche Wahl hatte ich eigentlich? Eine andere Möglichkeit, als stillzuhalten, auszuharren, blieb mir nicht. Für eine eigene Wohnung fehlte mir das Geld, zurück zu meiner Mutter konnte und wollte ich nicht, wo sollte ich also hin? Meiner Mutter von meinem Leid berichten? Das traute ich mich nicht. Selbst von meiner Vermutung, dass ich schwer erkrankt bin, sagte ich ihr nichts. Wir hatten uns lange nicht mehr gesehen, sie und ich. Natürlich spürte ich auch nicht unbedingt ein Verlangen danach. Ich glaube, sie wäre froh gewesen, wenn ich gestorben wäre. Für sie war ich sowieso all die Jahre lang mehr tot als lebendig. Rief ich sie an und weinte, war ich nur ein lästiges Anhängsel. Ein „Etwas" war ich, dass ihr Mann ihr hinterlassen hat, der selbst keine Kinder wollte. Meine Mutter lebte in dem Glauben, dass mein Vater sie ins Unglück gestürzt hatte. Schuld daran war ich. Schuld, weil er sie **nie** verlassen hätte, wenn sie kein Kind zusammen bekommen hätten. Es war ein Teufelskreis und ich steckte mittendrin. Völlig allein, hilflos und am Ende. Mein Bedürfnis, dich wiederzusehen, W., war groß. In meinem Zustand konnte ich dir aber niemals mehr unter die Augen treten. Ein Wrack, eine leere Hülle war ich. Ein kleiner Haufen Scheiße. Nein, so durfte ich dich nicht besuchen. Dich anrufen? Nein, ich hatte nicht mehr die Kraft, stark zu bleiben und ich konnte doch nicht vor dir weinen. Das wäre mir wahrscheinlich passiert. Kurz bevor ich glaubte zu sterben, dass es mit mir zu Ende ging - die Waage zeigte nur noch etwas über 45 kg an - kippte ich in der Wohnung bei T. um. Mein Kreislauf brach zusammen. Kollaps! *„Ach, stell dich doch nicht immer so fürchterlich an!"* T. lag auf der Couch vor dem Fernseher, mit der Flasche Bier in der Hand, als ich mir erschrocken an die Brust fasste. Mein Herz schlug überhaupt nicht mehr im Takt. Mir wurde kalt und heiß, ich konnte plötzlich nicht mehr aufrecht stehen. *„Leg dich ins Bett und gib endlich Ruhe, morgen geht's dir wieder besser! Und iss mal mehr, du wirst ja immer dünner!"* T. fuhr mich an dem Tag nicht zum Arzt. Mit letzter Kraft rief ich eine meiner Freundinnen an, die sofort kam und mich zum Arzt bringt. Auf allen Vieren krabbelte ich in die Arztpraxis, aufrecht Laufen war mir nicht mehr möglich. Der Arzt schlug die Hände über dem Kopf zusammen. *„Mädchen, Mädchen, was nimmst du denn für Drogen? Das musst du mir schon sagen, sonst kann ich dir nicht helfen!" „Meine Freundin nimmt keine Drogen, sie hat noch nie in ihrem Leben Drogen genommen, dafür lege ich meine Hand ins Feuer!"*, verteidigte mich V. Nach dem Arztbesuch stellte sich heraus, dass ich organisch schwer krank war. An einer weit fortgeschrittenen Schilddrüsenüberfunktion litt ich. Sämtliche Organe drohten zu versagen. Mein Herz würde bald schlappmachen. Ich kam ins Krankenhaus und wurde behandelt. In allerletzter Minute. Dem Tod war ich haarscharf von der Schippe gesprungen. Allmählich erholte ich mich durch die ärztlich notwendigen Behandlungen. Die Panikattacken verschwanden, ich konnte klarer denken, nahm auch wieder an Gewicht zu und fühlte mich etwas stärker. Um das alles, was in den letzten Jahren hinter mir lag, richtig verarbeiten zu können, machte ich eine Therapie, eine Psychotherapie. Freiwillig! T.'s Mutter erzählte natürlich im ganzen Bekanntenkreis und in der Nachbarschaft, dass ich komplett durchgedreht und verrückt war. Deshalb wäre ich beim Psychiater gelandet. Den Unterschied zwischen Psychologen und Psychiater schien sie gar nicht zu kennen. Die Psychotherapie tat mir damals gut. Der Psychologe öffnete mir die Augen, dass nur ich für mich und für mein Leben verantwortlich war. Ebenso für mein Glück. Das hatte ich bitternötig, dass es jemanden gab, der mir etwas an Selbstvertrauen schenkte. Ein Mensch, der mir sagte, dass ich ein toller Mensch war, besonders nach allem, was ich tapfer ertragen und durchgestanden hatte. Irgendwann, als es mir gesundheitlich besser ging, fasste ich den Mut, dich anzurufen, W. Lange schon habe ich mir das sehnlichst gewünscht. Mein Herz war immer noch bei dir! Ein wenig von der Liebe wollte ich kosten, die mir so viele Jahre verloren gegangen ist. Mit dir kann ich sie fühlen und deshalb rief ich dich an! Ein kleines Stückchen Glück wollte ich mir verpassen. Dazu brauchte ich dich. Klar hatte ich Angst, es waren immerhin über fünf Jahre vergangen, seit wir das letzte Mal Kontakt hatten. Für mich schienen 5 Jahre lang genug, dass du nicht mehr böse auf mich warst, wenn ich dich anrief! Versprochen hatte ich ja, dass ich nicht mehr anrief. Fünf lange Jahre hatte ich mein Versprechen gehalten. Dich direkt zu besuchen, traute ich mich nicht. Dich anzurufen, war die richtige Entscheidung. Immerhin hattest du so die Gelegenheit, mich

abzuweisen, wenn du mich nicht sehen wolltest. Zu meinem
Erstaunen wimmeltest du mich am Telefon jedoch nicht ab.
Eigentlich hatte ich das erwartet, wenn ich ehrlich bin. Jedoch
ganz im Gegenteil, du sagtest zu mir: *„Wenn du Zeit hast,
dann komm mich doch bitte besuchen, Anais!"* Es klang
beinahe wie eine Bitte. Du warst liebevoll und höflich, wie
immer. Mein Herz schlug Purzelbäume, weil ich dich
besuchen durfte. Der Tag, an dem wir uns endlich wieder
gegenübersaßen. Fünf Jahre später und mir kam es vor, als
wäre es gestern gewesen, als ich dich das letzte Mal gesehen
hatte. Es war, als wäre ich nie von dir gegangen. Mein Herz
blutete. Einerseits war ich verdammt glücklich, endlich wieder
bei dir zu sein, andererseits todtraurig zu wissen, dass du
meine Liebe nicht mehr erwidern wirst. Du warst immer noch
derselbe Einzelgänger. Du hattest keine Beziehung, keine
Frau, kein Kind, kein Kegel. Du hattest wie immer nur Tennis
und Skiurlaub im Kopf. Ein wenig zerstreut, noch immer an
der Schule unterrichtend und mit Vorfreude auf die baldige
Pensionierung warst du. So kannte ich dich, meinen geliebten
Lehrer. Aus mir, dem einst stolzen, hübschen Mädchen, das so
schwer in dich verliebt war, war eine leere Hülle mit totem
Inhalt geworden. Innerlich war ich ohne Liebe und Wärme,
obwohl ich mit dir an meiner Seite einst so glücklich war. Die
Verzweiflung sprach aus mir, als ich dich besuchte. *„Mensch,
Anais, ich hätte dir so sehr einen Mann gewünscht, der dich
richtig lieb hat. Du bist so ein tolles Mädchen, du hast das
verdient! Ich wünsche es mir so sehr für dich! Ich wollte
niemals, dass du unglücklich wirst. Und du siehst immer noch
gut aus. Du bist so hübsch und intelligent. Ich kann die
Männer nicht verstehen, die dir wehtun, es tut mir so
unendlich leid!"* Was mir in den vergangenen Jahren alles
widerfahren ist, erzählte ich dir nicht. Ich habe eher das
Bedürfnis, dich nicht zu belasten, dich nicht zu enttäuschen,
mit dem, was mir auf dem Herzen liegt. Auch wenn es immer
dein Anliegen war, dass ich dir mein Herz ausschüttete.
Manchmal behielt man im Leben die Wahrheit und gewisse

Dinge einfach für sich. Wenn ich alles erzählt hätte an dem Tag, du hättest mich wahrscheinlich aus der Wohnung geschmissen. Oder aus dem Fenster. Dann wäre es endlich passiert, wie du es mir so oft angedroht hast. Weil so viel Müll, Mist und Drecksgeschichten, die mir wiederfahren sind, die konnte doch gar kein normaler Mensch ertragen. Dass ich kein glücklicher Mensch war, das sahst du mir wahrscheinlich an. Das konnte ich dir nicht verbergen. Die Sorgen schienen mir aus den Augen. Von dem Horror der letzten Jahre erzählte ich dir nichts. Viel lieber sagte ich dir, dass ich mich freute, dich besuchen und wiedersehen zu dürfen. Dich zu fragen, wie es dir in den letzten Jahren ergangen ist, gefiel mir viel besser, als dir aus meinem verdammten Leben zu erzählen. Mit meinem Wunsch, lieber tot als lebendig zu sein, in den letzten Jahren ohne dich, damit wollte ich dich nicht belasten. Dir ging es gut, erzählst du mir! Mensch, das freute mich von ganzem Herzen! Wenn es dir gut ging, war die Welt für mich ebenfalls in Ordnung. *„Weißt du noch, W., als wir beide hier am Heiligen Abend zusammensaßen und du mich gefragt hast, ob ich nicht endlich nach Hause müsste?" „Ach, habe ich das?" „Ja! Du sagtest, dass du dich total freust, weil ich an diesem besonderen Tag bei dir war. Aber meine Eltern würden mich doch sicherlich schon vermissen!" „Damals hatte ich vorher eine Flasche 'Kleiner Feigling' für uns besorgt. Wissen Sie noch, wie wir uns den halb reingezogen haben?" „Ach, quatsch nicht, Anais! Du hast doch noch nie Alkohol getrunken!" „Doch, an dem Tag schon! Ich weiß auch noch, dass ich im Geschäft meinen Ausweis vorlegen musste, obwohl ich schon 19 war. Du hast mich dann abends nach Hause gefahren und ich hatte eine richtige Fahne. Das war mein schönstes Weihnachten!" „Wir hatten sehr schöne Zeiten, das stimmt, Anais!"* Zurückhaltend warst du an dem Tag. Es war deine Angst. Fünf Jahre haben mich gezeichnet. Aus dem einst schüchternen Kind war eine junge Frau geworden, die viel erlebt hatte. Das sprach aus meinen Augen. Du warst der Mensch, der die Sprache meiner Augen am besten verstand.

Dir musste ich nichts vormachen. Deine Angst, noch einmal die Kontrolle zu verlieren, spürte ich. Angst, es zuzulassen, dein Gefühl zu mir. Mich zu küssen, mich zu streicheln. Warum auch immer, wolltest du es nicht. Das Bedürfnis, mir Zärtlichkeit zu geben, unterdrücktest du. Es fiel dir schwer, dich zurückzuhalten. Das bemerkte ich. Deine Unsicherheit machte es deutlich. Du warst nervös. Du hattest dir genau überlegt, wie du dich mir gegenüber verhalten solltest. Wie weit du gehen konntest und was du besser lassen solltest. Wie versteinert saß ich da und ergriff weder die Gelegenheit, noch versuchte ich dich aufzumuntern oder selbst die Initiative zu ergreifen. Vielleicht wartest du auf ein Zeichen von mir? Mensch, warum setzte ich mich nicht einfach zu dir, blickte in deine wundervollen Augen und gab dir einen innigen Kuss. Warum tat ich es nicht? In deine Augen blickte ich unaufhaltsam. Deine Augen waren das Schönste für mich überhaupt. Sie blickten mich liebevoll an. Bei ihrem Anblick schmolz ich dahin. Meinen Blick ließ ich nicht einmal von dir. Im Blick deiner Augen war ich gefangen und hatte ein Gefühl von Heimat im Herzen. Vor mir saß der wichtigste Mensch in meinem Leben. Die Liebe meines Lebens. Du! Jedoch durfte ich die Liebe nicht leben. Ein „Für Immer" war unserer Liebe nicht vergönnt. Dann sollte sie auch nicht nur für den Moment sein. Nein, keinen One-Night-Stand wollte ich mit dir, oder dieses wir-sehen-uns-einige-Male-im-Monat und tauschen Sex miteinander aus. Die Liebe zu dir war ein wunderbares Gefühl. Wohin ich auch gehe, bis an das Ende meines Lebens, werde ich dich lieben und das Gefühl deiner Liebe in mir tragen, W. Das Gefühl der Liebe war mir weitaus wertvoller, als wenn ich Sex mit dir gehabt hätte. Es war viel wertvoller, als mit dir zusammen in einer Wohnung zu wohnen und das Gefühl des partnerschaftlichen Miteinanders täglich auszuleben. Irgendwann würde auch uns der Alltag einholen und wir würden vielleicht streiten und uns mit Sorgen rumschlagen, wie jedes Pärchen es tat. Darüber hinaus müssten wir mit weitaus schlimmeren Problemen kämpfen. Dem Gerede aus unserem sozialen Umfeld unserer Mitmenschen wegen des Altersunterschieds. Nein, ich wollte mich mit dir nicht streiten und nein, ich wollte nicht, dass du unter dem Gerede der anderen Leute littest. Niemals. Das Gefühl in meinem Herzen war wertvoller, als alles mit dir zu teilen, was in einer Beziehung geteilt wird. Das wäre für uns eine Gefahr gewesen und die Liebe hätten wir früher oder später verloren. Wir hatten keine Chance. Das hatte jetzt auch ich begriffen. Im Alltag würden wir nicht bestehen. Eine „normale Beziehung", konnten wir nicht führen. Die Distanz zu dir bewahrte ich und ich startete keine Annäherungsversuche mehr. Das Risiko, das wertvolle Gefühl unserer Liebe kaputtzumachen, war mir zu groß. Verrückt oder? Mit dem Gefühl deiner Liebe in mir war ich glücklich und das setzte ich nicht aufs Spiel, basta. Wenn du es noch einmal zulassen würdest, W., mit uns beiden, ich wäre im Herzen zerbrochen. Du würdest mich immer wieder abweisen. Niemals würdest du es aus dem Grund tun, weil du mich nicht lieb hattest. Du tatst es wegen deines Gewissens. Dein Gewissen war deine Vernunft. Die Gesellschaft und deine Lebensumstände untersagten es dir, dich unserer Liebe hinzugeben, W. Das habe ich heute verstanden. Als ich an dem Tag von dir ging, W., wusste ich genau, dass ich mein Herz nicht mehr zurückbekommen würde. Mir wurde bewusst, dass ich nie wieder jemanden so lieben könnte wie ich dich liebte. Wenige Tage später legte mir mein Therapeut ans Herz, meinem Mann T. den Vorschlag zu machen, dass wir zusammen aus dem Elternhaus ausziehen. Dringend! Mit T. und seiner Mutter unter einem Dach, das hatte seiner Meinung nach für uns beide keine Zukunft. Wenn T. mich liebte, so war der Therapeut überzeugt, dass er mit mir in eine gemeinsame Wohnung ziehen würde. T. willigte zu meinem Erstaunen tatsächlich ein. Das hatte ich, wenn ich ehrlich bin, von ihm nicht so einfach erwartet. Obwohl unsere Ehe zum Scheitern verurteilt war, zogen wir beide gemeinsam in eine Wohnung. Allerdings stellte T. eine Bedingung an mich. *„Ich möchte, dass du alle Pferde verkaufst, Anais! Ich gebe für dich mein*

Elternhaus auf und du gibst die Pferde auf!" Meine Pferde aufgeben? Das war ein Schlag! T. wusste genau, wie sehr ich meine Pferde liebte. Wie konnte er von mir verlangen, dass ich sie aufgebe? Wenn ich jemanden liebe, tue ich ihm nicht weh. Das ist mein Leitsatz, der mich mein Leben lang begleitet. An T.'s Liebe zu mir zweifelte ich lange schon. Dass meine Liebe zu ihm ebenfalls keine tiefgehende Liebe war, das war mir klar. Jedoch wollte ich T. nicht aufgeben. Er war immerhin mein Mann. Wir waren verheiratet und haben uns ewige Treue in guten und schlechten Zeiten geschworen. In den schlechten Zeiten steckten wir mittendrin, also mussten wir das Beste aus ihnen machen. Gut, wir wollten zusehen, dass wir aus ihnen wieder herauskamen. Die Hoffnung, dass es eigentlich nur noch bergauf gehen konnte, an der hielt ich fest. Verrückt! Vor allem habe ich tatsächlich geglaubt, wenn wir aus dem Elternhaus ausziehen, dass T. dieser Idiot, wie ich ihn heute nenne, mich doch noch irgendwann lieben würde. Deshalb gab ich seiner Bedingung, meine Pferde aufzugeben, tatsächlich nach! Eine hammerharte Entscheidung! Aus Hoffnung und Verzweiflung heraus, endlich die Liebe zu finden, nach der ich mich so sehr sehnte, gab ich all das, was ich im Herzen liebte, aus meinem Leben fort. Mit solch einer absurden Handlungsweise, warst du als Mensch in deinem eigenen Ich zum Scheitern verurteilt. So konntest du niemals gewinnen. Weder Freunde, noch die Liebe. Das konnte ein junges, heranwachsendes Mädchen, wie ich es war, allerdings nicht wissen. An meiner Seite war niemand, der mich aufhielt. In das pure Verderben rannte ich…! Mal wieder… Wie traurig. Weißt du W., wenn T. meinen „Brief" an dich lesen sollte, eines Tages, das kann durchaus passieren, dass er es tut, dann soll er sich an der Stelle einmal fragen, was er mir damals angetan hat! Ob er das heute mit seinem Gewissen vereinbaren kann? T. traf ich viele Jahre später in meinem Leben einmal wieder. Da gestand er mir, dass es sein größter Fehler war, unsere Liebe an Bedingungen zu knüpfen und mich aufzugeben. Gut, das gehört hier nicht hin, aber ich schreibe es mit auf, weil es mir gerade im Kopf „schwirrt" und ich es sonst vergesse. Menschen ändern sich nicht im Leben. Nein. Jahre später sehen sie die Dinge vielleicht anders. Bei T. war das dann so gewesen. Aber was nützt das heute noch? Dass er mir sagt, dass er Fehler gemacht hat, damals. Meine Pferde bedeuten mein Leben. Sie sind alles, was ich zum Glücklich sein brauche. Als wir zu der Stelle gelangen, an der T. mich vor die Wahl stellte, wurde es schwierig. Entweder er oder die Pferde. T. zuliebe gab ich meine Pferde auf. Verkaufte sie tatsächlich. Noch heute spüre ich den grausamen „Axthieb" in meinem Herzen. Meine geliebten Pferde herzugeben, das war der größte Schmerz meines Lebens. Er war noch größer als die Totgeburt meiner kleinen Kim. Aber ich sagte mir:" Anais, die Liebe ist wichtiger als ein Pferd! Und wenn du deine Liebe retten willst, musst du hergeben, was dir lieb ist!" T., du dreckiges Arschloch! Wenn du das hier irgendwann einmal lesen solltest! Nein, nicht dreckiges, du erbärmliches Arschloch! Ich hoffe, du weißt, was du mir angetan hast. Du hast deine Strafe bekommen, wie meine Mutter es nennt, wenn sie Menschen „Schlechtes" wünscht. Heute bist du ein unglücklicher Mensch! Während ich ein glücklicher sein darf! Gerechtigkeit des Lebens nenne ich es. Lassen wir das mit der „Strafe", der Lieblingsbezeichnung meiner Mutter, weg und nennen es „Gottes Mühlen mahlen langsam, aber gerecht", wie meine Oma es ausgedrückt hat. Sogar meinen geliebten Dual, den ich vor dem Schlachter gerettet hatte, gab ich für T. her. Das Pferd, dem ich all die Jahre so viele schöne Erinnerungen zu verdanken hatte. Mein Gott, blutete mir mein Herz, als Dual als letztes Pferd meiner vier anderen, den Stall verließ. Bitterliche Tränen vergoss ich an dem Tag. Wenn es doch nur jemanden geben würde, der mich aufhalten könnte mit den Worten: *„Anais, was machst du da? Bist du total verrückt?"* Trenn dich lieber von T., diesem Idioten, anstatt deine geliebten Pferde herzugeben. T. liebt dich sowieso nicht, Anais! Wenn er dich lieben würde, würde er niemals verlangen, dass du deine Pferde hergibst! Nimm dein Leben endlich wieder selbst in die Hand. Schwing dich in den Sattel und reite los. Hinaus in die Freiheit! Reite deine Turniere! Lebe dein Leben, du lebst nur ein einziges Mal! Da gibt es niemanden, der diese wichtigen Sätze über die Lippen brachte und mich wachrüttelte. Innerlich spürte ich, dass ich wieder einmal einen großen Fehler im Leben begangen habe, aber ich verdrängte das. Einen anderen Weg sah ich in dem Augenblick nicht und so schwer er sein mochte, lief ich unaufhaltsam in mein Unglück. Anais und ihr Leben ohne Pferde, das war eigentlich unvorstellbar! Genauso war es für mich unvorstellbar, ein Leben ohne „Liebe" zu führen. So sehr sehnte ich mich nach Liebe in all den Jahren. Nach der Liebe, wie ich sie einst durch dich erfahren und in dir gefunden hatte, W. Die gab es in meinem Leben nicht mehr. Es gab sie wohl wirklich nur einmal im Leben, die ganz große Liebe. Immer mehr verrannte ich mich in Dinge, von denen ich hoffte, sie brachten mir die Liebe, ohne zu bemerken, dass sie mir in Wahrheit das Genick brachen. T. wusste gar nicht, was Liebe bedeutet. Woher soll er das auch wissen? Seine Mutter (die ja „nur" seine Adoptivmutter ist), erdrückte ihn seit Kindesbeinen an mit ihrer Zuneigung, sowie mit ihrer völligen Kontrolle und ihrem übertriebenen Umsorgen. Ich war damals T's erste Freundin. Mit über 40 Jahren war er so unselbständig wie ein Kleinkind. Er hatte weder Ahnung, wie man eine Waschmaschine bedient, noch, wie eine Kaffeemaschine funktioniert. Und ich? Ich war mit Ende 20 so arg vom Leben gebeutelt, dass T. mich vielleicht deshalb nicht lieben konnte. Der Unterschied zwischen uns klaffte zu sehr auseinander. Mit meinen 27 Jahren bin ich weitaus erwachsener und abgeklärter als er, mein Mann, es mit 40 Jahren war. Das ewige Kind im Manne blieb er, der T. Mein geliebter Dual, mein Pferd, erlitt wenige Tage, nachdem ich ihn fortgegeben habe, einen tragischen Unfall. Er sprang so unglücklich bei der neuen Besitzerin über einen Weidezaun, dass er sich die Schulter brach und auf der Stelle eingeschläfert werden musste. Viele Jahre lang fühlte ich mich schuldig an seinem Tod, weil ich ihn einfach lieblos weggegeben hatte. Niemals hätte ich mich von dem Pferd trennen dürfen. Mein geliebtes Pferd gab ich her für einen Menschen, der mich wie Dreck behandelte. Der mich nicht liebte und dem ich völlig egal war. Derartige Erfahrungen im Leben, die schmerzen bitterlich. Sie taten unendlich weh. Mein geliebtes Pferd starb, weil ich es aus den Händen gegeben hatte, weil ich an die Liebe glaubte. An die Liebe mit T., diesem Trottel, der mich nur wenige Wochen, nachdem wir zusammen in der neuen Wohnung wohnten, mit der Nachbarin betrog. Bravo, oder? Mein Gott, man müsste mich ohrfeigen. Besser noch: Auspeitschen! Für so viel Dummheit. Tag und Nacht prügeln sollte man mich. Wie bescheuert war ich in meinem Leben eigentlich? T. hatte an seiner Seite eine junge, hübsche Frau, die ein solides seelisches Fundament in sich trug. Mit großen Schicksalsschlägen und schwerer Krankheit im Leben umgehen konnte und er betrügt sie mit einer fast 20 Jahre älteren Frau, die arbeitslos und Alkoholikerin war? Da fällt einem nichts mehr zu ein, oder? Meine Nachbarin, diese ältere Dame, brachte mich schließlich auf ihre Spur. Auf die „Fremdgehspur" von T. und seiner Geliebten B. Ich stand auf dem Balkon und rauche eine Zigarette, da war sie ebenfalls draußen und hing die Wäsche auf. *„Ihr Mann hat Ihnen aber heute einen tollen Blumenstrauß gekauft!"* sagte sie lächelnd. Ich überlegte. Wie, einen Blumenstrauß? Ich habe gar keinen bekommen. *„Ja, er hat im Blumenladen direkt neben mir gestanden und sich einen wunderschönen Strauß binden lassen...! Ach, muss Liebe schön sein!",* setzte sie ironisch nach. Die Alte wusste an dem Tag ganz genau, dass der Strauß Blumen niemals für mich war. Und wahrscheinlich wusste sie ebenfalls, dass ich nicht wusste, dass mich mein Mann längst mit unserer Nachbarin aus der Wohnung über uns betrog. An dem Tag wäre ich wirklich bald vom Balkon gefallen. T. würde niemals Blumen kaufen, für mich zumindest nicht. Es dauerte nicht lange, da zog T. aus unserer Wohnung aus. Eine Etage höher ging es, direkt in die Wohnung unserer

Nachbarin, die über uns wohnte. Nein, es war kein Witz, es war bittere Tatsache! Irgendwie erschütterte mich aber auch das nicht mehr. Selbst, als uns die Scheidung ins Haus stand und zur Freude von T`s . Eltern, besonders seiner Mutter, der Rosenkrieg ausbrach, blieb ich regungslos in meiner eigenen Gefühlswelt stecken. Eine Starre war in mir, die mich in meinem Handeln völlig blockierte. Die Ereignisse der Dinge überschlugen sich. Nochmals fiel ich in ein tiefes Loch. Mittlerweile hatte ich alles verloren, was ein Mensch verlieren kann. Mein Kind, meinen Mann und meine Pferde. Alles war weg, ich stand bei null. Meine Achtung und Würde, ein wenig von dem, das ich noch in mir trug, nahm mir T. zum guten Schluss auch noch. Seine Antwort als Rechtfertigung dafür, dass er aus unserer gemeinsamen Wohnung seine Sachen ausräumte, um bei unserer Nachbarin einzuziehen, war besonders taktvoll: *„Weißt du, Anais, das war ziemlich mies von mir, dich zu betrügen! Ich hätte dir einfach sagen sollen, dass ich auf dich keinen Bock mehr habe! So wirklich bewusst wurde mir das allerdings erst, nachdem ich unsere Nachbarin gevögelt habe, denn die vögelt einfach besser als du!"* Da fiel einem nichts mehr zu ein. Ja. Mir auch nicht. Außer den Worten meines Lehrers. An sie erinnerte ich mich. An deine Worte W.: *„Anais, ich wünsche mir so sehr einen Mann für dich, der dich wirklich von Herzen liebt! Einen Mann, der weiß, was er mit dir für einen Schatz an seiner Seite hat!"* Mittlerweile lachte ich über diesen von dir ach so geliebten Satz bitterlich. Sarkasmus, Tragödie, Katastrophe, Weltuntergang und noch viel schlimmer, waren die Erlebnisse, die ich ertragen musste, seit du mich fortgeschickt hattest, W. Du wärst angeblich der Mensch, der mein Leben kaputt machte. Deshalb wolltest du nur das Beste für mich und schicktest mich fort. Ich war danach auf direktem Wege in der Hölle gelandet! Ja, das war ein herrliches Leben, dass ich führte, W. Es hat Tage gegeben, an denen ich mindestens drei Mal in die Kloschüssel gekotzt habe. Du wolltest mir nicht wehtun. Niemals wolltest du das, oder?! Was war das, was die anderen Menschen mit mir gemacht haben? Wie sollten wir das nennen? „Tragödie" war zu sehr verharmlost, fand ich! Was war aus mir geworden? Ich habe genau das getan, was du dir für mich gewünscht hast. Ein Leben an der Seite eines Mannes habe ich gelebt, der zu mir passte und der genau wusste, was er an mir hat! Wenn ich darüber nachdenke, ganz ehrlich, W., dann fühle mich heute von dir ziemlich verarscht! Du hättest wissen müssen, dass es das gar nicht gibt! Das, was du dir für mich gewünscht hast (die wahre Liebe, das Glück, die Zufriedenheit, ein Leben voller Respekt und Anerkennung, und vor allem auch, eine Liebe ohne Leiden), das gibt es in diesem Leben überhaupt nicht! Du bist mir 30 Jahre in allem voraus, du wusstest genau, dass es mir unmöglich war, dir diesen Wunsch zu erfüllen. Du hast es dir erhofft für mich, dass es mir gelingen wird, aber du wusstest, dass ich scheitern würde. Genauso kläglich, wie du in deinem Leben gescheitert warst. Du warst genauso unglücklich in all deinen Lebensjahren, wie ich es geworden bin. Glücklich wäre ich geworden, wenn ich bei dir hätte bleiben dürfen. Wie tragisch, W! Deine Traurigkeit in dir, an die erinnerte ich mich. Vom ersten Tag an, als wir uns begegnet sind, habe ich sie in dir gesehen. Als ich auf dem Schulhof saß und du des Weges gekommen warst. Du hast all diesen Horror des Lebens bereits hinter dir liegen. Hattest du tatsächlich geglaubt, dass ich das Glück habe, ein besseres Leben zu führen, als du es geführt hast? Genauso vergebens wie du es versucht hast, war auch ich in meinem Leben gescheitert. Eine Zeit lang lebte ich aus meinen Erinnerungen. Wenn es mir schlecht ging, setzte ich mich unter den freien Sternenhimmel und dachte an die Zeiten mit dir zurück. Zeiten voller Glück und Liebe waren das. Ich denke daran, wie ich immer in deinen Armen lag und mir den Sternenhimmel angesehen habe. Aus deinem großen Fenster. Die bunten Lichter in deiner Straße, wenn es dunkel wurde. Das war wunderschön. Nach der Trennung von T. bekam ich gesundheitlich einen Rückschlag. Es ging mir sehr schlecht, die Werte meiner Schilddrüse rutschen ab - irgendwohin, jenseits, zwischen Gut und Böse. Die Krankheit nährte sich meiner Meinung nach aus der kranken Seele meines Körpers. Immer, wenn das Schicksal besonders grausam zu mir war, spielte mein Körper verrückt. Kennst du jemanden, W., der in seinen jungen Jahren so viele Schicksalsschläge eingesteckt hatte, wie ich? Bist du heute froh, dass du von all dem nichts gewusst hast? Was hättest du getan, wenn du meine Wahrheit gekannt hättest? Hättest du mich in deine Arme genommen und mich nie wieder losgelassen? **Welchen Verlauf hätte meine Lebensgeschichte genommen, wenn du gesehen hättest, in welchem Elend ich mich befand? Hättest du unserer Liebe eine Chance gegeben, W?** Dein Mitleid wollte ich nicht. Du hättest mich ruhig aus deinem Fenster schmeißen können. Dann hätte meine kleine Seele endlich ihren Frieden gefunden! Humor ist, wenn man trotzdem lacht. Wie sehr sehne ich mich in all den Jahren nach einer Schulter zum Anlehnen. Zurück in deine Arme möchte ich W. So sehr! Auf deine Couch, zu dir nach Hause, wünsche ich mich. Vielleicht, um einfach nur einen liebevollen Kuss von dir bekommen. Wenn auch nur auf meine Stirn. Du hattest mich bestimmt längst vergessen, W. Zeitgleich mit meiner Scheidung lief ein Verfahren gegen meine damalige Frauenärztin. Auf Anraten eines Arztes aus dem Krankenhaus, in dem ich mein totes Kind entbunden hatte, verklagte ich die Frauenärztin später. Der Prozess war natürlich nichts für meine Nerven und zog mich psychisch ziemlich runter. T. war nicht mehr da. Ihn gab es in meinem Leben nicht mehr und in seinem hatte ich wahrscheinlich niemals wirklich existiert. Für ihn war das alles längst vergessen. Er vögelte locker fröhlich seine alte „Schnapsdrossel" B. Dass unser Kind tot war, interessierte ihn ebenfalls nicht mehr. Für ihn ging das Leben weiter. Neue Freundin, neues Glück. Die traurige Geschichte mit meiner kleinen Kim war für ihn Schnee von gestern. Den Prozess gegen meine ehemalige Frauenärztin gewann ich. Sie musste fünftausend Euro Schadensersatz an mich bezahlen, wegen fahrlässiger Tötung meines ungeborenen Kindes. Ganz ehrlich? Was waren fünftausend Euro dafür, dass sie mir einen wichtigen Teil meines Lebens genommen und versaut hat? Durch ihre Fahrlässigkeit starb mein Kind. Das erste Mal in meinem Leben, dass ich eine Antwort auf eine meiner Fragen nach dem „Warum" bekam. Einem Warum von unendlichen vielen, die für immer offenbleiben werden. Meine psychischen Qualen, die hinter mir lagen, konnten mit 5000 Euro auch nicht wieder gutgemacht werden. Jahrelang kämpfte ich mit schweren Panikattacken und erlebte Albträume mit Herzrasen und Angstzuständen. Generell war ich seit dem Vorfall der Totgeburt körperlich angespannt und fühlte mich krank. Eine Menge Lebensqualität hatte ich eingebüßt. Ich war auch nicht mehr die Anais wie vor der Schwangerschaft. In meiner Seele war unendliche Traurigkeit eingezogen. Die Fröhlichkeit in meinem Herzen, sie war dahin. Schwermut hatte die Kontrolle übernommen. *„Anais, sei froh, dass du das Kind vom T. nicht bekommen hast. Siehst ja, wo du jetzt stehst, nämlich allein. Und dann stell dir mal vor, du hättest noch sein Kind mit am Bein!"* Von meiner Mutter bekam ich den Spruch reingedrückt. Seit der Zeit hatte ich innerlich mit ihr gebrochen. Völlig. Manchmal glaubte ich, sie nährte ihre kranke Seele am Leid ihres einzigen Kindes. An mir. Mein Schmerz, meine Qualen und meine Pein, das befriedigte sie innerlich ungemein und befreite sie von ihren eigenen seelischen Schmerzen. Meine Mutter war krank. Schwer krank. Psychisch. Bis heute weiß ich nicht, was in ihrer Kindheit alles schiefgelaufen ist, aber da muss irgendwo ein Schlüsselerlebnis sein, dass sie charakterlich so missraten ist. Menschen werden niemals als „solches Übel" geboren. Menschen entwickeln sich meiner Meinung nach zu dem, was sie sind. Durch Ereignisse und Schicksalsschläge werden wir in unserer Entwicklung geprägt. Mangels Liebe werden Menschen kalt im Herzen. „Sadisten" leiden wahrscheinlich auch zuvor unter Liebesentzug, bevor sie gemeingefährlich werden. Meiner Mutter ging es nach der Trennung von meinem Vater nicht gut. Dass sie sehr darunter litt, mich alleine großzuziehen, das verstehe ich. Es kann jedoch nicht nur dieses Erlebnis sein, dass sie mich, ihre eigene und einzige Tochter, so sehr über all die Jahre hinweg gedemütigt hat. Mit ihrem kaltherzigen Verhalten verletzte sie mich bis in die tiefste Spitze meiner Seele. Wahrscheinlich verarbeitete sie auf diese Art und Weise ihren Kummer und ihre eigenen Sorgen, wenn sie mich als ihren seelischen Mülleimer missbrauchte. Für T. war ich das auch. Ein Mülleimer. Nicht mehr und nicht weniger. Für ihn und seine Familie war ich nicht mehr wert als ein „Haufen Dreck". T. darf man nicht mal die Schuld für sein Verhalten geben. Wahrscheinlich auch nicht dafür, dass er mir letztendlich fremdging. Von zuhause wurde ihm nicht beigebracht, wie man sich zu benehmen hat. Als wir damals aus seinem elterlichen Haus auszogen, entdeckte T. die völlige Freiheit für sich in seinem Leben. Eine Erfahrung, die er nie zuvor gemacht hatte. Plötzlich gab es niemanden mehr, der ihn bevormundete und Regeln aufstellte. T. konnte seinen Tag plötzlich gestalten, wie er es für richtig hielt. Das bedeutete für ihn grenzenlose Freiheit! Der Wahnsinn! Dabei war er damals in einem Alter, in dem er all diese Freiheiten längst ausgelebt haben musste. Seine Sturm und Drangzeiten, die hätten längst vorbei sein müssen. Andere Männer in dem Alter waren zu dem Zeitpunkt bereits reif und erfahren. Sie verstanden, worauf es im Leben ankommt. Warum traf ich niemals auf solche Männer? Was machte ich falsch? Schade, T. wird wahrscheinlich niemals im Leben erfahren, welche Werte wichtig sind und worauf es ankommt. Die kostbaren Dinge im Leben bleiben ihm verschlossen. Wie sich die Liebe anfühlt, wird er wahrscheinlich ebenfalls nicht mehr erfahren. Die Wertschätzung von Liebe, Respekt und Achtung hat ihm seine Adoptivmutter völlig versaut. Durch ihr gluckenhaftes Verhalten. Damit, dass sie von T. einfach nicht loslassen konnte, vermittelte sie ihm ein falsches Lebensgefühl. T. blieb immer ihr kleiner Junge. Hoffentlich hatte sie für T. bereits einen Vormund für den Fall ihres Ablebens bestellt. Ich bin mir sicher, dass wenn T. keine Frau finden würde, die seiner Mutter ähnlich war, er jämmerlich den Bach runtergehen würde. Auf die Beine kam er von alleine nicht mehr. Er war nicht einmal in der Lage, sich selbst Kaffee zu kochen oder eine Waschmaschine zu bedienen. Ich kann mich nicht erinnern, dass er mal einkaufen gegangen wäre. Alleine. Oder mit mir zusammen. Nein, sein Leben bestand nur aus Fitnessstudio und Fahrradfahren. Da fuhr er am Tag mal eben 30 km. Sportlich war er und naja, sein Auto, das liebte er. Andere Dinge waren unwichtig. Doch! Stopp, die Frauen waren wichtig! Im Baggern war er der Größte. Sogar meine Mutter hatte er angebaggert. Und sie hätte sich wohlmöglich auch noch darauf eingelassen, hätte T. damals nicht im letzten Moment die Notbremse gezogen. Eine meiner Freundinnen hatte die beiden zusammen auf einem Schützenfest beobachtet und so, wie sie es mir erzählt hat, tauschten beide innige Küsse aus. Meine Mutter und er. Widerlich! Den Vorfall verdrängte ich. Ja, ich verdrängte irgendwie alles Negative, das in meinem Leben geschah. Ich war mittlerweile auch eine kleine Meisterin im Verdrängen. So viele Tragödien hattest du wahrscheinlich während deiner gesamten Schulzeit als Lehrer nicht einmal im Traum gelesen, W? Nachdem T. in die Wohnung eine Etage über der unseren umzog, drückten wir drei uns gegenseitig die Türklinke in die Hand. Allerdings dauerte es nicht lange, dann zogen beide genauso schnell wieder aus. Zurück in T. sein Elternhaus. Der Alten (B), wünschte ich gedanklich natürlich irrsinnig viel Spaß mit der Mutter meines Ex Mannes, dem „Schwiegerdrachen". Komischerweise kamen alle unter einem Dach anfänglich, so wie ich gehört habe, gut miteinander klar. T.`s Mutter war wahrscheinlich glücklich, dass ihr kleiner „Hosenscheißer" wieder daheim war und deshalb riss sie sich der versoffenen „Schnapsdrossel" (B) gegenüber am Riemen. Zunächst wohl. Die Situation eskalierte nämlich schnell. Mir kam zu Ohren, dass bei T. und seiner Familie eine wichtige und große Familienfeier ansteht. Seine neue Freundin (B) war bei der

Großveranstaltung mit von der Partie. B. sollte der ganzen buckeligen Verwandtschaft vorgestellt werden. B. die tolle „Business-Frau". Was sie beruflich so machte, interessiert wohl keinen. Geldverdienen tat sie jedenfalls nicht. Na gut, das ging mich nichts an. Jedenfalls, pass auf W., jetzt kommt's echt gut! Die Olle (B) hatte, wie ich gehört habe, ziemlich tief in die Weingläser geguckt, das konnte sie bekanntlich gut. Auf der Feier flippte sie dann total aus. Beleidigte das Personal und die Chefin des Restaurants aufs Übelste, weil das Essen ihrer Meinung nach unter aller Sau gewesen war. Dann schmiss sie zur Krönung noch den komplett gedeckten Tisch um. Ob mit Absicht oder aus Versehen, sei mal dahingestellt. Das macht die Sache auch nicht besser, oder? Was für ein widerliches Benehmen?! An dem Abend müssen im Hause T. derart die Fetzen geflogen sein, dass der Vater von T. wenige Tage später an einem Herzinfarkt stirbt. Tja… Mein Beileid! Die neue Frau von T. war eben eine Wucht. Sie wohnte danach ziemlich schnell wieder alleine. An wem das wohl gelegen hat? Vielleicht hat die Verwandtschaft doch „etwas" bemerkt und dem „Schwiegerdrachen" heimlich einen Tipp gegeben. Bestimmt hatte jemand die Mutter von T. über die Schnapsdrossel B. aufgeklärt. Von dem Geld, das meine Frauenärztin für mein totes Kind an mich bezahlen musste, kaufe ich mir ein neues Pferd. Ein normales Leben wollte ich beginnen, da konnte mir ein Pferd meiner Meinung nicht schaden. In der Zeit nach meiner Scheidung arbeitete ich viel. In der Imbissbude. Wo ich mein Geld verdiene, war doch egal. Hauptsache das Geld stimmte. Ganz ehrlich? Mir machte die Arbeit Spaß. Die Menschen, mit denen ich zu tun hatte, sind freundlich zu mir. Meine Chefin war für mich wie eine Ersatzmutter. Sie stand mir mit Rat und Tat zur Seite. Das Geld reichte, um meine kleine Wohnung zu bezahlen und mir ein Pferd zu leisten. Zu der Zeit, in der ich alleine lebte (ohne Mann), wurde aus mir langsam aber sicher wieder ein glücklicher Mensch. Meine Schilddrüse hatten die Ärzte im Griff, auf die Medikamente war ich gut eingestellt.

Gesundheitlich fühlte ich mich deutlich besser. *"Anais die Blutwerte sind im Moment recht gut, hast du keinen Ärger mehr mit deiner Schwiegermutter?"* Mein Arzt kannte mich seit Jahren und wusste einiges von dem „Drama", das hinter mir lag. In seinen Augen sind viele meiner gesundheitlichen Probleme von seelischer Natur. Eben weil ich so vieles einstecken musste in meinen Leben. *„Nein, und ich habe auch keinen Ärger mehr mit T!"*, vermeldete ich zufrieden. *„Ach, hat er endlich den Laufpass bekommen?"* "Jawohl, das hat er!" *„Das freut mich! Solche Menschen sind es auch einfach nicht wert, dass man sich über sie Gedanken macht! Lebe dein Leben, du bist noch so jung!"* Niemand konnte ahnen, was das Leben noch alles für mich im Koffer trug. Hätte es mein Arzt gewusst, er hätte mir bereits an dem Tag verdammt gute Pillen verschreiben. Im Trennungsjahr von T., spielte ich ehrlich gesagt „Wilde Sau". Nachdem T. gestand, dass er mich betrogen hatte, da war es vorbei mit „lieb" und „artig" bei mir. Da war ich nicht mehr die liebe kleine Anais, die sich immer nur von allen „verarschen" und an den Rand drängeln ließ. Da teilte ich mal aus, aber mächtig! Das Raubtier in mir kam zum Vorschein. Wahnsinnig viele Affären hatte ich. Es war mir eine Genugtuung, die Männer in meinen Bann zu ziehen, nur um sie dann eiskalt wieder abzuservieren. Mir war danach, jemanden genauso zu verletzen, wie ich verletzt worden bin in all den Jahren! In der Zeit brach ich einige Männerherzen! Auch den Männern, die es vielleicht ernst mit mir meinten. Sobald einer von ihnen von Beziehung sprach, hieß es bei mir: Auf Wiedersehen, Junge, suche dir eine andere Doofe! Eine gute Zeit für mich und sie hatte ich auch bitter nötig, um mich selbst zu finden. Es tat gut, einem anderen Menschen wehzutun. Auch mal auszuteilen, anstatt immer nur einzustecken! Da gab es jedoch einen Typen, der wollte sich nicht so einfach von mir abwimmeln lassen. Der kämpfte unheimlich um mich! Mein lieber Herr Gesangsverein! Hartnäckige Sau war das. Weißt du, wer das ist, W.? Jetzt halte dich fest! Es war der Ex von T.'s neuer Freundin, B., dieser Alkoholtante. „R". hieß er, Engländer. Er hatte etwas, bisschen Charme und so. Nett war er und er gefiel mir. Er war natürlich froh, dass er B. losgeworden war, aber die Freundschaft zu ihr hält er noch aufrecht. *„Das ist alles nur wegen dem Hund! Weil wir doch den Hund zusammen haben, sind wir Freunde geblieben!"* Einen Collie besaßen die beiden zusammen. Mit dem Vermieter hatte es mal mächtig Ärger gegeben, weil B. für ein paar Tage den Hund in ihrer Wohnung zu Besuch hatte. Meine Nachbarin zur linken, diese alte Dame, die mir damals auch gesteckt hat, dass mein Mann mir einen angeblich ach so tollen Blumenstrauß gekauft hat, erlebte mit diesem Hund eines Tages eine unangenehme Begegnung im Hausflur. Völlig entrüstet beschwerte sie sich damals beim Vermieter. Über die Bestie, wie sie den Hund nannte. Ein riesiger Hund, der einfach morgens im Treppenhaus auftauchte, damit hatte niemand gerechnet. In einem Mehrfamilienhaus, in dem Tierhaltung strengstens untersagt war, sowieso nicht. B. hatte wohl vergessen, ihre Haustür zu schließen, als sie ihren Suff ausschlafen musste und der Collie machte sich selbstständig. Als meine Nachbarin ihre Wäsche aus dem Keller holte, stand plötzlich der Hund vor ihr. Die alte Dame war übrigens auch so ein „Hausdrache", wie meine damalige Schwiegermutter. Sie war auch böse und gemein. Schimpfte ständig über zu laute Musik. Regte sich auf, wenn Freunde von mir unten im Keller an dem Fußballkicker spielten. Alles war ihr zu laut und immer lief sie gleich zum Vermieter und ließ kein gutes Haar an mir und meinen Freunden. An dem besagten Morgen wurde ich wach, weil ich einen lauten Knall hörte. Das war wohl der Wäschekorb, den die Alte vor lauter Schreck fallengelassen hatte. *„Hilfe! Hilfe! Polizei! Hilfe!"* Oh, mein Gott, was schrie die Olle morgens um diese Uhrzeit schon durchs ganze Haus? Schlaftrunken blickte ich auf meine Uhr. Halb acht. Neben mir im Bett lag H., mit dem ich die Nacht zusammen verbracht habe. Eine Nacht zusammen mit ihm und mir war klar, dass er gleich gehen wird. Wie alle Männer, mit denen ich in der Zeit damals „verkehre"! Er würde gehen, weil ich das so entschieden habe. Unser Vergnügen ist vorbei. Auch er wird wach. „*Kommt da jemand?*", fragte er ängstlich. „*Wer soll denn da kommen?*" fragte ich belustigt. „*Na, meine Freundin vielleicht! Anais, wenn die mich hier sieht, die macht mich platt und dich auch!*" Ja, ich kannte die Freundin von H., die hatte wirklich einen glatten Durchschuss. Wie jämmerlich, dass ein Mann Angst vor seiner Frau hatte. „*Zieh dir mal was an, dann sieht sie dich wenigstens nicht nackt!*" Während ich eigentlich nur Spaß machte, sprang H. gleich wie ein angeschossenes Reh aus dem Bett und hüpfte aufgeregt durchs Schlafzimmer, um seine Anziehsachen einzusammeln. „*Wenn S. kommt, dann bin ich erledigt! Scheiße, scheiße, ich bin erledigt!*" „*Du kannst ja über den Balkon raus, H! Sind nur drei Meter, das überlebst du!*" „*Meinst du? Ja, gute Idee! Anais, ich melde mich wieder!*" H. kletterte an diesem Morgen tatsächlich über die Balkonbrüstung. Überlebt haben musste er den Sprung wohl. Später habe ich nämlich nachgesehen, ob er nicht vielleicht doch mit Genickbruch im Garten lag. Das war nicht der Fall. Jedenfalls meldete er sich nach „dem Vorfall" nie wieder bei mir. Wenn Frau B. um Hilfe rief, dann ist vielleicht doch etwas passiert, dachte ich und ging nachsehen. Im Flur saß der Hund. Wedelte freudig mit dem Schwanz, als er mich sah. Etwas weiter unten, ein paar Treppenstufen tiefer, stand Frau B. Das heißt, sie kauert verkrampft an der Wand, zitternd wie Espenlaub. „*Warum sind sie denn nicht durch den Keller nach draußen gegangen, wenn sie so viel Angst vor einem Hund haben?*", fragte ich kopfschüttelnd. „*Nimm diese Bestie da weg! Sofort! Das werde ich Herrn Schulte melden, dass du hier eine Bestie in deiner Wohnung hältst, die schwer bissig ist. Jawohl, eine Anzeige werde ich machen wegen körperlicher Bedrohung!*" Frau B. kriegte sich gar nicht mehr ein, sie kam richtig in Fahrt. „*Körperliche Bedrohung? Der Hund ist brav wie ein Lämmchen, ich glaube eher sie sind die Bedrohung für den Hund!*" Ich nahm den Hund am Halsband und bringe ihn zwei Etagen höher. Ich wusste, zu wem er gehörte. Die Tür zu B.'s Wohnung stand offen und ich ging hinein. „*Hallo?*" rief ich vorsichtig. Der Hund trabte sofort ins Schlafzimmer. Vorsichtig blickte ich um die halb angelehnte Tür. Mein Ex T. lag mit seiner neuen Flamme B. im Bett. Er schnarchend, sie halb über den Bettrand. Bei der nächsten Drehung würde B. auf den Fußboden krachen. Beide befanden sich im absoluten Komaschlaf. T. und B. Neben dem Bett standen leergesoffene Weinflaschen. T. trug Boxershorts. Das kenne ich von ihm nicht. Auf den Boxershorts waren Herzchen. Weiße Boxershorts mit roten Herzchen. Wie geschmackvoll! Oh mein Gott, Anais, sei froh, dass du den los bist, dachte ich mir. An dem Morgen gab es nochmal einen lauten Knall. Eher gesagt, es knallte noch zwei Mal. Nämlich die Schlafzimmertür von B. und ihre Haustür. „*So jetzt seid ihr beiden sicherlich auch wach!*" Innerlich lachte ich. Vor allem über die dämlichen Boxershorts von T. Den Collie von B. sah ich nach diesem Vorfall nie wieder bei B. oder in unserem Hausflur „*Ja, also ich bin sehr froh, dass ich die alte Schnapsdrossel los bin. Aber wegen dem Hund müssen wir halt gute Freunde bleiben!*" So lautet R.'s Variante der Geschichte, die er mir über das Beziehungsende zu seiner B. erzählte. Meine Variante ist eine etwas andere - in etwa so: Vielleicht haben die auch mal einen flotten Dreier zusammen. Er, T. und B. Immerhin vergnügten sie sich oft lautstark auf dem Balkon, zwei Wohnungen über mir. T. wohnte damals, nachdem er mich betrogen hat, mit B. zusammen in deren Wohnung. Danach zogen sie wie ich schon erwähnt habe, zurück in T. sein Elternhaus. Das war eine tolle Zeit, in der wir drei uns quasi im Hausflur die Türklinke in die Hand gaben. Ironie! Und diese Partys auf dem Balkon über mir, wenn R. auch noch zu Besuch kam. Viele der anderen Nachbarn, es waren damals glaube ich so an die zehn Parteien in dem Mietshaus, haben sich bereits über die haltlosen Zustände beim Vermieter beschwert. Mit haltlos ist die Lautstärke gemeint. Die Musik war bis in das Dorf zu hören und das laute Lachen von den 3- en ebenfalls. Mein Gott, was für

Geschichten erzählten die sich da oben? Jedenfalls begegnete ich eines Tages diesem R. im Hausflur. Den anmachenden und stechenden Blick in meinen Augen, den habe ich zu der Zeit bestens drauf. R. fiel prompt auf ihn rein. Für mich war klar, dass ich ihn am kleinen Finger ins Bett kriegte. So war es dann auch. Recht zügig ging R. mit mir eine Affäre ein. Für mich war es „nur" eine kleine Bettgeschichte. Mehr nicht. Für ihn war ich die Traumfrau. Heiraten wollte er mich gleich. So denkt er. R. war für mich lediglich ein Köder. Um B. und T. einen zu „verbraten"! Das wusste er aber nicht. Ein genialer Plan... T. mit B. zusammen und ich mit R., B. ihrem Ex. Das passte hervorragend. Ein dreckiges Spiel. In dem einer von uns den Kürzeren ziehen würde, das lag auf der Hand. Eines Morgens, bei R. zuhause im Bett, wir wurden wach, weil sein Handy klingelt: „R. C.!?" *„Also R., jetzt hör mal, jetzt mal Butter bei den Fischen, diese Anais, die Ex von meinem T., das stimmt doch nicht wirklich, dass du da was für die Alte übrig hast, oder?"*, schnäbelte eine kreischende Frauenstimme am anderen Ende der Leitung. Ich erkannte die Stimme von B. *„Doch, B.! Und weißt du was, die liegt gerade hier neben mir im Bett. Sie ist schon wach, willst du sie mal sprechen?"* Heute dachte ich, für den Spruch hätte ich R. direkt einen in seine dumme Fresse hauen müssen. Entschuldige bitte meine Ausdrucksweise, W., aber ist doch wahr, oder nicht? Mann, was kam ich mir in dem Moment billig vor. Eine tolle Situation war das in der Zeit, als wir alle „unter einem Dach" wohnten. Aus uns wäre eine coole Fernsehsendung entstanden. Wir hätten die Lacher und Höchsteinschaltquoten auf unserer Seite gehabt! Die 4 Verrückten aus dem Mietshaus in der D-S-Straße. Die Geschichte ist so absurd, besser könnte sie sich niemand ausdenken. Meine Mutter meldete sich eines Tages zum Besuch an. Das kam selten vor, aber sie möchte doch einmal meine Wohnung ansehen. *„Ja, und der T., der wohnt jetzt also direkt über dir?"*, fragte sie sinnierend, das Sektglas in der Hand haltend und den Blick an meine Zimmerdecke gerichtet. *„Ja, zwei Etagen über mir!"*, klärte ich die Sachlage

auf. „*Ja, dann geh ich doch mal da rauf und besuche ihn!*"
„*Wie, du gehst da rauf?*" fragte ich außer mir. Das war wohl
mal total pietätlos. Typisch meine Mutter eben; sie hatte
anscheinend gar kein Niveau mehr. „*Mama, ich glaube, du
hast deinen Verstand wirklich schon versoffen. Du kannst doch
jetzt nicht da hochgehen!*" Oh doch! Meine Mutter konnte!
Und wie sie konnte. Das Beste ist, sie käme an dem Tag gar
nicht mehr zurück. An dem Tag hörte man schließlich nicht
nur das Lachen von T. und B. vom Balkon herunter, sondern
auch noch das Lachen meiner Mutter. Jetzt machten die da
oben zu alle Mann Party, oder was? Fuhr es mir durch den
Kopf und ich konnte es mir nicht verkneifen, ebenfalls
raufzugehen, um nachzusehen. Das war wohl der Gipfel der
Geschmacklosigkeit. Als ich klingelte, öffnete mir T. „*Ach, da
biste ja, komm doch rein, wir machen gerade Party,
Bombenstimmung hier, Anais!*" T. strahlte über das ganze
Gesicht. Ja, so war das wohl, wenn man besoffen war. Und
mein Gott, T. hatte nie getrunken, so kannte ich ihn überhaupt
nicht. Was war nur aus ihm geworden? Lustig war er immer
gewesen, dafür brauchte er keinen Alkohol. „*Ach! Lass die
draußen, das ist doch ein Partymuffel!*" Meine Mutter saß auf
der Couch in B.'s Wohnzimmer. Sie machte eine abwinkende
Handbewegung in meine Richtung. B. lachte. Dieses Lachen,
dieses dreckige Lachen. „*Honey, holst du uns nochmal eine
Flasche Rotwein bitte!*", lallte sie. Honey, wer zum Teufel ist
„Honey" fragte ich mich. „*Ja Schatzilein!*" T. ging in die
Küche, während ich immer noch verdutzt im Türrahmen stand.
Stocksteif war ich wegen der Situation, die ich soeben erlebte.
Was sich da gerade vor meinen Augen abspielte, das war
kaum zu glauben. Das machte mich regungslos. Mit Honey
meinte die Alte doch tatsächlich meinen ehemaligen T. „*Hey,
was nehmt ihr eigentlich alle für Pillen hier, vom Alkohol
alleine kann man doch wohl nicht so verblöden, oder?*" An
dem Tag wartete ich noch drei Stunden, bis meine Mutter von
T. und B. wieder herunterkam. Sturzbesoffen war sie, als ich
sie nach Hause fuhr. „*Die ist wirklich nett, diese B.!*", lallte

meine Mutter auf dem Beifahrersitz. *„Und T. passt gut zu ihr, haha, die beiden. Honey ist er, der T!"* Mir liefen während der Fahrt die Tränen. Meine Mutter ließen meine Tränen kalt. *„Ja, du bist selbst schuld, Anais. Du musst lustiger sein im Leben! Du bist zu ernst! Jetzt ist er weg, dein Honey!"* Naja jedenfalls, R. war glücklich mit mir. Ich besorgte es ihm im Bett anständig und besser, als jede andere Frau zuvor, wie er mir gegenüber beteuerte. Vor allem besorgte ich es ihm besser, als B. es ihm jemals besorgt hat und das war ein feines Kompliment für mich! *„Ich kann gar nicht verstehen, wie T. dich für die alte Schnapsdrossel verlassen konnte, Anais!"*, sagte R. zu mir und es stellte mich zufrieden. Innerlich erhielt ich meine Genugtuung und ich spürte, es würde Zeit, sich langsam aber sicher von R. zu verabschieden. Ach, und ich war noch so schön jung, sagte er. Mit mir könnte R. im Bekanntenkreis prima angeben und ach, ich konnte so toll reiten und mein Pferd ist so klasse... Bla bla bla... Alles bestens mit mir. Für ihn bin war die große Liebe. Alles Bestens? Warst du dir sicher, R.C? Ähm, ich gab ihm wenig später den Gnadenschuss! Abschuss eher. Ziemlich kalt und direkt. Das haute den armen R. völlig aus der Bahn. R. hatte wirklich gedacht, ich heirate ihn. Er lief sogar noch ein paar Mal zu meiner Mutter und heulte sich bei ihr aus. Bei ihr war er an der richtigen Adresse. Ihr war es doch sowieso seit Lebzeiten egal, was und mit wem ihre Tochter es trieb. Von ihr konnte er sicherlich keine Hilfe erwarten. Dass ausgerechnet sie mich umstimmte, wäre ein Wunder gewesen. Nein mein lieber R., dich eventuell doch noch zu heiraten, die Hoffnung machte ich dir zunichte. *„Warum machst du Schluss mit mir, Anais? Es läuft doch alles gut mit uns!"* Immer wieder rief mich R. an oder kam zu meiner Wohnung. Zum Glück musste man zunächst durchs Treppenhaus, bevor man vor meiner Tür stand. Und weil er eben nicht mehr bis an meine Haustür herankam, ging er direkt durch den Garten, nur um durch meine Fenster zu gucken, ob ich zuhause war. Oft versteckte ich mich in meiner eigenen Wohnung vor R., weil er mir wieder einmal nachspionierte. Er wollte mein „Nein" einfach nicht akzeptieren. Lustige Zeiten waren das. Irgendwann schien R. gottseidank über mich hinweggekommen zu sein und er hatte endlich eine andere Freundin. Gottseidank. Die heiratete er tatsächlich. Ich traf beide, also ihn und seine neue Freundin nach Jahren zufällig beim Einkaufen. Sein Blick war immer noch hungernd. Hungernd nach meinem Sex. Loser! Go back to England, du Heulsuse. Nach dem Kapitel mit R. hatte ich wieder ein wenig Luft in meinem Leben. Ich überlegte, ob es nicht an der Zeit war, dich zu besuchen, W. Wenn ich dir einmal ganz ehrlich etwas sagen durfte, W,: Ich hatte große Angst. Angst vor mir selbst. Dass ich dieses Mal vielleicht die Kontrolle verlieren würde, wenn ich dich besuchte. Naja, drücken wir es mal so aus – dass ich dich verführte, oder versuchte, dich rumzukriegen. Glaub mir, zu dem Zeitpunkt hatte ich mächtig Übung im Verführen von Männern. Es war keine Liebe, es war Sex, der hinter mir lag. Purer Sex. Dich liebte ich allerdings. Immer noch. Also wäre es besser, stark zu bleiben und mich zusammenzureißen. An dem Tag, als ich zu dir fuhr, hatte ich mir ein wenig Mut angerunken. Nee, ich war nicht besoffen. Aber ich hatte zwei kleine Feiglinge intus, die mir helfen sollten, ruhiger zu werden. Mensch, es waren wieder fünf Jahre vergangen. So leicht war das alles nicht mehr, meine Gefühle zu sortieren und im Griff zu halten. Ich war keine 20 mehr. Ich war nicht mehr dieses eingeschüchterte kleine Mädchen. Irgendwie war ich mittlerweile ziemlich durchtrieben. Ich schwöre, ich hätte dir, milde ausgedrückt, das Genick brechen, also dir deinen Kopf verdrehen können, W. Ob ich das wollte, darüber war ich mir noch nicht wirklich klar. Dazu musste ich dich zunächst besuchen und dich sehen, um es herauszufinden. Dich kam an dem Tag jedenfalls eine tickende Zeitbombe besuchen. Ich rief dich vorher an und du sagtest mir, alles klar, ich sollte vorbeikommen. Du freutest dich, mich zu sehen. Als du damals im Türrahmen standst, war mir gleich alles wieder vertraut mit dir. Gedanklich war ich plötzlich das kleine schüchterne 18 jährige Mädchen. Mein Herz schlug mir natürlich bis zum Halse, als ich dir gegenüberstand und bei deinem Anblick dahin schmolz. Bei dir war es wirklich so: Einmal Liebe, immer Liebe! Das Gefühl war immer noch dasselbe, wie vor mehr als zehn vergangenen Jahren. Du hattest dich kaum verändert. Ich liebte dich, W! Wie am ersten Tag. Allerdings sah ich nicht mehr aus wie immer und sicherlich war ich auch nicht mehr die kleine, unschuldige Anais. Die Zeiten hatten sich geändert. Da stand kein kleines unschuldiges Schulmädchen mehr in deiner Tür, sondern eine begehrenswerte Frau. Das hattest wohl auch du bemerkt. Dein Blick war doch ein wenig nach, huch! Holla, ähm...Sofort merkte ich dir an, dass du überrascht warst. In eine Richtung, die du wahrscheinlich auch nicht so schnell in eine Schublade stecken konntest. Gut, mich wegschicken ging nicht. Du hattest gesagt, ich soll kommen und da war ich nun. Es schien mir, als wäre es dir an diesem Tag lieber gewesen, die Tür gleich wieder zu schließen! Dein Blick war meine Kleidung betreffend sehr ausziehend. War ich nuttig angezogen? Nein, das war nicht meine Richtung, ich war stets solide. Das nette Mädchen von „Nebenan" war ich. An diesem Tag war ich das allerdings nicht wirklich, ich merkte, dass auch du das sofort spürtest. An dem Tag hätte ich mit dir leichtes Spiel gehabt, W. Für einen Moment hatte ich überlegt, meine Chance zu nutzen und dich in einen Gefühlsrausch zu versetzen, den du nie wieder vergessen hättest! Die Luft in deiner Wohnung war heiß an dem Tag. Genauso heiß wie meine Gedanken. In denen verführte ich dich soeben in eine Welt, die du nie zuvor kennengelernt hattest. Ich könnte dir das Gehirn wegblasen. Jetzt und sofort. So, wie du es dir vor Jahren mal gewünscht hattest. Das Gefühl, nach dem du dich sehntest. Ich könnte dafür sorgen, wenn du gewollt hättest, W. An Ort und Stelle konnte ich es dir besorgen. Dein Blick. Deine treuen, lieben Augen. Mein Herz tat weh und es war schwer wie Blei. Love is not Sex, hörte ich dich innerlich sagen, genau wie vor zehn Jahren. Du hattest mir immer gesagt, dass Liebe für dich nichts mit Sex zu tun hatte. Das hatte es für mich auch nicht und das wurde mir genau in dem Moment wieder bewusst. Nein, ich musste nicht unbedingt Sex haben. Deine Liebe wollte ich endlich ausleben und mein Leben mit dir teilen. Wenn wir uns dazu bereiterklärten, wir beide, dann erst käme der Sex. Käme er vorher, würden wir alles kaputtmachen. Mit dir zusammen sein wollte ich, W. So wie damals, vor zehn Jahren. Allerdings wollte ich das auch öffentlich! Mit dir zusammen etwas unternehmen, wollte ich. Mit dir eine ganz normale Beziehung führen! Pizza essen, in den Urlaub fahren, dich zum Tennisplatz begleiten. Mit dir im Wald knutschen, auf einer Parkbank und es sollte uns egal sein, wer uns dabei sehen könnte. Hand in Hand mit dir spazieren gehen. Unsere Liebe ausleben wollte ich. Nur irgendwie konnte das nicht funktionieren. An dem Tag zerriss es mich gedanklich, W. Liebe und Sex musste ich bei dir klar trennen. Mit den Typen, mit denen ich in der letzten Zeit Sex hatte, von denen hatte ich keinen einzigen geliebt. Dich liebte ich und mit dir erlebte ich keinen Sex. Was für ein Durcheinander! Du konntest dir nicht vorstellen, wie mir der Kopf qualmte! Du saßest da, hattest locker ein Bein über das andere geschlagen, blicktest mich an und dachtest dir,--Genau, das hätte ich gerne gewusst, woran hast du eigentlich so gedacht? Was sollte ich tun? Auf Angriff gehen bei dir? Volle Pulle? Wollte ich Sex mit dir? Ja, natürlich wollte ich dich! Nein, ich konnte dich doch nicht verführen so eiskalt, ich liebte dich! Liebe war die Antwort, nicht Sex! Würden wir uns der Liebe endlich hingeben, würde das für uns beide bedeuten, dass wir auch öffentlich zu unserer Liebe stehen müssten! Das war uns unmöglich. Mir weniger, ich hätte damit kein Problem, aber du wolltest das nicht. Dein Verstand verbot dir das. Aber ich wusste, ich hatte die Chance, mit dir ins Bett zu steigen! Meine Chance, es mit dir endlich zu erleben und ich hatte es doch „drauf". Ich wusste mittlerweile, wie es ging. Ich wusste auch, wie ich dich glücklich machen könnte, W! Im Bett! Du begehrtest mich, das wusste ich. Wir könnten uns hingeben und miteinander verschmelzen, bis uns die Realität wieder auseinanderreißt. Warum taten wir es nicht einfach? Dein Blick, du hattest mich längst ausgezogen und in Gedanken vernascht, das wusste ich. Wollte ich das? Dass du mit mir schläfst? Ja, natürlich wollte ich das! *„Eigentlich doch egal! Aber ich habe es wenigstens einmal gehabt, mit dir",* rutschten mir meine Gedanken plötzlich raus. Soeben hatte ich beschlossen, dass ich mit dir ins Bett steigen wollte, egal was passierte. Solltest du mich danach doch wieder abweisen, fortschicken, aus deiner Wohnung schmeißen, was weiß ich. Vielleicht wollte ich, dass du meine Gedanken hörtest. *„Was hast du einmal gehabt mit mir?"* fragtest du interessiert. Puh, dein Blick, ich kam richtig in Bedrängnis. *„Love is not Sex, Herr K.",* sinnierte ich, während du brav nicktest. *„Ja, mein Reden ist das immer gewesen, Anais!"* Da musste ich dir widersprechen an der Stelle, W. *„Ich habe gelernt in all den Jahren, dass Sex sehr wichtig ist im Leben! Es dreht sich alles um Sex und Geld! Dabei wollte ich doch nur Liebe! Sie haben mich weggeschickt, weil Sie mir nicht das Leben versauen wollten! Wenn man jemanden liebt, dann kann man ihm gar nichts versauen."* Es war schwer an dem Tag, meine Gedanken für dich in Worte zu fassen, aber ich glaube, das war mir gelungen und du verstandst mich auch. *„Anais, wenn da nicht die Altersspanne zwischen uns beiden liegen würde, dann...!"* *„Nix und dann!"* protestierte ich. *„Liebe kennt keine Grenzen! Ich glaube, Liebe ist das einzige im Leben, was wirklich glücklich macht, Herr K!"* Du schütteltest damals den Kopf. *„Nein, der Alltag holt irgendwann jede Liebe ein, Anais und da muss es auch stimmen! Das ist uns beiden einfach nicht vergönnt, weil der Altersunterschied viel zu groß ist! Im Alltag können wir nicht bestehen. Die Menschen, unser Umfeld, wir würden einen Kampf führen müssen gegen unsere Lebensumstände. Die Gesellschaft, sie würde uns das Leben und unsere Liebe unnötig erschweren. Unter der Last würden wir nicht bestehen!"* Ich merkte, die Situation entglitt mir völlig. Den Alltag mit dir hatte ich mir doch längst wunderbar ausgemalt. Über all die Jahre hinweg. Für mich gab es da keine Probleme. Mir war das egal, was die Gesellschaft von uns verlangte und dachte. Ich wollte dich, W, weil ich dich liebte! Kapiertest du das denn nicht? Und nein, ich wollte an dem Tag nicht unbedingt Sex mit dir. Ich wollte ein „Ja!" Ein Ja zu unserer Liebe, ein Ja zum „Uns" Das war das Einzige, das ich wollte. Weder dir, noch mir wollte ich wehtun. Ich war davon überzeugt, wenn wir unsere Liebe zugelassen hätten, dass es uns gut gehen würde, W. Dass wir glücklich wären. Wir könnten gegen alle Kämpfe bestehen! Wenn wir uns nur endlich unsere Liebe eingestanden hätten und sie gelebt hätte. Wenn wir uns der Liebe hingegeben hätten, W. Nichts hätte uns glücklicher machen können, das wusste ich. Warum vertrautest du mir nicht? Wir legten uns ins Gras, unter den freien Sternenhimmel in der Nacht. Hand in Hand lagen wir dort und wünschten uns etwas, wenn wir eine Sternschnuppe sahen. Wir küssten und liebten uns, wir würden dem Himmel niemals näher sein, als wenn wir unsere Liebe zugelassen hätten. Und unser Glück, das konnte uns niemand nehmen. Unsere Liebe war das Wundervollste, das Beste, das wir im Leben hätten bekommen können! Bitte, komm mit mir! Das Leben schmerzt immer! Egal wie man die Dinge dreht! Das habe ich gelernt. Die Sache mit dir ging so unheimlich tief. Es war mir zu wertvoll, das „Uns" aufs Spiel zu setzen. Natürlich wusste ich nicht, wie ich mich verhalten sollte. Ich wusste nicht, was richtig und was falsch war. Wir hatten einfach keine Chance. So oder so nicht, egal wie wir das Ding drehten. An dem Tag hätte ich Sex bekommen, wenn ich ihn von dir gewollt hätte. Natürlich. Die Vorstellung, Sex mit dir zu haben und zu wissen, dass es später wieder „Aus" gewesen wäre. Undenkbar für mich! Ich hörte dich gedanklich zu mir sagen, nachdem wir uns zusammen im Bett geliebt haben: *„Du darfst aber nicht wiederkommen Anais! Anrufen gibt es auch nicht!"* Also mit dir ins Bett steigen und dann abgewiesen zu werden, so wie ich die Typen alle entsorgt hatte, mit denen ich zum Schluss im Bett war, nein das wollte ich nicht. Von meiner

Scheidung mit T. und dass ich ein paar neue Männer kennengelernt und sie gleich wieder abgeschossen hatte, erzählte ich dir. Du warst voll und ganz in dem versunken, an dem ich dich in den Erzählungen aus meinem Leben teilhaben ließ. *„Wenn ich ein paar Jahre jünger wäre, Anais. Mit uns, das könnte was geben! Ich mag dich sehr! Weißt du was, Anais deinen Ex-Mann, den würde ich gerne mal sehen!"* kam es von deiner Sofaseite zu mir herüber. *„Ach, warum?"* lachte ich. Wenn ich an die Knallschote T. dachte, muss ich einfach lachen. *„Ich möchte sehen, was das für ein Kerl ist, der dich für eine andere Frau verlässt!"* W., diese Aussage hatte mich mitten ins Herz getroffen. Das war damals so unheimlich lieb von dir. Der Satz hängt mir heute noch nach. Wenn ich an ihn denke, muss ich oft weinen… *„Anais wie geht es eigentlich deinen Eltern so? Wie ist es denen in all den Jahren ergangen? Magst mir mal was erzählen?"* Etwas überrascht war ich über deinen abstrakten Themenwechsel, aber er kam im richtigen Augenblick. Vielleicht hätte ich sonst angefangen zu heulen auf deiner Couch und das wäre mir peinlich gewesen. Du kanntest nur meine Mutter, W. Wie schlimm sie wirklich war, das hatte ich dir nie erzählt. *„Meine Mutter und ich haben kaum noch Kontakt! Wir verstehen uns nicht wirklich gut, leider!"* begann ich langsam zu erzählen. *„Oh, das tut mir leid! Läuft nicht wirklich so toll bei dir im Moment, was?"* Ich schüttelte den Kopf. *„Meinen Vater, den sehe ich kaum!"* In seinen Augen war ich der totale Versager und hatte in meinem Leben nichts auf die Reihe bekommen. Kein bisschen stolz war er auf mich. In seinem Bekanntenkreis erwähnte er wahrscheinlich gar nicht, dass er eine Tochter hatte. *„Hast du ihn mal besucht? Er wohnt doch in H. oder?"* *„Ja, ich habe ihn besucht! Das ist noch gar nicht so lange her!"*, versuchte ich mich widerwillig an die wenigen Tage zu erinnern, an denen ich meinen Vater besucht hatte. Nach der Beerdigung meiner kleinen Kim war ich zu ihm nach H. gefahren. *„Ich hatte in der 39. Schwangerschaftswoche eine Totgeburt!"* Meine Sprache stockte ein wenig bei dem Kapitel und ich kämpfte mit den Tränen. Bis zu deiner Frage, was denn meine Eltern so machen, war ich noch ziemlich gut drauf. Eher fröhlich, als traurig. Das änderte sich schlagartig. Aber gut, du hattest mich gefragt und ich erzählte ich es dir. Dir konnte ich keinen Wunsch abschlagen, W. Dein Gesicht war zutiefst bestürzt. Du sagtest kein Wort. Einen langen Atemzug nahmst du. Dann erzählte ich dir aus meinem verfickten Leben: *„Nach der Beerdigung musste ich ein paar Tage völlig abschalten!" „Ja, das glaube ich dir wohl, das ist ja ganz schrecklich! Und da bist du zu deinem Vater gefahren?" „Ja, aber der hatte für mich gar kein Verständnis! Sein Hund war damals in der Tierklinik in Hannover, der hatte irgendwie eine kleine OP, nichts Schlimmes. Jedenfalls wollten wir den Hund an dem Tag zusammen abholen. Dann kam ein Arzt und sagte meinem Vater, dass er leider keine guten Nachrichten für ihn hätte. Der Hund hatte wohl die Nacht nach der OP auf einer Heizdecke gelegen und diese war defekt. Dem Hund sei durch die defekte Decke der Rücken verbrannt und sie müssten eine Hautverpflanzung machen. Für den Schaden käme natürlich die Klinik auf! Mein Vater brach in Tränen aus, als man ihm seinen Hund zeigte. Ich musste ihn trösten, weil ich dachte, er bricht in seinem Weinkrampf zusammen. Natürlich war das schlimm, was mit seinem Hund passiert ist, aber wissen Sie, Herr K., ich stand da und hielt meinen Vater tröstend im Arm, der um seinen Hund weinte! Niemals in seinem Leben hat er mich, seine Tochter, tröstend im Arm gehalten und ich hatte doch gerade mein eigenes Kind verloren und zu Grabe getragen. Sein Hund lebte noch. Mehr muss ich doch zu den väterlichen Gefühlen meines Vaters nicht mehr erzählen, oder? So traurig es auch ist, aber wir haben überhaupt keine Bindung zueinander. Sicherlich hat er mir leidgetan, als er in Tränen aufgelöst war, aber was hatte **ich** nicht schon alles erlebt und hinter mir im Leben? Und für mich war niemand da. Nie!! Er ist nicht gekommen und hat mich in den Arm genommen, als ich mein Kind, sein Enkelkind, verloren habe. Oder als mir mein Mann* *gesagt hat, Anais, ich habe eine andere Frau... Es gab viele Situationen in meinem Leben, in denen auch ich eine starke Schulter gebraucht hätte und... Nein, mein Vater war nicht für mich da! Mein Vater ist durch und durch nur mit seinen eigenen Problemen beschäftigt, für die Probleme seiner Tochter hatte er nie Zeit. Meine Mutter sagt immer, mein Vater hätte seine gerechte Strafe bekommen dafür, dass er sie verlassen hatte. Er hat ja nur noch einen Lungenflügel. Den anderen hat man ihm entfernen müssen wegen einem bösartigen Tumor. Er hatte Lungenkrebs und verdammt viel Glück gehabt, dass er das alles überlebt hat. Heute gilt er als geheilt. Für meine Mutter ist diese Krankheit seine gerechte Strafe. Also, Sie verstehen, warum ich zu meinen Eltern ein total gespaltenes Verhältnis habe, Herr K., oder?" „Hat deine Mutter dir nicht beigestanden in der Zeit als du das Kind verloren hast?" Ich schüttelte den Kopf. „Nein, sie hat gesagt, ich sei selber schuld an dem, was mir passiert ist und dass ich von ihr keine Hilfe zu erwarten habe. Sie hatte T. nie gemocht und mich das all die Jahre spüren lassen!" „Das ist ja schlimmer als in der schlimmsten Tragödie von Dürrenmatt!" sagtest du entsetzt. „Ja, ist es auch!", sagte ich traurig. Du nahmst meine Hand. Ganz vorsichtig hieltest du sie fest. „Es tut mir so leid für dich, Mädchen!", sagtest du leise. „Naja, ist schon wieder fast fünf Jahre her. Das Leben geht weiter. Jetzt kann es ja nur noch besser werden!", versuchte ich tapfer zu lächeln. Es fiel mir schwer an dem Tag. Meinen eigenen Worten zu glauben umso mehr, aber ich wollte dich nicht auch noch traurig machen. Zum Abschied, als ich ging, nahmst du mich in deine Arme. Lange und intensiv hieltest du mich an dem Tag in deinen Armen fest. Auf den Moment hatte ich fast zehn Jahre lang gewartet. Zehn Jahre, um für einen kurzen Moment in deinen Armen das Gefühl von Geborgenheit und Heimat zu fühlen. Wie gern hätte ich einfach mal losgeheult. All den Rotz in mir einmal herauslassen. Zum Glück gelang es mir, meine Tränen zu unterdrücken. In dem winzigen Augenblick, in dem ich in deinen Armen sein durfte, nahmst* du mir unendlich viel Leid und Schmerz von meiner Seele. Für mich war dieses Herz-an-Herz-Gefühl zu dir unbezahlbar und kostbar. Wertvoller, als alles andere in meinem Leben. Du und unsere Liebe W., war das Kostbarste, das ich besaß. „*Danke!*" flüsterte ich dir an dem Tag ins Ohr, bevor ich von dir ging. In dem Moment wusste ich nicht, dass ich dich nie wiedersehen würde! An dem Tag ahnte ich nicht, dass es das allerletzte Mal war, dass ich dich lebend sehen, spüren und fühlen konnte! Deine Umarmung war zärtlich und sehr innig. Ich spürte deinen Herzschlag. Ganz fest umklammerte ich dich. Ich liebte dich so sehr, W! Wir waren einige Minuten wortlos ineinander verschlungen, bevor ich für immer von dir gehen musste. Eines Tages rief meine Mutter an: „*Anais, du musst mal zu der Oma fahren. Mit ihr stimmt etwas nicht. Die Nachbarn haben mich jetzt schon ein paar Mal angerufen!*" Meine Oma lag mir sehr am Herzen und für Menschen, die mir am Herzen lagen, tat ich alles. Als ich hörte, dass mit meiner Oma etwas nicht in Ordnung war, fuhr ich sofort zu ihr nach H. Meine Oma machte in der Tat einen depressiven und verwirrten Eindruck, als ich sie antraf, während ich einige Tage bei ihr zu Besuch blieb. Natürlich freute sie sich riesig, dass ich sie besuchte. „*Anais, du bist doch mein „Ein" und „Alles", das weißt du doch, oder?*" Wie oft in meinem Leben hatte sie mir das gesagt. Wenn ich an sie heute zurückdenke, werde ich sehr traurig. „*Omi, du kommst mit mir mit, ich nehme dich mit zu uns, alleine wirst du hier nicht mehr lange wohnen können. Bei uns bist du besser aufgehoben. Wir können doch nicht immer bis nach Hannover fahren, wenn mal was mit dir sein sollte!*" Meine Mutter hatte viel Platz in ihrem Haus, da konnte sie die Oma gut aufnehmen und versorgen, immerhin war es ihre Mutter und wir hatte der Oma viel zu verdanken. „*Ach Kind, ich ziehe doch nicht zu K! Bist du denn verrückt? Zu dieser herzlosen Person? Niemals ziehe ich zu meiner Tochter!*" Meine Oma wehrte sich energisch gegen den Vorschlag. Sie saß zu dem Zeitpunkt eine Eigentumswohnung in H., die sie für kein Geld der Welt aufgegeben hätte.

"Die Wohnung hat mir mein zweiter Mann geschenkt, der Friedel, damit ich irgendwohin kann, wenn er mal nicht mehr da ist und das ist jetzt so und hier werde ich sterben, Anais." Dann kommst du mit zu mir! Ich habe auch eine kleine Wohnung, Omi! Guck mal, du bist doch auch immer alleine und wir haben doch nur noch uns!" Schwierig war es, meine Oma zu überreden, mit mir zu kommen. Zu meiner Mutter, ihrer Tochter, wollte sie auf keinen Fall ziehen. Dafür hatte sie sicherlich ihre Gründe. Jedoch ging mein Plan auf, meine Oma zu überreden, auf Besuch zu uns zu kommen. Sie packte ihre Tasche. Sie wirkte zart und zerbrechlich. Meine Oma war so lieb. *„Ja, zu Besuch, das ist etwas anderes Kind, da komme ich doch gerne mit!"* Meine Oma war ein unheimlich lieber Mensch. Obwohl meine Mutter immer etwas anderes behauptet hatte. Dass meine Oma sie nicht geliebt und immer nur strammstehen lassen hätte, als Kind. Gut, meine Oma kannte ich als eine couragierte, resolute Frau, aber sie war ehrlich und korrekt in allen Dingen, die sie tat. Sie war kein Mensch, der andere Menschen absichtlich demütigte. Sie war nicht so kalt im Herzen wie meine Mutter. Meine Oma wusste, was sie wollte und was nicht. Das erreichte sie, indem sie fair und gerecht mit anderen Menschen umging. Meine Oma war ein Kopfmensch. Sie betrachtete die Dinge nüchtern. In unserer Familie war ich wohl der einzige Mensch, der ein Herzmensch war. Wie der kleine Prinz aus dem selbigen Buch - man sieht nur mit dem Herzen gut, das Wesentliche ist für die Augen unsichtbar. So betrachtete ich all die Jahre lang in meinem Leben die Dinge und Menschen um mich herum fast ausschließlich mit meinem Herzen. Das hatte manchmal fatale Auswirkungen! Meine kleine Omi, die ich sehr lieb habe, wie sehr sie mir heute fehlt. Gern erinnere ich mich an sie. Wenn du sie triffst, W., sage ihr bitte, dass ich sie vermisse. Sie muss auch dort sein, wo du jetzt bist. Im Himmel. Im Jenseits. Irgendwo im Nirgendwo! Ich würde alles geben, sie noch einmal besuchen zu dürfen, ihre Hand zu halten und ihr zu sagen, wie sehr ich sie liebe. Wenn ich sterbe, hoffe ich, all die

Menschen wiederzusehen, die mir am Herzen gelegen haben
in meinem Leben. Unheimlich glücklich war ich an dem Tag,
dass ich es doch noch vollbringen konnte, dass sie einwilligte,
mit mir zu kommen, meine geliebte Oma. Meine Oma war
sehr vermögend. Sie hatte das zweite Mal reich geheiratet!
„*Meinen F., den liebe ich über alles und ich habe Glück, dass
er auch noch vermögend ist!*", erzählte sie über ihren „F".
Meine Oma und er waren ein Herz und eine Seele. Bis F. recht
bald nach der Hochzeit einen Herzinfarkt erlitt und wenig
später an den Folgen starb. Meine Oma kam über seinen Tod
nicht hinweg. Sie litt fürchterlich. Mein Gott, wie oft hatte sie
geweint über den Verlust. Zwischen ihr und ihrem Mann, das
war die große Liebe und ich betete jeden Tag, dass sich die
beiden im Himmel wiedertreffen. „*Wenn ein Mensch stirbt,
den man sehr geliebt hat, dann wünscht man sich nichts
sehnlicher, als bald wieder mit ihm vereint zu sein, Anais!
Was soll ich denn hier unten alleine, ohne meinen F?*" Wenn
sie Tränen in den Augen hatte, während sie über ihren
geliebten Mann sprach, nahm ich ihre Hand und sagte: „*Er
wartet auf dich, Omi! Jeden Tag guckt er zu dir runter, und
wenn du eines Tages gehen musst, dann nimmt er dich am
Ende der Regenbogenbrücke in Empfang!*" Meine Oma
lächelte dann immer ganz tapfer. „*Ach Kind, es ist so
schrecklich, wenn man alt und alleine ist!*" Ich quartierte
meine Oma zunächst bei meiner Mutter zuhause ein. Die erste
Zeit ging das mit den beiden recht gut. Mutter und Tochter
verstanden sich erstaunlicher Weise zunächst prima und sie
hatten sich natürlich viel zu erzählen nach all den Jahren. So
oft es zeitlich möglich war, besuchte ich die beiden und hoffte,
dass sich vielleicht das Verhältnis zwischen mir und meiner
Mutter verbessern könnte. Wenn meine Oma bei ihr war,
konnte sie nicht mehr so gemein zu mir sein. Vielleicht hatte
die Oma einen positiven Einfluss auf meine Mutter. Meine
anfängliche Euphorie wurde rasch im Keim erstickt. Der erste
große und recht heftige Streit der beiden ließ nicht lange auf
sich warten. „*Du nimmst die Oma mit zu dir, Anais! Hier*

bleibt die keine Minute mehr!", schrie meine Mutter ins Telefon. Gut, ich holte die Oma bei meiner Mutter ab und nahm sie mit zu mir in die Wohnung. Wir beide haben eine coole Zeit. Meine Oma und ich, wir verstanden uns gut. Allerdings fiel mir auf, dass sie vergesslich und tüttelig war. Ich vermutete, dass sie Alzheimer hatte. Ein Arztbesuch mit ihr bestätigte meine Vermutung leider. *„Sie müssen gucken, dass ihre Oma eine Verfügung macht, für den Fall, dass ihr auf einmal etwas passiert, vor allem, wenn sie Vermögen hat!"* sagte mir der Arzt. Es war ein gutgemeinter Rat, den er mir mit auf den Weg gab. Die Sachlage musste mit meiner Mutter besprochen werden. *„Ja, da machen wir sofort eine Verfügung!"* Meine Mutter wurde schlagartig hellhörig. Wenn es ums Geld ging, dann war sie immer schnell bei der Sache. Sie und ich fuhren zusammen nach H., um die Wohnung von Oma mitsamt ihren Bankkonten aufzulösen. Das Vermögen meiner Oma offenbarte sich uns als gigantisch. *„Ja, deine Oma ist eine reiche Frau!"*, triumphierte meine Mutter. Den einen Tag, den ich mit meiner Mutter in H. verbrachte, weil sie dort alles Geschäftliche zu erledigen hatte, entpuppte sich als der reinste Horror. Sie hatte an allem etwas rumzumeckern und auszusetzen. Wir wollten den Abend in der Wohnung von der Oma übernachten und am nächsten Morgen heimfahren. *„Fahr mal zu irgendeiner Tankstelle hier und hol Bier!"*, forderte sie mich abends auf. Natürlich war ich hundemüde und hatte keine Lust, noch durch die Gegend zu fahren, um für sie Bier zu holen. Wasser und Sprudel waren bei meiner Oma im Kühlschrank reichlich vorhanden. Als ich meine Mutter darauf hinwies, weil ich ihre Anordnung zunächst für einen Witz hielt und keine Lust hatte zu fahren, um Bier zu holen, schlug ihre Laune direkt um. Sie merkte, dass es mir ernst war, mich ihrer Aufforderung zu wiedersetzen. Plötzlich drehte sie durch. Sie brauchte scheinbar dringend ihren Stoff. An dem Tag fiel mir auf, dass meine Mutter kein gesundes Verhältnis zum Alkohol hatte. Den Gedanken, dass sie ein Alkoholproblem haben könnte, schob ich dennoch beiseite.

Aber er ließ mich von da an irgendwie nicht mehr los. Meine Mutter löste in Vollmacht meiner Oma deren Bankkonten auf und verkaufte die Eigentumswohnung. Meine Oma hat immer gesagt, sie möchte, wenn es mal so weit wäre, dass ich auf jeden Fall ein großes Stück vom Kuchen abbekommen sollte. Finanziell. Daran war mir gar nicht unbedingt gelegen. Für viel wichtiger hielt ich es, zu regeln, dass meine Oma in ein Altenheim kam, wo sie ihren Lebensabend verbringen durfte. Geld hatte sie genug dafür. *„Kommt gar nicht in Frage! Meine Mutter pflege ich!"*, protestierte meine Mutter entschieden und stellte sich gegen die Entscheidung, ihre Mutter in ein Altenheim zu geben. Meine Oma hätte gern in einem Altenheim gewohnt, wenn es dort entsprechend annehmlich gewesen wäre. *„Nicht in so eine Abrissbude, Anais, aber an einem schönen Plätzchen, da möchte ich doch gerne hin!"*, lauteten ihre Worte. Ich war machtlos. Meine Mutter besaß die Vollmacht, die ihr die Oma unterschrieben hatte und so pflegte sie die Oma bei sich zu Hause. Sie bekam monatlich die Rente von Oma, das Pflegegeld sowie das gesamte Vermögen aus dem Erlös des Verkaufes der Eigentumswohnung. Ebenfalls erhielt sie eine große Summe aus den Bargeldbeständen, sprich aus den Sparkonten. Meine Mutter war fein raus und von heute auf morgen quasi eine gemachte Frau. Sie warf mit dem Geld nur so um sich. Feierte Partys bei sich daheim. Lud Freunde ein und ließ ihr Haus renovieren. Kaufte sich neue Möbel und ach das nahm keine Ende, an welchen Stellen sie das Geld zum Fenster rausschmiss. Einmal rief ich meinen Vater an und klagte ihm mein Leid. *„Ja, mit Geld konnte deine Mutter noch nie umgehen!"*, meinte er; und sie solle das Geld auf ein Konto legen, da könne sie von den Zinsen gut leben, gab er mir als Rat für meine Mutter mit! Ha, meine Mutter und Geld aufs Konto legen. Das Einzige, was meine Mutter irgendwohin „legen" würde, ist die Oma - und zwar legte sie diese schamlos ins Krankenhaus. Wenn sie zu Hause Streit mit der Oma hatte, rief sie einen Krankenwagen und ließ ihre Mutter zuhause abholen. Weglauftendenz und aggressives

Verhalten unterstellte sie der Oma. Meine Oma hatte Weglauftendenz, ja, aber sie war niemals bösartig. Weglaufen wollte sie immer nur, weil sie fort von ihrer Tochter wollte. Ich wusste doch selbst, wie schwer es bei meiner Mutter auszuhalten war und ich kann meine Oma gut verstehen. Meine Mutter ließ Oma ein paar Mal in die geschlossene psychiatrische Klinik bei uns in der Nähe einweisen. Völlig herzlos tat sie das. Ich konnte meine Oma anschließend unter wirklich verrückten Menschen besuchen. Das war grausam. Meine Mutter war grausam. Wie brachte sie das nur übers Herz? Wenn ich meine Oma in der geschlossenen Abteilung des Krankenhauses besuchte, frug sie immer: *„Anais, wo bin ich denn hier? Hier sind ja lauter Verrückte!"* Traurig, meine Oma war dement, aber doch nicht verrückt. *„Du bist im Krankenhaus, Omi!" „Ja, Kind! Herrgott, wie bin ich denn hier hergekommen?"* Ich konnte auf ihre Frage schlecht antworten, dass ihre eigene Tochter sie in die Klapsmühle gesteckt hatte. Meine Mutter hatte das ganze Vermögen von ihrer Mutter bekommen und zum Dank schickte sie diese in die Irrenanstalt. Mir fehlten die Worte. Ich schämte mich für meine Mutter und mich machte die Geschichte ziemlich krank. Ich war ein sensibler Mensch und konnte so etwas nicht einfach wegstecken. Der Kummer nagte tief an meiner Seele, sehr tief. W., Zu der Zeit lernte ich meinen nächsten Freund kennen. Wir waren damals Nachbarn. Er gefiel mir gut. Er schien nett zu sein, sah gut aus, war groß, eine angenehme Erscheinung. Wir trafen uns einige Male zufällig beim Einkaufen und er aß ab und zu Pizza in der Imbissbude, in der ich arbeitete. Der Funke sprang schnell über. Hätte ich gar nicht mehr für möglich gehalten. Ein männliches Wesen, das mir sympathisch war. Die Sache mit „D". wie er hieß und mir lief anfänglich so gut, dass ich sogar wieder Lust auf eine Beziehung verspürte und glaubte, dass mir „Treue" Spaß machen könnte. Ich hatte das Gefühl, mich ausgetobt zu haben und dass es an der Zeit war, wieder 'normal' zu werden. Mit normal meinte ich, eine alltagstaugliche Beziehung zu führen.

D. war fast zehn Jahre älter als ich und im Gegensatz zu T. schon recht gut alleine unterwegs, denn er bewohnte seit mehreren Jahren als Single eine eigene Wohnung. Mit uns beiden, das wurde zügig eine feste Angelegenheit. Dass D. nur unregelmäßig arbeitete und gerne ein paar „Bierchen" trinkt, fand ich zunächst nicht weiter schlimm. Meine Oma mochte meinen neuen Freund gut leiden. *„Toller junger Mann, nett, gutaussehend! Halte ihn dir warm, Anais!"* Meine Mutter hingegen: *„Das ist ein materiell eingestelltes Arschloch, dem Mann bist du nicht gewachsen, Anais, da wirst du dich aber mächtig anpassen müssen! Lass besser die Finger von dem!"* Ganz ehrlich? Von meiner Mutter hatte ich keine andere Antwort erwartet. Was mir persönlich an D. gut gefiel, er hatte eine sehr liebe Mutter. Fast schon zu lieb war sie. Gut, D.'s Mutter hatte sieben Kinder großgezogen. Sie hat sich mit ihnen recht früh in D.`s Kindheit alleine durchboxen müssen, weil ihr Mann mit Ende 50 an Krebs verstorben war. D. seine Mutter hatte ein hartes Leben hinter sich und wusste die wichtigen Dinge im Leben zu schätzen. Im Gegensatz zu meiner ersten Schwiegermutter, die mich wirklich nicht ausstehen konnte, schloss mich D.'s Mutter vom ersten Augenblick an tief in ihr Herz. Ihr Herz war gütig, das bemerkte ich sofort. Bei ihr handelte es sich um eine einfache Frau, sie brauchte nicht wirklich viel zum Leben, aber sie war glücklich und zufrieden mit dem, was sie besaß. Ihre Familie und ihre Kinder gingen ihr über alles, aber sie mischte sich in nichts bei ihnen ein. *„Meine Kinder sind alt genug, sie müssen selber wissen, was sie tun!"*, sagte sie. Die Einstellung gefällt mir gut. Eine klasse Frau war das! Sie hatte meinen vollsten Respekt. Ein wundervoller, lieber Mensch war sie. D. und ich zogen zusammen. Eigentlich klappte das am Anfang wirklich gut. Ich würde sagen, dass ich glücklich war. Ob es die große Liebe ist? Nein, die große Liebe war auch das nicht, aber es schien nahe dran an der wahren Liebe. Meiner Meinung nach reichte diese Liebe aus, um ein glückliches Leben zu führen. Dass D., wenn wir Streit hatten, immer gleich unheimlich laut wurde, empfand ich nicht in Ordnung, aber durch meine rosarote Brille sah ich die Welt bunt und schön. Würde sich schon alles regeln und einpendeln mit uns. In solchen Dingen war ich unheimlich blauäugig und gutmütig. Dass D. ein Mensch war, der immer Recht haben wollte, das beunruhigte mich am Anfang nicht. Ich sprach ihn mal vorsichtig auf das Thema Kinder an. *„D., ich möchte gerne Kinder haben. Wie sieht das mit dir aus?" „Ich mag Kinder, aber ich möchte keine eigenen haben! Kindern muss man etwas bieten im Leben und das ist bei mir im Moment nicht wirklich drin!"* Seine Antwort fand ich komisch. Ich meine, er war Anfang 40, da war der Zug bald abgefahren und ich war Ende 20. Mir wurde klar, wenn nicht jetzt, wann dann? Na gut, mein Arzt hatte mir auf ein weiteres Kind sowieso wenig Hoffnung gemacht. Durch meine Hormongeschichte mit der Schilddrüse war es schwierig, bis aussichtslos, noch einmal schwanger zu werden. Außerdem wäre das eine Risikoschwangerschaft, weil ich mein erstes Kind verloren habe. Da D. keine Kinder wollte, begrub ich die Vorstellung von einem weiteren Kind. Allerdings konnte ich mir das durchaus vorstellen, mit D. zusammen eine Familie zu gründen. Drei Monate später wurde ich völlig unerwartet schwanger. Trotz Verhütung! Für mich grenzte das an ein Wunder. Es gab mir die Bestätigung, dass auch ich im Leben endlich einmal was vom Kuchen abbekommen durfte. Vielleicht waren sie jetzt endlich vorbei, meine dunklen Zeiten. Für meinen Arzt bedeutete meine Schwangerschaft ebenfalls eine kleine Sensation. Natürlich hatte ich Angst, D. davon zu berichten. Weil ich wusste, dass er eigentlich keine Kinder wollte. Das hatte er mir deutlich gesagt. Meine Freude über den positiven Schwangerschaftstest, die musste ich einfach mit ihm teilen. Erstaunlicherweise freute sich D. riesig! Mein Gott, was war ich erleichtert! Nachdem ich die freudige Nachricht in der Familie verbreitete, kam zunächst die grandiose Antwort meiner Mutter: *„Na, hoffentlich weißt du, was du tust, Anais, und dass du dieses Kind nicht auch verlierst! Und denk daran,* wenn wieder alles schiefgeht, ich bin **nicht** für dich da! Ich habe dir abgeraten von diesem Mann! Sieh zu, wie du klarkommst!" Die Antwort meines Vaters: „*Was hast du dir denn dieses Mal für einen Deppen als Freund ausgesucht? Was macht der denn beruflich? Kann er Euch versorgen?*" Die Antwort meiner Omi: „*Ach Kind, wie schön, dass ich das noch erleben darf, dass ich Uroma werde!*" Ja, meine Omi war die Beste! Angst? Ja, ich hatte Angst! Große Angst, dass wieder etwas schiefging. Die Angst saß neun Monate jeden Tag neben mir. Natürlich befand ich mich in guter ärztlicher Betreuung. Doch dann gab es ab dem fünften Monat plötzlich Komplikationen. „*Die Blutwerte sind nicht in Ordnung! Die Schilddrüse macht wieder Ärger! Wir müssen versuchen, das mit Tabletten in den Griff zu bekommen!*", sagte der Gynäkologe besorgt. „*Tabletten in der Schwangerschaft sind aber gar nicht gut, oder?*", äußerte ich meine Bedenken. "*Naja, man muss abwägen, was gefährlicher ist!*" beruhigte mich der Arzt. „*Wenn Sie richtig eigenstellt sind auf die Tabletten, dann ist alles im grünen Bereich, wenn nicht, dann könnte das heftige Komplikationen mit sich bringen!*" Gut, ich nahm eine Menge Tabletten während meiner Schwangerschaft, weil es auf Anordnung der Ärzte war. Wohl fühlte ich mich dabei nicht. D. freute sich auf unsere Tochter, er war mit mir zusammen schwanger. Wir aßen beide um die Wette damals. Döner, Pommes, Pizza, Schokolade und Gurken. Immer hinein damit. Vor allem, wir aßen alles durcheinander. In meiner Schwangerschaft spürte ich Gelüste auf rohes Fleisch, das war der Wahnsinn. Ich liebte Vampire. Seit jeher. Manchmal glaubte ich, in mir steckte ein halber Blutsauger. Schön blutig das Fleisch war mir am liebsten. Mir wurde ein wenig unheimlich vor mir selbst, als ich mich dabei ertappte, wie ich im Supermarkt vor der Fleischtheke stand und überlegte, das Steak am besten sofort zu essen, in die Pfanne musste das erst gar nicht. Schwanger zu sein, war schon etwas Bewegendes im Leben einer Frau. Meine Schwiegermutter freute sich sehr auf ihr Enkelkind, sie hatte bereits 12 an der Zahl. D. war ihr jüngster Sohn. Meine Mutter freute sich weniger. Sie hatte zu der Zeit mit meiner Oma genug Stress um die Ohren und deshalb permanent schlechte Laune. Oma machte dies, Oma machte das, nörgelte sie mir am Telefon täglich die Ohren zu. *„Bring sie doch in ein gutes Heim!"* ermunterte ich sie. *„Nein! Dann gibt es ja kein Geld mehr!"* sagte meine Mutter energisch. *„Na, dann stöhn auch nicht rum, Mama!"* Ich hatte dafür wirklich kein Verständnis. Vor allem fragte ich mich, was sie mit der ganzen Kohle veranstaltete. Das sind nicht unerhebliche Summen, die sie monatlich einsackte. Das Vermögen von Oma, gut, das hatte sie auf die Bank gelegt. Vorläufig. Meine Mutter hatte einige falsche Freunde zu der Zeit. Die spannte sie für handwerkliche Arbeiten rund um ihr kleines Häuschen ein. Das erfuhr ich einige Zeit später. Diese ließen sich ihre Arbeit natürlich bestens bezahlen. Außerdem waren sie auch alle recht trinkfest. Meine Mutter feierte anscheinend täglich zuhause mit ihnen Party. Und meine arme Oma steckte mittendrin. Die Ärmste wurde von meiner Mutter animiert, kräftig mitzutrinken und trinkfest war sie weiß Gott nicht. Vor allem war Alkohol für einen demenzkranken Menschen gar nicht gut. Das Gedächtnis lässt dadurch noch schneller nach. Meine Mutter würde sich nie von mir ins Gewissen reden lassen. *„Ach, mal ein kleines Schnäpschen für die Oma, ist doch gesund, Anais! Ach, du bist immer so prüde! Du bist genauso lustlos wie dein Vater!"* Meine Oma freute sich sehr, als sie hört, dass sie Uroma werden würde. *„Ich werde Uroma!"*, schwärmte sie. *„Ach, Anais ist das schön!"* Manchmal wusste ich nicht, ob ich lachen oder weinen sollte, wenn ich meine Mutter besuchte und wir zu dritt am Tisch saßen. *„Wie läuft es denn mit der Schwangerschaft?"* fragte meine Mutter. *„Ach, Anais, du bist schwanger? Davon wusste ich ja gar nichts!"* Die Oma war jedes Mal erneut erstaunt. Natürlich, denn sie vergaß es ja gleich wieder, dass sie Uroma wird. *„Ja, deine Oma ist bekloppt"* sinnierte meine Mutter und kippt sich das Sektglas tief in ihren Hals. Wie konnte sie vor meiner Oma sagen, dass diese bekloppt ist? Nur weil sie vieles vergaß. *"Ich? Ich bin doch nicht bekloppt"*, wehrte sich die Oma. *"Du? Du bist doch völlig neben der Spur, H!"* Meine Mutter bekam diesen Ton, der nach großem Ärger roch und Ärger in meiner Schwangerschaft war nicht gut. Die Besuche mussten dann rasch beendet werden, wobei mir meine Oma unendlich leid tut. Sie weinte immer, wenn ich ging. *"Ach Kind, bitte fahr mich wieder nach H., ich muss hier raus, deine Mutter ist nicht zu ertragen!"* *"Ja, Omi, ich fahre dich bald nach Hause"*, beruhigte ich sie. Es tat mir so leid, dass ich sie anlügen musste, aber sie hatte es wenig später gleich wieder vergessen. Gottseidank. *"Glaub doch so einen Quatsch nicht, dass du nochmal nach Hause kommst Mutti!"*, keifte meine Mutter. *"Dich kann man doch gar nicht mehr alleine in der Wohnung lassen! Du hast meine Kochtöpfe unten in den Ofen gestellt, weil du dachtest, das wäre die Spülmaschine!"* *"Ja, wir hatten zuhause wenigstens eine Spülmaschine, du kannst dir ja keine leisten!"* Meine Oma war trotz ihrer Demenz schlagfertig. *"Sei froh, dass sie den Ofen nur mit der Spülmaschine verwechselt hat, Mama. Wenn du ihr weiterhin so viel Alkohol gibst, dann wird sie demnächst sicherlich noch ganz andere Dinge machen!"* *"Ach halte du dich doch mal da raus! Leb dein eigenes Leben mit deinem tollen neuen Mann. Der hat ja so viel Geld, der kann dir sicher auch eine Spülmaschine kaufen!"* Ich wusste, dass meine Mutter das ironisch meinte. Geld war mir nicht wichtig in meinem Leben, im Gegensatz zu ihr. *"Anais, ich muss hier weg! Bitte!"* Der Blick meiner Oma war flehend und verzweifelt. Ich drückte ihre Hand. *"Ja, Omi, ich komme bald wieder, dann fahren wir nach H."* Wie oft saß ich danach im Auto und weinte. Meine Oma hatte immer dafür gesorgt, dass meine Mutter und ich ein sorgenfreies Leben führen konnten. Wenn es finanzielle Probleme gegeben hat, war sie für uns da. Jetzt war sie alt, hilflos und durcheinander, und meine Mutter machte ihr das Leben zur Hölle. Das hatte meine Oma nicht verdient. D. und ich zogen um. Es ging hinaus aus der kleinen Wohnung, raus aus dem Türkenviertel, in dem wir vorher gewohnt hatten. Als ich D. kennenlernte, wohnte dieser in einem sozial schwachen Viertel. Bevor wir dort auszogen, befragte ich einen meiner Freunde, der D., den angehenden Vater meiner Tochter, gut kannte, was er von D. hält. Ich wollte nicht wieder auf die Nase fallen, so wie es mir zuvor mit T. passiert war. Eigentlich gab es keinen besonderen Anlass, dass ich Informationen über meinen Zukünftigen einholen wollte. Mir war in der letzten Zeit lediglich aufgefallen, dass D. sich oftmals im Ton mir gegenüber vergriff und zur Flasche griff. Ich erkannte eine gewisse Regelmäßigkeit. Zumindest kannte mein Kumpel, den ich befragte, D. zum damaligen Zeitpunkt besser, als ich ihn kannte. Ich befragte also „D2". (*anderer Name SIC*), meinen ehemaligen Nachbarn, als ich noch mit T. zusammen gewohnt habe. Die Welt war klein. D2. war so etwas wie mein bester Kumpel, ein richtiger Freund. Wir erzählten uns immer die Wahrheit. Auch, wenn sie wehtat. D2. hatte es besonders schwer im Leben, er litt von Geburt auf an unter einer Behinderung, einem „Wolfsrachen". Es war bei ihm als Kind gut operiert worden, trotzdem wurde er sein ganzes Leben lang gehänselt. Gemobbt. Manchmal brannten bei ihm deshalb die Sicherungen durch und er machte irgendwelche kriminellen Geschichten. Er trank gern viel Alkohol und dann gingen mit ihm die Pferde durch. Einmal rief er mich aus einer Telefonzelle an. Mitten in der Nacht. Im Hintergrund hörte man nur Tatütata. *„Wo bist du D2. und was ist denn da passiert bei dir?"* *„Ach, hier fahren gerade Feuerwehr, Polizei und Krankenwagen vorbei! Ich habe einen Großbrand gemeldet!"* *„Ja mein Gott, wo brennt es denn, D2?"*, fragte ich erschrocken. Das Tatütata im Hintergrund nahm kein Ende. *„Ja gar nicht! Falscher Alarm!"* Und dann lachte er sich kaputt. Ja, so war er, der D2. Prima Kerl! Ich verstand mich blendend mit ihm. Wenn mich meine böse Schwiegermutter von T. damals nachts nach Arbeitsschluss aussperrte, weil sie den Schlüssel absichtlich in der Tür steckenließ, nur damit ich nicht ins Haus gelangen konnte, übernachtete ich bei D2. Zwischen ihm und mir lief nichts. Wenn ich in einer festen

Beziehung steckte, betrog ich meinen Freund niemals. Treu wie eine Hundeseele war ich. D2. und ich waren tatsächlich „nur Kumpels". Ob uns das damals so abgenommen wurde? Wahrscheinlich nicht. Geredet wurde immer. Über dem Gerede der Leute stand ich. Irgendwo musste ich jedenfalls schlafen, wenn ich bei T. zuhause nachts ausgesperrt wurde. D2. war damals mein Retter in der Not. Nur wenn er getrunken hatte, machte man besser einen großen Bogen um ihn. Jedenfalls beantwortete er meine Frage, was er vom D. hielt, folgendermaßen: „*D. P.? Das ist ein noch größeres Arschloch, als ich es bin!*" Hätte ich zu dem Zeitpunkt gewusst, wie recht er mit seiner Antwort hat, der D2., ich hätte um D. einen großen Bogen gemacht. „*Auf einen Bauernhof ziehen?*" D. zog ein merkwürdiges Gesicht. „*Ja, warum eigentlich nicht! Ist sicherlich alle Male besser, als in dem Türkenviertel unser Kind großzuziehen!*" Bekannte von mir boten D. und mir an, uns ihren kleinen Bauernhof zu vermieten, auf dem sie bislang eine Pferdezucht geführt hatten. Ihnen war die Arbeit zu viel geworden und verkleinern wollten sie sich. Die Idee, ihren kleinen, aber feinen Bauernhof zu übernehmen, weil ihnen das im Alter mit der Arbeit zu beschwerlich wurde, fand ich super klasse. War das nicht genial? Auf einem Pferdehof zu wohnen? Mit meinen zwei Pferden zusammen, die ich mittlerweile besaß? Mein Kind durfte auf einem Bauernhof aufwachsen. Welch herrlicher Gedanke. Wir konnten uns dort Hunde, Katzen, Hühner und alle anderen Tieren halten, wenn wir wollten. Jetzt hatte ich tatsächlich „das Glück" gefunden und in D. einen tollen, fürsorglichen Mann, glaubte ich. Bald wohnte ich in dem schönsten Zuhause der Welt und brachte sicherlich ein gesundes Kind auf die Welt. Glücklicher konnte niemand sein. Hätte ich geahnt…W., an dieser Stelle muss ich gestehen, du bist zu der Zeit in meinem Leben etwas in den Hintergrund gerückt. Du hast mein Herz nicht verlassen, aber die Gedanken an dich wurden weniger. Mein Leben schien allmählich in Bahnen zu laufen, in die es gehörte. Ich nahm mir deshalb vor, dich irgendwann anzurufen, um dir zu sagen, wie glücklich ich war! Endlich glücklich! D. und ich renovierten währenddessen fleißig unseren Bauernhof, bevor wir einzogen. Mir tat das während der Schwangerschaft gut. So konnte ich die Gedanken, dass mit meinem Kind etwas nicht in Ordnung sein könnte, verdrängen. Arbeit lenkte bekanntermaßen ab. Der Hof wurde zu meinem Lebensinhalt. Ein Zuhause im Grünen. Ein Glück, das ich kaum fassen konnte. Mit meinen Pferden zusammen wohnen, wie toll war der Gedanke bitteschön?! Die Beziehung mit D. lief bis dahin relativ in den Bahnen. Gut, wir stritten, aber das kommt überall vor. Dass D. immer Recht haben musste, war für mich nicht einfach, aber ich nahm es hin. Da hielt ich einfach meinen Mund und dachte mir meinen Teil. Auch wenn er mich anschrie, er entschuldigte sich meist sehr schnell für seine verbalen Ausrutscher. Am nächsten Tag war die Welt bei uns eigentlich wieder in Ordnung. Dass eine Beziehung auf Dauer ohne Respekt und Achtung nicht funktionieren konnte, habe ich bereits in der Beziehung mit T. gelernt. Woher sollte ich jedoch wissen, dass ich mich auf dem besten Wege befand vom Regen in die Traufe zu kommen? Am Anfang trägt man die rosarote Brille und alles ist prima. Was ich allerdings beunruhigend fand, D. trank tatsächlich regelmäßig Alkohol. Jeden Tag pünktlich um 16 Uhr stellte er die Bierflasche auf den Tisch. Bei einer Flasche blieb es nicht. Es mussten immer drei bis vier Flaschen sein. Manchmal sogar fünf. Arbeiten ging er nicht, konnte er angeblich nicht. Er hatte vor Jahren einen schweren Autounfall erlitten und hätte dabei beinahe sein Bein verloren. Das Bein machte ihm nach dem Unfall ein Leben lang Kummer und hing angeblich im wahrsten Sinne des Wortes am seidenen Faden. Eine Amputation war früher oder später zu befürchten. D. hatte genau wie ich diese gefährlichen Keime im Blut, die immer wieder ausbrachen. Bei mir war es gottseidank mehrere Jahre nicht mehr vorgekommen. Aber bei ihm „wüteten" sie immer mal wieder und er hatte dann ein offenes Bein. Damit war er natürlich nicht in der Lage, seinen Job als Maurer auszuüben.

Ab und zu ging er arbeiten, dann wiederum nicht, je nach seiner gesundheitlichen Verfassung. Kurz vor der Entbindung meines Kindes fragte ich D. eines Tages: *„D., wenn bei mir die Wehen einsetzen, wie komme ich dann ins Krankenhaus? Du kannst wohl schlecht fahren, wenn du immerzu Bier trinkst!" „Ach, da finden wir eine Lösung. Ich habe genug Freunde, die rufe ich dann an, oder wir fahren mit dem Taxi!"* Die Antwort fand ich unmöglich. Die Vorstellung, dass mein Freund mich nicht mal zum Krankenhaus fahren konnte, wenn die Geburt unseres Kindes losging, weil er auf den Alkohol nicht verzichten wollte, war für mich einfach nur gruselig! Wie krank war das bitteschön? *„Vielleicht kommen die Wehen auch früh morgens, dann ist er ja noch nüchtern!"*, beruhigte mich meine Freundin, als ich ihr erzählte, wie unmöglich ich D.'s Aussage und sein Verhalten fand. *„Ja, wie findest du das denn, K?"* Mit meiner Freundin K. telefonierte ich regelmäßig. Sie hatte D. flüchtig kennengelernt. *„Anais, ich finde den ganzen Kerl unmöglich! Das ist ein Alkoholiker! Sieh mal zu, dass der von dem Dreckszeugs ganz runterkommt, sonst hast du hinterher wirklich richtig Probleme mit dem, das garantiere ich dir!"* Weder einsehen noch wahrhaben wollte ich, dass D. Alkoholiker war. Ich verschloss die Augen vor der Wahrheit. Bestimmt hörte er mit der Trinkerei auf, wenn unsere Tochter geboren war. An meiner Hoffnung hielt ich fest. In der Schwangerschaft traten Komplikationen auf. *„Wenn sich das Kind nicht dreht, dann muss ein Kaiserschnitt gemacht werden!"* Mein Arzt machte ein besorgtes Gesicht während des Ultraschalls. *„Ja, bekomme ich dann Vollnarkose?" „Eigentlich nicht. Da gibt es eine Teilnarkose!" „Das möchte ich nicht, unter keinen Umständen!"*, protestierte ich. Der Gedanke, dass mein Unterleib betäubt ist, ich aber bei vollem Bewusstsein bin, während man mir mein Kind aus dem Bauch schneidet, das war der pure Horror für mich und machte mir große Angst. Angst war Gift für mich und meinen Zustand. *„Ich kann verstehen, nachdem was du hinter dir hast, dass dir das Angst macht! Ich spreche mit den Ärzten im*

Krankenhaus, wenn es soweit ist, dann wird bei dir eine Vollnarkose gemacht! Für das Kind ist das Narkosemittel allerdings nicht gut. Aber wenn du psychisch total verkrampft bist und wohlmöglich Panikattacken bekommst, ist das Risiko einer Komplikation bei der Entbindung größer!" „*Versprechen Sie mir das, Herr Doktor?*", fragte ich erleichtert. Er gab mir sein Ehrenwort darauf, mit dem Gynäkologen im Krankenhaus zu sprechen. „*Du fährst am besten heute schon mal zum Krankenhaus und stellst dich dort vor, Anais, dann können alle weiteren Einzelheiten besprochen werden!"* „*Es ist ja noch ein wenig Zeit bis zu dem Termin, dann hast du das schon mal alles geregelt.*" Mein Arzt lächelte mich beruhigend an. Ihm vertraute ich. „*Es ist alles in Ordnung mit deiner kleinen Tochter! Und mach dir keine Sorgen!"* D. und ich fuhren an dem Tag direkt ins Krankenhaus, um uns dort vorzustellen und einen Termin für den Kaiserschnitt auszumachen. „*Ja, wir machen mal ein CTG, werten das aus und dann besprechen wir die weiteren Einzelheiten!"* Die Ärztin legte mich an das CTG-Gerät. Plötzlich fragte sie erstaunt und nachdenklich: „*Sind Sie nicht die junge Frau, die vor knapp sechs Jahren eine Totgeburt in unserem Haus hatte?"* Ich nickte. „*Ich erinnere mich an Sie*", sagte die Ärztin. „*Na, das ist doch schön, dass jetzt alles gut geht!"* Nach der Auswertung des CTGs hieß es jedoch auf einmal: „*So, Anais, Sie bleiben direkt bei uns. Morgen, in der Früh, holen wir ihr Kind!"* „*Wie? Ich habe doch erst in vier Wochen Geburtstermin*", stammelte ich und mein Puls fuhr panikartig hoch, weil ich Angst bekam. „*Ja, aber die Herztöne Ihres Kindes sind nicht in Ordnung. Bevor wieder etwas schiefläuft, holen wir das Kind! Alles wird gut!"* Die Ärztin tätschelte mir beruhigend die Hand. Mir wurde ganz anders. Ich war gar nicht darauf vorbereitet, dass auf einmal alles so schnell gehen sollte und Panik machte sich in mir breit. „*Aber ich bekomme Vollnarkose, oder?"* „*Vollnarkose? Nein, das ist doch viel zu gefährlich für ihr Kind!"* Die Ärztin lächelte mich kopfschüttelnd an. Ich glaubte mich plötzlich in einem schlechten Film, in einem Horrorfilm, oder so. Mein Psychologe hatte mir damals nach der Totgeburt gesagt, dass wenn ich nochmal ein Kind bekommen sollte, dann nur per Kaiserschnitt und in Vollnarkose. Alles andere könnte mir seelisch einen derartigen Schlag versetzen, von dem ich mich wahrscheinlich nie wieder erholen würde. *Mein Frauenarzt hat es versprochen, D!"*, sagte ich weinend zu ihm. Er saß direkt neben mir und ist auch ein wenig sprachlos und überrascht. *„Ja, aber der weiß ja nicht, dass die Ärzte das Kind schon morgen holen wollen!" „Ich habe Angst, solche Angst"*, jammerte ich. Niemand in dem Krankenhaus verstand das anscheinend. Klar, versuchten die Ärzte, mich zu beruhigen, aber das gelingt ihnen nicht. All das Erlebte während meiner Totgeburt, kam wieder zum Vorschein. Das war ein Trauma, das für den Rest meines Lebens in meiner Seele wohnen wird. In gewissen Situationen übernahm es die Kontrolle über meine Gefühle. Dafür konnte ich nichts. Am ganzen Körper zitterte ich. Schaffte es nicht, mich zu beruhigen. Angst zu haben war ein schlimmes Gefühl. Vor allem, wenn man die Angst nicht kontrollieren konnte. Die Nacht vor dem Kaiserschnitt schlief ich überhaupt nicht. Null. Ich weinte mich von einer Seite auf die andere. Vor lauter Angst und Sorgen. Ich war mittlerweile nervlich so fertig und verzweifelt, aus Angst bei dem Kaiserschnitt draufzugehen, weil ich mich so sehr in Panik versetzte, dass ich wirklich glaubte, sterben zu müssen. Konnte man vor lauter Angst sterben? Naja, zumindest könnte ich einen Infarkt erleiden. Du musst an etwas Schönes denken, Anais, redete ich mir ein. Es gelang mir nicht. Was ich zu dem Zeitpunkt nicht wusste, meine kranke Schilddrüse lief derart aus den Gleisen, dass mein Körper permanent auf Hochtouren arbeitete. Alle körperlichen Gefühle wurden von mir verstärkt wahrgenommen. Das heißt, was für einen gesunden Menschen normale Angst bedeutete, durchlebte ich als absolute Horrorsituation. Mein Adrenalinspiegel fuhr viel zu hochtourig. Zu hoch für normale, menschliche Verhältnisse.

Meine Wahrnehmung war in allem mindestens um das 3 fache gesteigert. Mein Herz schlug viel zu schnell. Hätte ich gewusst, was mich am nächsten Tag erwartete, ich wäre in der Nacht aus dem Krankenhaus geflüchtet. Abgehauen und bis an das Ende der Welt gelaufen. Für einen kurzen Moment bestand tatsächlich der Gedanke einer Flucht in meinem Kopf, aber das Kind musste raus aus meinem Bauch. Mit Flüchten war also nichts. Am folgenden Morgen kam D., pünktlich ins Krankenhaus. Er hatte mir versprochen, bei der Geburt unserer Tochter dabei zu sein und sein Wort hatte er gehalten. Ein kleiner Trost für meine Höllenqualen in meiner krankhaft gesteigerten Angst und Panik. Es beruhigte mich, zu wissen, dass ich nicht alleine war. D. war um sieben Uhr im Krankenhaus, um acht Uhr fand die Entbindung statt. *„Das schaffst du schon, Anais!"*, sprach er mir Mut zu. *„Ich habe Angst, D!"* zitternd hielt ich seine Hand. Das OP-Hemd trug ich bereits, eine Beruhigungspille hatte ich nicht bekommen und meine Herztabletten hatte man mir an dem Morgen auch nicht gegeben. Seitdem ich schwer an der Schilddrüse erkrankt war und mein Herz zu schnell schlug, musste ich Betablocker einnehmen, die den Puls senkten. Ohne die Tabletten stieg der schon mal recht schnell viel zu hoch an. Die Betablocker bekam ich an dem Morgen ebenfalls nicht. Mein Herz raste also bereits wie verrückt, bevor ich mich überhaupt dem OP genähert hatte. Obwohl ich der Schwester sagte, wie schrecklich hoch mein Puls war, ging diese nicht darauf ein. *„Das läuft gleich alles wie geschmiert! Keine Angst"*, sagte sie. Läuft wie geschmiert, das war ja lachhaft und geschmiert hätte ich ihr am liebsten eine! Ich hätte ihr an die Gurgel springen können, wirklich. Die hatte ja keine Ahnung, was gleich passierte, wenn ich durchdrehte. Auf einmal klingelte D.'s Handy. *„Wer ruft denn jetzt an?"* fragte ich erstaunt. Als D. abnahm, hörte ich die Stimme meiner Mutter, total aufgebracht am anderen Ende der Leitung. *„D. du musst sofort kommen, sofort! Ich muss ganz schnell nach M. fahren!"* *„Zur Entbindung ist es jetzt zu spät, das schaffst du bis acht Uhr* *nicht mehr Karin, es ist ja schon halb acht!"* widersprach D. in ruhigem Ton. *„Ach, ich will doch nicht ins Krankenhaus, D., ich muss zum Amtsgericht!" „Was musst du denn da?"* D. sah mich fragend an. *„Ja, die Vollmacht für die Oma. Ich habe ein Schreiben in der Post, dass ich bis heute früh zum Amtsgericht muss, um die Vollmacht einzureichen, sonst ziehen die mir die ganze Kohle von der Oma ein, dann bekommt sie einen Vormund und ich kein Geld mehr!"* Ja, das war auch schlimm, dachte ich mir. Mein Gott, die Sorgen meine Mutter, die wollte ich einmal in meinem Leben haben. Ich glaubte meinen Ohren nicht zu trauen. *„Karin, wir kriegen ein Kind! Ich fahre jetzt nirgendwo mehr hin, höchstens heute Nachmittag!" „D., das kannst du nicht machen, du musst mich jetzt fahren! Ich bin schon fertig angezogen! Bitte, komm jetzt!"* D. wurde plötzlich zögerlich. *„Hey, du fährst jetzt nicht dahin, oder?"* fragte ich panisch. Mein Puls stieg wieder rasant an. Vor dem Anruf meiner Mutter war ich noch guter Dinge, dass ich meinen Puls im Griff halten könnte. Die Hoffnung hatte sie mir zunichte gemacht. Die hatte doch einen Knall, dachte ich. Ich bekam ein Kind und sie dachte wieder nur an sich und an ihr Geld… *„Bestell dir ein Taxi, Karin!"* sprach D. ins Telefon. Meine Mutter fing tatsächlich an zu weinen und das zog bei D. *„Gut, ich komme! Geh schon mal vor die Tür!"* Das konnte doch wohl nur ein Albtraum sein, oder? Ich starb aus Angst vor der Entbindung meines Kindes, meine Mutter starb vor Sorge, weil sie kein Geld mehr bekam und D. fuhr mal eben 30 Minuten vor der Entbindung unseres Kindes meine Mutter abholen, nur weil sie zum Amtsgericht wollte. Das war ein schlechter Traum. *„Ich bin bis um acht Uhr zurück, mach dir keine Sorgen, Anais!"* rief D. und sauste aus dem Zimmer. Auf dem Weg in den OP wurde mir wenig später alles egal. Von D. keine Spur, mein Puls schien zu explodieren. Du stirbst heute, Anais. Herzlichen Glückwunsch! Du stirbst natürlich alleine, D. wird sicherlich nicht mehr pünktlich zurück sein, dachte ich in diesem Moment. Ich verfluchte meine Mutter. Gedanklich überlegte ich, wer wohl alles auf meiner Beerdigung erschienen wäre. Du sicherlich nicht, W. oder? Ja, das war Tatsache, da habe ich in dem Moment wirklich dran gedacht. Nee, du würdest nicht kommen, weil dir das viel zu peinlich wäre. Falls jemand fragen würde, wer du denn seist und es dann hieße, der ehemalige Lehrer von Anais, Herr K. Die Vorstellung, dass du nicht an meinem Grab stehen würdest, machte es nicht unbedingt einfacher, sich mit dem Sterben anzufreunden und abzufinden. Ich hätte dich schon gerne dabei, bei meinem Begräbnis….*„Hey, Sie werden schon nicht sterben, freuen Sie sich doch mal, wir holen Ihr Kind! Was machen Sie denn für ein Gesicht? Das ist doch keine Beerdigung hier!"* Der Anästhesist tätschelte meine Hand, mein Gesichtsausdruck musste ihm wohl verheißen, dass ich mich innerlich auf dem Weg zu einem Begräbnis befand, anstatt auf dem zu einer Geburt. *„Das ist ganz lustig hier im OP, der Chefarzt macht gleich seine Witze und ruck zuck halten Sie ihr Mädchen im Arm. Ist doch ein Mädchen, oder?"* Ich nickte. *„So, jetzt schließen wir Sie mal an die Herz-Lungen-Maschine und dann setzen wir gleich die PDA, dabei dürfen Sie sich nicht bewegen, einfach ganz ruhig sitzenbleiben!"* Das Piepen der Maschine versetzte mich in noch größere Panik. Es war kein gleichmäßiges, langsames Piepen, sondern ein recht schnelles und ein sehr unregelmäßiges. Einfach ein unangenehmes. *„Hui, hier ist aber jemand aufgeregt, was?"* Ein anderer Arzt oder Pfleger, keine Ahnung wer oder was er war, setzte mir den intravenösen Zugang. *„Wie hoch ist mein Puls?"*, fragte ich und versuchte, ruhig zu bleiben. An dem Zipfel meiner Bettdecke fuckelte ich nervös. *„Ja, der marschiert jetzt bei 130!"* Oh mein Gott, fuhr es mir durch den Kopf. Wie hoch würde der sein, wenn ich auf dem OP-Tisch liege? Die PDA war gesetzt, mir kribbelten die Beine, unternum an meinem Körper wurde fix alles taub und heiß. *„Ja, jetzt geht's gleich los!"* Der Anästhesist machte die übrigen Vorbereitungen und dann schoben sie mich endlich in den OP… Ja, Anais, die Party ging los! Wir fuhren an einer Glasscheibe vorbei, hinter der Scheibe stand D. *"Hey, da ist mein Kerl!"*, rief ich aufgeregt und war ganz fasziniert, dass D. es tatsächlich rechtzeitig geschafft hat, zurückzukommen. *"Der soll hier in den OP kommen, aber zackig, das hat er mir versprochen!"* *"Jaja, er kommt gleich! Ihr Mann muss sich mal eben erst umziehen, muss ja alles steril sein hier!"* Ich atmete auf, D. ist da. Prima, dann konnte er wenigstens meine Hand halten, während ich sterben würde. Als man mir das OP-Tuch vor den Kopf hing, damit ich nichts mehr sehen konnte, merkte ich, dass mein Puls weiter nach oben ging. Die Maschine hinter mir piepte unaufhaltsam und gnadenlos immer schneller. *"So, der Chefarzt ist auch da. Jetzt geht's los!"*, sagte der Anästhesist. Mir wurde auf einmal ganz flau. Die Worte, „Jetzt geht's los", reichten völlig aus, um mich in die höchste Panikbereitschaft meines Körpers zu versetzen. Alarmstufe Rot! Zum Weglaufen war es jetzt allerdings zu spät. Alles um mich herum nahm ich nur noch verschwommen wahr. Die Maschine hinter mir piepte immer schneller. *"Machen Sie schnell"*, rief der Anästhesist plötzlich dem Chefarzt zu. Seine Stimme klang ernst. Und mit der Partystimmung schien es schlagartig vorbei zu sein im Operationssaal. *"D! D!"*, rief ich schwach. Von D. keine Spur. Mit wurde heiß und kalt, alles gleichzeitig. Mein Herz sprintete, als liefe es einen Marathon. Meine Hände klammerten sich am Bettgestell fest. Nein, nicht sterben, nicht sterben, bitte! Mein Gott, was war ich verkrampft. Die Panik hatte mich bestens im Griff. Ich wollte so gerne mein Kind im Arm halten dürfen, bevor ich sterbe. Bitte, lieber Gott, wenn du mich jetzt zu dir holst, lass bitte dieses Mal mein Kind leben! Ich betete. Und immer wieder rief ich nach: „*D!*" Mein letzter Gedanke war, dieser Penner ließ dich hier wirklich alleine liegen und sterben. Du warst dem völlig egal, Anais. Macht der Kaffeeklatsch hinter der Glasscheibe oder warum kam er nicht endlich zu mir? In weiter Ferne hörte ich ein Kind schreien. Ob das wohl meins war? Meine kleine Jill? Ich war so erleichtert. Meine kleine Tochter lebte anscheinend. Die Ärzte hatten sie draußen. Ich war glücklich in dem Moment, auch wenn mir der Tod näher war als mein Leben. Mein Kind lebte. Alles andere war mir gleichgültig. Mit meinem Leben hatte ich bereits abgeschlossen. Meine kleine J. war da. Jetzt kann ich sterben, dachte ich…Als ich zu mir kam, stand meine Mutter neben mir am Bett. „*Wo bin ich?*", fragte ich entsetzt. Für einen Augenblick wusste ich tatsächlich nicht, wer ich war und wo ich war. Meine Mutter zu sehen bedeutete niemals etwas Gutes. Ich hatte wirklich keinen Plan, was mit mir abging und ob ich in der Hölle gelandet war. Tod zu sein, mit meiner Mutter zusammen, konnte nur die Hölle bedeuten. Bewegen konnte ich mich nicht, alles war taub an mir und mir war kalt. Ich zitterte vor Kälte. Alles in meinem Körper bebte. Langsam kam die Erinnerung zurück. Ich hatte ein Kind bekommen. „*Nettes Kind hast du, Anais!*" sagte meine Mutter. „*Hübsch, die Kleine. Das hast du ja mal gut auf die Reihe bekommen!*" „*Wo ist mein Kind?*" „*Die Kleine bringen sie dir gleich!*" „*Und wo ist D?*" „*Ja, der ist bei eurer Tochter! Er kommt auch gleich!*" „*Und was machst du hier?*" „*Ja, ich war doch beim Amtsgericht und dann habe ich mir mal eben fix dein Kind angesehen! Jetzt fährt D. mich wieder nach Hause. Darauf muss ich mir gleich erst mal einen trinken, auf meine Enkeltochter!*" „*Ja, mach das!*" Die Nerven meiner Mutter, die wollte ich gern haben. Endlich kam D. mit meiner kleinen J. Ellen auf dem Arm zu mir ans Bett. Ach, was war ich erleichtert, als er mir mein Kind zeigte. „*Ist sie ok?*", fragte ich. „*Ja, alles in Ordnung, Anais! Ist sie nicht süß, die Kleine?*" D. war damals wirklich stolz, als er unsere Tochter auf dem Arm hielt. Er strahlte über das ganze Gesicht. Nie wieder habe ich ihn so voller Freude und glücklich gesehen wie an diesem Tag. An dem Tag der Entbindung seiner kleinen Tochter. "*Wo warst du denn bei der Entbindung, du hattest doch versprochen, dass du dabei bist!*" „*Es gab Komplikationen mit dir, Anais, die Ärzte haben mich nicht rein gelassen in den OP! Du hattest eine schwere Panikattacke mit Vorhofflimmern.*" Nach der Entbindung von J. brauchte ich

unheimlich lange, um wieder halbwegs auf die Beine zu
kommen. Drei Tage lang schlief ich. Mein Körper war
ausgelaugt, als wäre ich den Berlin-Marathon in Bestzeit
gelaufen. Die Tage nach der Entbindung im Wochenbett
waren grausam. Herrjeh, ging es mir gesundheitlich schlecht.
So schlecht, dass ich mich gar nicht wirklich um meine kleine
J. kümmern konnte. Aufgrund der Tabletten durfte ich die
Kleine nicht stillen. J. bekam von Anfang an das Fläschchen.
Ich hatte Fieber, erkrankte an einer Bauchfellentzündung, die
Narbe vom Kaiserschnitt entzündete sich. Meine Hormone
spielten verrückt. Ich glaubte irgendwann durchzudrehen.
Oder wirklich den Löffel abzugeben. Dem Tod war ich so
verdammt nahe in der Zeit! Es gab Tage, an denen mochte ich
J. gar nicht sehen, weil es mir so schlecht ging. Ich fühlte mich
zu kraftlos, um mich um mein Baby zu kümmern und es im
Arm zu halten. Meine Ruhe wollte ich haben. Schlafen wollte
ich. Am liebsten wäre mir, die Ärzte hätten mich ins Koma
gelegt. Irgendwann, wenn alles vorbei war, könnten sie mich
wieder aufwecken. Ein Gespräch mit der Ärztin aus dem
Krankenhaus führte ich kurz nach der Entbindung. Die Ärztin
setzte sich zu mir ans Bett, sie hatte einen Notizblock und
meine Krankenakte dabei. Sie machte ein sehr nachdenkliches,
beunruhigendes Gesicht. *„Anais, Sie sind schwer krank! Die
Hyperthyreose, die Sie haben, kann lebensgefährlich werden.
Ihre Werte sind verdammt schlecht! Seien Sie froh, dass mit
Ihrem Kind alles in Ordnung ist. Wir müssen Ihre Schilddrüse
entfernen, sonst sind Ihre Lebenserwartungen nicht mehr
hoch!"* Ich glaube zunächst, die Ärztin machte Witze. *„Ich
lasse mich doch jetzt nicht operieren, ich komme gerade frisch
aus dem OP und wäre dort bald gestorben!" „Ja, genau
deshalb! Bei der Entbindung waren Sie schon fast tot, das
möchten Sie doch nicht noch einmal erleben, oder?" „Ich
werde erst mal gar nicht mehr ins Krankenhaus gehen! Ich bin
glücklich, wenn ich zuhause bin!" „Ja, das glaube ich Ihnen,
aber Sie wollen doch nicht mit knapp 30 Jahren schon ins
Gras beißen, oder? Wenn Sie aus dem Wochenbett sind, dann*

müssen wir das operieren! Unbedingt! Ihre Hormone bringen Sie sonst um! Wir vereinbaren bei ihrer Entlassung einen Termin, in Ordnung? Sie müssen in den nächsten 14 Tagen unbedingt diese OP machen lassen!" Ich willigte zustimmend ein und zwar nur, damit ich meine Ruhe hatte und die Ärztin wieder Leine zog. Als ob ich die nächste Zeit nochmal freiwillig in den OP gehen würde. Ha, die hatte wohl einen Sockenschuss, die Ärztin. Keine zehn Pferde brachten mich wieder in ein Krankenhaus. Ich unterschrieb, dass ich das Krankenhaus freiwillig verlassen durfte. Am Tag meiner Entlassung ging ich mit über 39 Grad Fieber und einer schweren Blasenentzündung nach Hause. Die nächsten Wochen waren hart. Das waren die härtesten Tage meines Lebens. D. musste eine Reha-Maßnahme mitmachen. Für vier Wochen. Wegen seines zurückliegenden Unfalls. Ich sah ihn entgeistert an, als er mir mitteilt, dass er für vier Wochen wegfahren wollte, nachdem ich aus dem Krankenhaus entlassen wurde. *„Ja, wenn ich diese Maßnahme nicht mitmache, dann bekomme ich kein Geld mehr! Und ohne Geld können wir hier einpacken." „Du musst das verschieben D., mir geht es wirklich sehr schlecht, du kannst jetzt nicht einfach wegfahren und mich und J. alleine lassen!"* Es war Winter. Tiefster Januar. In dem Jahr lag unheimlich viel Schnee. Zudem war es bitterkalt und wir hatten den ganzen Stall voller Pferde. Zu der Zeit waren einige unserer Boxen vermietet und die fremden Pferde mussten von uns mitversorgt werden. *„Ich muss mich operieren lassen, in spätestens 14 Tagen hat mir die Ärztin gesagt, ich könnte sonst sterben, D!"* D. fuhr zur Reha. Gnadenlos war er in seiner Entscheidung. Ob ich draufging, war ihm egal und er nahm es billigend in Kauf. Vier Wochen war ich mit unserem Kind alleine. Mit meinem neugeborenen Baby. Ich selbst war schwer krank und dann die harte Arbeit mit den Pferden zuhause. Alle drei Stunden musste ich für die kleine J. die Flasche bereithalten, Tag und Nacht. Die Pferde warteten morgens und abends, dass ich sie fütterte und tränkte, die Ställe mussten ausgemistet werden.

Auf dem Zahnfleisch ging ich. Abends, wenn ich auf der Couch lag, hatte ich für einige kurze Augenblicke wirklich das Gefühl, der Tod war mir näher als mein Leben. Ich glaubte in den vier Wochen, dass ich das nicht durchhalten konnte. Kräftemäßig zugrunde gehen würde ich. Es war niemand da, von dem ich Hilfe erwarten konnte. Wie immer, wenn es bei mir brannte und ich in der Scheiße saß, war weit und breit niemand zu sehen. Meine Mutter sowieso nicht, mein Vater ebenfalls nicht, ich war allein auf mich gestellt. Nachdem D. von der Reha zurückkehrte, ging es noch einige Wochen gut mit mir, dann klappte ich schließlich zusammen. Ich wurde vom Notarzt ins Krankenhaus eingeliefert. Den Termin für die OP habe ich damals natürlich nicht wahrgenommen. Wie auch? Ich musste den kompletten Hof zuhause schaukeln und für meine Tochter da sein, während D. zur Reha fuhr. Mein Pech an dem Tag, als ich eingeliefert wurde, ausgerechnet die Ärztin, die den Termin vor einigen Wochen mit mir ausgemacht hatte, führte den Notdienst. *„Mädchen, du lebst noch?"* fragte sie ungläubig. *„Wir alle hier im Krankenhaus haben gedacht, als Du den Termin abgesagt hast, dass Du das nicht überleben wirst!" „Ich habe auch gedacht, dass ich das nicht überlebe!"* In Tränen brach ich aus. Die Last, die ich trug, war mittlerweile einfach zu schwer geworden, ich konnte körperlich und auch nervlich nicht mehr. Hätte ich in den vier Wochen, in denen D. in der Reha war, eine Knarre gehabt, ich hätte abgedrückt und mein Leben ausgelöscht. Das war kein Leben mehr, das war eine Qual. Die Ärztin wusste nicht einmal, was ich die letzten Wochen durchgemacht hatte. Was hinter mir lag. Mein Überlebenskampf. Meine einzige Sorge, die mich beschäftigt hatte in meinen qualvollen Stunden, wenn ich zuhause gestorben wäre, niemand hätte mein Kind gefunden! Mich hätte doch kein Mensch vermisst. Also hätte sich auch niemand auf die Suche nach mir gemacht. Es interessierte sich kein Mensch dafür, was ich machte und ob ich lebte oder tot war. Meine Mutter hatte in der Zeit nicht einmal bei mir angerufen. Nicht einmal gefragt, ob sie mir zuhause etwas helfen kann. Auf dem Hof hatte sich in den vier Wochen niemand blicken lassen. Ich konnte es meinen Freunden nicht einmal übelnehmen, denn bei den Wetterverhältnissen gab es zu unserem Hof gar kein Durchkommen. All der Schnee, die Straßen waren zu unserem Hof gar nicht geräumt. Wenn ich wirklich gestorben wäre, dann wäre meine kleine J. auch gestorben. Bis sie jemand gefunden hätte, wäre es zu spät gewesen. Weißt du, W., zu dem Zeitpunkt habe ich angefangen, D. zu hassen. Wie konnte er mich in der Situation einfach alleine zurücklassen? Mich und sein neugeborenes Kind? Wo er genau wusste, wie schlecht es mir ging. Das habe ich ihm nie verziehen und von dort an ging es mit unserer Beziehung steil bergab! Die Ärzte entfernten mir wenig später die Schilddrüse und einen riesigen Tumor, der gottseidank, noch nicht bösartig war. Ich habe verdammtes Glück gehabt. Ich denke, wenn es einen Gott gibt, wollte er mich einfach noch nicht haben. Immer noch nicht! Nach der OP dauerte es einige Monate, fast Jahre, bis ich wieder auf die Beine kam. Die Krankheit hatte mein Herz angegriffen. Dort habe ich nach der OP Schäden zurückbehalten. Herzrhythmusstörungen würden mich für den Rest meines Lebens begleiten. Die medikamentöse Einstellung meiner Hormone gelang den Ärzten nicht auf Anhieb, es gab wieder Rückschläge. Zumindest war ich außer Lebensgefahr. Ich lebte, das war wichtig! Meine Launen wechselten von himmelhochjauchzend zu tiefbetrübt und das schlagartig. Meine innere Unruhe und meine Panikbereitschaft konnte ich leider nur schlecht ablegen. Mein Körper war noch zu sehr darauf konditioniert. Dennoch, hinter mir lagen Zeiten, in denen es mir noch viel schlechter ging. Wenn D. und ich Streit miteinander hatten, sagte er jedoch neuerdings lauter komische Dinge zu mir: *„Lass mal deine Hormone wieder richtig einstellen, du bist ja total neben der Spur!"* Das tat mir in der Seele weh. Er konnte sich nicht annähernd vorstellen, wie schlimm das für mich war, dass es mir körperlich und seelisch nicht gut ging. Hormone künstlich zu erzeugen, war nicht dasselbe wie sie aus einem gesunden Körper heraus zu leben und fühlen zu dürfen. Nach der OP fühlte ich nie wieder so, wie ich vor der Entfernung der Schilddrüse gefühlt habe. Das bedeutete: Die Traurigkeit fühlte sich anders an. Die Liebe fühlte sich schlagartig anders an. Ich nahm fürchterlich an Gewicht ab, dann wieder zu, manchmal war ich aggressiv und gereizt, dann wiederum traurig. Es war ein ständiges auf und ab. Bestimmt war es nicht leicht, mich in dieser Zeit zu ertragen, aber ich brauchte sicherlich eher Zuspruch und das Gefühl, dass mir jemand Liebe gibt, anstatt Vorhaltungen zu kassieren. Die hagelten von D. allerdings nur noch auf mich ein. Dass er mich mit J. alleingelassen hatte, in meinen schlimmsten Stunden, das konnte ich ihm nicht verzeihen. Seit dem Tag war zwischen uns nichts mehr wie vorher. Die Liebe ging. Zumindest ging sie in mir. Die große Liebe ist D. nie gewesen, das habe ich schon erwähnt, aber es hatte Gefühle gegeben, die eigentlich nicht unerheblich waren und für ein gutes Familienleben durchaus gereicht hätten. Ich merkte, wie alles in mir zerbrach. Meine Wut, mein Hass auf D., es steigerte sich ins Unermessliche und ich war machtlos gegen das negative Gefühl, das in mir hochkam. Das war nicht mehr der Mann, den du dir für mich gewünscht hattest, W! Fürsorglich, liebevoll und dass er zu schätzen wusste, was er an mir hatte. Das traf nicht mehr auf ihn zu. D. merkte nicht einmal, dass ich kurz vor dem Sterben war und wie sehr ich ihn eigentlich brauchte. Nein, die Reha-Maßnahme war ihm wichtiger. Wichtiger als mein Leben und das seiner Tochter. Ich danke Gott, wenn es einen gibt, dass er mich in den vier Wochen nicht zu sich geholt hat. Mittlerweile habe ich einen Job in einem Discounter angenommen. Vor J.'s Entbindung bereits. Ich verdiente dort viel Geld. Bei knapp 120 Stunden, die ich im Monat schuftete, kam gutes Geld nach Hause. D.'s Bedingung damals, dass ich mir einen vernünftigen Job suchen musste, wenn er mit mir eine Beziehung eingehen sollte, hatte ich ihm erfüllt. Die Frittenbude war ihm nicht gut genug als Arbeit für seine Freundin. Wenn seine Saufkumpels fragten, wo denn seine Schnalle arbeiten würde, wollte er nicht mit: In der Pommesbude antworten. Das war ihm zu peinlich. Dabei ist es doch völlig egal, womit man sein Geld verdient oder? Hauptsache man sitzt nicht einfach inaktiv zuhause rum, so wie er es zum Beispiel praktizierte! Trank Bier und jammerte den ganzen Tag, wie scheiße das Leben doch ist. Immer auch diese Bedingungen, die ich erfüllen musste für andere Menschen in meinem Leben. Nie war ich jemandem gut genug. D. geht, solange ich ihn kannte, nur selten arbeiten. Das ist ein Punkt, mit dem ich später in unserer Beziehung überhaupt nicht mehr klarkam. Dass ich malochte wie irre. Zuhause nach der Arbeit im Discounter den ganzen Hof schmiss und in Ordnung hielt. Während er den lieben Tag lang vor dem PC saß und nachmittags Party mit seinem Freund machte. Bierparty machten sie, die beiden. D. und sein Freund aus unserer Nachbarschaft. Die beiden gaben sich oft und regelmäßig zusammen die „Kante". *„Wieso gehst du nicht in die Anwaltskanzlei zurück?"* drängte mich D. Der Job wäre ihm lieber. Würde sich in der Kneipe am Tresen besser machen, zu sagen: *„ Ja, meine Olle arbeitet beim Anwalt!"* Nichts war D. gut genug. Immer meckerte und jammerte er. Seine depressive Art, die war ja nicht mehr auszuhalten. *„Weil ich dort morgens um acht Uhr anfangen muss und abends erst gegen sechs Uhr zuhause bin. Der ganze Tag ist hinüber und ich habe keine Lust, nur stur vor dem PC zu sitzen. Das ist mir einfach zu trocken!"* *„Warum hast du dann nicht sofort etwas anderes gelernt?"* *„Weil nichts anderes da war!"* So war es tatsächlich, weil mein Entschluss, anstatt weiterhin die Schule zu besuchen, kurzfristig eine Ausbildung zu beginnen, damals viel zu kurzfristig kam. *„Es ist wohl besser, in der Frittenbude zu arbeiten, D., als zuhause rumzusitzen und sich die Hände vor Langeweile zu reiben, oder?"* *„Ja, ich schmeiße doch den ganzen Haushalt"*, wehrte sich D. energisch. Da musste ich aber bitter lachen. Haushalt nannte er das. Die Küche mal zu saugen, ja; das war es dann aber auch. Bei den 300 qm Wohnfläche, die wir hatten, gab es so viel Arbeit, dass man sich den ganzen Tag mit Hausarbeit beschäftigen und vergnügen konnte. D. hatte anscheinend seinen Verstand mittlerweile echt versoffen und merkte nicht mehr viel. Wenn er überhaupt noch was merkte. Jedenfalls ging ich nach meiner Entbindung wieder arbeiten. Natürlich war ich noch im Mutterschaftsurlaub und somit konnte ich nur für 40 Stunden im Monat arbeiten, aber ich hatte eine Aufgabe und verdiente meinen Teil für unseren Lebensunterhalt dazu! Nein, ich saß nicht rum und spielte „nur" Hausfrau und Mutter. Eigentlich wäre es mein Recht gewesen. Der Vater meiner Tochter hätte das Geld verdienen müssen. Er hätte seine Familie ernähren müssen und nicht ich. Aber nein, ich malochte. Ich ging arbeiten, während D. zuhause saß und rumnörgelte. Mehr als seltsam fand ich die Rollenverteilung bei uns daheim. Hinzu kam, dass D. zusehends depressiver wurde. Er hatte immer schlechte Laune. Permanent. Wenn nachmittags ab 16 Uhr die Bierflasche an den Start kam, dann war mit ihm nicht mehr gut Kirschen essen. Am besten sprach man ihn dann gar nicht mehr an. Er hatte an allem rumzumeckern und behandelte mich neuerdings auffallend lieblos. Am besten ging ich ihm aus dem Weg. Gut, wir bewohnten ein großes Haus, da war das kein Problem, sich aus dem Weg zu gehen. Aber dennoch merkte ich, dass ich unter unserer Beziehung litt. Später, nach drei Jahren Erziehungsurlaub ging ich wieder in Vollzeit arbeiten. Das tat mir unheimlich gut. Weil ich D. weniger Zeit und Aufmerksamkeit schenken musste. Er konnte dann aus gesundheitlichen Gründen seine Arbeit angeblich immer noch nicht wieder aufnehmen. Deshalb kümmerte er sich um die Kindererziehung. Immer öfter fiel mir auf, dass er richtig aggressiv sein konnte. Sein Verhalten J. und mir gegenüber nahm langsam cholerische Ausmaße an. Er war unzufrieden mit sich und der Welt und das ließ er an uns, seiner kleinen Familie aus. Ich konnte ihm nichts mehr recht machen, an allem hatte er etwas auszusetzen und rumzunörgeln. Meistens ging es morgens schon los, wenn er die Augen geöffnet hatte. Wenn er Bier getrunken hatte, wurde er auch handgreiflich.

Ich erinnere mich an ein Erlebnis, da haben wir uns recht heftig gestritten. Er demonstrierte mir generell bei jedem Streit, dass er der Stärkere war. Das war ich von ihm gewohnt. Aber an dem Tag, da schubste er mich mit einer derartigen Wucht in den Schrank in unserem Hausflur hinein, dass mir Hören und Sehen verging. J. saß in ihrem Hochstuhl in der Küche. Die Tür war geöffnet und sie bekam den Vorfall mit. Sie weinte. *„Och, du musst nicht weinen, die Mama ist doch nur hingefallen!"* beruhigte sie D. und nahm seine Tochter auf den Arm. Zu mir sagte er: *„Du dreckiges Miststück, benimm dich mal vor deiner Tochter!"* Spätestens seit dem Tag wusste ich, dass D. nicht der Mann war, mit dem ich den Rest meines Lebens verbringen wollte! Ich spürte, ich befand mich wieder einmal direkt in der Hölle! Welcome Anais, you are back! Back into hell! Dieses Mal in einer Hölle, aus der es so schnell kein Entkommen geben würde. Immerhin hatte ich ein Kind, mit dem ich zusammen im Boot saß. Nein, D. war nicht mehr der Mensch, den ich weiterhin lieben wollte. D. hatte meine Liebe nicht verdient. Ich wusste genau, wenn ich mich von ihm nicht lösen konnte, ging ich elendig vor die Hunde. Was psychische Qualen ausmachen konnten, das hatte ich bereits bitter gelernt. Alleine wäre es mir niemals möglich gewesen, den Hof, auf dem ich wohnte, finanziell zu unterhalten. Dazu die Arbeit, ein kleines Kind, die Pferde, das große Haus, die Stallungen, alles musste in Ordnung gehalten werden. Was sollte ich tun? Wo sollte ich hin? Bei dem Gedanken, alles alleine weiterhin auf die Beine zu stellen, wurde mir anders. Das konnte ich gar nicht schaffen, darüber bin ich mir im Klaren. D. wusste das zu genau, dass er mich mit seinen fiesen Spielchen in der Hand hatte. Weil es für mich keinen Ausgang aus der Hölle gab. Er wusste, dass ich alleine, ohne ihn, aufgeschmissen war. Das nutzte er gnadenlos aus. Er peinigte meine Seele jeden Tag. Er wurde zusehends härter und brutaler in seinem Handeln. Die Steigerungsfähigkeit seiner Grausamkeiten machte mir Angst. Ich war seiner psychischen Gewalt hilflos ausgeliefert. Meine Tränen sah er schon lange nicht mehr. Ich glaubte oft, dass es ihn innerlich befriedigte, wenn ich am Boden lag. Sein höchstes Glück, wenn ich nicht mehr aufstehen konnte und um Gnade winselte. Das schien ihm etwas zu geben, das seine kranke Seele streichelte. D. selbst wurde zusehends immer fauler im Laufe der Jahre. Wenn er anfänglich noch gut mitgeholfen und angepackt hatte, besonders draußen auf dem Hof, so ließ auch das erschreckend nach. Leider besaßen wir an landwirtschaftlichen Geräten nicht viele Hilfsmittel, um uns die Arbeit zu erleichtern. D. steckte sein Geld in keinerlei Anschaffungen, die für den Hof und den Haushalt nützlich gewesen wären. Jeden Pfennig drehte er zweimal um, bevor er ihn ausgab. Er rechnete mir alles kleinkariert vor. Wehe, er hatte mal für irgendetwas „extra" bezahlen müssen. Das holte er sich von mir auf den Cent genau zurück. Alles musste geteilt werden, die Miete, das Telefon, der Strom, der Einkauf. Er wollte im Grunde genommen für mich keinen Cent extra ausgeben. Seine Familie war ihm nichts wert und bedeutete ihm nichts. Meine Pferde finanzierte ich komplett alleine. Gut, das fand ich nicht weiter schlimm! Es waren meine Pferde, also musste ich auch selbst für sie aufkommen. Aber mir den Einkauf genau vorzurechnen und die Hand aufzuhalten, obwohl ich meinen Anteil beisteuerte für unseren Lebensunterhalt, das gefiel mir nicht mehr. Irgendwann fand ich das alles nicht mehr in Ordnung, was sich in meiner Beziehung abspielte. Immerhin hatte D. monatlich für sein „Nichtstun" mehr Geld zur Verfügung, als ich mit meiner harten Arbeit. Da wir keine Gerätschaften hatten, um uns die Arbeit am Hof zu erleichtern, musste z.B. der Pferdemist mit der Hand aufgeladen werden. Auf einen Kipper, den der Bauer später, wenn er voll war, wegfuhr. Das war Knochenarbeit. Richtig harte und dreckige Arbeit. Frauenarbeit war das sicherlich nicht. D. erledigte das irgendwann nicht mehr. Er ließ mich den schweren Mist aufschaufeln und guckte mir dabei zu. Mit Begeisterung. Er war ein Sadist durch und durch. Wenn ich ihn fragte, warum er mir nicht half, fragte er: *„Sind das deine Pferde, oder meine?"*

Oftmals traf ich unseren damaligen Verpächter an, wenn ich wieder den schweren Pferdemist auf den Kipper schaufelte. *„Anais, wozu hast du eigentlich einen Mann?"*, fragte er mitleidsvoll. Ja das war eine gute Frage. Ich konnte mir die Frage irgendwann selbst nicht mehr beantworten. Wenn ich von D. zu hören bekam, dass die Pferde auf meine Kappe gingen und er damit nichts zu tun hatte, fragte ich mich, aus welchem Grund er überhaupt mit mir zusammen auf einen Pferdehof gezogen war? Wir waren uns doch beide im Klaren, als wir den Hof übernommen haben, dass es für beide von uns Arbeit bedeuten werde. Im Bekanntenkreis schwärmte D, wie toll das Leben auf dem Hof war und dass er so viel Arbeit hätte. Die würde er aber gern erledigen. Er erzählte, dass ich mich lediglich um unser Kind kümmern müsste. Im gleichen Atemzug erwähnte er, dass ich selbst das nicht erledigt bekommen würde. Seiner Meinung nach wäre ich faul. Stinkfaul angeblich. Dabei ist der Sachverhalt genau andersherum. Welch eine Frechheit! D. schaffte es perfekt, nach außen hin die Fassade seiner Person zu wahren. Niemand schenkte mir Glauben, da D. sich unheimlich gut verkaufen konnte. Dieser Schweinesack wickelte unsere gemeinsamen Freunde um den kleinen Finger. Im Geschichtenerzählen war er der Größte und unseren Freunden gefielen seine scheinbar besser als meine. Mit dem Mund konnte D. alles. Taten folgten seinen Worten keine. Wehe, ich sprach ihn darauf an. Wehe, ich führte ihm seine Fehler vor Augen. Dann wurde er brutal, gemein und ausfallend. Dann ging es verbal sofort unter die Gürtellinie. Vernünftig mit ihm zu diskutieren, schien unmöglich. Sobald er merkte, dass er nicht mehr im Recht war, wurde er laut, fing an zu schreien, drohte mit seinen Augen, indem er sie böse rollte und baute sich vor mir auf. Damit demonstrierte er mir seine Größe und dass ich mich ihm unterzuordnen hatte. Seine Größe war nicht nur die Länge (2m) seines Körpers. Er war insgesamt dominant. Mein Gott, was war dieser Mensch herrschsüchtig. Er machte mich krank. Mein Hass in mir veranlasste mich nur noch, auf die Toilette zu rennen und in die Kloschlüssel zu kotzen. So sehr griff mich meine innerliche Wut gegen diesen Menschen an. Scheiße, du gingst kaputt, Anais, du musstest hier weg. Du musst raus aus dieser Hölle, dachte ich mir. Das war nicht das Leben, das ich mir gewünscht hatte. Wenn ich in meinen Gedanken wühlte und mir die Tatsache vor Augen hielt, dass ich mich in einer ausweglosen Lage befand, verfiel ich stundenlang in Weinkrämpfe. Aus Wut über mich selbst könnte ich heulen ohne Ende. Ich kannte die Wahrheit, ich sah sie, sie lag vor mir. Ich war psychisch anscheinend noch nicht fertig genug, um zu wissen, was ich zu unternehmen hatte. Noch war es nicht zu spät, Anais! Wie oft hatte ich ein paar Notwendigkeiten zusammengepackt, mir mein Erspartes geschnappt, mich in mein Auto gesetzt und war losgefahren. Mit der Absicht, nie wieder heimzukehren. Genau wie andere Menschen von heute auf morgen einfach spurlos verschwanden und nie wieder auftauchten. Wäre meine Tochter nicht, ich wäre nie wiedergekommen. Nie wieder dorthin zurückkehren, wo ich so unglücklich war. Wenn ich gekonnt hätte, ich hätte mich in das nächste Flugzeug gesetzt und irgendwo ganz neu angefangen. Aber ich hatte ein Kind und das konnte ich nicht alleine lassen. Schon gar nicht bei einem Vater, der in meinen Augen psychisch krank war. Ich durfte meinem Kind nicht das Leben versauen. Mein Kind hatte Anspruch auf ein vernünftiges Leben und ich war dafür verantwortlich als Mutter. Leider fehlten mir langsam aber sicher die Kräfte, mich der Aufgabe gewachsen zu fühlen. Ja, Leben kaputt machen, W., da sind wir wieder beim Thema. Siehst du, was es eigentlich bedeutet, ein Leben kaputtzumachen? Wie viel kaputter sollte meines noch werden? Schlimmer ging immer. Irgendwann wollte ich natürlich gern wieder Turniere reiten. Ich besaß immerhin meine Pferde, und den Sport wollte ich nicht aufgeben. Wir wohnten auf einem Bauernhof und ich hatte alle Möglichkeiten, mich zu verwirklichen. Eigentlich. Meinen Traum zu leben. Wenn D. keine Träume mehr in seinem

Leben hatte, dann war das sein Problem und nicht meins. Ich hatte sie noch, meine Träume! Reitsport und meine Pferde! D. erklärte sich natürlich **nicht** bereit, unsere Tochter J. an den Wochenenden zu übernehmen, damit ich mich mal wieder in den Sattel schwingen konnte. Ab 16 Uhr war D. generell zu nichts mehr zu gebrauchen, da musste Bier getrunken werden. Entweder alleine, oder mit seinen Kumpels zusammen. Mein Gott, was war der Mensch mittlerweile „kaputt". *„Was soll ich hier auf dem scheiß Hof eigentlich? Hier in der Einöde! Keine Freunde hier, keine Kneipe. Ich suche mir eine Wohnung und dann sieh zu, wie du klar kommst, Anais!"* D. verstand genau, dass er mich mit dieser Drohung einschüchtern konnte. Er wusste, dass es für mich alleine unmöglich war, den Hof zu halten, geschweige denn ihn zu unterhalten. Er wusste genau, dass wenn er geht, ich alles verlieren würde. So zog sich unsere Beziehung gnadenlos über die Jahre dahin, während D. und ich uns im Kreis drehten. Niemand von uns wollte aussteigen. Wahrscheinlich konnten wir beide es auch nicht. D. behandelte mich absolut respektlos. Wenn wir Streit hatten, schrie er rum. Er konnte sich nicht eingestehen, dass auch ich mal Recht hatte in Konfliktsituationen. Nein, er hatte Recht und basta. Da konnte ich besser gegen eine Wand reden, als an seine Vernunft zu appellieren. Zusehends litt ich immer stärker unter dem gefühlskalten Mann. Ich fuhr schließlich auf meine Turniere und nehme meine Tochter J. mit. Mir blieb nichts anderes übrig. J. schrie mir natürlich die Ohren voll. Schon im Auto fing es an. Ihr war langweilig und ich war gereizt und genervt. Ich musste meine Nerven zusammenhalten, wenn ich mich gleich in den Sattel meines Pferdes setzen wollte. Da konnte ich nicht fahrlässig und mit einem zittrigen Nervenkostüm in den Springparcours einreiten. Natürlich war das schwierig. Mit meinen Nerven war ich generell längst am Ende angelangt. Meine kleine Tochter mit am Frack zu haben, da war es unmöglich, einen klaren Kopf zu behalten. Wenn wir zurückblicken, ist es ein Wunder, dass ich nicht bereits längst in der Klapsmühle gesessen habe, oder? An einem Tag fuhr ich also mit meiner Freundin „C"., meiner Tochter J. und meinem Pferd zu einem Reitturnier. Meine Freundin hatte sich bereiterklärt, auf J. aufzupassen, während ich im Parcours meine Runden drehte. Dafür war ich ihr unheimlich dankbar! Mein Gott, ich hatte doch nichts anderes mehr in meinem Leben, als meine geliebten Pferde und den Sport. Mein Sport gab mir noch etwas in meinem Leben. Den Halt, den jeder Mensch brauchte. Diese eine Aufgabe, die das Herz erfreute und es fröhlich machte. Das letzte Überlebenselixier, die Droge, die mich vorwärtstrieb und aufrechthielt. Jedenfalls erlitt ich an dem Tag einen schweren Unfall. Ich überschlug mich an einem Hindernis mit meinem Pferd. Mit dem Kopf bremste ich unsanft und lag einige Minuten bewegungslos am Boden. Mein Pferd sah ich über mich hinwegspringen und dann wurde es kurz dunkel. Klar, meine Nerven hatten dem Theater nicht standgehalten. Für einen Moment war ich an dem Hindernis unachtsam und hätte das beinahe mit meinem Leben bezahlt. Nein, Anais, du warst nicht tot, immer noch nicht. Mein innerlicher Sarkasmus atmete auf. Gut, ich war nicht tot. Weiter geht's. Weiter im Text und in meinem Leben. Mal gucken, was noch kommen sollte… Meine Nase hatte ich mir an dem Tag bei dem Sturz gebrochen und mehrere Rippen. Da meine Freundin keinen Führerschein für den Pferdeanhänger besaß und sie somit weder sich, noch mein Auto mit dem Anhänger, noch mein Pferd, oder meine Tochter nach Hause fahren konnte, rief sie D. an. Wen sonst? Eine scheiß Idee, klar, aber sie hatte keine andere Wahl. Meine Freundin war natürlich außer sich, immerhin hatte sie soeben live und in Farbe miterlebt, wie ich direkt vor ihrer Nase einen schweren Sturz überlebt hatte. Sie stand ebenfalls unter Schock. „D., du musst nach O. zum Turnierplatz kommen, *Anais hatte einen schweren Unfall und sie muss ins Krankenhaus. Ich kann das Auto nicht nach Hause fahren!*", sprach sie aufgebracht in ihr Handy, als sie D. an der Strippe hatte. *„Hey, nee, das geht nicht. Ich habe schon zwei Flaschen*

Bier getrunken", lautete seine Antwort. *„Geht's J. denn gut?* Das war seine einzige Sorge, dass es seiner Tochter gut ging. D. hätte doch, anstatt Bier zu trinken, auf seine Tochter aufpassen können. Dann hätte ich auf dem Reitturnier meine Ruhe gehabt und er müsste nicht fragen, wie es seiner Tochter ginge. Oder noch besser, er wäre mitgefahren zum Turnier und hätte sich mal für das, was seine Freundin am Herzen lag, interessiert. Was für ein Arschloch. Wie es mir ging, fragte er überhaupt nicht. Ich konnte mit Genickbruch irgendwo im Straßengraben liegen und das war ihm völlig egal. Herrjeh war das ein Kreuz mit dem Penner! *„D. kann nicht kommen, der hat schon wieder Bier intus!"* C. blickte mich eingeschüchtert und traurig an, bevor der Krankenwagen mit mir ins Spital fuhr. An der Hand hielt sie meine Tochter und Tränen kullern ihr durchs Gesicht. Das durfte doch alles nicht wahr sein! An dem Tag setzte sich D. trotz seiner zwei Flaschen Bier ins Auto und fuhr schließlich zum Turnierplatz. Dort sammelte er das Pferd, meine Freundin und seine Tochter J. ein. Aber das Theater war groß, als er zu mir ins Krankenhaus kommt. *„Kannst du eigentlich nicht mal aufpassen, Anais? Musst du dich denn immer mit den Gäulen irgendwo auf die Fresse legen?" „Immer?"*, fragte ich erstaunt. Ich hatte, soweit ich zurückdenken kann, eigentlich zum Glück nur wenige Unfälle gehabt. Wie es mir ging und was ich abbekommen hatte, fragte er an dem Tag nicht. Mir tat das im Herzen aber nicht mehr weh, dass ihn das alles nicht juckte, was mit mir war. Mein Herz war leer und für ihn bereits gefühlstot. Dafür hatte D. seit längerer Zeit gesorgt. Die Liebe war fortgegangen und der Hass regierte unsere Beziehung. Obwohl ich nicht schwer heben durfte, nachdem ich mir Nase und Rippen gebrochen hatte, mussten die Pferde trotzdem versorgt werden. Das überließ D. natürlich mir. Er half nicht. Nein! D. saß, es war Sommer, bei uns im Garten auf der Bank, trank seine Flasche Bier und sah mir dabei zu, wie ich den schweren Mist auf den Kipper wuchtete. Er hatte Besuch, ein Freund von ihm war da. *„Hatte Anais nicht einen Unfall?"*, fragte dieser ungläubig, als er sieht, wie ich die Stallarbeit erledigte. D. zuckte mit den Schultern, so nach dem Motto, dass ihn das alles nichts anginge. So, als gehörte ich gar nicht zum Hof. So, als wäre ich gar nicht existent in seinem Leben gewesen. Nicht nur, dass D. mir gegenüber ziemlich emotionslos, ungehalten und ungerecht war, versuchte er im Laufe der Zeit auch noch, mir meine Tochter zu entziehen. Mein eigenes Kind entfremdete er mir zusehends. Dadurch dass ich arbeiten ging und er zuhause war und somit die Erziehung von J. übernahm, fixierte und prägte er J. auf sich. Mir wurde mein eigenes Kind plötzlich fremd. *„Lass die Kleine in Ruhe und kümmere dich um deine blöden Viecher draußen!"* D.'s Art und unsere Konversationen wurden irgendwann immer niveauloser. Ich fragte mich, wohin ich mit dem Mann nur gegriffen hatte. Tiefer, als ins Klo jedenfalls, konnte doch gar nicht gehen, eigentlich. Das war nicht das Leben, das ich mir für mich und mein Kind gewünscht hatte. Das war nicht mehr der Mann, den ich lieben und ehren wollte. Das war nicht mehr der Vater, den ich für mein Kind haben wollte. Ich habe mein Kind mit Mühe und Not auf die Welt gebracht, ich wäre bei der Geburt bald draufgegangen. Mir ging es körperlich schlecht, sehr schlecht – nicht nur in der Zeit nach der Entbindung, sondern auch in den Jahren, in denen J. heranwuchs. Da hatte ich so ein dreckiges Arschloch an meiner Seite einfach nicht verdient! Die psychischen Narben, all die Erlebnisse aus meiner Vergangenheit, holten mich irgendwann bitterböse ein. Dass D. seine Familie, als ich halbtot aus dem Krankenhaus kam, im tiefsten Winter allein ließ, das hatte ich ihm nicht verziehen. Mir war bewusst, das war einer der Punkte, warum es mit uns nicht mehr funktionierte. Wenn die Liebe ging, dann war nichts mehr, wie es war. Die Menschen wurden sich fremd. Aus Liebe wurde ganz schnell Hass und Bitterkeit. Ich war damals dem Tode so nahe, als ich mein Kind entbunden habe, das ich mir ein Leben im Unglück einfach nicht mehr zumuten wollte. Mein Leben wusste ich zu schätzen. Meine Ruhe und meinen Seelenfrieden wünschte ich mir! Ohne einen

Idioten wie D. an meiner Seite ertragen zu müssen. Ich hatte damals, als D. in der Reha war, genau gefühlt, wie sich der Tod in mich hineinschleichen wollte. Meiner inneren Stärke war es zu verdanken, dass er die Oberhand über mich nicht erlangen konnte! Diese Stärke resultierte aus einem tiefsten Empfinden heraus. Der Liebe. Der Liebe in meinem Herzen hatte ich es zu verdanken, dass ich überlebt habe. Sie hatte mich beschützt. Dank ihr konnte ich um mein Leben gekämpft. Die Liebe in mir war stärker als der Tod. Der Glaube an das Gute, er hat mich gerettet. Hätte ich mich aufgegeben, wäre das nicht nur mein, sondern auch J.'s Ende gewesen. Der Tod war viele Wochen lang mein täglicher Begleiter. Wir Menschen spüren es, wenn der Tod an unserer Seite ist. Es ist **kein** Gefühl, das Angst macht. Mir hat es keine Angst gemacht. Ich habe es erlebt und als eine Art „Hoffnung auf Befreiung" empfunden. Es war ein angenehmes Gefühl, weil mich meine Kräfte längst verlassen hatten und ich mir sicher war, der Tod wäre die Erlösung meiner Qualen. Aber ich trug sie in mir, die Kraft der Liebe. Die Kraft, zu kämpfen und mich gegen den Tod aufzubäumen! Wenn du einmal in deinem Leben den Himmel berührt hast, dann weißt du um die Macht dieser Kraft zu schätzen. Ich war so unglaublich stark. Stärker als die Sehnsucht, endlich sterben zu dürfen. Mit eisernem Willen habe ich mich vier Wochen lang gegen ihn aufgebäumt, um mich und mein Kind am Leben zu erhalten. Wo war D.? Der Mensch, der mich liebte? Wo war er? Hatte er die Augen einfach nur verschlossen? Nein. D. war einfach ein Mensch, der nicht wusste was es bedeutet, zu lieben! Seine Vorstellung von Liebe entsprach nicht der meinen. Genau wie meine Mutter, und T. und wie sie alle heißen in meinem Leben. Sie wussten alle nicht, was Liebe bedeutete. Die Menschen, die mir alle etwas von der Liebe erzählen wollten und überhaupt keine Ahnung hatten, was Liebe bedeutet. Sie sollten doch alle zur Hölle fahren. Es gab Menschen in meinem Leben, die wissentlich zugesehen haben, wie ich beinahe gestorben wäre. Menschen, die Anteil an meiner Seele haben wollten, weil sie glaubten, aus Liebe eine Berechtigung in meinem Leben führen zu können. Dass sie mich niemals liebten, war ihnen nicht bewusst. Diese Menschen waren Egoisten und kaltherzige Arschlöcher. Im Herzen von D. gab es keinen Platz für mich. Da existierte nur dieses „Ich", sein eigenes Ich. Er, der Egoist. Wie krank! D. brauchte Hilfe! Er brauchte meiner Meinung nach mehr Hilfe noch, als meine Mutter, mein Ex-Mann, mein Stalker D., meine ehemalige Schwiegermutter und ich weiß nicht wer noch alles aus meinem Leben dringend Hilfe gebrauchen könnte. In mir steckte eine Traurigkeit, die war gigantisch. Nicht dass ich pausenlos weinte. Nein. Meine Seele war es, die weinte, meine Augen vergossen längst keine Tränen mehr. Ausgetrocknet waren sie durch all das Leid und meinen Kummer. Mein Herz blutete. Niemals durfte ich mich hinsetzen und verweilen. Niemals durfte ich in mich gehen und die zurückliegenden Jahre Revue passieren lassen. Dann war es besser, einen Revolver zu besorgen und mich aus dem Leben zu pusten. Damit mir das nicht passierte, war ich angetrieben von einer unbändigen Kraft, weiterzumachen und nicht stehenzubleiben. Obwohl ich dem Tod ein paar Mal davonlief, meiner eigenen Seele konnte ich nicht entkommen. Eines Tages würde ich mich ihr stellen müssen. Meinem eigenen Ich gegenübertreten, um all meine Fragen beantworten zu können und den inneren Frieden zu finden. Meinen Seelenfrieden. Dass mir der Tag sehr nahe war, wusste ich zu dem Zeitpunkt nicht. Musste ich den Rest meines Lebens mit dem kranken Menschen D. verbringen? War ich dazu verdonnert? War das meine Bestimmung? Mein Schicksal? Mir wurde bewusst, D. war Alkoholiker. Am Anfang unserer Beziehung habe ich die Augen verschlossen. Ich wollte es nicht sehen und nicht wahrhaben. Choleriker war er obendrein. Auch das erkannte ich nur zögerlich. Zunächst bemerkte ich überhaupt nicht, wie mies und gemein D. mit mir umging. Wie schlecht und grausam er mich behandelte. Wie respektlos er war. D. nahm nicht wahr, wie er mit mir verfuhr und dass er mich misshandelte. Selbst wenn ich ihm einen Spiegel vorhalten würde, in dem er einmal seinen dreckigen Charakter sehen könnte, hätte er es glaube ich nicht realisiert, wie krank er war. Psychische Gewalt übte er aus. Seelische Misshandlungen waren fürchterlich. Manchmal wünschte ich mir, D. würde einfach auf mich einprügeln, anstatt mich jeden Tag mit Worten im Herzen zu demütigen. Körperliche Schläge tun weniger weh, als Schläge im Herzen. Hätte er bemerkt, dass sein Verhalten nicht in Ordnung war, er hätte sich mir gegenüber niemals so grausam verhalten. Ein bestialischer Sadist war D. in meinen Augen. Der Ausdruck traf es haargenau. So wie D. sich benahm, verhielt sich kein normaler Mensch. D. merkte überhaupt nicht, wie schräg er drauf war. An der Stelle sieht man, wie krank er war. Eigentlich sollte ich Mitleid mit ihm haben. Mein Herz konnte mittlerweile nicht mehr viel ertragen. Ich war im wahrsten Sinne des Wortes am Ende meiner Kräfte angelangt. Ich konnte nicht mehr lieben und hatte meinen Glauben verloren. Anfänglich hatte ich größte Schwierigkeiten, mein eigenes Kind zu lieben. D. hatte die wundervolle Begabung, die Unzufriedenheit, die er in sich trug, auf mich zu übertragen. All seine Liebe gab er J. und nur ihr. Mich ließ er gefühlskalt verrecken. Am ausgestreckten Arm verhungerte ich bei ihm in Sachen Liebe. Er tat es absichtlich, das war das Perverse an ihm. Vor mir zeigte er sich als fürsorglicher, liebevoller Vater gegenüber unserer Tochter. Mir zeigte er nicht annähernd einen Funken von Liebe. J. liebte ihren Vater abgöttisch. Mich denunzierte und peinigte D., wo er konnte, am liebsten direkt vor den Augen unserer Tochter. Meine Tochter lernte recht früh von zu Hause aus, Papa hatte die Hosen an und Mama hatte nichts zu melden. Mama war nichts wert. Mama ist Dreck! Dreck und nichts weiter. Wenn ich meinen Mund hielt und zu allem 'Ja' und 'Amen' sagte, dann hatte ich halbwegs meine Ruhe. Bäumte ich mich aber auf, um meinen Standpunkt zu vertreten, eskalierte die Situation und ich erlebte zuhause die Hölle auf Erden. Wie gesagt, Handgreiflichkeiten beherrschten irgendwann meinen Alltag und alles spitzte sich weiterhin dramatisch zu. Wir stritten von morgens bis abends. D. hatte unheimlichen Spaß am Streiten. Da konnte er sich beweisen, wie stark er mir gegenüber war. Eines Tages fragte ich ihn, warum er mich eigentlich wie den letzten Dreck behandelte? Seine Antwort ist simpel: „Dreck muss wie Dreck behandelt werden!" Das war unterste Schublade. Das war so verdammt primitiv. Wo waren wir gelandet? Es kam mir vor, als sei der Vater meines Kindes einfach nur ein dummer, versoffener Penner. Wie konnte ich mich nur so täuschen in einem Menschen? Jede Nacht weinte ich mich in den Schlaf und irgendwann konnte ich gar nicht mehr einschlafen. Meine Panikattacken kamen wieder. Ich wurde zusehends ein leerer, trauriger Mensch. Ohne Selbstvertrauen, ohne Mumm in den Knochen, mich noch einmal dagegen aufzubäumen und zu kämpfen. Die Kraft in mir, sie schwand und das durfte sie nicht. Wenn sie ging, dann würde ich sterben. Ich verlor die Kraft und die Lust am Leben. „Nein, du darfst dich nicht aufgeben, Anais! Kämpfe!", sprach ich oft zu mir. Wenn man jeden Tag psychisch misshandelt wurde, war man irgendwann fertig und am nervlichen Ende. Reif für die Klapsmühle fühlte ich mich. Das waren Fakten. Mir war bewusst, dass ich etwas ändern musste in meinem Leben, denn sonst würde ich elendig krepieren. Du hattest Recht, W., Alkohol macht alles kaputt im Leben. Ich hoffe, dass D. irgendwann einmal bemerkt, wie krank er war. Dass sein Alkoholproblem für unsere Probleme verantwortlich war. D. musste seiner Familie zuliebe endlich etwas ändern. Wann kapierte er, dass der Alkohol alles zerstört? Gib es auf Anais. D. wird niemals einsehen, dass er ein Problem hatte und noch weniger, dass er und der Alkohol das Problem waren. Der Alkohol zerstörte eine komplette Familie und niemand konnte die Verwüstung aufhalten. Natürlich wollte ich mit dem Menschen auch keine Zärtlichkeit mehr austauschen. D. schrie mich tagelang an, ich sei frigide und würde mich ihm verweigern. Ja, was erwartete er? Dass ich sein Seelen-Mülleimer war? Dreck rein, Klappe zu, oder wie? Nein, das letzte bisschen Würde ließ ich mir nicht nehmen. Nicht von einem Penner wie ihm. Ich liebte D. nicht mehr. Ich akzeptierte ihn nur noch notgedrungen. Wir hatten ein gemeinsames Kind und wohnten zusammen. Wenn wir auseinandergingen, wo sollte ich denn mit meinen Pferden hin? Ich hatte keine andere Wahl als stillzuhalten. Solange, bis vielleicht ein Wunder geschah. Ging ich fort von D., verlor ich alles in meinem Leben. Die Pferde, den Hof und alles was ich mir mühsam aufgebaut hatte. Nein! Ich fasste den Entschluss, zu kämpfen! Ein letztes Mal nahm ich all meinen Glauben, meinen Mut, meine Hoffnung und meine Kraft zusammen, um mich gegen mein Schicksal aufzubäumen. Ich würde mich nicht geschlagen geben! Und vor allem würde ich nicht den Rest meines Lebens mit diesem kranken Menschen D. verbringen wollen. Ich fasste den Entschluss, etwas zu unternehmen. Aktiv werden musste ich, auch wenn mir die Kraft fehlte. Die würde ich wiedererlangen, sobald ich mich von dem Vater meines Kindes lösen konnte. Dessen war ich sicher - und das war meine Glaubens-Mission. Das war der Weg zum Glück, um mich aus den Qualen befreien zu können. D. sollte endlich aus meinem Leben verschwinden und dazu musste er den Hof verlassen, nicht ich! Meine Mutter, mittlerweile völlig dem Alkohol verfallen, war mir natürlich keine Hilfe. Das Geld von der Oma hatte sie längst verprasst. Da war nichts mehr von übriggeblieben. Falsche Freunde, Partys, neue Möbel und der Alkohol bestimmten ihr Leben. Meine Oma verstarb plötzlich. Morgens lag sie tot im Bett. Ich habe das kommen sehen, dass meine Oma nicht mehr lange durchhielt. Die Herzlosigkeit meiner Mutter konnte meine Oma nicht ertragen. Dazu der Alkohol, den meine Oma konsumiert hatte, weil sie von meiner Mutter dazu animiert wurde. Das alles hatte sie ziemlich schnell umgebracht. Da ich zu meiner Mutter nur noch wenig Kontakt hatte, konnte ich mich von meiner Oma nicht einmal mehr verabschieden, als sie starb. Es ging alles viel zu schnell. Ich konnte nicht ahnen, dass es so schnell gehen würde. Ihr wollte ich noch so vieles sagen. Vor allem einen Dank aussprechen. Für alles, was sie in ihrem Leben für mich getan hatte. Ohne sie wäre ich nicht der Mensch geworden, der ich heute bin. Sie war immer stolz auf mich. Dafür bin ihr sehr dankbar. Meine Pferde, die ich heute zum größten Teil besitze, sind sozusagen auf ihrem 'Mist gewachsen'. Durch meine Oma habe ich gelernt, mit Geld achtsam umzugehen, es sinnvoll anzulegen und zu vermehren. Mich über Wasser zu halten, wenn ich drohe, unterzugehen. Während meine Mutter fast ihr Leben lang nicht arbeiten musste, weil sie sich immer von ihren Männern „aushalten" ließ, arbeite ich zeitlebens hart für mein Geld. Und ich ging auch in Zeiten arbeiten, in denen ich nicht dazu gezwungen bin, weil mich jeder Arzt krankgeschrieben hätte. Mein Psychologe erklärte mir, dass er bewirken wollte, dass ich nicht mehr zwingend arbeiten gehen musste. Dass er mich sozusagen 'kaputt' schrieb. Nervlich, seelisch und psychisch sei ich ein kaputtes Wrack, sagte er. Gezeichnet vom Leben. Ein Leben, das kaputter nicht sein könnte, das wäre meines. Und er würde kaum einen Menschen kennen, der so viel durchgestanden hätte, wie ich. Ein Wunder, dass ich noch aufrecht gehen könnte, sagte er. *„Damit du noch ein wenig Freude am Leben hast, Anais. Dann kümmerst du dich mal nur um die Pferde, machst, was dir Spaß macht und nicht, das du immer nur machst, was du machen musst! Du musstest dein ganzes Leben stillhalten, einstecken, ertragen und leiden!"* Die Worte meines Therapeuten! Als er das zu mir gesagt hat, war ich 24 Jahre alt. Ein Therapeut der mich eigentlich aufbauen sollte, damit ich wieder fähig war, mein Leben in den Griff zu bekommen. Ein Therapeut erklärte mir, dass ich eigentlich gar nicht mehr lebensfähig war, wenn ich mich nicht endlich den schönen Dingen in meinem Leben widmen würde. Dabei lag mein Leben doch erst noch vor mir…! Bei mir war das wohl scheinbar etwas anderes. *„Anais ich muss nicht nur dich therapieren. Auch deine gesamte Familie und deinen Freund, sonst kommen wir da nicht weiter!"* sagte er mir während eines Gespräches. Pfiffig war er, der Psychologe. Hätte er meine

Mutter therapiert, wäre er wahrscheinlich selbst zum Alkoholiker mutiert oder durchgedreht. Meine Wunden, die werden irgendwann heilen, da war ich mir sicher. Trotzdem vergesse ich niemals, was ich in meinem Leben erlebt, durchgemacht und gesehen habe. Was mich krank- und kaputt gemacht hat. Ich habe dir nicht alles erzählt, W., was mir in meinem Leben wiederfahren ist. Ich bin nicht auf jede Einzelheit eingegangen. Einiges erspare ich dir besser. Du kennst jetzt jedenfalls die Grobversion von: „Die Grausamkeiten" aus dem Leben der *Anais C. Miller*. Gewisse Dinge, die passiert sind, kann ich irgendwann vergessen. Aber niemals werde ich vergessen, wie ich mich dabei gefühlt habe. Auch nicht, wer mir das alles angetan hat. Mein Leben war kaputt. Kaputter ging nicht mehr. Dennoch weiß ich, wie es sich anfühlt, das Glück, die Liebe, das Wunderbare und all das Gute auf dieser Welt zu besitzen. Was ich dir mit meinem Brief sagen möchte, W. Du wolltest mir vor 25 Jahren mein Leben nicht ruinieren und hast mir deshalb deine Liebe vorenthalten. Eine Liebe, die rein und ehrlich war. Eine Liebe, die uns sehr glücklich gemacht hätte, wenn wir sie gelebt hätten. Das ist meine Überzeugung von unserer Liebe. Von damals bis auf den heutigen Tag. Deine Meinung war damals eine völlig andere. Heute siehst du, wenn du meinen Brief liest, dass deine Bedenken von damals einfach lächerlich waren. Ich hoffe, ich habe dir mit diesem Brief die Augen geöffnet. Wahre Liebe, W., die kann niemals unglücklich machen! Unglücklich macht die Menschen ihre Suche nach der wahren Liebe. Das Ausleben einer Liebe, die gar keine ist. Der schlimmste Fehler, zu glauben, dass man geliebt wird oder dass man sich einredet, einen Menschen zu lieben, obwohl man weiß, dass es eine Lüge ist. Heute weißt du, wie glücklich ich mit dir war, W. Ein glücklicher Mensch wäre ich wahrscheinlich geblieben, wenn du mich nicht abgewiesen hättest. Meine Liebe hat ausgereicht, dich über 25 Jahre zu lieben. Es ist eine Infektion. Möchte ich das Virus deiner Liebe loswerden? Das weiß ich nicht, wenn ich ehrlich bin.

Einerseits ist es Segen und Fluch zugleich. Solange ich dich liebe, kann ich niemand anderen lieben. Ein Segen ist sie, weil ich aus ihr Kraft schöpfe. Fluch, weil ich sie nicht leben darf, die Liebe. Wenn wir beide uns noch einmal wiedertreffen in einem späteren Leben und eine neue Chance erhalten sollten, W., dann machen wir zwei das besser, ok?! Niemand, der später nach dir in mein Leben kam, war meiner Liebe würdig. Wem sollte ich all meine Liebe geben? Außer natürlich meinem Kind. Niemand hat sie in mir gesehen, die Liebe. Du hast sie vor 25 Jahren in mir gesehen, W! Aber auch du wolltest sie nicht. Ein Drama…Gut, gehen wir noch einmal zurück zu D. und meinem beschissenen Leben. Das „Finale" rückte näher. Gelang es mir, mich von D. zu befreien? Ja, ich schaffte es tatsächlich, mich von D. zu trennen. Was habe ich auf die Beine gestellt, um mein Leben ohne D. auf die Reihe zu bekommen. Das hat unendlich viel Kraft gekostet, diesen so dringend notwendigen und längst überfälligen Schlussstrich zu ziehen. D. hatte es eingesehen und nahm sich irgendwann eine Wohnung. Als er auszog, nahm ich mir einen Mitbewohner. Platz war auf dem Hof mehr als genug. Das funktionierte alles hervorragend. Ich kam finanziell klar und konnte wieder durchatmen. Endlich hatte ich den Druck von meiner Brust und mein Leben im Griff. Die grausame Beziehung zu D. lag mir schwer auf der Seele. Mein Glück über den Auszug von D. konnte ich deshalb anfänglich gar nicht fassen! Kleinigkeiten wie, dass D. im Alkoholsuff sogar einmal erwähnt hat, er würde mich abknallen - immerhin hat er den Waffenschein und ist im Besitz mehrerer Waffen - mag ich dir gar nicht mehr erzählen, W. Oder dass ich die Treppe runterfiel, weil er mich absichtlich geschubst hatte und ich mir dabei beinahe den Hals gebrochen hätte. Dass er mich generell durch die Gegend schubste, wenn ihm danach war, oder er mich aus Zimmern verwies. Aus der Küche warf er mich, mit den Worten: *„Du hast hier nichts zu suchen, kochen tust du doch eh nicht!"* Dass er meine Seele tagein und tagaus prügelte, war nur die Spitze des Eisberges. Trotz aller Schweinereien, die er mit mir trieb, konnte er seinen sexuellen Handlungen noch prima nachgehen. Sex mit mir wollte er, obwohl er mich wie ein Stück Dreck behandelte. Verweigerte ich mich ihm, schrie er mich an, wie prüde ich wäre und dass ihm jemand wie ich noch nie unter seine Augen gekommen war. Jedenfalls schaffte ich den Absprung! Endlich! Und mir ging es gut! Ich war frei! So frei. Endlich Freiheit! Das Gefühl konnte man nicht beschreiben, man muss es erlebt haben. Ich hätte vor Freude die ganze Welt umarmen können, weil ich befreit war von D. Plötzlich konnte ich mich bewegen, wie, wohin und wann ich will. Niemandem musste ich mehr Rechenschaft ablegen. Meine süße kleine Tochter, J. Sie und ich, wir standen uns gegenüber und waren uns eigentlich völlig fremd, weil ihr Vater uns entfremdet hatte. Wir fanden zueinander. Es schien ein langer, harter Weg zu werden, aber wir wollten ihn gehen und erzielten erste Erfolge! Zaghaft näherten wir uns einander. Auf einem guten Weg waren wir. Das erste Mal erkannte ich nach dem Auszug von D., was für ein tolles Kind ich hatte. Ein so liebes, nettes Mädchen. Mein Kind, mein eigen Fleisch und Blut. Das muss man sich mal vorstellen. Meine Tochter und ich waren uns so fremd in all den Jahren, weil ihr Vater psychisch krank war. Was habe ich in den letzten Jahren ihrer zarten Seele angetan, dass ich kaum Kraft fand, mich mit ihr zu beschäftigen. Nicht einmal meine Liebe konnte ich ihr geben. Wie traurig, dass ich dazu nicht in der Lage war. Ich hätte viel eher die Reißleine ziehen müssen. Ich wusste doch genau, dass D. auch ihre Seele prügelte mit seinem Verhalten und dass wir beide von D. fortgehen mussten, falls J. nicht für den Rest ihres Lebens einen Knacks bekommen sollte. Meine Tochter musste jahrelang zusehen, wie ihre eigene Mutter misshandelt und gequält wurde. Viel zu spät zog ich die verdammte Reißleine. Immerhin noch früh genug, um das Schlimmste abzuwenden. Leider wurde ich dann noch einmal wieder schwach, weil J.'s Vater D. auf einmal Reue zeigt. Er kam heulend, ja bitterlich weinend zu mir zurück und bat mich um Verzeihung. Das war das erste

Mal, dass ich in meinem Leben einen Mann weinen sah.
Wegen mir hatte bisher noch niemand geweint. Mal abgesehen
davon, wie viele Tränen ich vergossen habe, erweichte der
Anblick von D. tatsächlich mein Herz! Rotz und Wasser
heulte er. Kniete beinahe nieder vor mir. *„Du kommst zu mir
und weinst?"*, fragte ich erstaunt. *„Weißt du, wie oft ich
geweint habe, weil du meine Seele geschlagen hast? Wie oft
ich mit Tränen in den Augen vor dir stand und du über mich
gelacht hast? Weißt du eigentlich, wie weh du mir getan hast,
all die Jahre? Weißt du auch, wie kaputt du mich gemacht
hast? Mit deinem Alkohol, deinen Depressionen, mit deiner
cholerischen Art? Hast du annähernd eine Ahnung, wie ich
gelitten habe? Wie oft ich mich in den Schlaf geheult habe,
wegen dir? Wie kalt du mich im Herzen gemacht hast? Wie du
mein Herz gequält hast? Hast du annähernd eine Ahnung?
Von all diesen schrecklichen Dingen?"* D. beantwortete alle
meine Fragen mit „Ja". Und ich Idiot fiel auf ihn herein. Ich
glaubte seinen Versprechungen, dass er, wenn er eine zweite
Chance bekommt, diese nutzen würde. Dass er eine Therapie
macht, damit unsere Familie eine Chance bekommen sollte.
Eine Chance auf Frieden, Liebe und ein gutes Miteinander. Ich
glaubte ihm all seine Versprechungen. Wie dumm und naiv
von mir. Ich glaubte ihm, weil ich ihm glauben wollte…Dafür
gehöre ich gesteinigt! Wieder war niemand da, der mir sagte:
Anais, lass das, das geht nicht gut, der Mensch ist krank und
wird sich niemals ändern. Der Typ hat ein Alkoholproblem
und das sieht er niemals ein. Er wird auch keine Therapie
machen. Menschen ändern sich nicht, Anais! Es war niemand
da. Niemals in meinem Leben war jemand anwesend, wenn es
wichtig gewesen wäre. Wieder einmal lief ich in mein
Verderben. Das passierte mir, weil mein Herz zu gütig war,
ich zu blauäugig war und meine Hoffnung, dass alles gut wird,
einfach überwog. Weil ich glaubte, dass das Glück auch
einmal bei mir Einzug hielt. Auf ein Wunder hoffte ich. Dieses
Wunder, auf das ich mein ganzes Leben lang wartete. So
sehnsüchtig. Das Wunder kam tatsächlich! Aber an einer ganz

anderen Stelle in meinem Leben. Dafür brauchte es noch ein paar Jahre. Bis dahin musste ich in der Hölle verweilen. Aushalten, stillhalten, durchhalten und stark sein. Gut, weiter im Text, W. Ich Idiot gab D. also eine weitere Chance. Dass du wahrscheinlich die Hände über dem Kopf zusammenschlägst, kann ich mir bildlich vorstellen. Also, es gab niemanden, den es interessierte, wie es mir ging und wie ich mich fühlte. Außer du, W., aber du warst zu dem Zeitpunkt meines Lebensabschnitts bereits Geschichte! Warum hätte ich nach all den Jahren noch zu dir kommen und dir mein Leid klagen sollen? Natürlich habe ich an dich gedacht und an die Idee, mich bei dir auszuheulen. Selbst nach zig Jahren erinnerte ich mich an unsere Liebe und an dich. Aber, der Zug war längst gefahren, oder? Mein Gott, unendlich viele Jahre waren vergangen, in denen ich dich nicht mehr gesehen habe, W. Da kann ich doch jetzt nicht einfach zu dir gehen und sagen, hey, W., ich muss dir mal mein Herz ausschütten. Oder könnte ich das tun? Ich wusste es nicht. Leider hatte ich keine Antworten auf meine Fragen. Ich hatte aber eine Wahl. Entweder führte ich ein Leben zusammen mit einem Mann, der als Vater meines Kindes notgedrungen zu meinem Leben dazugehörte, oder aber ich schlug mich alleine durch. Alleine mit Kind, Pferd, Hund und Hof. Das Glück, zu den Sternen greifen zu können, Schmetterlinge im Bauch zu haben, duftende Blumenwiesen zu riechen und das pure Glück schmecken und fühlen zu können, das war Schnee von gestern. Fliegen können und das Gefühl von Freiheit, das konnte ich abschminken. Liebe? Was war das? Brauchte ich in meinem Leben nicht mehr. Aber das war doch all das in meinem Leben, was mir so wichtig war! Das war es, was Glück bedeutete. All das war aus meinem Leben längst ausgezogen. Statt mich auf die Suche nach den Sternen und Schmetterlingen zu machen, glaubte ich doch tatsächlich, dass es möglich war, mit D. einen zweiten Versuch zu starten, um glücklich zu werden. Was war ich bekloppt!? Wenn meine Mutter mir das in dem Moment gesagt hätte, dass ich sie nicht mehr alle auf dem Zaun habe, D. eine weitere Chance zu geben, hätte ich es vielleicht verstanden. Es war wirklich zu dumm mit mir. Zu glauben, dass D. und ich einen zweiten Versuch halbwegs auf die Reihe bekommen sollten, wenn wir bereits am ersten kläglich gescheitert waren. D. war jedenfalls davon überzeugt, dass wir es schafften. D. bekam eine zweite Chance. Wie dumm von mir, wie dumm! Dummheit gehört bestraft. Die Kraft, an das Gute (Schmetterlinge, Blumenwiese, Sommer, Liebe, Sterne...blauer Himmel etc.) zu glauben, die musste irgendwo ganz tief in mir drin sein, denn ich hielt noch ein paar Tage lang mit D. durch. D. zog also wieder bei uns ein. Zusammen mit der zweiten Chance im Gepäck. Der Kreislauf der Hölle schloss sich und der Horror beginnt für mich von vorne. Dieses Mal war der Kampf, den ich führte, noch härter und gnadenloser. Wieder ließ mich D. alleine auf dem Hof schuften, wieder packte er nicht mit an. Mittlerweile fiel bei uns zuhause alles auseinander, der Hof wurde mit der Zeit marode und baufällig. Nein, D. half nicht, er war zwar Maurer von Beruf und könnte eigentlich alles für seine Familie herrichten, aber er tat es nicht. Reparieren und Instandsetzen, das wäre ein Kinderspiel für ihn gewesen. Aber nein, D. war anscheinend von Beruf längst Penner geworden. Ich war bloß die Einzige, die das immer noch nicht kapiert hatte! Ich habe es versäumt, mich an deine Worte zu erinnern, W. Nämlich, dass ich mich von falschen Freunden fernhalten musste. Und ich habe vergessen, mich zu erinnern, dass sich Menschen nicht änderten, auch wenn man noch so sehr daran glaubte. Dieses Mal kam ich nicht mehr so glimpflich aus der Angelegenheit raus wie beim ersten Mal. Mein Körper und meine Gesundheit machten mir einen Strich durch die Rechnung. Es war mitten in der Nacht. Ich lag bereits im Bett und versuchte zu schlafen. Das gelang mir anhand der vielen Gedanken, die in meinem Kopf kreisten, nicht sofort. Ich schlief seit Jahren schlecht und an Durchschlafen war gar nicht mehr zu denken. Jedenfalls schreckte ich in der Nacht aus meinem Schlaf ruckartig hoch. Mein Herz raste wie verrückt.

Schneller und schneller. Ich war gewohnt, dass es immer mal wieder aus dem Takt kam. Seit Jahren litt ich an Herzrhythmusstörungen. Ich kannte das Stolpern in meiner Brust und ich habe gelernt, damit umzugehen. Ich akzeptierte, dass mein Körper von den seelischen Qualen über all die Jahre hinweg Schaden genommen hatte. Die unnormale Herztätigkeit machte mir eigentlich keine Angst mehr. In der Nacht war das anders. Ich bekam Angst, mir blieb die Luft weg, der Puls ging höher, er raste und pochte in meinem Kopf so schlimm, dass ich Todesangst verspürte. Innerhalb weniger Minuten glaubte ich zu sterben. Mir war, als verlor ich das Bewusstsein. Herzinfarkt! Schoss es mir in den Kopf. Ich war in der Nacht alleine zuhause. D. war mit seinen Kumpels auf Sauftour. J. übernachtete bei einer Freundin. Mit letzter Kraft schleppte ich mich zum Telefon und rief den Notarzt. Als der eintraf, ist mein Puls bei knapp 200 angelangt. Das war ein lebensgefährlicher Zustand. Man verfrachtete mich in den Krankenwagen. So, Anais, jetzt wirst du sterben, diese Reise bist du dran! Was hattest du nur für ein beschissenes Leben hinter dir? Zu guter Letzt bist du in deiner schlimmsten und schwärzesten Stunde natürlich wieder einmal alleine. Niemand ist bei dir, der dich lieb hat, niemand, der um dich weint. Niemand, der deine Hand hält. Wie grausam das ist, mit solchen Gedanken sterben zu müssen?! Ich dachte an dich, W. In dem Moment fühlte ich in meinem Herzen etwas, das mich an Liebe erinnerte. Ach wüsstest du doch nur von all den Schmerzen aus meinem Leben, W! Hättest du die Liebe in mir gesehen, die ich für dich getragen habe, all die Jahre lang und hättest du nur einmal gesehen, wie sie mich getragen hat. In den dunklen Kapiteln meines Lebens. Jetzt sterbe ich vielleicht und kann dir nicht mehr sagen, was ich dir immer sagen wollte, W. Dass ich dich liebe. Wie brutal. *"Nein, Gott", bitte nicht. Nein, diese Reise holst du mich noch nicht, ich habe das nicht verdient, dass keiner meine Hand hält!*

Das ist nicht der richtige Zeitpunkt! Das kannst du nicht machen! Ich kann doch nicht sterben und niemanden kümmert es!" An meine Oma dachte ich. Gleich nimmt sie mich vielleicht in Empfang. In dem Moment hoffte ich, dass sie wenigstens da sei. Im Leben gibt's nichts schlimmeres, als das Gefühl von Einsamkeit. Am Ende der Regenbogenbrücke wartete sie hoffentlich auf mich. Ich hatte große Angst vor dem Sterben. Vor dem Tod weniger. Das war das dritte Mal, dass ich dem Tod vor den Füssen lag und alle guten Dinge sind 3. *„Bitte lass mich endlich tot sein, lass es ein Ende haben, dieses Sterben!"* Nein, ich war nicht gestorben. Eine verdammte alte Drecksau war ich. Ich war nicht totzukriegen. Mein Herz schlug und schlug und schlug. Es war eine Qual. Es schlug zwar selten im Takt, aber es schlug unaufhaltsam. Im Krankenhaus verfrachtete man mich auf die Intensivstation. Eine Schwester fragte mich, ob ich ihr eine Telefonnummer geben konnte. *„Für den Notfall. Wen sollen wir denn verständigen?"*, fragte sie mich. *„Ach, Sie meinen, wenn es mit mir zu Ende geht, wen Sie dann anrufen sollen, damit ich die Person noch einmal zu Gesicht bekomme?"* *„Äh, ja, so ungefähr...!"* *„Niemanden!"* Da gab es keine Telefonnummer! Und da gab es auch keinen Menschen, den die Schwester anrufen musste. Ich wollte überhaupt niemand von den Arschlöchern aus meinem Leben sehen! *„Sie müssen kürzer treten! Dieses Vorhofflimmern ist auf Dauer nicht gut für ihr Herz!"*, sagte einer der Ärzte besorgt, nachdem man mich im Krankenhaus auf den Kopf gestellt hatte. *„Haben Sie viel Stress?"* Ganz ehrlich? Als man mir die Frage stellte, möchte ich am liebsten losschreien. Ganz laut! Und dann hätte ich wahrscheinlich nie wieder aufgehört zu schreien. Ich nickte kurz und bündig. *„Ja, etwas. In meinem Leben läuft nicht immer alles glatt!"* gestand ich wahrheitsgemäß und muss mich ein wenig zusammenreißen, nicht lauthals loszulachen. Dass mein Leben eine einzige Katastrophe war, konnte ich dem Arzt schlecht auf die Schnelle erklären. *„Sehen Sie zu, dass es glatt läuft, Sie leben nur einmal!"* Mit den Worten wurde ich vorläufig aus dem Krankenhaus entlassen. Tabletten gab es mal wieder. Die schluckte ich bereits mein halbes Leben. Die Hormontabletten für die Schilddrüse, Betablocker für den Puls und nun noch wieder andere „Herztabletten". Ja, immer rein mit den Pillen! Ich hätte gerne mal eine Pille für ein besseres Leben geschluckt. Gottseidank hatte ich das Rauchen bereits aufgegeben. Willensstark war ich. Eine meiner absoluten Stärken. Wenn ich mir etwas in den Kopf gesetzt habe, zog ich das durch. Das Einzige, was mich wirklich traurig stimmte - seit zwei Jahren schon, - dass ich nicht mehr im Springsattel zuhause war. Ich bekam schlecht Luft durch die Herztabletten und das war bei sportlicher Anstrengung natürlich ungünstig. So gerne wäre ich nochmal im Springparcours unterwegs. Weißt du, als Springreiter, da brauchte man unheimlich starke Nerven. Das ist wie beim Autofahren, du darfst nicht zögern, wenn du mit 180 Sachen unterwegs bist. Ein falscher Gedanke und du hast vielleicht einen Genickbruch oder bist querschnittsgelähmt. Da muss der Kopf frei sein. Ja, wie sollte ich den frei bekommen? Bei dem Leben, das ich führte? Das „Vorhofflimmern" besuchte mich noch drei weitere Male, immer mitten in der Nacht. Die nächsten zwei Male rief ich keinen Krankenwagen. Mittlerweile hielt ich den Gedanken, endlich tot zu sein, in seinem Zustand für weniger anstrengend, als mein bepisstes Leben weiterzuführen. Entweder überlebst du die Herzattacke, Anais oder eben nicht. Dann ist endlich alles vorbei. All die Schmerzen sind weg und du hast deine Ruhe. Die ewige Ruhe. Herrliche Vorstellung. Abwarten also, was passiert. Bei den anderen drei Malen, als ich den Herzkollaps erlitt, war D. übrigens zuhause! Wir schliefen schon lange in getrennten Schlafzimmern. Natürlich lief ich, als ich mitten in der Nacht aus meinem Bett hochschnellte, zu ihm ins Zimmer, um ihn darauf vorzubereiten, dass ich gleich eventuell irgendwo tot am Boden liegen könnte. Vielleicht im Badezimmer, in der Küche, im Flur, keine Ahnung, wann und wo er mich packt, Gevatter Tod. Da lag D., schnarchend und vollgedröhnt mit

Bier auf seiner Couch. Bis ins Bett hatte er es wohl nicht mehr geschafft. D. lag bereits im Koma und bekam nichts mehr mit. Falls ich sterbe, schon mal gar nicht. Klasse! *„Ich verrecke und der liegt da seelenruhig und schläft. Er schläft. Während ich sterbe. Prima!"* Das war genau der Mann, den ich verdient habe, was, W? Der Mann, der zu mir passte, wie? Genau der Mann, der zu schätzen wusste, was er an mir hatte. Meine Selbstironie hatte mich nie verlassen. Selbst in den Situationen nicht, in denen ich mit einem 200-er Puls vor dem Vater meines Kindes stand, während dieser seelenruhig seinen Rausch ausschlief. Die kleine Teufelsstimme hatte es einige Male noch in mir gegeben. Weißt du, was sie zu mir gesagt hat, W? *„Knall ihn ab! Geh in die Waffenkammer, nimm den nächstbesten Revolver. Du musst nur zielen und abdrücken!"* So weit war ich mittlerweile. Ich wollte nicht mehr mich aus dem Leben befördern, sondern ich war bereits bei dem Gedanken angelangt, meinen widerlichen Kerl abzuknallen. Willst du es ehrlich wissen? Ich kann Leute verstehen, bei denen die Sicherungen irgendwann durchknallen und die dann irgendwelche Menschen einfach erschießen. So etwas kann durchaus passieren! Die Ärzte hatten mir einige Notfalltricks gezeigt, um meinen Puls zu senken. So wurschtelte ich mich oftmals durch die Nächte. Durch Nächte, in denen ich nicht wusste ob ich sterbe oder nicht. Schafft mein Herz das, schafft es das nicht? Oftmals schlief ich völlig erschöpft wieder ein, wenn mein Puls an die 3-6 Minuten lang (je nachdem wie schlimm der Anfall war) mit 200 Sachen durch meinen Körper raste und irgendwann wieder abfiel. Das war Höchstleistung für meinen Körper. Ich kam natürlich an meine körperlichen Grenzen. Aber, mein Herz schlug! Es schlug und schlug. Nein, es wollte nicht stillstehen. Es gab ihn nicht bei mir, den Stillstand. So sehr ich ihn mir wünschte, W., es gab ihn nicht. Die Wut in mir, die wurde immer grösser. Voller Wut und Hass war ich für D. Er musste raus aus meinem Leben und das ganz schnell, sonst passierte etwas Fürchterliches. D. sollte endlich weg von mir, sonst vergaß ich mich irgendwann und beförderte ihn tatsächlich ins Jenseits. *„D., wenn ich den nächsten Anfall kriege, dann möchte ich, dass du nicht mehr hier bist! Bitte zieh aus! Verschwinde endlich aus meinem Leben!"* Ich flehte D. an und er lachte mich nur aus. *„Ja, immer mit der Ruhe. Wenn ich eine gute Wohnung finde, dann gehe ich schon, keine Sorge, aber die muss ich erst mal finden!"* Zu der Zeit passierten in meinem Lebe noch zwei schwere Unfälle. Einmal rannte mich eines meiner Pferde über den Haufen. Sprang mir direkt auf meinen Unterschenkel. Erneut entging ich nur knapp einer Unterschenkelamputation. Eine starke Einblutung im Gewebe erlitt ich. Sämtliche Muskeln und Nerven waren gequetscht und mussten operativ sortiert und wieder an die richtige Stelle gelegt werden. Das kostete mich fast ein Jahr, um wieder auf den Damm zu kommen. In der Zeit ließ mich D. wortlos in meinem Zimmer liegen und fuhr weg. Fragte nicht, ob ich irgendetwas brauchte, obwohl ich die erste Zeit gar nicht laufen konnte und somit auf seine Hilfe angewiesen war. Nein, es machte ihm sichtlich Spaß, mich zu quälen. Er hatte Freude, mich weinen zu sehen. Er war ein Sadist und ein Schwein. Ich fragte ihn, ob ihn meine Tränen nicht berührten. Die Antwort war ein ganz klares: *„Nein!"* „Warum nicht?" weinte ich fassungslos. *„Weil du mir einfach nichts bedeutest, Anais! Wenn Du meinst, dass du heulen musst, dann heul doch!"* „D., warum wolltest du unbedingt eine zweite Chance von mir haben?" *„Ja, das weiß ich auch nicht mehr, weil ich verrückt gewesen sein muss. Keine Sorge, Anais, das wird mir nicht noch einmal passieren!"* Es war wirklich zum Haare ausreißen mit dem Kerl. Wie sehr ich ihn hasste und verabscheute mittlerweile. Für die Verletzungen, die er mir zufügte. Als ich wieder auf den Beinen war erlitt ich ein Jahr später den nächsten Unfall. Wieder am selben Bein und wieder war ich lange Zeit außer Gefecht gesetzt. Ob ich noch Hoffnung in mir trug, einmal auf der Sonnenseite des Lebens zu stehen? Auf der Sonnenseite stand ich aber eigentlich. Wunderbare Pferde besaß ich zuhause in meinem Stall. Zwar konnte ich mit ihnen auf dem

Turnier nicht mehr teilnehmen, aber ich hatte liebe Mädels, mit denen ich zu den Turnieren fahren konnte und sie ritten dort meine Pferde. Nervlich war ich leider so arg angeschlagen, dass ich persönlich nicht mehr unbedingt in den Sattel steigen wollte. Ich wollte meinen nervlichen Zustand den Pferden einfach nicht mehr zumuten. Gesundheitlich durch meine Operationen am Unterschenkel war ich mittlerweile stark gehandicapt. Die Erfolge der Mädchen mit meinen Pferden machten mich dennoch glücklich. So war ich nicht ganz aus dem Geschehen raus. Ich hatte von Pferden unheimlich viel Ahnung. Eine besondere Begabung war das in meinen Augen. Pferde lagen mir einfach im Blut. Meine Mutter sagte, das hatte mir mein Opa mit in die Wiege gelegt. Ihn habe ich leider in meinem Leben nicht kennengelernt. Ich blickte einem Pferd ins Auge und sah das Beste in ihm. Ich war dankbar, dass ich das Glück und den Erfolg mit den Pferden erleben durfte und die besondere Gabe in mir trug. Meine Pferde hielten mich aufrecht. Sie machten mich stolz und glücklich. Nach dem nächsten Unfall war ich für eine lange Zeit wieder ans Bett gefesselt und außer Gefecht gesetzt. Also hatte ich viel Zeit zum Nachdenken. Irgendwie musste es mir gelingen, den Hof alleine weiterzuführen und noch einmal den Absprung von D. zu schaffen. Zusehen musste ich, dass es zuhause weiterging. Ohne D! Er war mir nur ein Klotz am Bein und machte mir mein Leben kaputt. Krank machte er mich obendrein dieser Typ. Ich hoffte sehr, dass er bald eine Wohnung fand. Währenddessen erarbeitete ich mir einen Plan, der es mir erlaubte, den Hof finanziell über Wasser zu halten. Auch ohne D. Weißt du, W., auf einem Hof wie diesem, gab es genug Möglichkeiten, Geld zu verdienen. Man musste sie nur angehen. So vermietete ich die Scheune, die ich nicht brauchte und einen Teil der Pferdeboxen. Von einigen meiner Pferde trennte ich mich notgedrungen. Ich würde das schon auf die Reihe bekommen. Auf der letzten Reise meines Lebens würde es jedenfalls keinen Platz mehr für D. geben. Auch nicht mehr für andere Idioten, Spinner, Sadisten oder

Arschlöcher. So sehnte ich mir den Tag herbei, an dem D. endlich auszog. Mitten in der Nacht wurde ich wach. Ich schreckte hoch. Nein, kein Herzrasen. Es war ein Traum. Ich habe wild geträumt. Von dir, W. Du bist mir die Nacht im September ganz klar und deutlich in meinem Traum erschienen. Ich habe seit Jahren nicht mehr geträumt. Und wenn, konnte ich mich meist nie an meine Träume erinnern. In der Nacht jedoch wusste ich genau, dass ich von dir geträumt habe! Ich war bei dir, zu Besuch, bei dir zuhause, ich saß auf deiner Couch und erzählte dir aus meinem Leben. Ganz real standst du vor mir. Nach dem Traum war ich ziemlich aufgelöst. All die Jahre warst du mir niemals in der Nacht erschienen. In über 20 Jahren nicht mehr. Warum warst du ausgerechnet diese Nacht zu mir gekommen? Ich hatte viel um die Ohren, so dass mir die letzten Jahren wirklich wenig Zeit und Raum für dich blieb, W. Du warst in meinem Herzen, ganz sicher, das solltest du wissen. Aber gedanklich krempelte ich gerade mein komplettes Leben um, da spielten andere Umstände die erste Geige. Zwei Tage später erschienst du mir in der Nacht erneut! Wieder standst du völlig real neben mir. Du wolltest mir etwas sagen. Ich verstand dich nicht. Du kamst näher. Du neigtest mir deinen Kopf zu und flüstertest mir etwas ins Ohr. Was sagtest du? Was war es? Senkrecht saß ich im Bett. Ich hatte ein Gefühl in mir - ich konnte es schwer beschreiben - mir war, als würdest du mir in dem Traum etwas sehr Wichtiges sagen wollen. Außerdem war mir, als hättest du mir ins Herz gefasst. Mitten hinein. Ich war so berührt von diesem Traum, dass er mich noch den ganzen Tag danach beschäftigte und ich keine Ruhe fand. Was wolltest du mir sagen? In meinem Herzen war ein komisches Gefühl. Wie eine Art dicker Kloß und es fühlte sich recht schwer an. Irgendetwas stimmte nicht, das fühle ich. Was war geschehen? Selbst am darauffolgenden, nächsten Tag war ich immer noch total durch den Wind. Ich dachte nach. Wie lange war es her, dass ich dich zuletzt gesehen hatte? Puh, beinahe zehn Jahre. Verdammt lange Zeit. Was du wohl machtest? Immer wieder stellte ich mir die Frage, warum du mir in meinen Träumen erschienen warst? Du musst ihn noch einmal besuchen, Anais, bevor es zu spät ist, sagte meine innere Stimme. Geh hin! Deine Uhr tickte, W., das war mir klar. Ich spürte es zu genau. Deine Lebensuhr, sie lief ab. Ein Gefühl, dass ich mich beeilen musste, überkam meine Seele. Es war an der Zeit, dich gehen zu lassen. Mein Herz, das musste ich mir von dir zurückholen, damit ich endlich wieder lieben konnte. Also musste ich mich auf den Weg machen. Zu dir. Mein Herz war immer noch bei dir, das wurde mir in den Träumen, in denen du mich besuchtest, bewusst. Nach all den Jahren war es an der Zeit, mit der Sache abzuschließen. Mit unserer Sache, W. Das spürte ich in meiner Seele. Solange du mir mein Herz nicht wiedergabst, W,. würde ich nie wieder lieben können. Du wolltest es mir zurückgeben, das spürte ich. Aber ich konnte jetzt nicht zu dir kommen. Verstehst du? Das war genau der falsche Zeitpunkt. Ich war nicht in der Lage, Auto zu fahren. Mein Fuß war außer Betrieb und mein Seelenhaushalt, der hing total schief. An dem Tag setzte ich mich jedoch hin und schrieb dir einen Brief. So viele Briefe habe ich dir im Laufe meines Lebens geschrieben, W! Dieser Brief wird der letzte sein. Es ist dieser eine Brief. Der Brief, den du jetzt liest…Ein fünf Seiten langer Brief. Ich schrieb dir in dem Brief, dass du mir in meinen Träumen die letzten Tage mehrfach erschienen bist. Dass mich das Gefühl nicht loslässt, dass ich dir endlich sagen muss, was ich all die Jahre für dich gefühlt habe. Nämlich Liebe! Dass ich nur dich in meinem Leben wirklich geliebt habe. Bevor ich dir das nicht endlich sage, wird mich diese Liebe niemals loslassen. Dass es keine Liebe mehr nach dir gab für mich, schreibe ich in den Brief. Seit dem Tag, an dem du mich fortgeschickt hattest, bis zum heutigen, an dem ich dir den Brief schreibe, war es, was es war, LIEBE! Von meinem Leben erzählte ich dir. Aus den 5 Seiten werden unendlich viele Seiten. Es gab so vieles zu erzählen. Das Traurige, du liest genau diese Zeilen soeben, die ich dir vor wenigen Wochen geschrieben habe. Es war keine

Schwärmerei zu meinen Schulzeiten, W., Du warst die große Liebe. Von Anfang an. Auch wenn wir altersmäßig nicht zusammenpassten und nicht alltagstauglich waren, warst du die Liebe meines Lebens! Ich schreibe dir, wie dankbar ich bin, weil deine Liebe mich jahrelang durch alle Höhen und Tiefen meines Lebens getragen hat. Ob du das verstehst, das weiß ich nicht. Ich hoffe es. Sogar durch die Hölle hin und zurück hat sie mich begleitet, meine Liebe zu dir! Dadurch, dass ich dir endlich meine Liebe gestehe, glaube ich, dass mich die Liebe freilässt. Dass meine Seele von dem Virus geheilt sein wird. Der letzte Satz in meinem Brief endet an dem Tag besonders tragisch. Da schrieb ich dir, dass ich so gerne noch etwas in meinem Leben für dich tun möchte. Wenn es etwas gibt, womit ich dir einen Gefallen tun könnte, dass du es mich bitte wissen lässt. Ich schrieb dir tatsächlich meine Handynummer auf. Für den Notfall. Ich habe eine leise innerliche Vorahnung... Trotz dass unsere Seelen mittlerweile 20 Jahre getrennt sind, hingen sie aneinander, als hätten wir beide uns zuletzt am gestrigen Tag gesehen! Zusätzlich schrieb ich dir, dass du dich, egal was auch immer du auf dem Herzen hast, nur bei mir melden brauchst. *„Für dich laufe ich, wenn es dein letzter Wunsch ist, auch noch einmal bis an das Ende der Welt.- aus purer Dankbarkeit!"* Mit dem Ergebnis meines Briefes bin ich sehr zufrieden. Nichts habe ich vergessen, alles Wichtige habe ich dir erzählt. Den Brief schicke ich sofort die nächsten Tage ab…! Ich habe ihn nicht abgeschickt! Wie dumm von mir. An Tragik ist der Augenblick in meinem Leben nicht mehr zu toppen. Ich bin sicher, der Brief war nicht der ideale Weg, eine Liebe zu gestehen. Nein, ich würde dich persönlich besuchen und dir ein Liebesgeständnis unter vier Augen machen. Das war mir wichtig und das war ich dir schuldig. Ich konnte dich nicht mit einem lausigen Brief abspeisen. Die Liebe meines Lebens sollte einen Brief erhalten, in dem ich mein Liebesgeständnis offenbarte? Nein, das war zu billig! Ich wollte dich umarmen, dich küssen und dir ins Gesicht sagen, dass ich dich liebe, W!

Du warst, seit du mir in meinen Träumen erschienen warst, wieder jeden Tag in meinen Gedanken. All die schönen Erinnerungen mit dir kamen zurück. Es war so wundervoll mit dir. Warum lief uns die Zeit so schnell davon? Mir ist, als hätte ich gestern auf der Bank an der Realschule gesessen. Niemals hast du mich in meinem Leben enttäuscht und die Liebe zu dir, sie tat niemals weh. Sie war rein und ehrlich. Auch wenn du mich fortgeschickt hast, damals. W. Die Liebe ist mir geblieben. Heute bin ich sicher, dass es dir schwergefallen ist, dass es aber die richtige Entscheidung war. Mit meiner Tochter J. und ein paar ihrer Freundinnen fuhr ich zum Schlittschuhfahren in die Eishalle. J. hatte es sich unbedingt gewünscht. In genau die Eishalle, in der ich vor Jahren als Kind mit meiner Schulklasse zum Schlittschuhlaufen war, fuhren wir. Abschalten wollte ich und in meinem Leben einmal etwas völlig anderes machen! Ein besonderer Tag war es, als wir in die Eishalle fuhren. An dem Tag ist D. endlich ausgezogen, er räumte seine letzten Sachen aus unserer Wohnung. Ausgezogen aus meinem Herzen war er bereits vor zig Jahren, aber seine letzten Erinnerungen wie Möbel und persönliche Sachen, die packte er an dem Tag zusammen. Mein Gott, war ich an dem Tag glücklich. Endlich war D. weg. Fort aus meinem Leben. Das Wetter war fürchterlich. Regnerisch, trüb und ein richtig finsterer Tag. Aber in meinem Herzen schien die Sonne. Seit vielen Jahren strahlte sie endlich wieder! Heute war der Tag, an dem in meinem Leben alles besser werden würde. Der Tag, an dem ich meinen Frieden und meine Freiheit wiederfinden konnte. Der Tag, an dem ich noch einmal ganz neu beginnen wollte. Der Tag, an dem ich mich meinem Ich stellen konnte. Ein wunderbarer Tag, an dem mein Herz lachte. Als wir in der Eishalle waren, fragt meine Freundin: *„Warst du hier schon mal, Anais?"* Ich nickte. *„Ja, vor genau 24 Jahren. Und da hatte ich ein ganz besonderes Erlebnis!"* *„Aha!"*, sagte meine Freundin neugierig. *„Hier habe ich mich verliebt!"* In dem Moment strahlte ich über das ganze Gesicht. Das war eine wunderbare, sehr schöne Erinnerung. An dich zu denken und von dir zu erzählen, W. Die Situation kam mir vor Augen. Die Erinnerung an den Tag, an dem ich mit dir und unserer Schulklasse damals in der Eisporthalle war. Ich ging in das Restaurant, während meine Tochter und ihre Freundinnen sich auf dem Eis tummelten. Genau an den Tisch setzte ich mich, an dem ich mit dir vor 24 Jahren saß, W. Auf haargenau demselben Stuhl nahm ich Platz. Es hatte sich nichts verändert. In all den vielen Jahren anscheinend nicht. Wie merkwürdig, dachte ich. Durch die Scheibe blickte ich auf die Eisfläche und beobachtete meine Tochter. Drückte mir meine Nase am Fenster platt, genau wie damals. So, wie ich vor zig Jahren meine Mitschüler beobachtet habe, als ich wegen meinem Bein nicht auf das Eis durfte. Damals, als ich noch deine Schülerin war, W. Du kamst zur Tür herein. In das Restaurant. Sofort erkannte ich dich. Das warme Lächeln um deine Augen herum, das gehörte zu dir. Du strahltest über dein ganzes Gesicht, als du mich sahst. Wie sehr habe ich mich nach deinem Anblick gesehnt. Ich habe dich wahnsinnig vermisst in all den Jahren. Du sahst aus wie immer. Dein wirres Haar, deine Grübchen, deine feinen Hände, du nahmst sie aus deiner Jackentasche. Du trugst diesen dunklen Mantel und zogst ihn aus. Hängtest ihn über die Lehne am Stuhl, mir gegenüber. In mir kribbelte es. Tausend Schmetterlinge flatterten in meinem Herzen. Mir wurde angenehm warm in meiner Seele. Du nicktest mir zu und setztest dich an meinen Tisch. Du sagtest nichts. Wortlos saßen wir uns gegenüber. Ein leichtes Grinsen hattest du im Gesicht. Du nahmst deinen Blick nicht von mir. Meine Augen füllten sich mit Tränen. Es waren Freudentränen, weil ich dich wiedersah. Nach all den Jahren. *„Wollen wir spielen, Anais?"*, fragtest du und mischtest die Karten, die du in der Hand hieltst. *„Ich liebe dich so sehr, W!"* Sehnsüchtig blickte ich dich an und wollte dir endlich die Worte sagen, aber ich traute mich nicht. All die Jahre war ich zu feige, dir zu sagen, dass ich dich liebe, W. Du gabst mir die Karten. Schobst sie mir verdeckt über den Tisch.

Deine Hand ruhte einen Moment auf ihnen. Als du sie von ihnen nahmst und ich sie aufdeckte, lagen zwei Asse auf dem Tisch. Herz Ass und Pik Ass. Dein Blick hielt mich magisch gefangen, W. Schweigend saßen wir für einen Augenblick da. Völlig zeitlos, alle Zeiger der Uhren dieser Welt standen still. Nur für uns beide und für diesen Moment. Es glich Magie. Ich schloss meine Augen und sah den wundervollen Sternenhimmel. In der Eishalle war es an dem Tag besonders kalt. Vor Kälte fror ich. In der Eishalle war es immer kalt, keine Frage, aber es war eine andere Kälte. Es war kalt, als wenn der Tod irgendwo neben uns säße. Die beiden Asse, sie lagen vor mir auf dem Tisch. Du muntertest mich auf, sie zu nehmen. Innerlich spürte ich das pure Glück und die Liebe in meinem Herzen. Als ich die Karten nahm, nahmst du meine Hand und blicktest mit deinen Augen unendlich liebevoll bis in die tiefste Spitze meiner Seele. Ich werde dich immer lieben, W! In Gedanken, in meinen Träumen und wann immer ich an dich denke, oder du mich besuchst, ist es Liebe! Auf den Besuch bei dir zuhause freue ich mich sehr. Dir noch einmal in deine wundervollen Augen zu sehen, dir ein „Danke" zu sagen, dafür, dass ich durch dich den Himmel berühren und nach den Sternen greifen durfte. Niemals habe ich das vergessen. In 20 zurückliegenden Jahren nicht. Vor allem, möchte ich dir danken, dass du mich gelehrt hast, niemals die Hoffnung im Leben aufzugeben.

In meinem Leben habe ich die Eishalle genau zwei Mal besucht. Das erste Mal mit dir vor 24 Jahren, W. und heute (06.12) zusammen mit meiner Tochter.

Weihnachten, 27. Dezember.

Ein Samstag, der hervorragend für einen Besuch bei dir passt. Weihnachten warst du immer besonders empfänglich für die schönen Dinge im Leben. Dein Herz war geöffnet. Am 27.12. endlich, fand ich Zeit für dich. Bevor ich dich anrief, war ich zuhause am PC online. Ab und zu gab ich bei Google deinen Namen ein oder surfte auf der Internetseite unserer Realschule. In Erinnerungen kramen, nannte ich es. So war es auch an diesem Tag. Pure Langeweile und Neugier trieben mich an. Es öffnete sich wie gewohnt der Link zur Realschule, als ich deinen Namen eingab. *„Wir trauern um unseren ehemaligen Lehrer W. K!"* Verstorben am 06. Dezember. Fassungslos brach ich in Tränen aus, während ich die Zeilen las. Ich bekam mich nicht mehr ein. Das was ich dort las, konnte ich nicht glauben. Das durfte nicht wahr sein. Welch ein schlechter Traum! Lange, sehr lange Zeit habe ich nicht mehr so bitter geweint. Warum, fragte ich mich. Warum warst du plötzlich tot, W? Wie ein Schlag traf mich die unfassbare Nachricht. Das haute mich um. Es gibt an dieser Stelle keinen Ausdruck, kein Wort, keine Sprache für das Gefühl, dass ich empfand, dass du tot sein solltest. Das war etwas, das ich mir nicht vorstellen konnte. Begreifen konnte ich es auch nicht. Genau 21 Tage war ich anscheinend zu spät. Was war passiert? Nein, das kann niemals stimmen! Nein, das durfte einfach nicht sein! Du warst nicht tot. Niemals. Du konntest dich nicht einfach aus dem Staub machen, ohne mir etwas davon zu sagen. Bitte, lieber Gott, nicht ihn! Am 6. Dezember bist du gestorben, las ich fassungslos und ich war zutiefst schockiert. Wo war ich an dem Tag? Was habe ich an dem Tag gemacht, an dem du gestorben bist? Ich scrollte wie verrückt in meinem Facebook-Profil. Rauf und runter. Dort führte ich Tagebuch über meine täglichen Aktivitäten. Nervös suchte ich den 06.12. Herrgott nochmal! Eishalle! Am 6. Dezember war ich in der Eishalle. Mir fiel es wie Schuppen von den Augen. Mein Gott, als du gestorben bist, war ich an dem Ort, an dem ich mich vor mehr als 20 Jahren in dich verliebt hatte. Das durfte nicht wahr sein. Mir wurde bewusst, warum ich dort die Kälte gespürt habe, als ich in dem Restaurant saß und in meinen Gedanken an dich verweilte. Der Tod stand tatsächlich neben mir. Vielleicht hattest auch du neben mir gestanden, genauso, wie es vor meinem inneren Auge abgelaufen war.

In meinen Gedanken habe ich dich dort gesehen und es war so real. Du bist mich in der Eishalle besuchen gekommen! Du warst tatsächlich dort. In dem Moment, als du gestorben bist, bist du zu mir in die Eishalle gekommen! Deine Seele war da. Oh mein Gott! Du hast mich ein letztes Mal besucht, bevor du auf die Reise gegangen bist. Auf deine Reise ins Jenseits. Unsere Seelen haben sich verabschiedet.

An dem Ort, an dem sie sich ineinander verliebt haben, haben sie sich auch wieder voneinander verabschiedet. Meine Gefühle, als ich vom Tode meiner Liebe W. erfuhr, kann ich nicht in Worte fassen.

Vielleicht aber in Bildern ausdrücken.

Mit einem fürchterlichen Weinkrampf brach ich zusammen. Nachdem ich mich Stunden später etwas beruhigen konnte, setzte ich mich ins Auto und machte mich auf den Weg. Ich fuhr Richtung A. zum Friedhof. Sofort wollte ich zu dir! Die Fahrt lang im Auto weinte ich bitterlich. Alles, was ich mit dir erlebt habe, lief wie ein Film in meinem Kopf ab. Es rauschte an mir vorbei. Wie ein rasender Zug. Mehr als 20 Jahre meines Lebens zogen gedanklich an mir vorüber. An dem Tag, an dem du gestorben bist, war ich unendlich glücklich, W! Weil D. endlich an dem Tag aus meinem Leben ausgezogen war. Wie tragisch!? Ich habe mich an dem Tag so befreit gefühlt! Endlich war ich frei! *„Du W., stirbst an dem Tag!"* Welch eine Tragödie! Mein Brief an dich steckte immer noch in meiner Autotür. Als ich am Friedhof aus meinem Auto stieg, sah ich ihn in der Tür. Warum habe ich ihn nicht abgeschickt? Vor mehr als sechs Wochen schrieb ich ihn dir. Da hätte er dich noch früh genug erreicht. Warum habe ich, verdammt nochmal diesen Brief an dich nicht abgeschickt? An dem Tag schwirrten mir unendlich viele Fragen im Kopf – Warum? Wieso? Weshalb? Ich war kurz davor, durchzudrehen. Ich werde dich nie wiedersehen, W., das wusste ich. Das durfte nicht sein, das war ein Albtraum. Ich musste dich einmal noch sehen, unbedingt! Ich musste dir doch noch so viele Dinge sagen! Als ich den Parkplatz am Friedhof erreiche, spielten sie im Radio "The Miracle of Love". Mein Gott, wie oft haben wir beide dieses Lied zusammen gehört und wie gern vor allem. Und jetzt dudelte es im Radio, an dem Tag, an dem ich zum Friedhof fuhr. Das Lied war uralt und es wurde ewig nicht mehr gespielt. Mein Herz war so schwer. Auf dem Friedhof angekommen, wusste ich gar nicht, an welchem Ende du begraben bist und wo genau ich nach deinem Grab suchen sollte. Nichts wusste ich! An dem Tag schien es wie verrückt. Das Wetter war gruselig und passte zum Tod. Dunkel, kalt, alles in grauschwarz. Düstere Atmosphäre. Im Schneegestöber irrte ich auf dem Friedhof umher, weinend, ziel- und planlos. Ich hätte einfach nur schreien können. Wenn du doch nur da wärst und mich in deine Arme nehmen könntest. Dein Grab fand ich schließlich, nach mehreren gefühlten Stunden eiskalter Ewigkeit. Dort brach ich zusammen. Lange Zeit kauerte ich wie versteinert im dicksten Schneegestöber und weinte hemmungslos an deinem Grab, das noch ganz frisch war. Stundenlang verharrte ich dort fassungslos in meinem Entsetzen über deinen Tod und in meiner Hilflosigkeit. Eine rote Rose habe ich dir mitgebracht und legte sie für dich liebevoll zwischen all die Kränze, die bereits verblasst waren. Blutrot war sie, meine Rose, Mein Herz blutete untröstlich über deinen Verlust. Plötzlich, für einen kurzen Moment, zuckte ich zusammen. Es ist, als hätte mich jemand von hinten zärtlich und innig umarmt. Ich spürte dich, W! Ein letztes Mal warst du bei mir. Mir war, als nimmst du mich für einen kurzen Augenblick in deinen Arme. Ganz nah spürte ich dich bei mir. Dieses Kribbeln in mir. Das war untrüglich. Es verhieß mir, dass du da warst. So war das immer, wenn ich dir begegnet war. In all den Jahren. Diesen Moment vergaß ich niemals. Innig, sanft, zärtlich und liebevoll war er. So vertraut. Es war, als sagtest du mir, es gibt nichts zu fürchten, Anais. Ein letztes Mal spürte ich deine Liebe. Ein letztes Mal berührte ich den Himmel und griff zu den Sternen. Du warst bei mir. Warm und zärtlich fühlte ich dich. Du legtest dich wie eine Hülle schützend über mich und hieltst mich in dem Gefühl der Liebe gefangen. Ein Gefühl wie dieses habe ich meinen Lebtag nicht gespürt. Es war ein so mächtiges Gefühl. Größer als das Universum, kraftvoller als alle Erdanziehungskräfte. Ein Gefühl, das unbeschreiblich in seiner Intensivität war. Für einen Augenblick standen alle Zeiger der Uhren dieser Welt still. Die Erde, sie drehte sich nicht weiter. Ein zeitloser Augenblick umschloss uns beide. Ein Geschenk der Unendlichkeit, dich noch einmal zu spüren, bevor du für immer gehen und mich auf ewig verlassen musstest. Unsere Seelen sind eins. Sie verschlingen sich miteinander. Der trübe Winter an dem Tag duftete auf eigenartige Art und Weise plötzlich süßlich nach Sommer und einer herrlichen Blumenwiese. Unsere Seelen nahmen Abschied. Was war dir widerfahren, W? fragte ich leise. Über dein Schicksal wusste ich nichts. Bist du krank gewesen, war es ein Unfall? Wer gab mir die Antworten auf all meine Fragen? Die Kränze auf deinem Grab sah ich durch. Da waren die von der Schule, vom Tennisplatz, von deinem Bruder, deinem Sohn und ein Kranz mit einer Schleife, auf der stand, ein letzter Gruß Frau L.! Frau L? Wer sollte das sein? Herausfinden wollte ich, wer Frau L. war. Unsere Geschichte hatte mehr als solch ein liebloses Ende verdient. Ich wollte alles wissen, was du in den letzten zehn Jahren gemacht hattest. Das war ich unserer Liebe schuldig. Ich hätte dich niemals gehenlassen können, W., ohne zu wissen, warum du gestorben bist. Keine Antworten mehr auf meine Fragen zu bekommen, hätte mir das Herz gebrochen. Nicht einmal dein Tod konnte mir die Liebe zu dir nehmen. Frau L. Ich erinnerte mich, du hattest mir vor Jahren einmal von einer „Zugehfrau" erzählt. Frau L. könnte deine Putzfrau gewesen sein. Ich recherchierte und bekam auf Umwegen tatsächlich ihre Adresse heraus. Ich rief sie an. Sie bat mich, sie zu besuchen. Eine innere Stimme sagte mir, dass ich mich bei ihr bedanken musste. Es sprach aus meiner Intuition. Frau L. war die einzige und letzte Person, die sich in deinem Leben um dich gekümmert hat, bis kurz vor deinem Tod. Meine Seele signalisierte mir, dass dir keine Zeit blieb, dich bei ihr für ihre Aufopferung zu bedanken und dass ich das somit für dich übernehmen musste. Einen Blumenstrauß besorgte ich für sie. Nein, ich glaubte nicht, dass ich verrückt war. Mittlerweile verstand ich, was Seelenverwandtschaft bedeutete. Ja W., ich kaufte die Blumen für Frau L. und fuhr zu ihr. Frau L. und ich tranken zusammen Kaffee. Sie freute sich wahnsinnig über meinen mitgebrachten Strauß Blumen und auch über meinen Besuch. Allerdings war sie überrascht. Natürlich entsprach ich nicht ihren Altersvorstellungen. Sie erzählte mir, dass sie dich bis zum Schluss in deiner schweren Krankheit gepflegt hat. Bei dir zuhause. *„Anais Sie sind eine sehr junge Frau noch, ich habe eine Frau erwartet, die vielleicht 50, 60 Jahre alt ist!"*, sagte sie erstaunt, als sie anfing, von dir zu erzählen. *„Der Herr 'K'., der war schwer krank, er hatte Lungenkrebs! Als er vor einem Jahr auf einmal immer dünner wurde, ist er zum Arzt gegangen, aber es war schon zu spät, überall bereits Metastasen. Er hat dann eine Chemotherapie gemacht. Er war ja immer alleine, da war niemand in der Zeit, keine Frau, sein Sohn war einige Male da, aber der Herr 'K' ist immer alleine gewesen! Immer alleine. Ich habe ihn gepflegt, bis zum Schluss! Im September, da hatte sich Herr 'K' den Oberschenkel gebrochen, in seiner Wohnung. Er hat drei Tage in der Wohnung gelegen, bis ihn endlich jemand gefunden hat! Ja, eine sehr traurige Geschichte..."*, beendete sie nachdenklich ihre Rede. Ich überlegte. September, Beinbruch. In der Zeit bist du mir im Traum erschienen, zwei Mal hintereinander.

Hattest du an mich gedacht, als du hilflos in deiner Wohnung gelegen hast? Hattest du dir gewünscht, mich noch einmal wiederzusehen? Wolltest du mir in meinem Traum sagen, dass ich zu dir kommen sollte? Du wolltest dich von mir verabschieden. Die Zeit lief dir davon. Du wusstest, dass du sterben wirst. Aus dem Grund hast du mich im Traum besucht. Wie tragisch! Der Besuch bei Frau L. tat mir unheimlich gut. Sie hatte mir auf einige meiner Fragen Antworten geben können, die ich dringend gebraucht habe, um zu begreifen, was mit dir geschehen war. Auch wenn die Antworten wehtaten. Meinen Strauß Blumen übergab ich ihr in deinem Namen, W. Als Dankeschön, weil sie, Frau L. dich in deinen letzten Wochen so liebevoll gepflegt hatte. Wenn zwei Seelen so eng miteinander verbunden waren wie unsere, bedarf es an einigen Stellen keiner Worte. Da sprach ein reines Gefühl. Direkt aus dem Herzen. Frau L gehörte zu dem Teil unserer Geschichte dazu, warum auch immer. Meine Träume, in denen du dich zu mir geträumt hattest, W., sie wollten mir ein Zeichen geben und signalisieren, dass es Zeit wird, mich auf den Weg zu machen. Auf den Weg zu dir. Unsere Seelen haben einander deutliche Zeichen gegeben, dass wir uns verabschieden müssen, wenn wir uns noch einmal wiedersehen wollten. Da war es noch früh genug, dich zu sehen, wenn ich mich sofort auf den Weg zu dir gemacht hätte. Ich habe es versäumt. Bitte verzeih mir, W! Untröstlich bin ich! Den richtigen Zeitpunkt, mich von dir zu verabschieden und dir am Ende deines Lebens mein Liebesgeständnis zu machen, den habe ich verpasst. Das Ende unserer Geschichte habe ich vermasselt. Weißt du, dein Lieblingsspruch, es gibt zwei Tragödien im Leben, die eine ist die Nichterfüllung eines Herzenswunsches, die andere ist ihre Erfüllung. Den Spruch hast du mir vor Jahren auf einen Zettel geschrieben. - mit den Worten: *„Verlier ihn nicht, Anais, das ist etwas von mir, für dich, das für immer bleibt!"* Der Zettel liegt seit jeher in meinem Tagebuch. Aufgehoben habe ich ihn all die Jahre lang. Deinen handgeschriebenen Text, den du extra für mich geschrieben hattest. Den habe ich all die Jahre lang gehütet, wie einen wertvollen Schatz. Immer habe ich überlegt, was du mir damit sagen wolltest. Heute halte ich den Zettel in der Hand und an allen weiteren Tagen, in denen ich lebe und ihn lese, wird er für mich seine Bedeutung haben, W. Ja, das ist etwas von dir, das mir für immer bleibt und dessen Bedeutung ich heute verstehe. Wenn wir uns noch einmal gesehen hätten, wir zwei, was mein absoluter Herzenswunsch gewesen wäre, dann wäre es eine Tragödie geworden. Für dich, weil du gewusst hättest, dass du nicht alleine hättest sterben müssen. Ich wäre bei dir gewesen und hätte dich begleitet, bis zu deinem letzten Atemzug. Du hättest es dir wahrscheinlich am Sterbebett niemals verziehen, dass du mich vor Jahren mit meiner Liebe zu dir abgewiesen hast. Das hätte dir genauso wehgetan, wie es mir damals wehgetan hat, als du gesagt hast, dass wir uns nicht mehr wiedersehen dürfen. Es hätte dich nie wieder losgelassen, so wie es mich all die Jahre nicht mehr losgelassen hat. Vor allem, wenn ich dir gesagt hätte, dass meine Liebe zu dir für immer in meinem Herzen geblieben ist. Sie hätte ausgereicht, um uns beide 20 Jahre lang zu sehr glücklichen Menschen zu machen. Hätte ich dich noch einmal gesehen, W., hätte ich dir all die Liebe zum Abschied schenken können. Da ich zu spät gekommen bin, muss ich mit der Liebe in meinem Herzen alleine weiterleben, bis zu meiner eigenen letzten Stunde. Du hattest mich mit Liebe infiziert. Der Infekt war unheilbar! Weißt du, ich weiß nicht, ob es nach dem Tod noch etwas gibt. Ob noch etwas kommt, mit der Regenbogenbrücke und so. Das weiß niemand, aber zwischen uns ist so viel an unsichtbarer Verbindung. Falls es im Jenseits noch etwas gibt W., nach dem Tod: Warte dort bitte auf mich! In den vergangenen Tagen nach deinem Tod wurde mir bewusst, warum wir beide uns im Leben begegnet sind. Deine Mission war, all die Liebe, die in dir war und die du niemals ausleben konntest, weiterzugeben. An mich. Sie sollte mich tragen und beschützen in all den Schicksalsschlägen meines Lebens. Am 6. Dezember hat deine Mission ihr Ende gefunden. Du warst mein Himmel, W., all die Jahre lang. Die Hölle war mein Leben, das ich geführt habe, nachdem ich von dir abgewiesen wurde. Mit dem Auszug von D. aus meinem Leben, hat diese „Letzte Hölle" in mir ihr Ende gefunden. Von dem Augenblick an hast du meine Seele losgelassen. 20 Jahre lang hat die Liebe, die ich für dich im Herzen getragen habe, W., ihre Hände schützend über mich gehalten. Die Kraft der Liebe unserer Seelen, hat mich jede Traurigkeit in meinem Leben ertragen und überwinden lassen. Als ich das nächste Mal zum Friedhof fuhr um dich zu besuchen, kamen mir Zweifel. Zweifel, ob du mich überhaupt wiedersehen wolltest, besonders an deinem Grab. Vielleicht sollte ich besser nicht mehr hingehen, zu dir zum Friedhof. Möchtest du mich sehen, W? Bitte gib mir ein Zeichen, wenn es so sein sollte! Nach deinem Tod war ich verwirrt, traurig und ich weiß nicht immer, was ich tun soll. Verunsichert war ich. In meinem Auto lief Radio, das ist nichts Ungewöhnliches. Genau in dem Augenblick, als ich mit den Gedanken spielte, was ich tun sollte, spielte das Lied von Foreigner. "I want to know what love is". Erinnerst du dich an dieses Lied? Das war dein Lieblingslied, W. Du hattest immer gesagt, wenn wir beide es zusammen gehört haben, hörst du Anais, das möchte ich auch einmal, dass mir jemand zeigt, was Liebe ist! An deinem Grab sagte ich dir unter Tränen folgende Worte:

„Weißt du, W., was Liebe ist? Liebe ist, dass ich heute, nach 20 Jahren, an deinem Grab stehe und um dich weine! Dass ich dich auch nach 20 Jahren noch genauso liebe, wie vom ersten Tag, als wir uns begegnet sind und das, obwohl du mich damals mit all meiner Liebe abgewiesen hast!"

Das ist Liebe...!

Für W:

Wenn dich mein Brief erreicht, W., so weine bitte nicht. Weine nicht, dass du nicht stark genug warst, dich unserer Liebe hinzugeben. Die Liebe war stark genug, ein Menschenleben aufrecht zu halten. Meins. Eine Seele ging 20 Jahre lang durch die Hölle. Deine Liebe hielt sie am Leben, W. Ohne sie hätte ich mein Leben wahrscheinlich vorzeitig beendet. Somit verdanke ich dir und unserer Liebe mein Leben. Du erscheinst mir nach deinem Tod ein letztes Mal im Traum. Du nimmst mich in den Arm und sagst mir: *„Immer, wenn ich dich sehe, Anais, habe ich das Bedürfnis, dich zu küssen...!"* Das ist für mich Antwort genug. Antwort, wie sehr unsere Seelen miteinander verbunden sind. Am 6. Dezember haben mich zwei Dinge im Leben gleichzeitig verlassen. Meine Hölle und mein Himmel. Seit dem Tag bin ich innerlich leer. Somit kann ich neu beginnen. Weil beides aus meiner Seele ausgezogen ist. Es ist der Weg zu mir selbst, den ich endlich nach vielen Jahren gehen darf, ohne weiterhin Schmerzen, Kummer und Leid ertragen zu müssen. Die Liebe zu dir wird mir bleiben. Wahrscheinlich für den Rest meines Lebens. Ich kann dich nicht loslassen, weil du zu mir gehörst. Du bist ein Teil von meinem Herzen und das ist gut so. Auf eine mystische Art und Weise trage ich ein dunkles Geheimnis in meiner Seele. Die Verwandtschaft zu deiner Seele, W. Eine verlorene Liebe. Heute kann ich mein Leben gestalten, wie es mir gefällt und ich bin ein glücklicher Mensch. Ich bin gezeichnet, aber ich bin glücklich und endlich frei.

-Anais-

Manchmal stehe ich in der Nacht unter dem Sternenhimmel. Blicke hinein, in die Stille, in die unerreichbare Weite des Universums und das Gefühl, den Himmel berühren und nach den Sternen greifen zu können, kommt langsam wieder zu mir zurück. Ich habe keine Angst mehr vor diesem einen Tag, an dem auch für mich irgendwann alles zu Ende ist und es dunkel um mich herum sein wird. Ich weiß, du hältst meine Hand und lässt sie nie wieder los! Am Ende der Regenbogenbrücke erwartest du mich in deinem hellen Schein.

Ich liebe Dich!

An seinem Todestag wird mein Brief zu lesen sein. Ich möchte all diejenigen bitten, die unsere Geschichte gelesen haben, vielleicht nach Beendigung des Lesens wenn sie möchten, eine kleine Kerze (Teelicht) für W. und mich anzuzünden. Die Kerze möge für uns brennen und in ihrem Lichtschein dürfen wir einen kleinen Augenblick erhalten, uns einander nahe zu sein. Ich habe nie an Übersinnliches geglaubt. Bis zu dem Tag, als ich den Brief an W. schrieb und ihn nicht abgeschickt habe.

Nachwort:

Nachdem W. beerdigt war, wurde seine Wohnung wenig später zur Neuvermietung ausgeschrieben. Ich bewarb mich um einen Besichtigungstermin. Es war mir ein dringendes Bedürfnis, seine Wohnung zu betreten. Ich musste dort noch etwas erledigen. Mein Herz hatte ich vor 25 Jahren dort gelassen. Wenn ich jemals wieder lieben wollte, musste ich ein letztes Mal an den Ort zurückkehren, an dem ich vor Jahren mein Herz verloren hatte. Als ich die Treppen hinaufging, spürte ich W. hinter mir. Das Kribbeln, es ist untrüglich. Es signalisiert mir stets, dass W. bei mir ist. Seine Seele, sie umgibt mich. Es ist alles genau wie damals, vor 25 Jahren. Die Wohnung ist nicht leergeräumt, nein, es steht alles an seinem Ort, genauso, wie ich es kenne. Die Couch, das Fenster, die Bilder an der Wand, die Palme, alles habe ich vor meinem inneren Auge. Die Trostlosigkeit, sie ist für mich nicht zu sehen. Nein, es gibt keine Traurigkeit in der Wohnung. Es ist ein Augenblick, der mir verheißt, dass ich keine Angst haben muss. Der Tod ist nichts, wovor ich mich zu fürchten habe. Wir werden uns wiedersehen. W. und ich. Die Menschen, die wir lieben, die Verbindung unserer Seelen, sie ist stärker als der Tod. Mein Herz nehme ich wieder an mich und blicke mich ein letztes Mal um. Welch wundervoller Moment. Die größte Befreiung in meinem Leben erlebe ich an dem Tag, an dem ich ein letztes Mal die Wohnung von W. betrete. Befreiung, weil ich mein Herz wieder an mich nehmen darf. Das Gefühl, endlich wieder lieben zu dürfen…! Einen Neuanfang beginnen zu können, weil die Geschichte mit W. abgeschlossen ist. Endlich kann ich ihn loslassen. Das ist unbeschreiblich. Ich habe mich wenige Monate später neu verliebt. „Er" fiel sprichwörtlich vom Himmel. Es ist dieselbe Liebe, wie ich sie mit W. gespürt und gefühlt habe. Eine Liebe, von der ich glaubte, dass sie nie wieder in meinem Leben Einzug halten würde. Darauf habe ich 25 Jahre lang warten müssen. Du kannst dich erst wieder neu verlieben, wenn du von der alten Liebe komplett befreit bist. Trotzdem bleibt W. für immer in meinem Herzen. Bei meiner neuen Liebe habe ich manchmal das Gefühl, dass es sich um W. handelt. Dass seine Seele in dem Menschen steckt, dem jetzt mein Herz gehört. Die beiden sind sich so ähnlich… Das ist direkt beängstigend. Aber es ist eine andere Geschichte, eine sehr wundervolle allerdings und vielleicht erzähle ich sie Euch eines Tages!

Manchmal gibt es Zeichen, die mich an W. und unsere Liebe erinnern. Nachdem mein Brief öffentlich wurde, stand ich eines Tages neben einer mir völlig fremden Frau, deren Handy klingelte. In dem Moment dachte ich an W. Ob er mich wohl noch wahrnehmen konnte? Die Frau neben mir, hatte den Miss Marple Titelmelodie Klingelton…

Seelenverwandtschaft! Dagegen sind wir Menschen machtlos!

© 2016 Anais C. Miller

Alle Rechte vorbehalten.

ISBN: 9783743127579

Herstellung und Verlag: BoD - Books on Demand, Norderstedt

Foto: @ Curt Themessl, Wien

Du bist nicht mehr da, wo du warst- aber du bist überall, wo ich bin

(Victor Hugo)

Mit dem Tod eines geliebten Menschen verliert man vieles. Niemals aber die gemeinsam verbrachte Zeit.